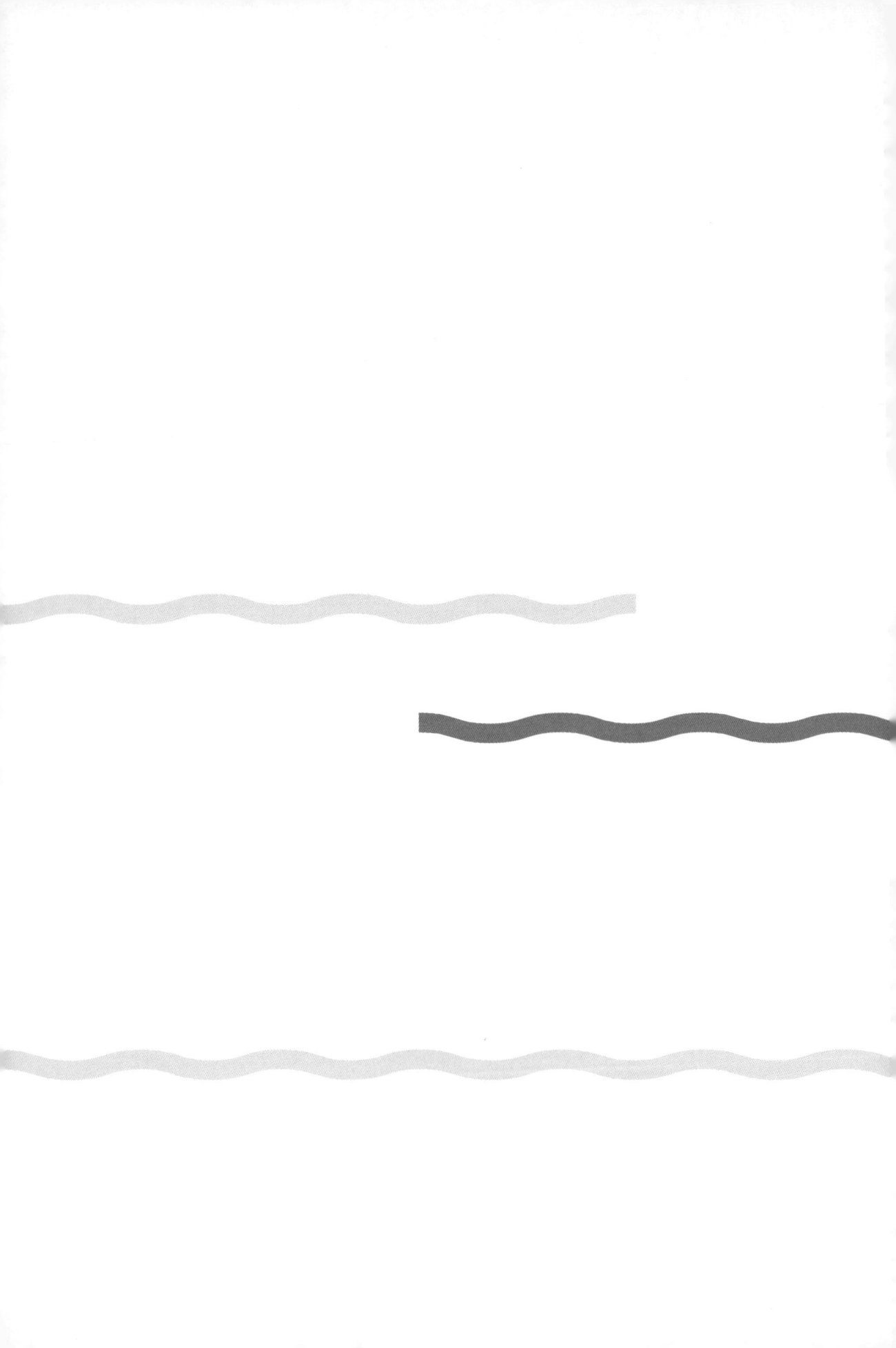

赵 婧 ◎著

债海观潮

中国信用债市场观察

中国财经出版传媒集团
经济科学出版社
Economic Science Press

图书在版编目（CIP）数据

债海观潮：中国信用债市场观察/赵婧著.—北京：经济科学出版社，2019.9
ISBN 978-7-5218-0727-1

Ⅰ.①债… Ⅱ.①赵… Ⅲ.①债券市场-研究-中国 Ⅳ.①F832.51

中国版本图书馆 CIP 数据核字（2019）第 154891 号

责任编辑：周国强
责任校对：杨　海
责任印制：邱　天

债 海 观 潮
——中国信用债市场观察
赵　婧　著

经济科学出版社出版、发行　新华书店经销
社址：北京市海淀区阜成路甲 28 号　邮编：100142
总编部电话：010-88191217　发行部电话：010-88191522
网址：www.esp.com.cn
电子邮件：esp@esp.com.cn
天猫网店：经济科学出版社旗舰店
网址：http://jjkxcbs.tmall.com
固安华明印业有限公司印装
787×1092　16 开　20 印张　390000 字
2019 年 9 月第 1 版　2019 年 9 月第 1 次印刷
ISBN 978-7-5218-0727-1　定价：69.00 元
（图书出现印装问题，本社负责调换。电话：010-88191510）
（版权所有　侵权必究　打击盗版　举报热线：010-88191661
QQ：2242791300　营销中心电话：010-88191537
电子邮箱：dbts@esp.com.cn）

前 言

2008年以前，中国信用债市场发展较缓慢，企业债务融资主要依赖银行贷款。从2008年开始，随着中国银行间市场交易商协会成立，中期票据推出，中国信用债市场开启了破冰之旅。截至2018年底，企业债券融资额占社会融资规模存量的10%，过去的十多年中国信用债市场实现了飞速成长。

笔者作为国信证券经济研究所的一名债券研究员，正好经历了中国信用债市场的发展和变迁。在此期间笔者时刻关注市场的变化，思考未来的投资方向，积累了较多的资料。虽然笔者在工作中写过无数研究报告，但是笔者一直认为自己的文学素养没有达到写作成书的程度。

在2018年和董德志老师交流时，他谈到国内信用债研究存在空白，建议我将这些年的研究进行总结出版。笔者回想工作这些年走过的路，也想起刚入行的时候，曾在网上搜索是否有相关书籍、是否有美国信用债市场相关的资料等。思索再三，笔者决定写作本书，权当抛砖引玉。由于能力和时间有限，不足之处望读者海涵。

就信用债二级市场投资研究而言，笔者认为最好能掌握两种技能：一是信用债投资策略，二是信用债信用风险识别。这两部分分别对应本书的"投资策略"篇和"信用风险"篇。笔者的切身感受是信用债投资策略偏重宏观经济研究和中观行业研究，而企业信用风险识别更偏重微观会计研究。笔者的研究生涯是从宏观开始，逐步向个券和行业延伸，逐一研究。从实践感受来看，同时涉略这两方面的研究，和单独侧重某一方面相比，更有助于投资研究问题的思考。

笔者相信大道至简，所以研究中偏爱提炼主线，本书的内容也是笔者认为最核心的要点。让笔者欣慰的是，根据摸索的研究框架，笔者曾较准确地抓住了2015年城投债和2016年产业债的超额收益机会，研究框架经受过考验。

另外，笔者书中"投资策略"篇涉及的行业分析主要是针对发债较多的行业，其实随着中国经济由高速发展阶段向高质量发展阶段转变，发债企业越来越多样化，其他行业的研究也越来越重要。

最后，感谢董德志老师的鼓励，没有他的鼓励，我可能也想不到要写下这本书；同时也感谢这些年他作为我们团队的领导给我的帮助和支持。感谢国信证券的培养，感谢带我入行的李怀定老师，感谢好友郑亚斌的宝贵建议，感谢所有同事的关照及我家人的全力支持。

目 录

第一篇 基础知识 ... 1
第一章 债券及债券市场 ... 2
第二章 中国信用债发展简史 ... 11
第三章 中国信用债市场现状 ... 21

第二篇 投资策略 ... 35
第四章 信用债投资框架 ... 36
第五章 信用债投资框架扩展——行业利差 ... 71
第六章 债券估值体系 ... 139

第三篇 信用风险 ... 147
第七章 信用风险分析最看重企业偿还债务的能力 ... 148
第八章 财务报表粉饰识别 ... 152
第九章 信用风险分析中其他值得关注的信息 ... 175
第十章 合并报表制度下关注母公司和子公司的独立性 ... 185
第十一章 破产流程梳理 ... 187
第十二章 债券违约案例信用风险分析 ... 195

第四篇 信用债超额收益复盘笔记 ... 203
第十三章 城投债的超额收益 ... 204
第十四章 高收益产业债的超额收益 ... 211
第十五章 房地产债的超额收益 ... 218
第十六章 未来可能的机会：民企债 ... 220

第五篇 大类资产配置 ... 223
第十七章 债券与股票 ... 224
第十八章 信用债与可转债 ... 236
第十九章 债券与商品 ... 244

第二十章　债券与汇率	247
第六篇　债券基金及其他	**251**
第二十一章　货币基金	252
第二十二章　债券基金	256
第二十三章　上市交易型基金分级 A、B 浅析	276
第七篇　随笔与漫谈	**295**
第二十四章　信用风险演变的两个逻辑要点	296
第二十五章　中国信用债各评级估值曲线的纵向可比性	299
第二十六章　关于信用利差历史上的一些争论	302
第二十七章　也来谈谈行情的演绎	305
第二十八章　技术和基本面是一枚硬币的两面	310
参考文献	**312**

第一篇 基础知识

第 一 章

债券及债券市场

第一节 债券简介

债券是要求发行人在规定期限内向债权人偿还借款并支付利息的债务工具。根据违约风险的大小，债券分为利率债和信用债两个大类。利率债指主要承担利率风险的债券，通常是国家发行的债券；信用债是需要额外承担信用风险的债券，一般是国家以外的主体发行的债券。在我国，根据发行主体、监管机构以及条款设计的区别，利率债和信用债包括诸多小类，具体如下。

1. 利率债。

（1）国债：财政部发行的债券，利息收入免缴企业所得税和个人所得税。

（2）地方政府债：由地方政府作为发行主体的债券。2009年至今，地方政府债发行经历了财政部代发代还、部分地区试点自发代还、自发自还等阶段。地方政府债利息收入暂时免征企业所得税和个人所得税。

（3）政策性金融债：由三家政策性银行（国家开发银行、中国农业发展银行和中国进出口银行）发行的债券。

（4）央行票据：由中国人民银行作为发行主体的债券，期限有3个月、6个月、1年期和3年期。在我国，央行票据是央行公开市场操作的主要工具之一。发行央行票据，相当于央行回收流动性。不过随着外汇占款等外部流动性的减少，2014年至今央行票据已经停发。

2. 信用债。

（1）企业债：企业依照法定程序发行、约定在一定期限内还本付息的债券。企业债券根据《企业债券管理条例》发行，由国家发改委审批，可在银行间债券市场或者交易所市场流通。

（2）公司债：公司依照法定程序发行，约定在一定期限还本付息的有价证券。公司债根据《公司债券发行与交易管理办法》发行，由中国证监会审批，只可在交易所市场流通。

（3）短期融资券（commercial paper，CP）：具有法人资格的非金融企业在银行间债券市场发行的，约定在1年内还本付息的债务融资工具。

（4）超级短期融资券（super short-term commercial paper，SCP）：具有法人资格、信用评级较高的非金融企业在银行间债券市场发行的，期限在270天以内的短期融资券。

（5）中期票据（medium-term notes，MTN）：具有法人资格的非金融企业在银行间债券市场发行的，约定在一定期限还本付息的债务融资工具。期限在1年以上，目前多为3年期和5年期。

（6）中小企业集合票据（small and medium-sized enterprise collection notes，SMECN）：由一个机构作为牵头人，几家企业一起申请发行的票据。

（7）非公开定向债务融资工具（private placement note，PPN）：具有法人资格的非金融企业，向银行间市场特定机构投资人发行的债务融资工具，只在特定机构投资人范围内流通转让。

（8）可转债：公司债的一个小类，它赋予持有人在特定时间，依据自由意志，选择是否依约定的条件将债券转换为普通股票的权利。

（9）可交换公司债：上市公司的股东依法发行，在一定期限内依据约定的条件可以交换成股东所持有的上市公司股份的公司债券。

（10）资产支持票据（asset-backed notes，ABN）：非金融企业在银行间债券市场发行的，由基础资产所产生的现金流作为还款支持的，约定在一定期限内还本付息的债务融资工具。

第二节 交易市场

根据交易场所，通常把债券交易市场划分为场外交易市场和场内交易市场。在我国，债券交易以场外交易市场为主。图1-1是中国债券市场基本架构。最底层是三个托管机构，它们支持着5个交易子市场，然后由银行间交易系统、商业银行、证券公司作为前台接入机构投资者和个人投资者。

图 1-1　中国债券市场基础架构

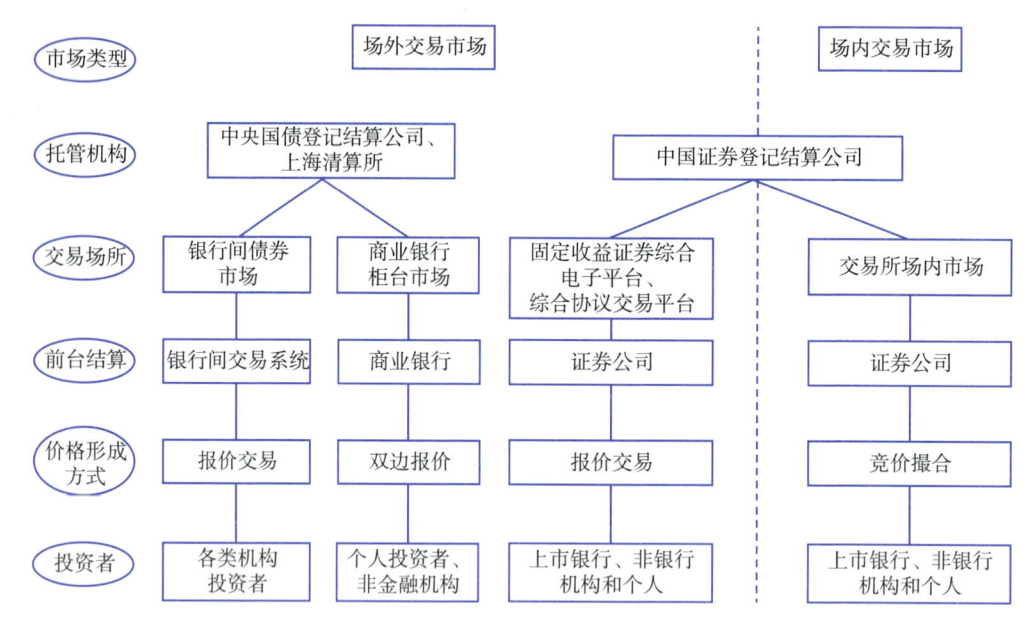

市场类型	场外交易市场			场内交易市场
托管机构	中央国债登记结算公司、上海清算所		中国证券登记结算公司	
交易场所	银行间债券市场	商业银行柜台市场	固定收益证券综合电子平台、综合协议交易平台	交易所场内市场
前台结算	银行间交易系统	商业银行	证券公司	证券公司
价格形成方式	报价交易	双边报价	报价交易	竞价撮合
投资者	各类机构投资者	个人投资者、非金融机构	上市银行、非银行机构和个人	上市银行、非银行机构和个人

1. 场内交易市场。

我国债券场内交易市场即股票交易的场所，包括上海证券交易所和深圳证券交易所两个子市场。

2. 场外交易市场。

场外交易市场是一个联系成千上万个商业银行、证券公司等机构的庞大通信交易体系。它的各子市场基本情况如下：

（1）银行间债券市场：由中国人民银行监管的、机构投资者交易的场外市场。

（2）商业银行柜台市场：银行通过营业网点（含电子银行系统）与投资人进行债券买卖，并办理相关托管与结算等业务的市场。

（3）固定收益证券综合电子平台：2007年上海证券交易所推出的，与集中竞价交易系统平行、独立的固定收益市场体系，它采用询价及做市商制度，与银行间债券市场相似。

（4）综合协议交易平台：深圳证券交易所提供的，进行大宗交易或协议交易的系统。

从托管量和成交量来看，银行间市场是最主要的场外交易场所，其托管量和成交量占比超过九成。

另外，基于数据统计的便利性，又会把债券市场再简化为交易所债券市场、银行间债券市场和柜台债券市场，具体划分如图1-2所示。

图 1-2　中国债券市场分类

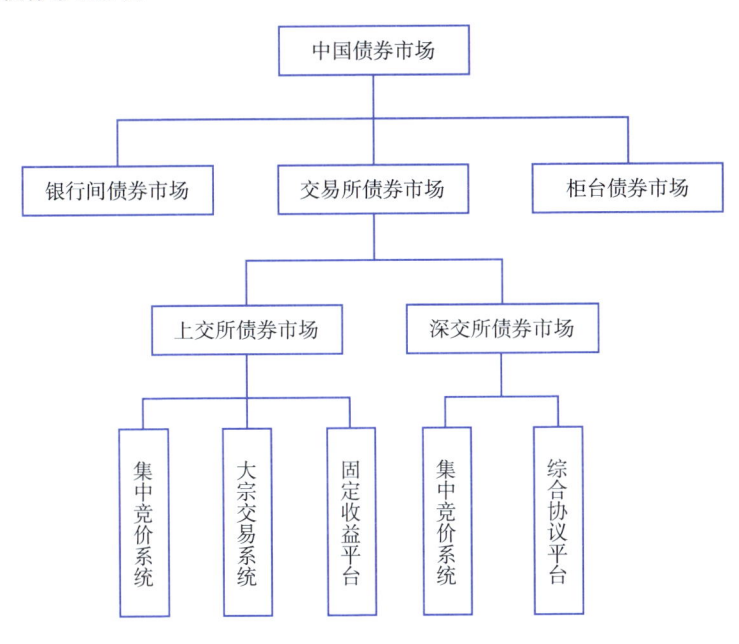

```
                        中国债券市场
            ┌───────────────┼───────────────┐
      银行间债券市场      交易所债券市场      柜台债券市场
                    ┌───────────┴───────────┐
              上交所债券市场            深交所债券市场
           ┌──────┼──────┐           ┌──────┴──────┐
         集中   大宗   固定          集中          综合
         竞价   交易   收益          竞价          协议
         系统   系统   平台          系统          平台
```

第三节　交易机制

场外交易方面，以成交量最大的银行间市场为例，银行间债券交易是报价驱动，以询价交易为主、点击成交交易方式为辅，如图 1-3 所示。询价交易方式是指由交易双方

图 1-3　银行间债券交易方式

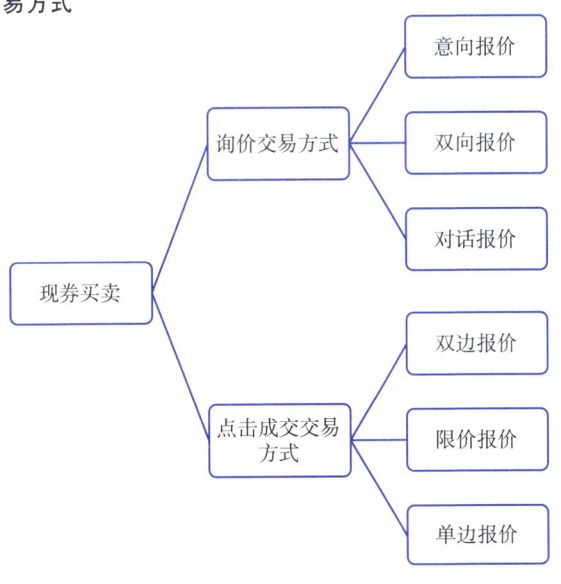

```
                              ┌── 意向报价
                  询价交易方式 ├── 双向报价
                  │           └── 对话报价
       现券买卖 ──┤
                  │             ┌── 双边报价
                  点击成交交易  ├── 限价报价
                  方式          └── 单边报价
```

通过电子交易平台自行商定交易要素的交易行为。点击成交方式是指报价方发送点击成交报价，受价方点击报价、填写交易量后直接成交的交易方式，本质上是对交易双方询价过程的简化。

银行间债券市场的交易特点包括：①交易不连续：除了部分活跃的利率债个券外，多数债券会连续几天或者几个月没有成交。②单笔交易量大：一笔现券买卖通常成交面额不低于1 000万元。③有专门的机构对债券进行估值：由于实际成交价格不连续，需要专门的机构对债券进行每日估值，作为市场成员记账以及定价的基础。

场内交易方面，和股票交易类似，是订单驱动，分为集合竞价方式和连续竞价方式。集合竞价是对一段时间内接收的买卖申报一次性集中撮合的竞价方式。连续竞价，是对申报的每一笔买卖委托，由电脑交易系统按照以下两种情况产生成交价：最高买进申报与最低卖出申报相同，则该价格即为成交价格；买入申报高于卖出申报时，申报在先的价格即为成交价格。

第四节 托管机构

债券登记托管方面，我国有三个独立的托管机构，分别是：

（1）中央国债登记结算有限责任公司（简称中央结算公司）：1996年成立，从国债集中托管起步，目前可登记托管的债券包括国债、政策性金融债、商业银行债等。

（2）银行间市场清算所股份有限公司（简称上海清算所）：2009年成立，目前可托管的债券包括短期融资券、中期票据和同业存单等。值得注意的是，在上海清算所成立以前，短期融资券和中期票据主要托管在中央结算公司。上海清算所成立后，它们的托管进行了"新老划断"。然后截至2018年末，尚有部分未到期的"老"中期票据仍托管在中央结算公司。

（3）中国证券登记结算有限责任公司（简称中国结算）：2001年成立，主要承担交易所债券的托管和结算。

从各托管机构债券托管量占比来看，中央结算公司份额仍占一半以上。截至2018年12月31日，中央结算公司债券托管量占比66.5%，上海清算所占比22.8%，中国结算占比10.7%，如图1-4所示。

图 1-4 各托管机构债券托管量占比

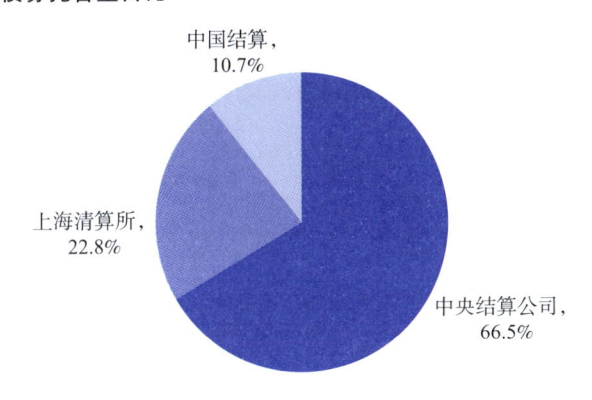

资料来源：Wind。
注：截至 2018 年 12 月 31 日。

第五节 信用评级

现存债券品种中，只有公开发行的债券强制要求进行信用评级（超短期融资券除外）。债券信用评级的指导文件主要是 2006 年 3 月中国人民银行发布的《中国人民银行信用评级管理指导意见》（简称《意见》）。该《意见》明确了银行间债券市场金融产品信用评级标识及含义，具体如下。

1. 银行间债券市场长期债券信用等级划分为三等九级，符号表示分别为 AAA、AA、A、BBB、BB、B、CCC、CC、C。等级含义如下：

AAA 级：偿还债务的能力极强，基本不受不利经济环境的影响，违约风险极低。

AA 级：偿还债务的能力很强，受不利经济环境的影响不大，违约风险很低。

A 级：偿还债务能力较强，较易受不利经济环境的影响，违约风险较低。

BBB 级：偿还债务能力一般，受不利经济环境影响较大，违约风险一般。

BB 级：偿还债务能力较弱，受不利经济环境影响很大，有较高违约风险。

B 级：偿还债务的能力较大地依赖于良好的经济环境，违约风险很高。

CCC 级：偿还债务的能力极度依赖于良好的经济环境，违约风险极高。

CC 级：在破产或重组时可获得保护较小，基本不能保证偿还债务。

C 级：不能偿还债务。

除 AAA 级，CCC 级以下等级外，每一个信用等级可用"＋""－"符号进行微调，表示略高或略低于本等级。

2. 银行间债券市场短期债券信用等级划分为四等六级，符号表示分别为 A－1、A－2、A－3、B、C、D。等级含义如下：

A－1 级：为最高级短期债券，其还本付息能力最强，安全性最高。

A-2级：还本付息能力较强，安全性较高。

A-3级：还本付息能力一般，安全性易受不良环境变化的影响。

B级：还本付息能力较低，有一定的违约风险。

C级：还本付息能力很低，违约风险较高。

D级：不能按期还本付息。

每一个信用等级均不进行微调。

债券市场现存具备评级资格的评级公司有8家，分别是中诚信国际信用评级有限责任公司、大公国际资信评估有限公司、联合资信评估有限公司、上海新世纪资信评估投资服务有限公司、中证鹏元资信评估股份有限公司、东方金诚国际信用评估有限公司、中诚信证券评估有限公司、联合信用评级有限公司。其中，中诚信证券评估有限公司是中诚信国际信用评级有限责任公司的全资子公司。

根据所拥有牌照的差异，不同评级公司的业务范围存在一些区别。大公国际资信评估有限公司、上海新世纪资信评估投资服务有限公司、中证鹏元资信评估股份有限公司、东方金诚国际信用评估有限公司同时拥有中国人民银行、国家发展和改革委员会、中国保险监督管理委员会、中国证监会等监管部门的全牌照，可以从事全部债券的评级工作。而中诚信证券评估有限公司和联合信用评级有限公司仅获得中国证券监督管理委员会和中国人民银行的业务许可，只能从事公司债券的评级。联合资信评估有限公司和中诚信国际信用评级有限责任公司则获得中国人民银行、国家发展和改革委员会和中国保险监督管理委员会认可，只能从事公司债以外的评级。截至2018年12月27日，中诚信国际的评级市场份额占比最高，只数占比达21.1%，如图1-5所示。

图1-5 非金融企业信用债外部评级机构分布

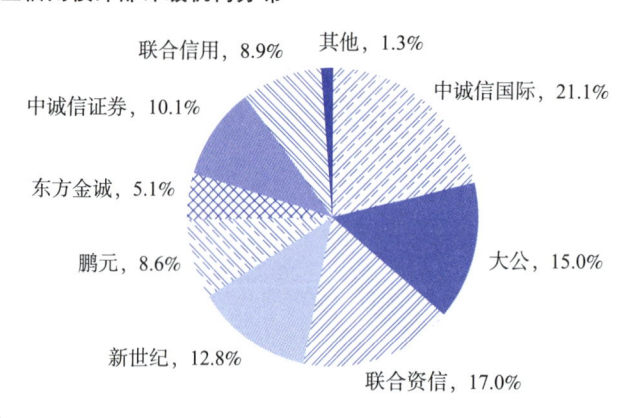

联合信用，8.9%
其他，1.3%
中诚信证券，10.1%
中诚信国际，21.1%
东方金诚，5.1%
鹏元，8.6%
大公，15.0%
新世纪，12.8%
联合资信，17.0%

资料来源：Wind。

注：按只数，截至2018年12月27日。本书部分图表数据因四舍五入的原因，存在总计与分项合计不等的情况，下同。

实践中，评级公司会同时出具发行人长期主体信用等级和所发债券的债项评级。如果没有担保，通常债项评级和发行人长期主体信用等级相同。

截至2018年12月31日，长期非金融企业信用债的外部债项评级和主体评级分布如图1-6和图1-7所示。按照主体评级来看，外部评级为AA的信用债最多，只数占比40.1%；按照债项评级来看，外部评级AAA的占比最高。主体评级和债项评级的分布差异明显是因为非公募债券扰动。部分非公募债券发行人仅公布主体评级，且多分布在AA，但是并无相应的债项评级。

图1-6　非金融企业长期限债券主体评级分布

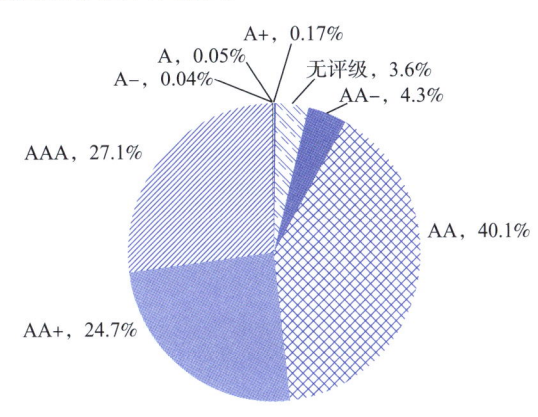

资料来源：Wind。
注：按只数，截至2018年12月31日。

图1-7　非金融企业长期限债券债项评级分布

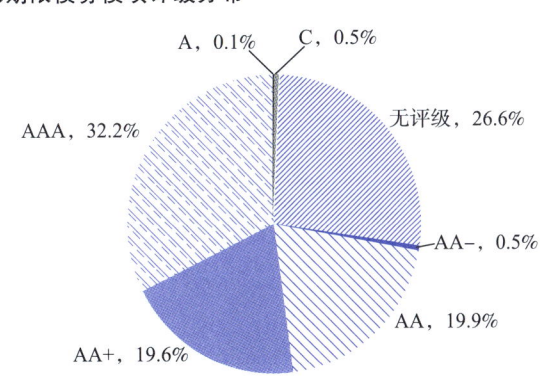

资料来源：Wind。
注：按只数，截至2018年12月31日。

短期债券方面，现存品种主要是短期融资券。截至2018年12月31日，短期融资券的债项评级分布见图1-8所示。由于超短期融资券不要求债项评级，所以无评级占比高达77.9%。然后其他有外部评级的短期融资券中，绝大多数债项评级为A-1。

图 1-8　短期融资券债项评级分布

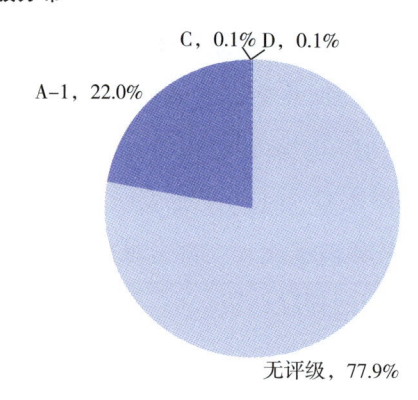

C，0.1%　D，0.1%
A-1，22.0%
无评级，77.9%

资料来源：Wind。
注：按只数，截至 2018 年 12 月 31 日。

另外，值得一提的是，随着信用债市场的快速扩容，由评级公司出具的外部评级常常受到投资者质疑。从根据市场价格信号拟合的中债市场隐含评级[①]来看，近些年低于外部评级的占比持续扩大，如图 1-9 所示。

图 1-9　中债市场隐含评级低于评级公司评级的债券占比

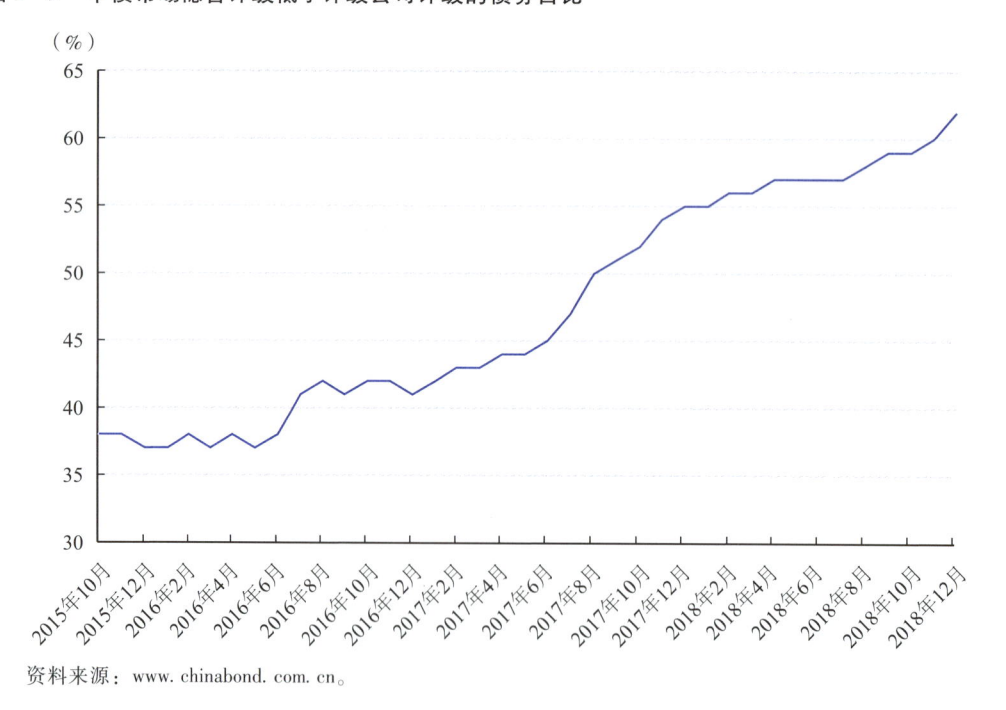

资料来源：www.chinabond.com.cn。

[①] "中债市场隐含评级"指中债市场隐含评级—债券债项评级，中债市场隐含评级—债券债项评级是中债金融估值中心有限公司综合市场价格信号、发行主体公开信息等因素得出的动态反映市场投资者对债券的信用评价。

第二章

中国信用债发展简史

作为债权类直接融资的一个重要品种,中国信用债市场的发展历史也是我国金融深化的重要篇章。

一、建立初期(1987~2004年)

1987年3月27日,国务院颁布了《企业债券管理暂行条例》。该条例规定,企业债券是企业依照法定程序发行、约定在一定期限内还本付息的有价证券。中国人民银行是企业债券的主管机关,企业发行债券必须经中国人民银行批准。债券可以转让、抵押和继承。

经过六年的摸索,1993年8月2日,国务院发布施行了《企业债券管理条例》,原发布的《企业债券管理暂行条例》同时废止。对比来看,《企业债券管理条例》有几点变化:一是发行主体由全民所有制企业扩大到普通企业;二是要求企业进行有偿筹集资金活动时,必须通过公开发行企业债券的形式进行;三是发债企业要求连续三年盈利;四是发行债券应由证券经营机构承销;五是企业债券的转让应当在经批准的可以进行债券交易的场所进行。

1993年12月,《中华人民共和国公司法》(简称《公司法》)颁布,对发行公司债券提出以下条件:①股份有限公司的净资产额不低于人民币3 000万元,有限责任公司的净资产额不低于人民币6 000万元;②累计债券总额不超过公司净资产额的40%;③最近三年平均可分配利润足以支付公司债券一年的利息;④筹集的资金投向符合国家产业政策;⑤债券的利率不得超过国务院限定的利率水平;⑥国务院规定的其他条件。发行公司债券筹集的资金,必须用于审批机关批准的用途,不得用于弥补亏损和非生产性支出。

相比《公司法》,《企业债券管理条例》适用的企业类型更广泛,不仅包括有限责任公司和股份有限公司,还包括其他类型的企业。《企业债券管理条例》和《公司法》奠定了现代信用债发展的基石。1993~2004年,我国信用债市场在摸索中前行,每年信用债发行额在两三百亿元左右,发行主体主要是大型国有企业。

另外值得一提的是,这期间还发生了几件影响深远的事件:

一是银行间债券市场成立,形成了场内交易和场外交易的两分格局。1997年上半年,股票市场过热,大量银行资金通过各种渠道流入股票市场,其中交易所的债券回购成为银行资金进入股票市场的重要形式之一。1997年6月,根据国务院统一部署,人民银行发布了《中国人民银行关于各商业银行停止在证券交易所证券回购及现券交易的通知》,要求商业银行全部退出上海和深圳交易所市场,商业银行在交易所托管的国债全部转到中央国债登记结算有限责任公司;同时规定各商业银行可使用其在中央结算公司托管的国债、中央银行融资券和政策性金融债等自营债券通过全国银行间同业拆借中心提供的交易系统进行回购和现券交易,这标志着机构投资者进行债券大宗批发交易的场外市场——银行间债券市场的正式启动。

二是企业债券审批权下放。1999年12月,《关于企业债券改由国家计委审批的请示》下发,企业债券的审批由人民银行转变为国家计委。

二、快速发展阶段(2005~2018年)

这段时期,我国信用债市场呈现百舸争流的局面。国家发改委、中国证监会、中国银行间市场交易商协会接连创新,推出各种信用债,我国信用债市场品种呈多样化发展。图2-1是我国信用债发展的简单时间轴。

图2-1 主要信用债品种时间轴

| 2005年 短期融资券 | 2007年 公司债 | 2008年 中期票据 | 2012年 中小企业私募债 | 2015年 新公司债 |

(一) 2005年短期融资券推出

2005年5月23日,中国人民银行颁布了《短期融资券管理办法》。发行主体是中华人民共和国境内具有法人资格的非金融企业。短期融资券的期限最长不超过365天。与企业债相比,短期融资券发行利率由企业和承销机构协商确定,采取备案发行。

2005年5月26日,国家开发投资集团、华能国际电力、上海振华重工集团、中国国航以及中国五矿集团5家企业成功发行了第一批短融,融资期限为3个月、半年、9个月及1年不等,具体见表2-1。

从图2-2可以看出,短期融资券推出后,当年的发行规模就超过1 000亿元,国内信用债市场快速扩容。2005~2018年,短期融资券共发行15 970只,总发行量达20.7万亿元,共2 423家企业通过这个品种实现融资。

表 2-1　首批短期融资券列表

代码	证券简称	发行额（亿元）	发行利率（%）	期限	发行债券评级	主体评级	发行人	企业性质
0581004.IB	05 国开投 CP01	10	1.95	3 个月	A-1+	AAA	国家开发投资集团有限公司	央企
0581002.IB	05 华能电 CP02	5	2.7	9 个月	BBB+	BBB+	华能国际电力股份有限公司	央企
0581001.IB	05 华能电 CP01	45	2.92	1 年	BBB+	BBB+	华能国际电力股份有限公司	央企
0581003.IB	05 振港机 CP01	12	2.92	1 年	A-1	AA+	上海振华重工（集团）股份有限公司	央企
0581005.IB	05 国航 CP01	20	2.92	1 年	A-1+	AAA	中国国际航空股份有限公司	央企
0581006.IB	05 五矿 CP01	15	2.92	1 年	A-1+	AAA	中国五矿集团有限公司	央企
0581007.IB	05 五矿 CP02	2	2.59	6 个月	A-1+	AAA	中国五矿集团有限公司	央企

资料来源：Wind。

注：华能的评级机构为标准普尔。

图 2-2　非证券公司短期融资年度发行量及净融资额

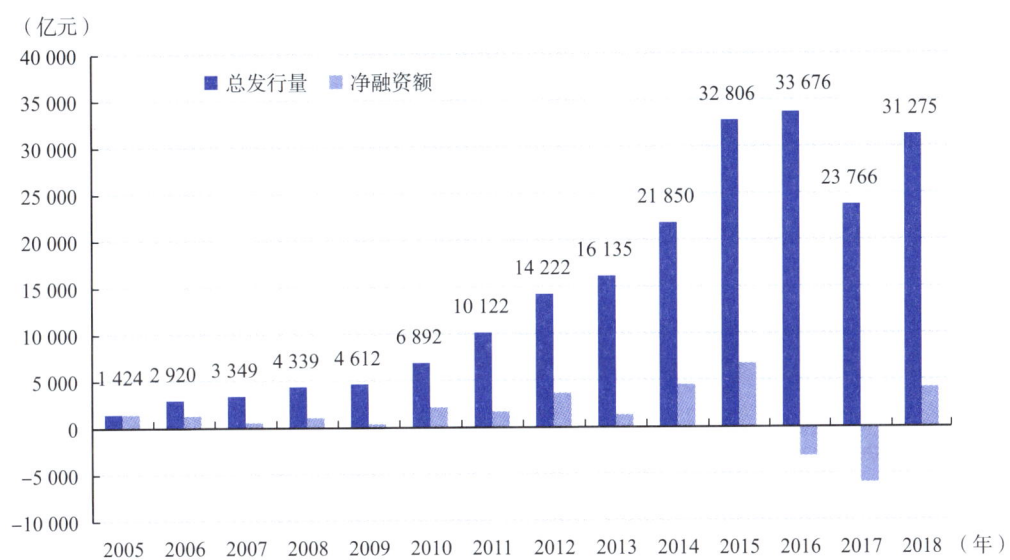

（亿元）

年份	总发行量
2005	1 424
2006	2 920
2007	3 349
2008	4 339
2009	4 612
2010	6 892
2011	10 122
2012	14 222
2013	16 135
2014	21 850
2015	32 806
2016	33 676
2017	23 766
2018	31 275

资料来源：Wind。

作为短期融资券的变形，超短期融资券于 2010 年推出。2010 年 12 月 21 日，《银行间债券市场非金融企业超短期融资券业务规程（试行）》公布实施。2010 年 12 月 22 日，中国银行间市场交易商协会接受了铁道部、中石油集团和中石化股份 3 家发行人的发行注册，注册额度 2 100 亿元。2010 年 12 月 24 日，中石油集团首期 50

亿元、270 天期超短期融资券在银行间债券市场正式招标发行，我国首只超短期融资券悄然面世。

当然，超短融并非已有短期融资券的简单翻版。和短融相比，在制度和流程上，超短融主要变化如下：①不要求超短融发行余额不超过净资产 40%；②企业如已在银行间债券市场披露过企业主体评级报告和最近三年及最近一期的财务报告，发行超短融时可以不再重复披露。

超短融推出后不久，发行量就快速增长。2012~2014 年，超短融发行量占总体短融比重大致在 40%，具体见图 2-3。另外，截至 2018 年 12 月 31 日，超短融存量规模占总体短融比重 75.6%。

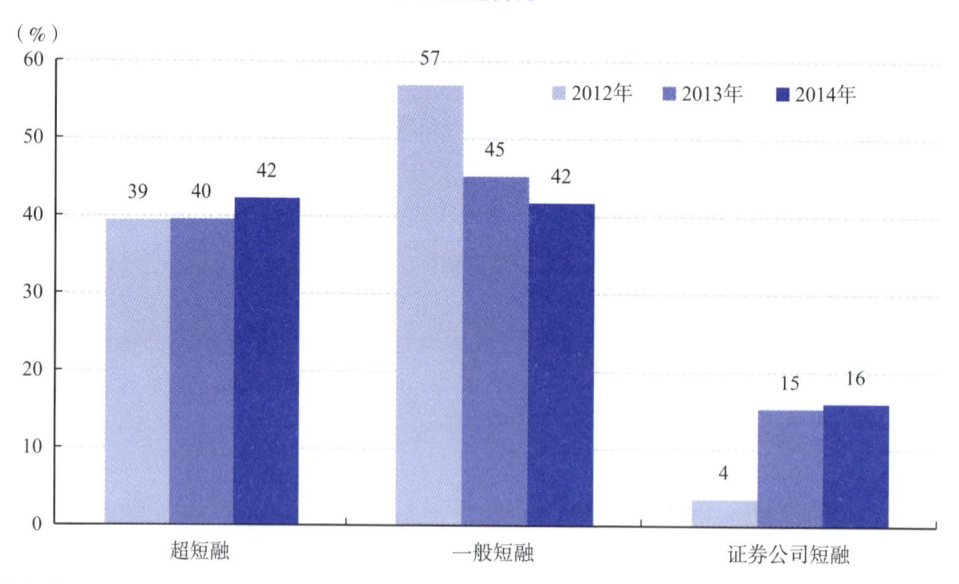

图 2-3 一般短融、超短融及证券公司短融发行量占比

类别	2012年	2013年	2014年
超短融	39	40	42
一般短融	57	45	42
证券公司短融	4	15	16

资料来源：Wind。

（二）2007 年公司债推出

2007 年 8 月，为适应大力发展公司债券市场的需要，中国证券监督管理委员会制定并颁布了《公司债券发行试点办法》，公司债采取核准制。试点初期，试点公司限于沪深证券交易所上市的公司及发行境外上市外资股的境内股份有限公司。

2007 年 9 月 14 日，中国长江电力股份有限公司发行了 40 亿元 10 年期的 07 长电债，票面利率 5.3%，公司债正式登上历史舞台。

从图 2-4 可以看出，公司债推出的前三年，发行规模小步增加，2007 年为 112 亿元（5 只），2008 年为 288 亿元（15 只），2009 年为 735 亿元（23 只）。2007~2014 年八年间，公司债发行量快速增加，2012 年发行量首次超过 2 000 亿元。

图2-4 公司债年度发行量和发行只数走势

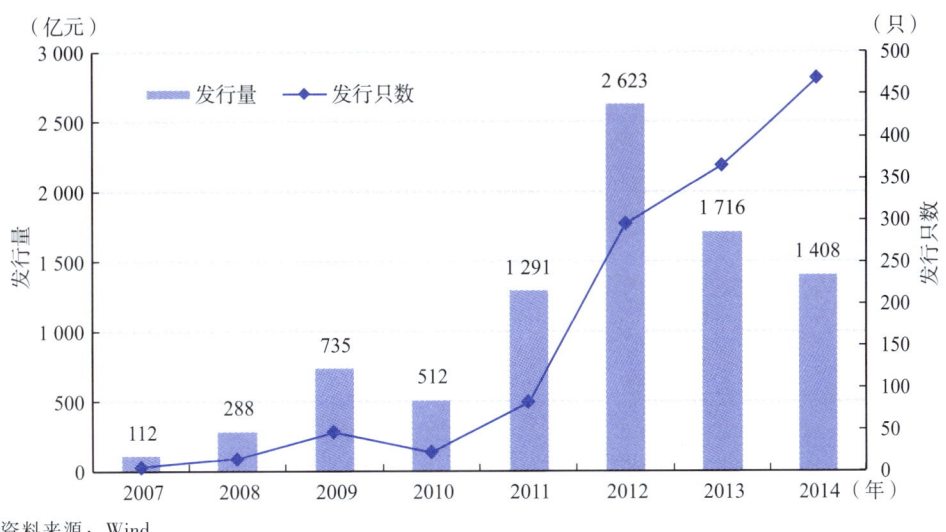

（亿元）｜发行量｜发行只数｜（只）

年份	发行量
2007	112
2008	288
2009	735
2010	512
2011	1 291
2012	2 623
2013	1 716
2014	1 408

资料来源：Wind。

（三）2008年中期票据推出

为了进一步贯彻落实中共中央、国务院关于政府职能转变的有关精神，把适宜于行业协会行使的职能委托或转移给行业协会，并建立政府购买行业协会服务的制度，借鉴国际经验，切实加强市场自律管理，推动债券市场发展，经国务院批准、民政部注册，2007年9月中国银行间市场交易商协会（National Association of Financial Market Institutional Investors，NAFMII）成立，人民银行审批权下放。中国银行间市场交易商协会是由市场参与者自愿组成的，包括银行间债券市场、同业拆借市场、外汇市场、票据市场和黄金市场在内的银行间市场的自律组织。

2008年4月9日，央行发布《银行间债券市场非金融企业债务融资工具管理办法》，交易商协会管理职能进一步明晰。该管理办法提出，企业发行债务融资工具应在交易商协会注册。

2008年4月15日，交易商协会发布《银行间债券市场非金融企业债务融资工具发行注册规则》《银行间债券市场非金融企业短期融资券业务指引》《银行间债券市场非金融企业中期票据业务指引》《银行间债券市场非金融企业债务融资工具信息披露规则》《银行间债券市场非金融企业债务融资工具尽职调查指引》等文件，且召开2008年第一次注册会议，接受了7家发行人的中期票据（简称"中票"）注册，注册额度1 190亿元，首期发行392亿元，中票被推出。

2008年4月22日，首批中票发行成功。铁道部、中国电信、中国交建、五矿集团、中粮集团、中化集团、中核集团等7家机构，共发行8只中票，包含3年和5年两个期限的品种，具体见表2-2。

表 2-2 首批中票列表

债券代码	债券简称	发行机构	发行金额（亿元）	期限（年）	发行日期	主体评级	债券评级	主承销商	发行方式	票面利率（%）
0882004.IB	08中电信MTN1	中国电信股份有限公司	100	3	2008-04-22	AAA	AAA	工商银行、中信证券	簿记建档	5.3
0882006.IB	08中核MTN1	中国核工业集团有限公司	18	5	2008-04-22	AAA	AAA	招商银行	簿记建档	5.5
0882002.IB	08中交建MTN1	中国交通建设股份有限公司	25	3	2008-04-22	AAA	AAA	交通银行	簿记建档	5.3
0882007.IB	铁道部MTN1	中国铁路总公司	50	3	2008-04-22	AAA	AAA	建设银行、工商银行	利率招标	5.08
0882008.IB	铁道部MTN2	中国铁路总公司	150	5	2008-04-22	AAA	AAA	建设银行、工商银行	100亿元利率招标	5.28
0882001.IB	08五矿MTN1	中国五矿集团有限公司	15	3	2008-04-22	AAA	AAA	光大银行	簿记建档	5.3
0882003.IB	08中化MTN1	中国中化股份有限公司	19	5	2008-04-22	AAA	AAA	中信证券	簿记建档	5.5
0882005.IB	08中粮MTN1	中粮集团有限公司	15	3	2008-04-22	AAA	AAA	中信银行、中信证券	簿记建档	5.3

资料来源：Wind。

由于银行间交易商协会采取注册制，对募集资金用途并无强制要求，中票推出后发展迅速，推出第二年发行规模已经超过 6 000 亿元，成为第一大非金融企业信用债品种。中票的年度发行量和净融资额见图 2-5。

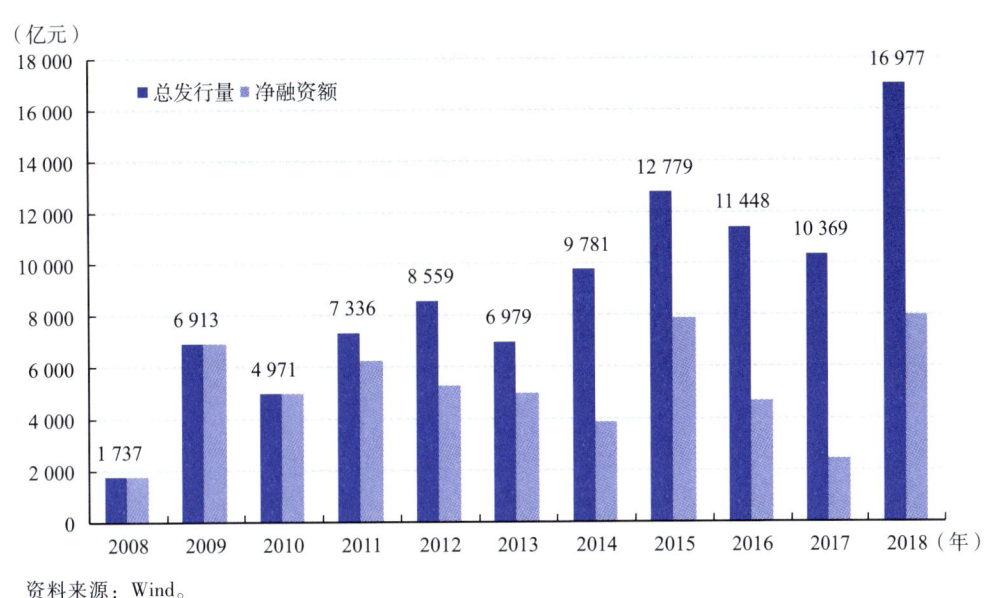

图 2-5　中票年度发行量和净融资额

资料来源：Wind。

中票成功推出后，交易商协会继续推动产品创新，2011 年推出了定向工具，2012 年推出了项目收益票据（ABN），至今都有不错的发展。定向工具的年度发行量和净融资额见图 2-6。

(四) 2009 年"四万亿"助企业债腾飞

企业债是中国信用债市场的第一个品种，但从推出至今，企业债的内涵发生过显著变化。1998 年，央行发布《企业债券发行与转让管理办法》，要求"企业发行债券应提供保证担保"。2004 年 6 月，国家发改委发布《关于进一步改进和加强企业债券管理工作的通知》，提出"发行人应当切实做好企业债券发行的担保工作"。因此这段时间，所发行的企业债均存在担保，而且担保人多是商业银行。

2008 年 1 月，国家发改委发布《关于推进企业债券市场发展、简化发行核准程序有关事项的通知》，对企业债的发行利率确定方式、是否采取担保、发行核准程序等进行改革，现代企业债诞生。

进入 2008 年下半年，全球金融危机爆发，中国经济也受到较大的冲击。为了扩内需保增长，应对国际金融危机，保持经济平稳较快发展，中央政府推出了"四万亿"

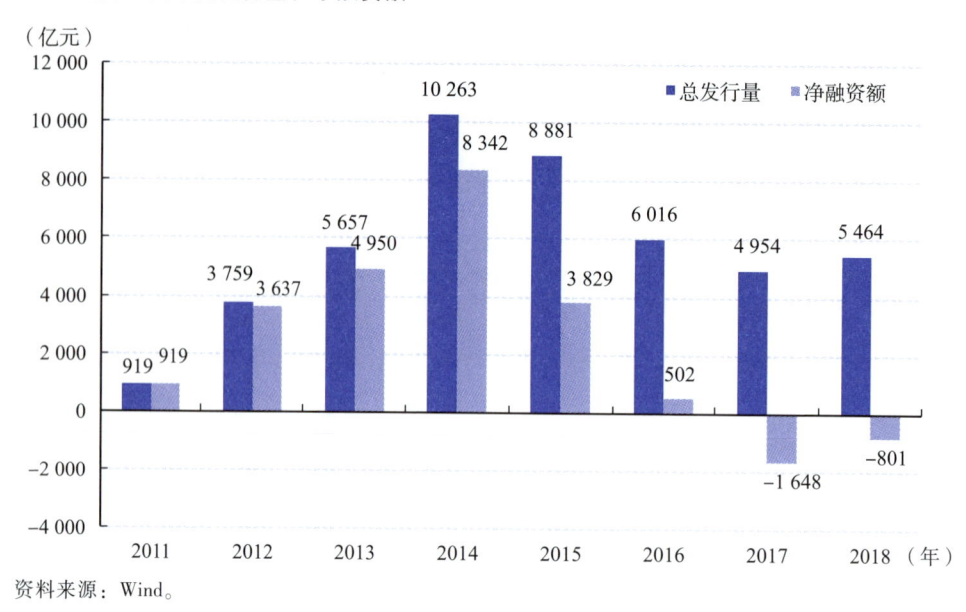

图 2-6 定向工具年度发行量和净融资额

资料来源：Wind。

投资计划。2009 年 3 月 18 日，央行和银监会联合发布《关于进一步加强信贷结构调整促进国民经济平稳较快发展的指导意见》，提出支持有条件的地方政府组建投融资平台，发行企业债、中期票据等融资工具，拓宽中央政府投资项目的配套资金融资渠道。2009 年以后，企业债发行加速，其中城投债占比快速提升。企业债的年度发行额及城投债占比见图 2-7。

图 2-7 企业债年度发行额及城投债发行额占比

资料来源：Wind。

(五) 2012 年试水中小企业私募债

作为中国高收益债的试点，中小企业私募债横空出世。2012 年 5 月，上海证券交易所和深圳证券交易所制定了《中小企业私募债券业务试点办法》，拓宽中小微型企业融资渠道，服务实体经济发展。中小企业私募债券指中小微型企业在中国境内、面向合格投资者、以非公开方式发行和转让，约定在一定期限还本付息的公司债券。

2012～2014 年三年，从可统计的资料来看（私募债信息披露要求低于公募债），分别发行中小企业私募债 131 亿元（114 只）、355 亿元（272 只）和 649 亿元（393 只），每只平均融资额 1.5 亿元。

另外从后续跟踪来看，中小企业私募债由于发行主体规模较小，抗风险能力弱于大型企业，违约率较高。2012～2014 年发行的 779 只中小企业私募债中，截至 2018 年 12 月 31 日，共 38 只发生了债券违约，违约率为 4.88%。

(六) 2015 年新公司债面世

2015 年 1 月，《公司债券发行与交易管理办法》（中国证监会第 113 号令，简称 "第 113 号令"）发布。与《公司债券发行试点办法》等前期的发行制度相比，发行主体放开、投资者群体缩小、审批权下放。主要修订如下：

（1）发行主体范围扩大。根据第 113 号令，股票公开转让的非上市公众公司（所有公司制法人）也可以发行公司债券，其股东可以发行可交换债。原来仅上市公司（包括沪深证券交易所上市的公司及发行境外上市外资股的境内股份有限公司）和证券公司能在证券交易所市场发行公司债券的局面改变。

（2）发行方式多样化，建立非公开发行制度。根据第 113 号令，公司债券可以公开发行，也可以非公开发行。之前公司债券仅可公开发行。交易所非公开发行的品种仅有中小企业私募债、证券公司短期公司债券、创业板私募债以及证券公司次级债等。同时，对于非公开发行的公司债券，仅面向合格投资者发行，每次发行对象不得超过 200 人。

（3）将公司债券公开发行区分为面向公众投资者的公开发行和面向合格投资者的公开发行两类。也即是说，相比原来，面向公众投资者发行的公司债券标准被提高。这一变化也意味着：传统的交易所债券市场开始向机构投资者市场转型。

新公司债推出后，审批权由证监会下放至证券交易所，公司债发行速度明显加快。2015 年，公司债发行规模首次突破 1 万亿元，是 2014 年的 7 倍多。2015～2018 年，公司债每年发行规模都超过万亿元，至今公司债已经成为我国信用债第一大品种。公司债年度发行量与净融资额见图 2-8。

图 2-8　公司债年度发行量与净融资额数走势

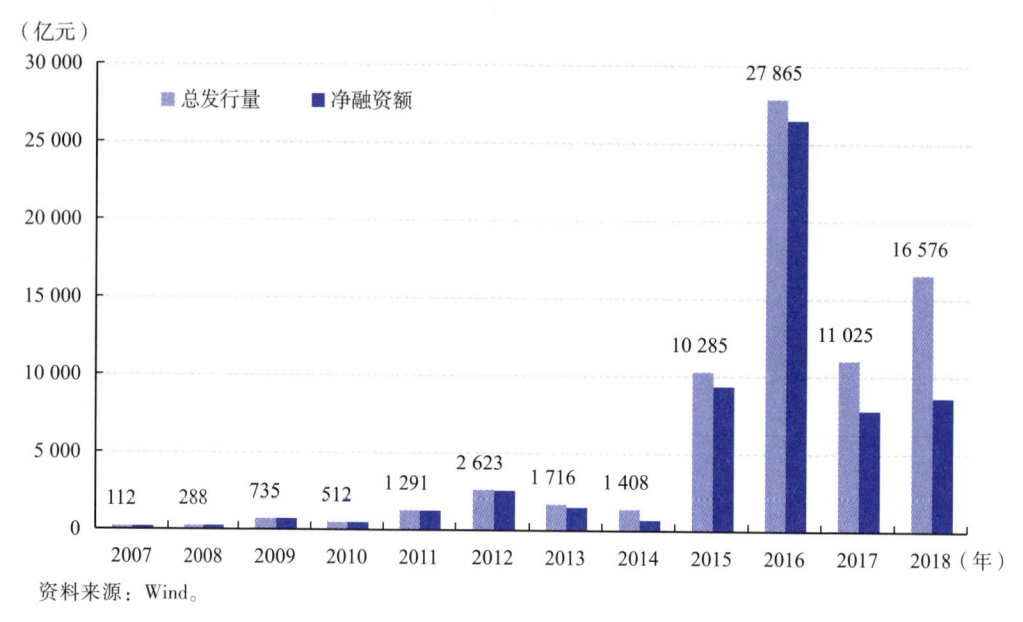

年份	总发行量
2007	112
2008	288
2009	735
2010	512
2011	1 291
2012	2 623
2013	1 716
2014	1 408
2015	10 285
2016	27 865
2017	11 025
2018	16 576

资料来源：Wind。

总而言之，经过10余年的快速发展，我国信用债格局如下：中国非金融企业债券融资有三个主要的监管机构，分别是央行主管的中国银行间市场交易商协会、国家发改委以及中国证监会。然后各个监管机构下面，有相应的信用债品种，具体划分见图 2-9。

图 2-9　信用债分类及存量规模一览

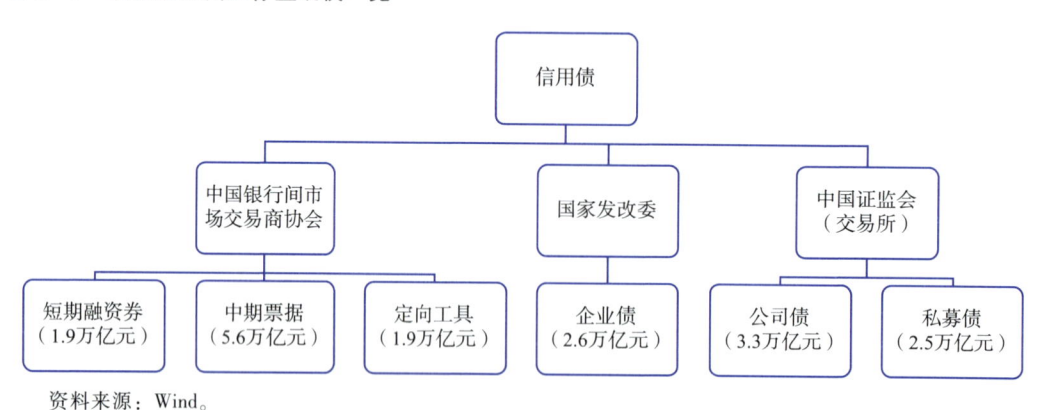

- 信用债
  - 中国银行间市场交易商协会
    - 短期融资券（1.9万亿元）
    - 中期票据（5.6万亿元）
    - 定向工具（1.9万亿元）
  - 国家发改委
    - 企业债（2.6万亿元）
  - 中国证监会（交易所）
    - 公司债（3.3万亿元）
    - 私募债（2.5万亿元）

资料来源：Wind。

注：存量规模为截至 2018 年 12 月 31 日数据。

第三章

中国信用债市场现状

第一节 市场规模

一、总览

截至 2018 年 12 月 31 日,中国债券市场总规模 85.7 万亿元,为 2018 年国内生产总值的 95%,见图 3 - 1。2007 ~ 2018 年 12 年间,债市总量复合增长率 119%。

图 3 - 1 中国债券市场总规模及证券化率

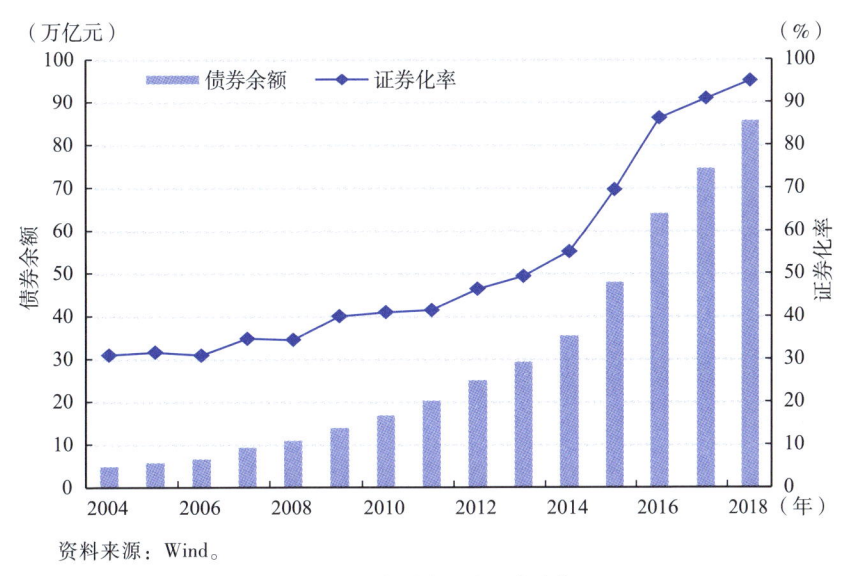

资料来源:Wind。

注:证券化率 = 中国债券市场总规模/当年国内生产总值 × 100。

其中,截至 2018 年 12 月 31 日,非金融企业信用债占比 26.4%(按照存量规模计算),仍不到三成。纵向来看,非金融企业信用债占比最高的年份是 2014 年,当年占比高达 34%。利率债、金融债和非金融信用债余额占比见图 3 - 2。

具体品种来看,截至 2018 年 12 月 31 日,公司债是第一大非金融企业信用债品种,余额占全部债券比例 6.8%;其次是中期票据,占比6.6%，具体见图3-3。

图3-2 中国主要债券余额占比

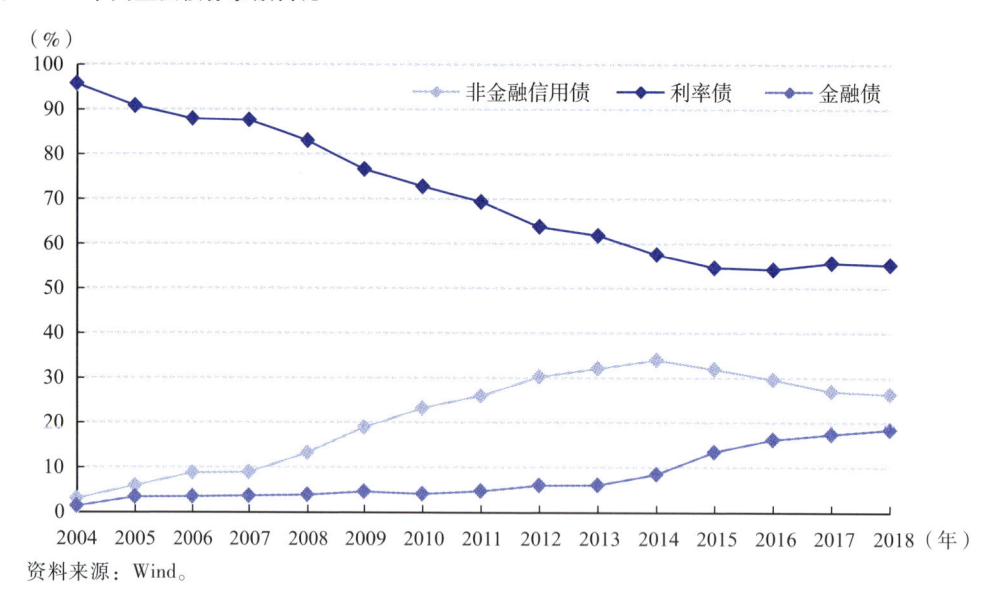

资料来源：Wind。

图3-3 中国主要债券品种及存量

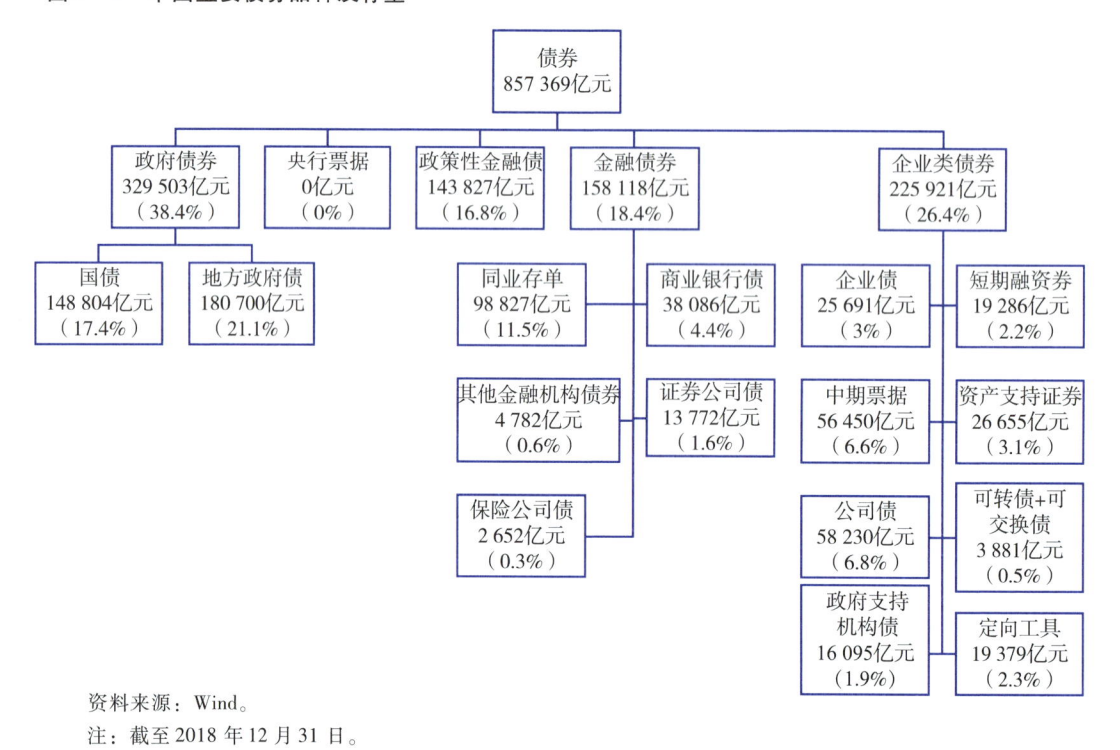

```
                                        债券
                                      857 369亿元
     ┌──────────┬──────────┬──────────┼──────────┬──────────┐
  政府债券      央行票据   政策性金融债   金融债券     企业类债券
  329 503亿元   0亿元     143 827亿元  158 118亿元  225 921亿元
  （38.4%）    （0%）     （16.8%）    （18.4%）    （26.4%）
  ┌─────┬─────┐             ┌─────┬─────┐      ┌─────┬─────┐
 国债   地方政府债           同业存单 商业银行债    企业债   短期融资券
 148 804亿元 180 700亿元    98 827亿元 38 086亿元  25 691亿元 19 286亿元
 （17.4%）  （21.1%）       （11.5%）  （4.4%）    （3%）    （2.2%）
                           其他金融机构债券 证券公司债  中期票据   资产支持证券
                           4 782亿元    13 772亿元  56 450亿元 26 655亿元
                           （0.6%）    （1.6%）    （6.6%）   （3.1%）
                           保险公司债               公司债    可转债+可
                           2 652亿元               58 230亿元 交换债
                           （0.3%）                （6.8%）   3 881亿元
                                                            （0.5%）
                                                   政府支持
                                                   机构债    定向工具
                                                   16 095亿元 19 379亿元
                                                   （1.9%）   （2.3%）
```

资料来源：Wind。
注：截至2018年12月31日。

按照可交易的场所来划分，银行间是债券最主要的交易场所。截至2018年12月31日，银行间可交易债券占比超过50%，具体见图3-4。

图 3-4 存量债券占比：按可交易的场所划分

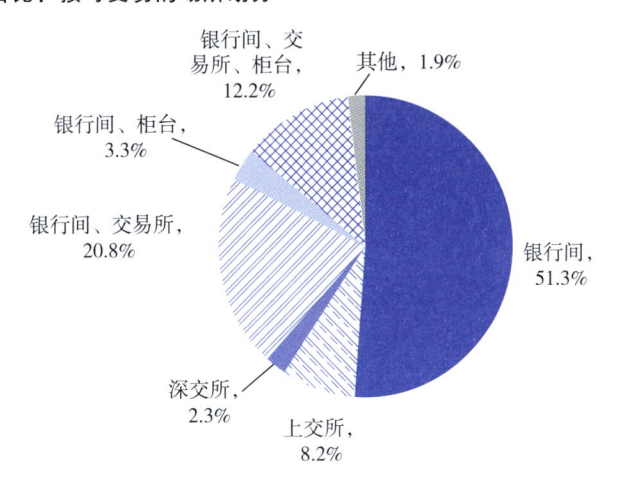

资料来源：Wind。

注：划分为银行间、交易所的债券是指同时在银行间和交易所上市的，比如大部分企业债。

按照实际成交额来看，2018 年债券总成交额为 150 万亿元，其中银行间成交额占比 99%，见图 3-5。

图 3-5 债券成交量及银行间市场成交量占比

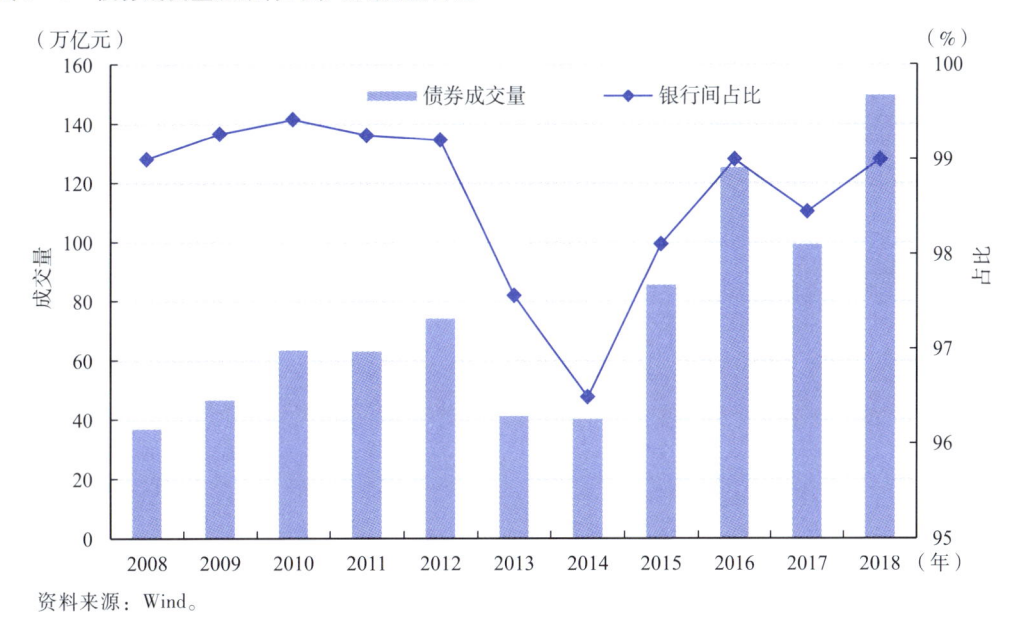

资料来源：Wind。

二、信用债总览

虽然非金融企业信用债占比不足三成，但从相对发展速度来看，信用债的扩容速度并不慢。2010 年以来的 9 年间，中国信用债市场从 2.6 万亿元的存量发展到了 22.6 万亿元，翻了约 8.7 倍。中国信用债市场债券只数和余额见图 3-6。

图 3-6 中国信用债市场存量

资料来源：Wind。

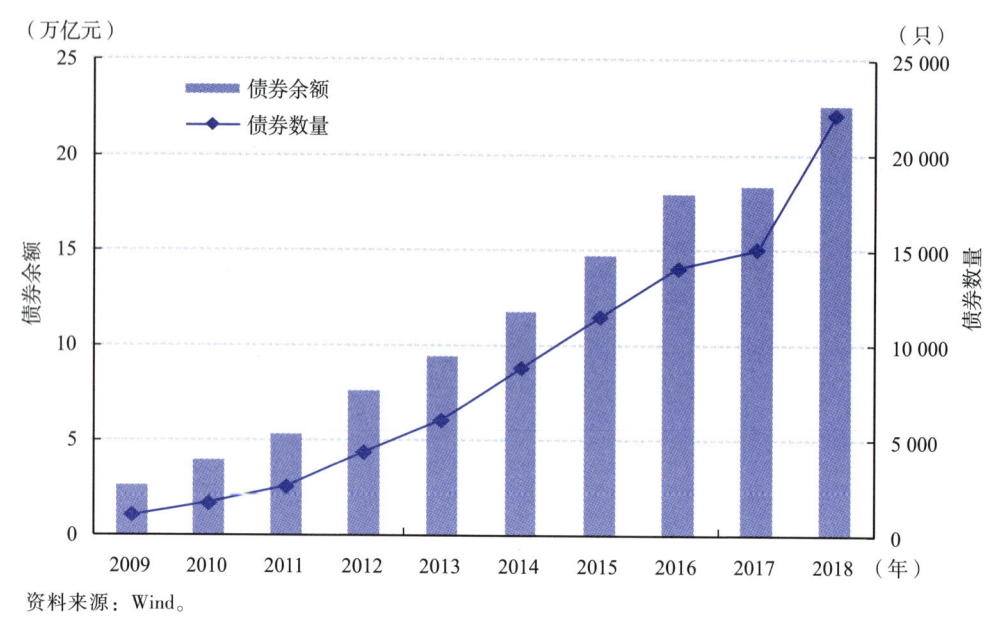

分品种来看，不同监管部门主导的中票短融、企业债以及公司债在不同阶段均充当过扩容主力军。截至 2018 年 12 月 31 日，非金融企业信用债中，公司债余额占比 25.8%、中票占比 25%、企业债占比 11.4%、定向工具 8.6%、短期融资券占比 8.5%，如图 3-7 所示。

图 3-7 主要信用债余额占比

资料来源：Wind。

成交量方面，2018年非金融企业信用债成交额19.3万亿元，占总体成交额12.9%，具体见图3-8。信用债成交额占比明显低于余额占比，成交活跃度相对较低。

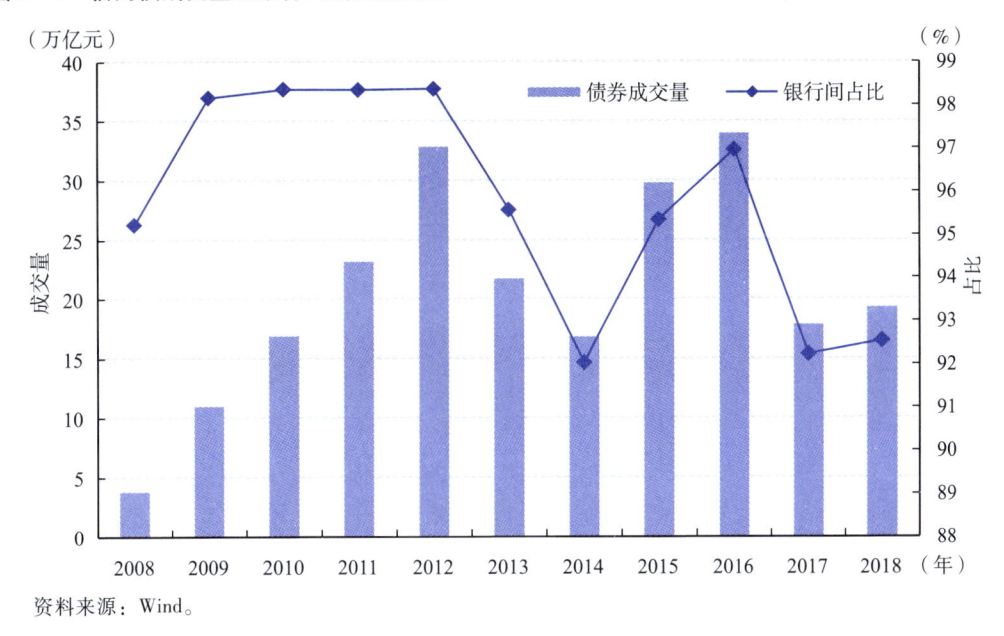

图3-8 信用债成交量及银行间成交量占比

资料来源：Wind。

第二节 投资者结构

债券市场是以机构投资者为主的市场，2015年以后这种状况进一步加深。2015年以前，个人投资者可以在交易所市场买卖大部分债券。2015年《公司债券发行与交易管理办法》发布，对债券投资者进行适当性管理，名下金融资产不低于人民币300万元的个人投资者属于合格投资者。而不满足条件的公众投资者则只能购买"向公众投资者公开发行的债券"，这类债券一般是外部信用评级AAA的部分债券。

截至2018年12月31日，以中债登数据来看（中债登托管量2018年底占总体债市67%，仍具有一定的代表性），具体见图3-9，债券持有量前三的投资者分别是：商业银行、广义基金和特殊结算成员，它们的中债登托管量占比分别为63.9%、17.4%和6.4%。

图 3-9 债券投资者债券托管量分布（中债登）

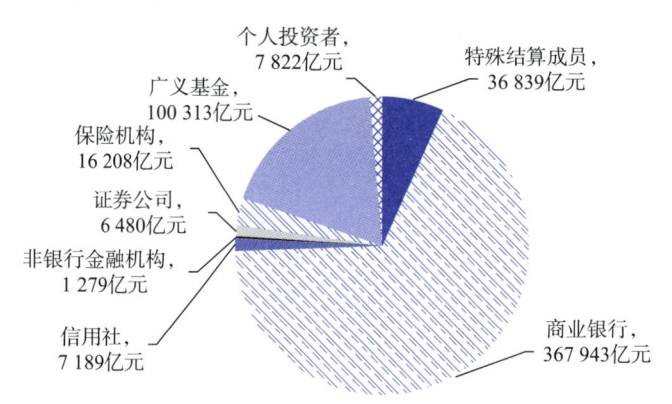

个人投资者，7 822亿元
特殊结算成员，36 839亿元
广义基金，100 313亿元
保险机构，16 208亿元
证券公司，6 480亿元
非银行金融机构，1 279亿元
信用社，7 189亿元
商业银行，367 943亿元

资料来源：Wind。

一、商业银行

近些年来，商业银行一直是债券市场的第一大投资者。不过随着金融市场的快速发展，商业银行在债券市场的托管量占比呈下滑态势。截至2018年12月31日，商业银行中债登托管量36.8万亿元，占比63.9%。商业银行在中债登的年度债券托管量及占比见图3-10。

图 3-10 商业银行债券托管量及占比（中债登）

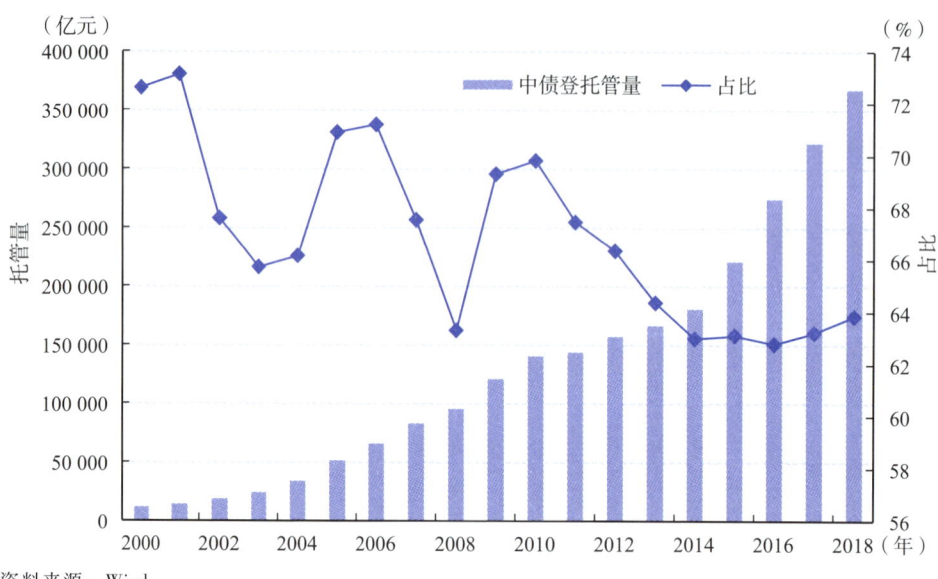

资料来源：Wind。

从商业银行的债券持仓来看，商业银行偏好利率债。截至2018年12月31日，地方政府债占比36.7%、记账式国债占比21.2%，政策性金融债占比21.1%，商业银行持有利率债占比高达79%（同时统计中债登和上清所的托管量），具体见图3-11。非金融企业信用债方面，商业银行持有中期票据10 239亿元、企业债5 195亿元以及短期融资券4 695亿元。

图 3-11　商业银行各券种持仓占比

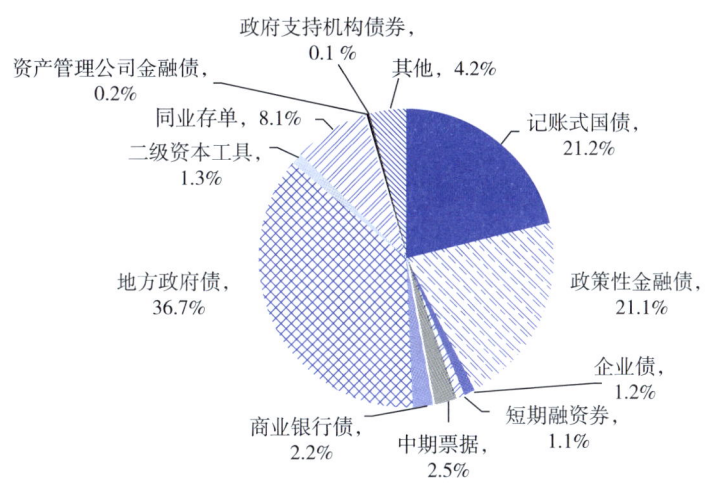

- 记账式国债, 21.2%
- 政策性金融债, 21.1%
- 企业债, 1.2%
- 短期融资券, 1.1%
- 中期票据, 2.5%
- 商业银行债, 2.2%
- 地方政府债, 36.7%
- 二级资本工具, 1.3%
- 同业存单, 8.1%
- 资产管理公司金融债, 0.2%
- 政府支持机构债券, 0.1%
- 其他, 4.2%

资料来源：Wind。

二、保险机构

保险机构曾经是债券市场第二大投资机构。不过，2012 年以后，它的地位开始被广义基金超越。截至 2018 年 12 月 31 日，保险机构的中债登债券托管量1.62 万亿元，占比 2.8%。保险机构在中债登的年度债券托管量及占比见图 3-12。

图 3-12　保险机构债券托管量及占比（中债登）

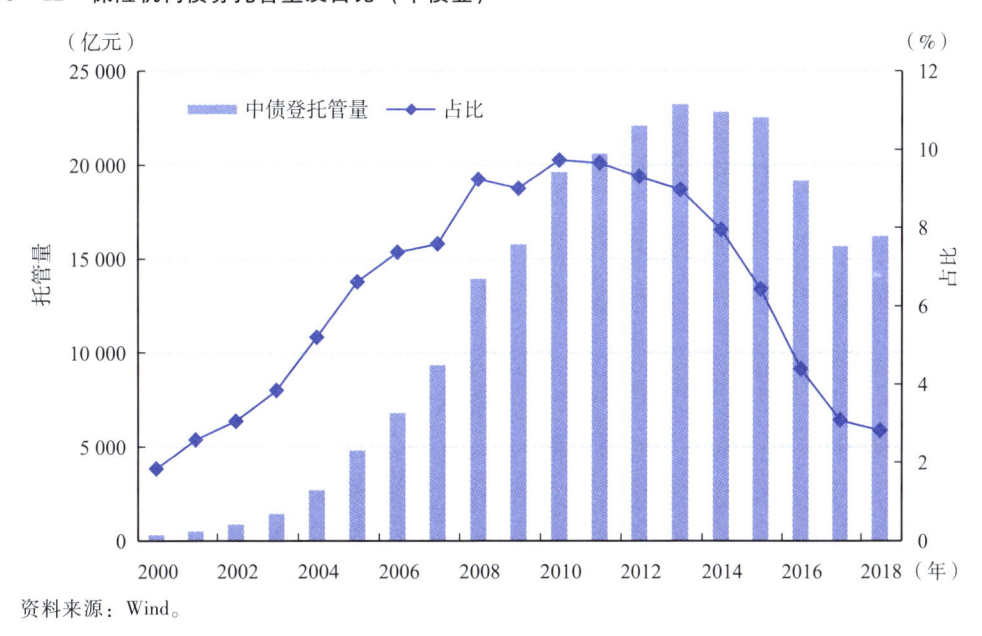

资料来源：Wind。

和商业银行相似，保险也偏好利率债。截至 2018 年 12 月 31 日，记账式国债占比 17.3%，政策性金融债占比 32.2%，地方政府债 1.9%，保险机构持有利率债占比高达 51.4%（同时统计中债登和上清所的托管量），具体见图 3－13。非金融企业信用债方面，保险机构持有中期票据 2 210 亿元、企业债 887 亿元以及短期融资券 104 亿元。

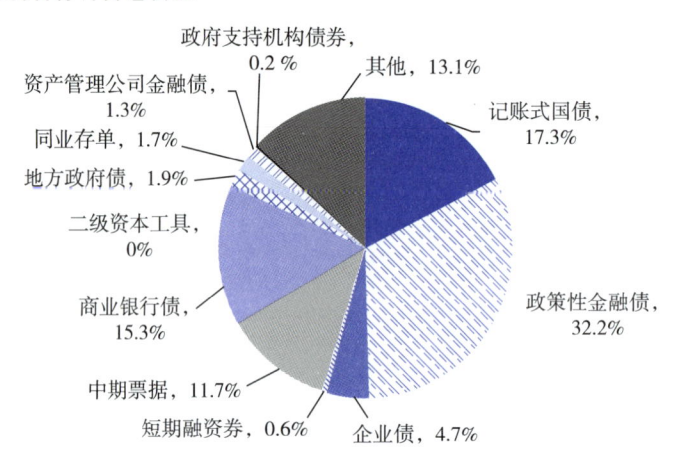

图 3－13　保险机构各券种持仓占比

资料来源：Wind。

三、广义基金

广义基金是中债登托管数据中的一个口径，包含证券基金、年金、基金公司、社保基金、基金会、产业基金、保险产品、信托计划、基金特定组合、证券公司资产管理计划等，它和上清所的"非法人机构"口径类似（2018 年底最新版的中债登托管数据中，原来的广义基金项被分为非法人产品和基金公司及基金会两个分项，历史对比时需注意口径变化）。

笔者认为，广义基金可简化理解为资产管理产品的总和。2013 年银监会 8 号文发布后，银行理财配置标准化债权资产（标准化债权资产的定义：在银行间市场及证券交易所市场交易的债权性资产）占比提升。截至 2018 年 12 月 31 日，广义基金中债登托管量 10 万亿元，占比 17.4%，分别较 2012 年增加 7.7 万亿元和 7.5%。广义基金在中债登的年度债券托管量及占比见图 3－14。

从广义基金的债券持仓结构来看（同时统计中债登和上清所的托管量），持仓占比最高的分别是同业存单（24.4%）、中期票据（18.9%）以及政策性金融债（18.9%），具体见图 3－15。和银行保险对比，广义基金持有信用债的占比较高，广义基金是信用债的第一大持有人。

图 3-14 广义基金债券托管量及占比（中债登）

资料来源：Wind。

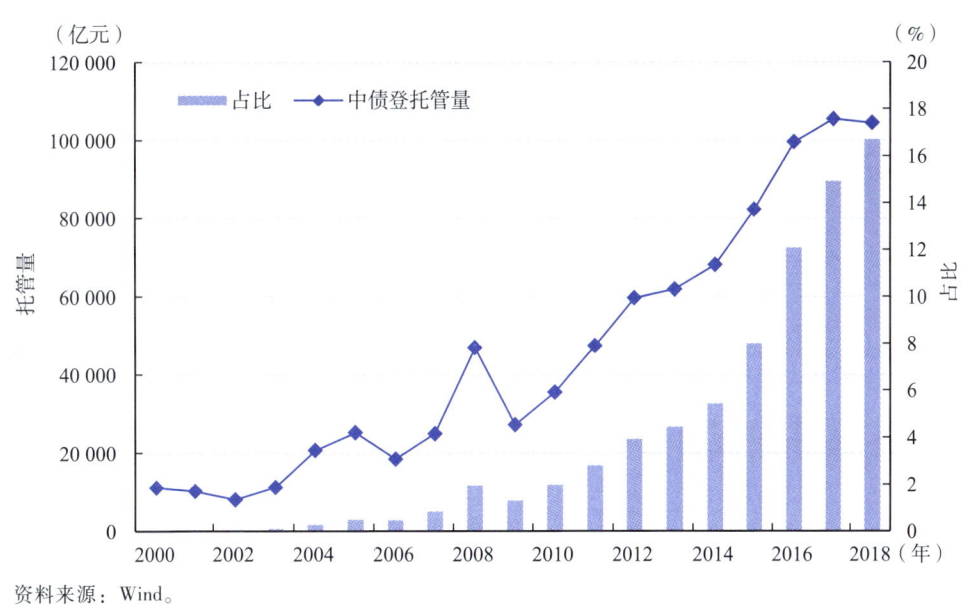

图 3-15 广义基金各券种持仓占比

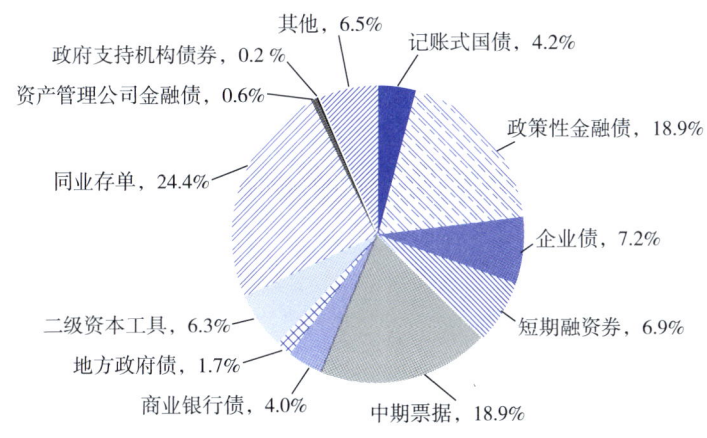

资料来源：Wind。

四、证券公司

与前三类机构投资者相比，证券公司债券持有量占比一直偏低。截至 2018 年 12 月 31 日，证券公司在中债登的托管量 6 480 亿元，占比 1%。证券公司在中债登的年度债券托管量及占比见图 3-16。

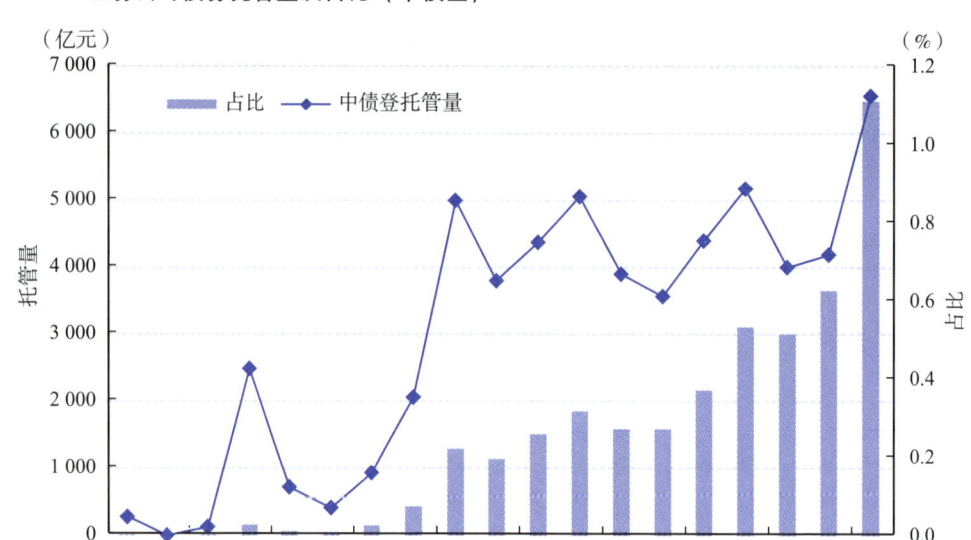

图 3-16　证券公司债券托管量及占比（中债登）

资料来源：Wind。

从债券持仓结构来看（同时统计中债登和上清所的托管量），相比前面三类机构，证券公司信用债持仓比例更高。截至 2018 年 12 月 31 日，证券公司持仓占比最高的分别是中期票据（22.4%）、政策性金融债（15.4%）以及企业债（15.3%），具体见图 3-17。

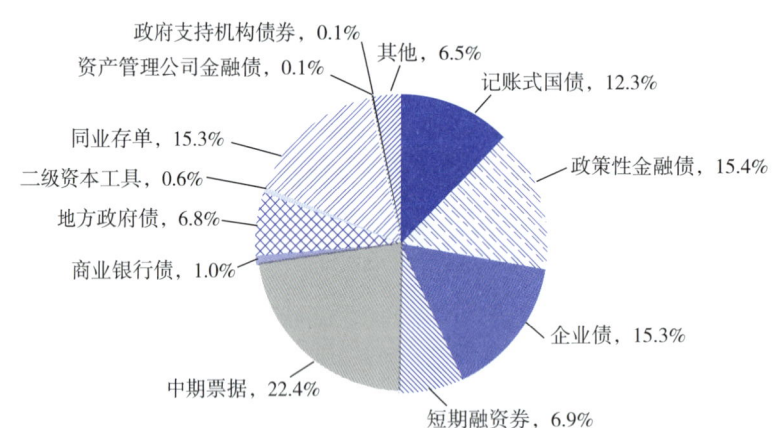

图 3-17　证券公司各券种持仓占比

- 政府支持机构债券，0.1%
- 资产管理公司金融债，0.1%
- 其他，6.5%
- 记账式国债，12.3%
- 同业存单，15.3%
- 政策性金融债，15.4%
- 二级资本工具，0.6%
- 地方政府债，6.8%
- 商业银行债，1.0%
- 企业债，15.3%
- 中期票据，22.4%
- 短期融资券，6.9%

资料来源：Wind。

单独观察非金融企业信用债，笔者统计了企业债、中票和短融的投资者结构。截至 2018 年 12 月 31 日，广义基金是第一大投资者，占比 70.1%；其次是商业银行，占比 21.1%，具体见图 3-18。具体到单个信用债品种中，该比例变化不大。例如中期票据，广义基金持仓量占比 71.7%，商业银行占比 19.4%。

图 3-18 主要非金融企业信用债（中票+短融+托管在中债登的企业债）投资者持仓比例

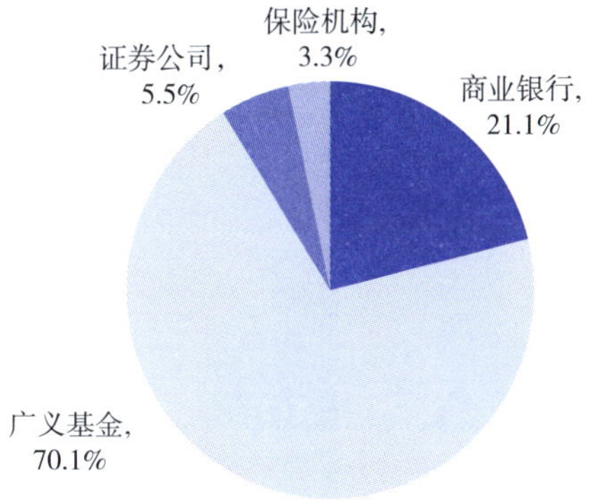

资料来源：Wind。

总的来看，伴随着金融改革的推进，资管大时代开启后，以银行理财为首的资管资金逐渐成债券市场的主要投资者之一，对于信用债市场来说尤其明显。

第三节 违约概览

2014 年 3 月 5 日，由 A 股上市公司超日太阳（代码 002506，2015 年重组改名为协鑫集成）发行的公司债 11 超日债利息违约，打破中国债券市场零违约局面。

2014~2018 年的五年间，共 56 个公募债券发行人出现债券违约，其中 2016 年和 2018 年是违约数量较多的年份，分别有 13 个和 27 个发行人违约。私募债券中，至今共 47 个债券发行人违约，但私募债违约数量较多的年份是 2015 年和 2018 年（以上统计不考虑发行人重复违约，且不考虑股权交易中心的债券。另外私募债券由于信息披露不全，统计可能存在遗漏），具体见图 3-19。

比较来看，公募债与私募债的违约节奏存在差异。笔者认为，这种差异主要是因为 2015~2016 年有较多的中小企业私募债到期违约。如果单独观察公募债的违约情况，过去五年公募债券违约数量和中国经济增长有一定的相关性。2015 年和 2018 年是中国经济增速较差的年份，它们的违约数量也明显多于经济较好的 2017 年。

另外从违约率来看，笔者以每年年底信用债余额作为分母，当年债券违约金额作为分子，2014~2018 年全部债券的违约率分别为 0.01%、0.08%、0.21%、0.20% 和 0.67%。债券年度违约金额及违约率见图 3-20。

图 3－19　首次债券违约发行人数量

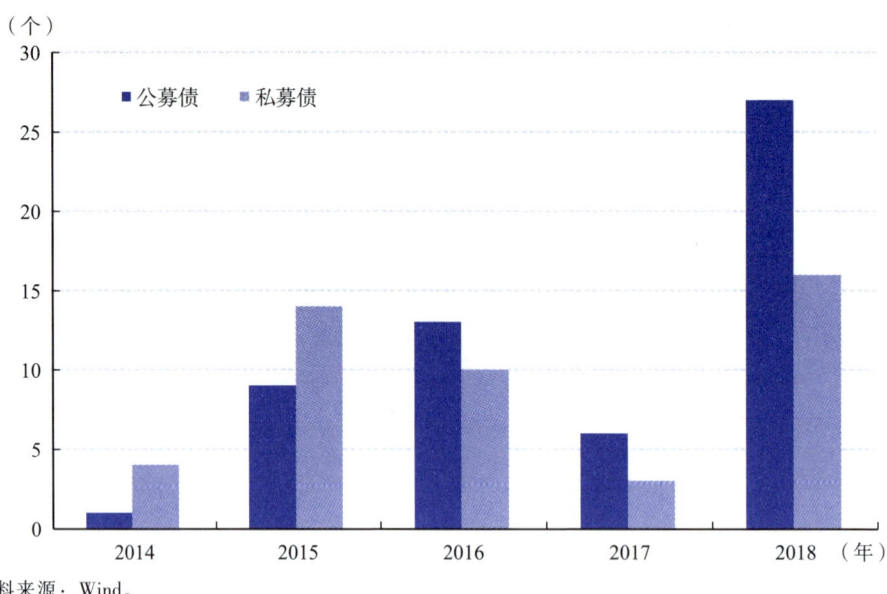

资料来源：Wind。

图 3－20　债券违约金额及违约率

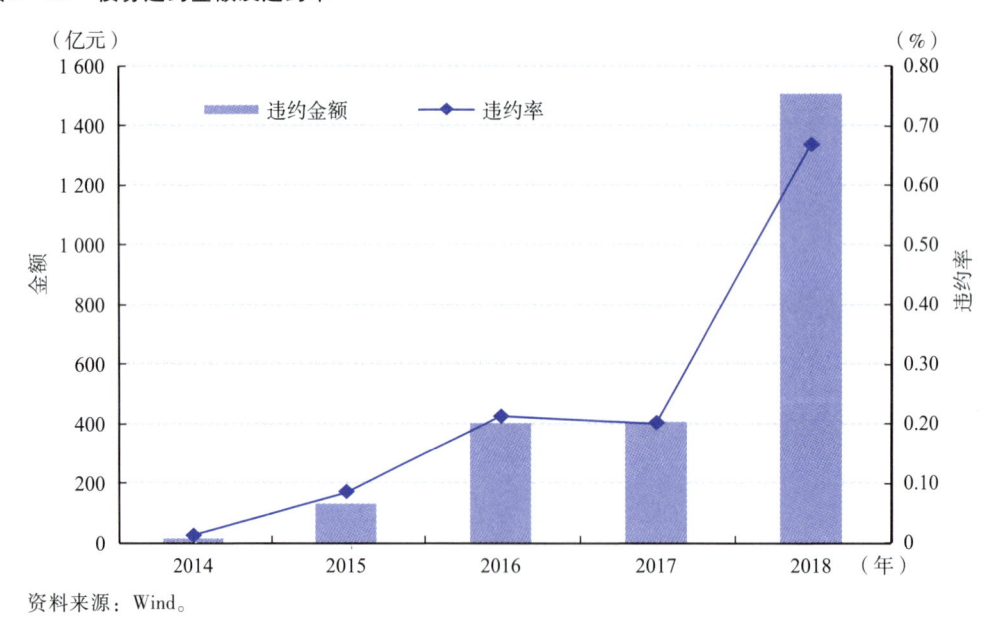

资料来源：Wind。

分析违约企业初始主体评级分布，初始评级为 AAA 的债券发行人违约的数量明显低于 AA（以公募债违约发行人为样本）。2014～2018 年债券违约发行人的初始评级分布见图 3－21。

图 3-21　2014~2018 年债券违约发行人的初始评级分布

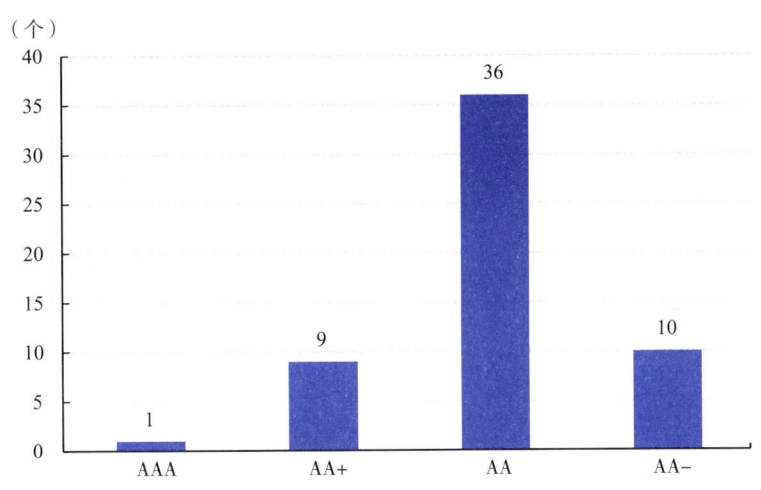

资料来源：Wind。

从已违约企业属性来看，民企占比最高。2014~2018 年五年间，违约民企共 70 个。2014~2018 年债券违约发行人的企业属性分布见图 3-22。

图 3-22　2014~2018 年债券违约发行人的企业属性分布

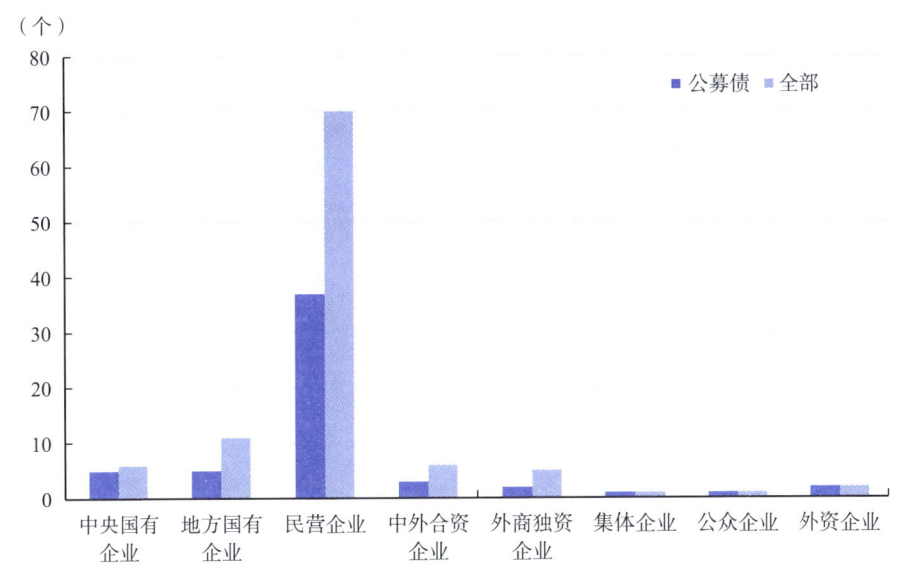

资料来源：Wind。

从行业分布来看，化工、机械设备、商业贸易的违约发行人数量分别为 9 个、8 个和 8 个，具体见表 3-1。

表 3-1　2014~2018 年已违约债券发行人行业分布

申万行业	个数	申万行业	个数	申万行业	个数	申万行业	个数
综合	13	采掘	6	有色金属	3	传媒	2
化工	9	交通运输	6	轻工制造	2	休闲服务	1
机械设备	8	纺织服装	5	钢铁	2	建筑材料	1
商业贸易	8	公用事业	5	国防军工	2	医药生物	1
建筑装饰	6	电气设备	4	农林牧渔	2	计算机	1
食品饮料	6	房地产	4	电子	2	非银金融	1

资料来源：Wind。

整体来看，随着中国信用债市场的扩容，发生违约的债券发行人数量逐渐增多。从历史数据来看，首次发生违约的公募债券发行人数量和国内经济状况有一定的相关性，当经济状况较差时，违约数量增加。

第二篇
投资策略

债券投资的过程，是对三种杠杆的使用（如图1所示）。

图1 债券投资策略分解

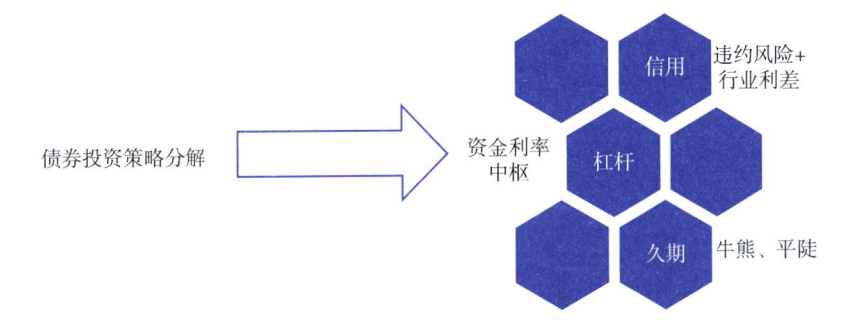

（1）资金杠杆：通行的债券投资中资金杠杆非常普通。举个例子：100元自有资金购买债券后，把所得债券质押融资获得40元（质押率0.4），再购买40元债券，这个过程实现了资金杠杆1.4倍。

（2）久期杠杆：一般情况下，债券期限越长，收益率越高。通过购买长期限的债券，可以获得更高的收益率。

（3）信用杠杆：购买信用债券，通过比利率债多承担一定的风险来获得更高的收益率。

本篇主要是针对第三类杠杆——信用杠杆的投资策略研究。笔者分别从信用利差和行业利差两个层次，对信用杠杆进行阐述。

第四章

信用债投资框架

第一节 投资级信用债和高收益信用债是不同类属资产

一、几个例子

持有某个信用债,投资者通常面临两种风险:一是利率风险,二是信用风险。利率风险指债券价格随着利率上升下降的风险;信用风险指发行人无法履行及时付息或还本的风险。

以第一只违约债券 11 超日债为例(11 超日债基本要素见表 4-1,价格走势见图 4-1),笔者把它的价格驱动因素分解如下:

表 4-1 11 超日债基本要素

债券代码	112061.SZ	债券简称	11 超日债
发行人	上海超日太阳能科技股份有限公司	发行人行业	电子
起息日期	2012-03-07	公司属性	外资企业
到期日期	2017-03-07	担保人	
回售日期	2015-03-09	担保人属性	
主体等级(发行时)	AA	抵质押品	
债项等级(发行时)	AA	主承销商	中信建投证券股份有限公司
票面利率(%,发行时)	8.98	评级公司	鹏元
发行期限(年)	5.0	发行规模(亿元)	10.0

资料来源:Wind。

图 4-1　11 超日债价格走势

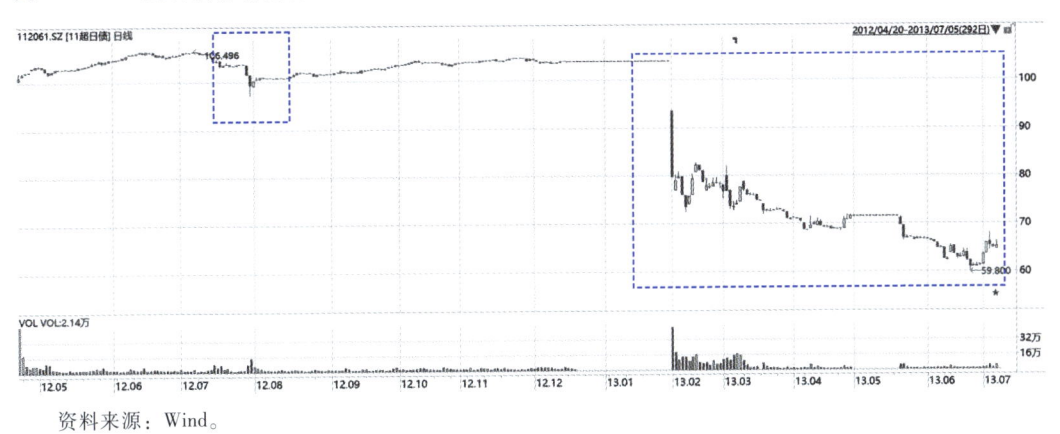

资料来源：Wind。

1. 利率风险为主：2012 年 4 月 20 日（上市日）~7 月 6 日。

期间投资者对超日太阳的信用风险认识基本无变化，11 超日债价格波动主要跟随整体债券市场，体现的主要是利率风险。

2. 信用风险为主，此时的信用风险主要表现为降级风险：2012 年 7 月 9 日~8 月 1 日。

期间有两个事件让投资者对 11 超日债信用风险担忧上升：一是 2012 年 6 月 30 日，鹏元把公司评级展望由稳定下调为负面；二是 2012 年 7 月 14 日，公司公告修正 2012 年半年度业绩预告，将归属于母公司净利润由此前预告的同比增长 -30%~10%（即 0.92 亿~1.45 亿元）修正为亏损 1.2 亿~1.5 亿元。观察 11 超日债价格波动的时点，业绩预告是价格大跌的直接触发因素，这一期间 11 超日债价格走势见图 4-2。

不过值得注意的是，与第四个时期存在明显区别的是，这时投资者对公司的信用风险担忧还主要是降级风险，即还停留在担忧偿债能力弱化，并没有上升到违约风险的层面。

3. 利率风险和信用风险交织，信用风险担忧有所下降：2012 年 8 月 2 日~12 月 19 日（12 月 20 日起股票、债券停牌）。

消息层面上，公司业绩预告扭亏，投资者信用风险担忧下降。2012 年 10 月 18 日，公司公告三季报扭亏，同时预告全年盈利，公司经营状况出现好转迹象。

4. 信用风险之违约风险上升：2013 年 2 月 1 日~7 月 5 日。①

2012 年 12 月 20 日公司停牌后，公司经营状况变化较大。包括媒体报道公司部分

---

① 因连续亏损两年，11 超日债 2013 年 7 月 8 日起暂停上市。

贷款及货款逾期被债权人起诉、资产被查封，鹏元再次下调公司评级，公司再次大幅下修2012年全年业绩，公司收到证监会立案调查通知等。与之对应的是，2013年2月1日公司债复牌后，当天暴跌-23.3%，收在79.75元，11超日债价格波动率明显放大，这一期间11超日债价格走势见图4-3。

图4-2 11超日债价格走势（2012年6~9月）

资料来源：Wind。

图4-3 11超日债价格走势（2013年2~7月）

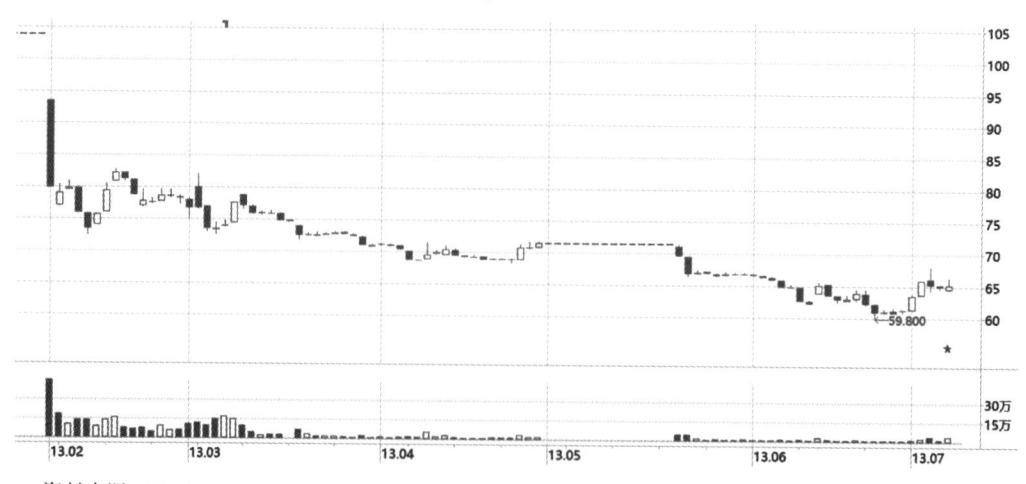

资料来源：Wind。

之后，公司又陆续发生：被媒体报道正在申请破产保护，鹏元三度、四度下调公司评级，公司 2012 年年报继续亏损，11 超日债因公司连续两年亏损在集中竞价系统和综合协议交易平台暂停上市等。这一阶段 11 超日债的信用风险从降级风险升级为违约风险，进入高收益信用债的行列。

从 11 超日债的例子来看，信用债投资的一个重要分水岭是违约风险。当投资者认为违约风险明显增大时，发行人可能不能偿还利息和本金后，这时债券价格将暴跌。但是当违约风险仍可控时，即使企业的经营状况有所波动，信用债的价格波动仍相对较小。换句话说，债券价格和公司经营状况并不是线性关系，在公司经营状况恶化至违约风险放大的节点时，债券价格和公司经营状况的相关性斜率将明显增陡，如图 4-4 所示。

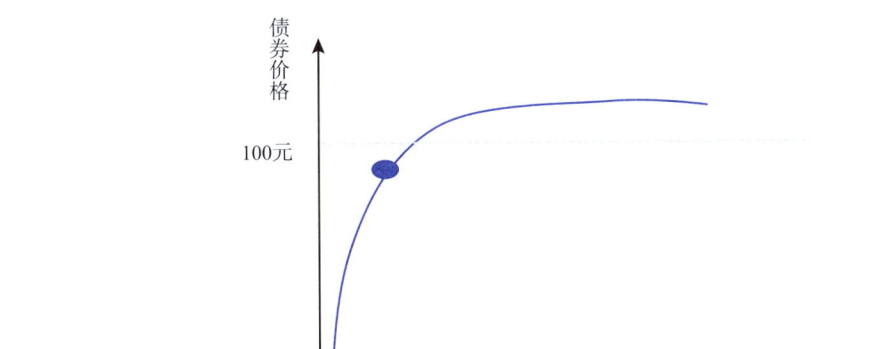

图 4-4 债券价格和公司经营状况走势

其他经营业绩明显恶化的部分公司债券价格走势如图 4-5（12 中富 01）、图 4-6（16 万达 02）和图 4-7（15 康美债）所示，当债券进入高收益债行列后，债券价格波幅均快速放大。

二、他山之石：来自美国市场的数据支持

表 4-2 是阿马托（J. D. Amato）和雷莫洛纳（E. M. Remolona）用 1997 年 1 月 ~ 2003 年 8 月美国公司债收益率数据计算的各等级信用利差和预期违约损失平均数。数据显示：

（1）BBB 及以下信用债中，预期损失占比明显攀升。

图 4-5　12 中富 01 价格走势

资料来源：Wind。

图 4-6　16 万达 02 价格走势

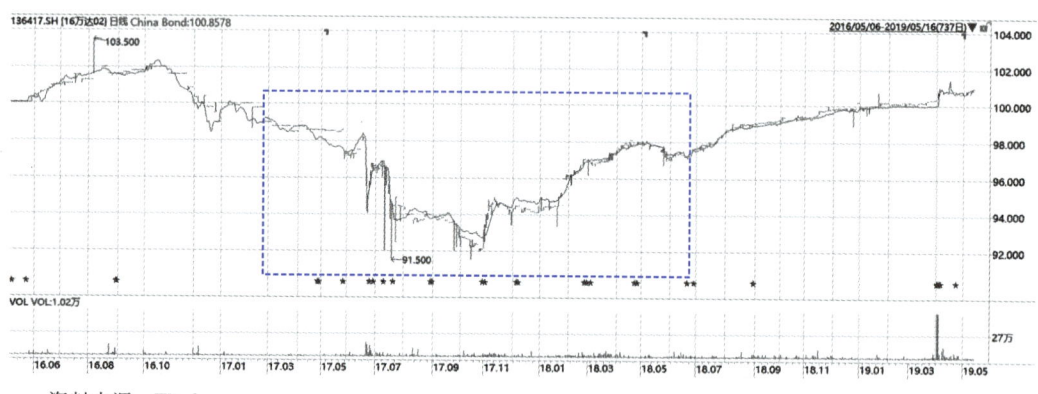

资料来源：Wind。

图 4-7　15 康美债价格走势

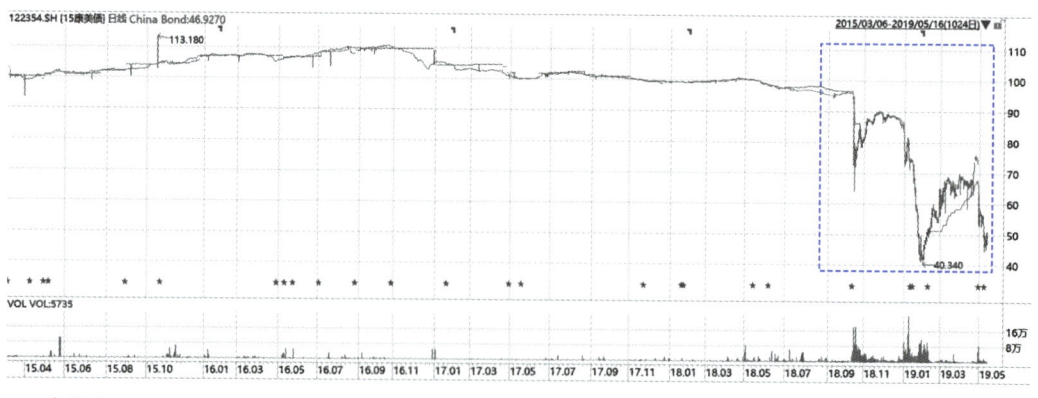

资料来源：Wind。

（2）BBB 级以上品种，预期损失占信用利差比重非常小。而且等级越高，占比越小；期限越长，占比越高。

（3）不同的信用等级，利率期限结构不一样。BBB 以上品种为正向的利率曲线，表示期限越长，信用利差越大；BBB 级为凸形利率曲线，5~7 年期品种信用利差最高；BB 及以下，利率期限结构是负向的，期限越长，信用利差越小。

表 4-2　信用利差和预期违约损失比较

信用级别	1~3 年 信用价差（BP）	1~3 年 预期损失（BP）	1~3 年 占比（%）	3~5 年 信用价差（BP）	3~5 年 预期损失（BP）	3~5 年 占比（%）	5~7 年 信用价差（BP）	5~7 年 预期损失（BP）	5~7 年 占比（%）	7~10 年 信用价差（BP）	7~10 年 预期损失（BP）	7~10 年 占比（%）
AAA	49.5	0.06	0.12	63.86	0.18	0.28	70.47	0.33	0.47	73.95	0.61	0.82
AA	58.97	1.24	2.10	71.22	1.44	2.02	82.36	1.86	2.26	88.57	2.7	3.05
A	88.82	1.12	1.26	102.91	2.78	2.70	110.71	4.71	4.25	117.52	7.32	6.23
BBB	168.99	12.48	7.39	170.89	20.12	11.77	185.34	27.17	14.66	179.63	34.56	19.24
BB	421.2	103.09	24.48	364.55	126.74	34.77	345.37	140.52	40.69	322.32	148.05	45.93
B	760.84	426.16	56.01	691.81	400.52	57.89	571.94	368.38	64.41	512.43	329.4	64.28

资料来源：Amato, J. D. and E. M. Remolona（2004）. The credit spread puzzle [J]. BIS Quarterly Review,（5）：51-63。

表 4-3 是约翰·赫尔（John Hull）、米雷拉·普雷代斯库（Mirela Predescu）和艾伦·怀特（Alan White）对信用利差进行的分解，他们得出类似的结论，Baa 以上信用债，违约损失的占比较小，但是 Ba 及以下品种，违约损失占比大幅攀升。

表 4-3　企业债相对国债的预期超额收益

信用级别	信用价差（BP）	无风险收益价差（BP）	违约损失补偿（BP）	风险溢价（BP）
Aaa	83（100%）	43（51.8%）	2（2.4%）	38（45.8%）
Aa	90（100%）	43（47.8%）	4（4.4%）	43（47.8%）
A	120（100%）	43（35.8%）	8（6.7%）	69（57.5%）
Baa	186（100%）	43（23.1%）	28（15.1%）	115（61.8%）
Ba	347（100%）	43（12.4%）	144（41.5%）	160（46.1%）
B	585（100%）	43（7.3%）	449（76.8%）	93（15.9%）
Caa 及以下	1 321（100%）	43（3.3%）	1 014（76.8%）	264（19.9%）

资料来源：John Hull, Mirela Predescu and Alan White（2004）. Bond prices, default probabilities and risk premiums [J]. Journal of Credit Risk, 1（2）：53-60。
注：括号内为占信用利差的比重。

因此，美国债券市场数据也表明，投资级信用债和高收益信用债所包含的违约风险差异较大。

总的来说，笔者认为虽然投资级信用债和高收益信用债均归为信用债大类，但是从它们各自信用利差的驱动因素来说，可能存在本质的区别（具体论述见本章第二节和第三节）。而在实际投资中，信用债投资的第一步应该是对所投资的信用债做一个基本的区分：投资的是投资级信用债还是高收益信用债？这个发行人的违约风险多高？

第二节　投资级信用债策略——流动性溢价是信用利差波动的主导因素

笔者把信用利差分解为四个部分，分别是违约损失、风险溢价、税收和其他。其中风险溢价分为信用风险和流动性风险，具体见图 4-8。

图 4-8　信用债投资框架

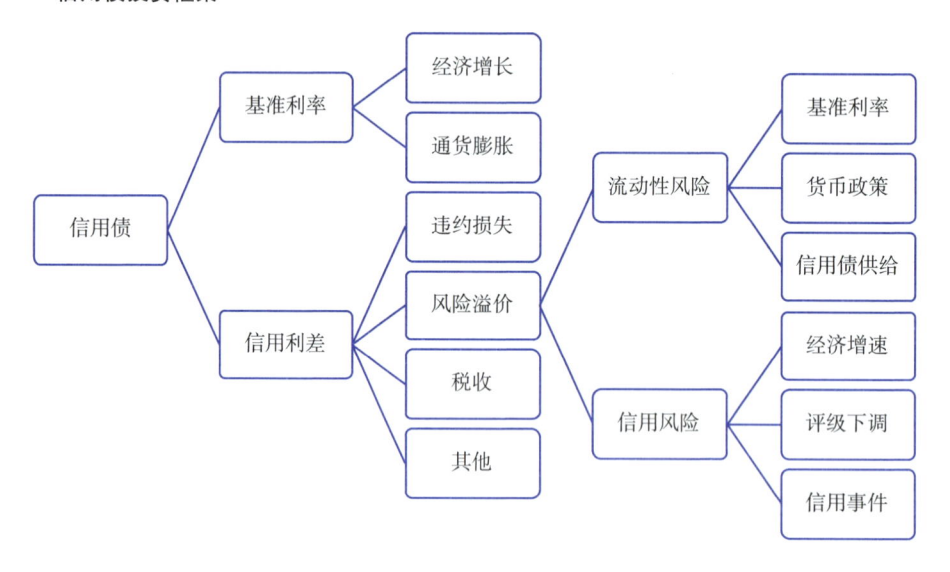

对于投资级信用债来说，笔者认为它的信用利差走势多数时候由流动性溢价主导，信用利差走势与国债走势成正相关。当某个信用债仍属于投资级时，它的收益率波动和利率债相似，会长期保持在一个相对较小的区间。

一、各信用等级①的投资级信用债信用利差走势基本相似

图 4-9 是我国主要投资级信用债信用利差曲线（笔者以中债 AA 级及以上品种作为投资级信用债），它们的波动趋势非常一致。2008~2018 年十多年间，各等级信用利差最高点都发生在 2011 年三季度，最低点都发生在 2016 年三季度。

---

① 中债市场隐含评级，本节所涉及的信用等级符号均是中债市场隐含评级。

图 4-9 各等级 5 年期中票中债估值曲线走势

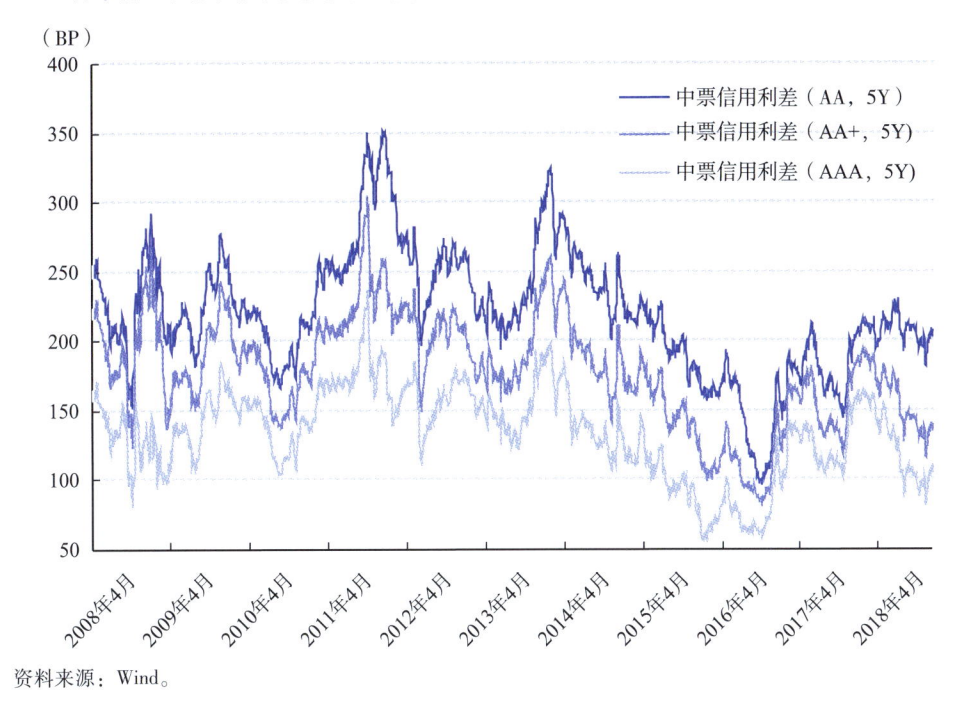

资料来源：Wind。

另外，从波动幅度来看，主要投资级信用利差曾出现三次明显差异，具体见图 4-10。

图 4-10 5 年期中票评级间利差

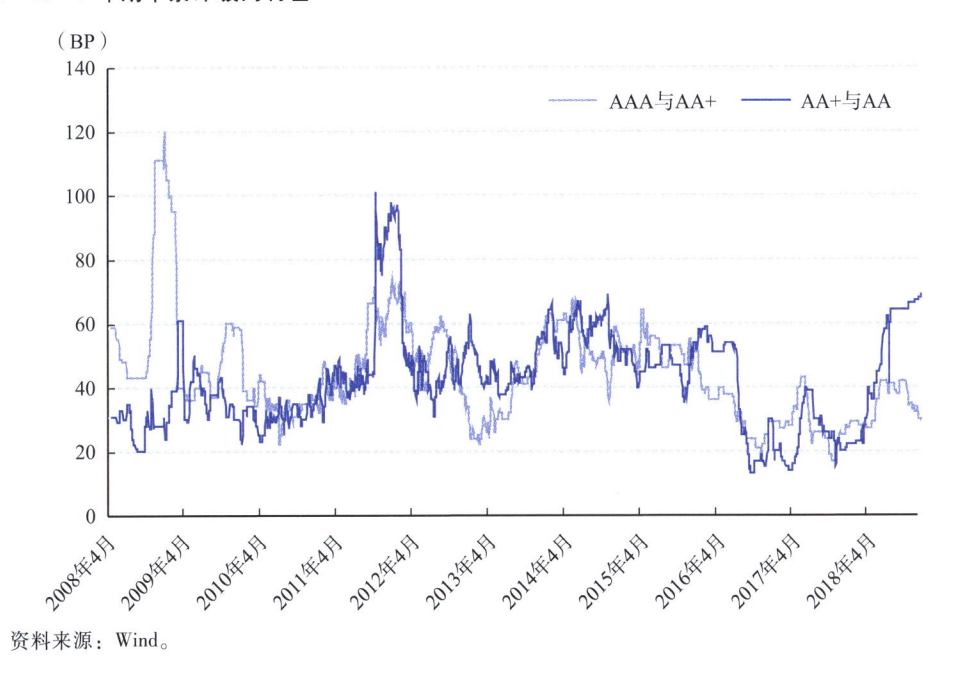

资料来源：Wind。

（1）2008年10月～2009年4月：AAA品种信用利差上行幅度明显小于AA+与AA品种，使得AA+与AAA评级间利差达到历史最高。产生这一现象的背景是全球金融危机。当时全球经济快速下跌，投资者对信用风险担忧明显上升，即使是投资级中的AA+品种，同样需求偏弱。

（2）2011年9月～2012年4月：AA等级信用利差上行幅度明显大于AA+以及AAA等级，AA与AA+评级间利差达到历史最高。当时的背景是城投债危机，投资者对低等级城投债大幅抛售。

（3）2018年6～12月：AA等级信用利差下行幅度明显不及AA+及AAA品种，AA与AA+评级间利差上行至历史次高水平。当时的背景是"金融去杠杆"导致信用债出现违约潮，投资者对AA级投资级信用债的违约担忧增加。

二、投资级信用利差走势与国债正相关

笔者以AA+中债曲线作为投资级信用债代表，比较投资级信用债信用利差和国债收益率的走势，两者几乎亦步亦趋，如图4-11所示。

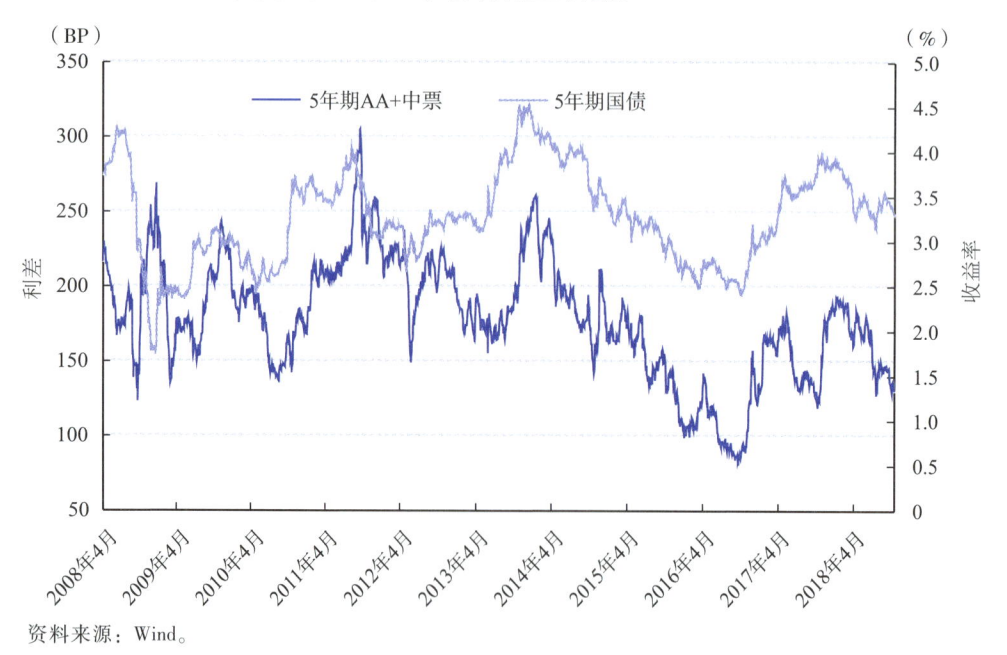

图4-11　5年期AA+中票信用利差和5年期国债收益率走势

资料来源：Wind。

2008～2018年十年多的时间，仅有三个时期两者走势出现较长时期的背离：

(一) 2008 年 4 月 29 日~7 月 1 日，持续 44 个交易日

当时 5 年期国债收益率上行 53BP，5 年 AA + 中票下行 1BP，信用利差下行 54BP，如图 4 - 12 所示。这段时期的大背景是，长期利率"非理性"上行。引导长期利率大幅上行的重要事件分别是，5 月 7 日招标的 30 年期国债大幅超出预期，带动中长期利率迅速走高；5 月 12 日发布的 4 月 CPI 数据显示通胀继续走高，当天下午央行宣布提高法定存款准备金率 0.5%；6 月 7 日，央行再度宣布提高法定存款准备金率 1 个百分点；6 月 19 日，国家发改委宣布上调油价和电价，市场再度对通胀形势非常悲观。在这些事件的冲击下，一些机构被迫止损，最终 10 年期国债收益率上升至 4.6% 位置。

图 4 - 12 5 年期 AA + 中票信用利差和 5 年期国债收益率走势

资料来源：Wind。

(二) 2008 年 10 月 15 日~2009 年 3 月 6 日，持续 99 个交易日

此期间信用利差走势与国债利率走势恰好相反，如图 4 - 13 所示。造成这种差异是因为当时信用债收益率基本没动，而国债先快速下行，然后再反弹。笔者认为，可以把这个异常归因于当时是一个非常特殊的时期——全球金融危机。国内工业增加值同比在半年的时间内下滑超过 10%，投资者对信用风险的担忧明显放大。

图 4-13 5 年期 AA + 中票信用利差和 5 年期国债收益率走势

资料来源：Wind。

（三）2017 年 6 月 28 日 ~2017 年 10 月 30 日，持续 86 个交易日

从图 4-14 来看，期间国债收益率上行，信用利差大幅下行。笔者认为，这段时

图 4-14 5 年期 AA + 中票信用利差和 5 年期国债收益率走势

资料来源：Wind。

间可能与中债估值曲线存在一些结构性变化有关。2017年下半年，中债曲线所隐含的市场评级曾快速迁移，中债AA+信用债曲线存在一定程度的低估。

三、投资级信用债收益率走势与国债正相关

由于投资级信用债信用利差波动的幅度通常小于国债的波动空间，所以把信用利差和国债加总得到投资级信用债收益率，它的走势和国债走势一致性更强，如图4-15所示。

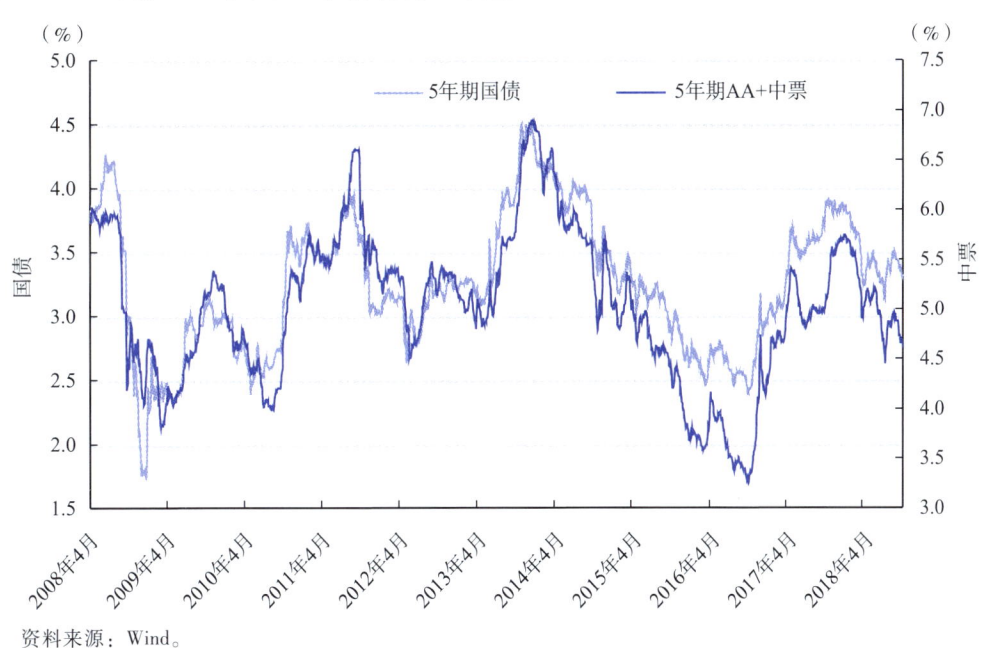

图4-15　5年期AA+中票和5年期国债收益率走势

资料来源：Wind。

四、基本结论：流动性风险溢价是投资级信用利差波动的主要驱动因素

对于投资级信用债来说，发生违约的概率明显低于投机级信用债，它的信用利差波动主要是流动性风险溢价变化的体现。在牛市中，投资级信用债二级市场的活跃度上升，需要的流动性补偿溢价下降，投资级信用利差逐渐收窄；反之，在熊市中，流动性溢价上升，投资级信用利差逐渐走阔。因此，投资级信用债信用利差走势和国债走势高度相关。

第三节 高收益信用债策略
——违约风险是信用利差走势的主导因素

当某个信用债属于高收益债范畴后,信用风险将成为它信用利差波动的主导因素。从近些年债券市场的历史来看,第一批交易所高收益债的形成和演变过程非常具有借鉴意义。

一、交易所高收益债复盘

中国的高收益债数量较少,它们大致分为两类,一类是"堕落的天使";另一类是天生的高收益债品种,比如中小企业私募债。第一批"堕落的天使"是2013年6月、2013年11月和2014年3月集中下跌形成的,它们构成了中国"垃圾债"市场的雏形。从这些高收益债的形成、违约或者重生中,笔者试着归纳高收益债的驱动因素。

(一) 12湘鄂债——违约

12湘鄂债是民营上市公司湘鄂情(后改名中科云网)发行的5年期公司债,票面利率6.78%,发行时债券评级AA,具体要素见表4-4。

表4-4 12湘鄂债基本要素

债券代码	112072.SZ	债券简称	12湘鄂债
发行人	中科云网科技集团股份有限公司	发行人行业	休闲服务
起息日期	2012-04-05	公司属性	民营企业
到期日期	2017-04-05	担保人	
回售日期	2015-04-07	担保人属性	
主体等级(发行时)	AA	抵质押品	
债项等级(发行时)	AA	主承销商	广发证券股份有限公司
票面利率(%,发行时)	6.78	评级公司	鹏元
发行期限(年)	5.0	发行规模(亿元)	4.8

资料来源:Wind。

从图4-16来看,12湘鄂债进入高收益债券始于2013年6月,当时债券市场遭遇"钱荒",同时公司主体和债项评级均被从AA下调至AA-(评级展望负面),公司债券失去交易所质押能力,回售收益率一度上升至24%。尔后几经波折,12湘鄂债收益率大起大落。2014年8月，该债回售收益率曾下行至14%；2014年12月9日，又冲高至79%。

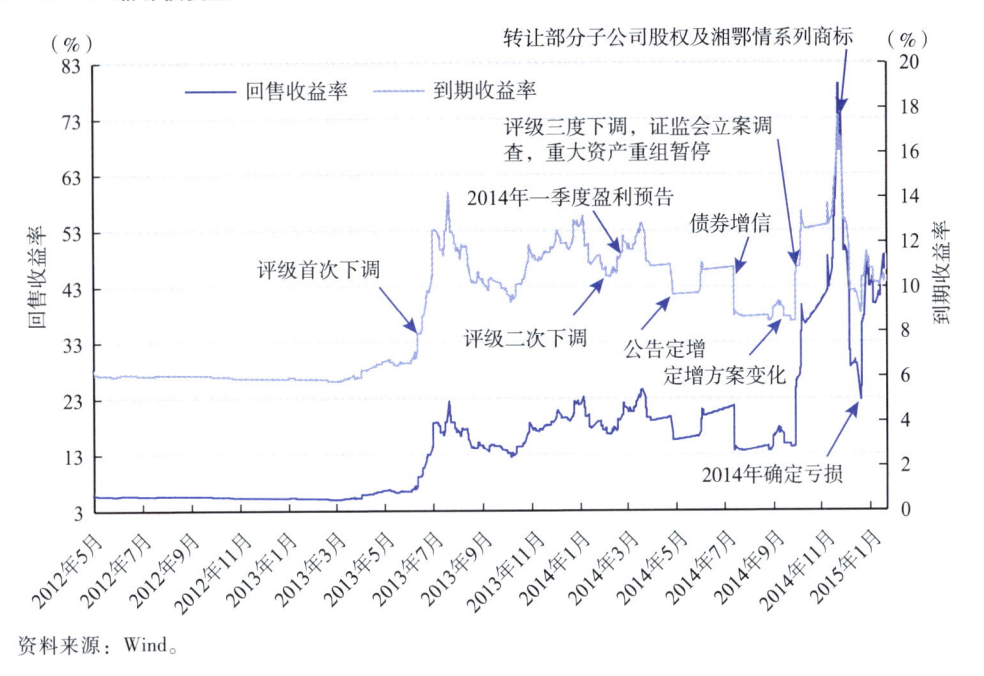

图4-16　12湘鄂债复盘

资料来源：Wind。

总结期间重要事件及影响如下：

（1）定向增发预案和债券增信对债券明显利好。

（2）公司收到证监会立案调查负面冲击非常大。

（3）企业盈利状况的变动是影响债券收益率的重要因素。2014年12月12日，公司转让资产2014年扭亏为盈的可能性明显增大，债券大涨；尔后2015年1月6月资产转让不达预期，2014年亏损确定，债券大跌。

（4）从长期趋势来看，12湘鄂债的走势大多数时期跟随债券市场，个券收益率走势体现为贝塔大于1；但在受到正面事件和负面事件影响时，收益率走势往往逆市，例如2014年四季度。12湘鄂债收益率和3年期国债、公司债收益率走势见图4-17。

（二）12圣农01——昙花一现

12圣农01是民营上市公司圣农发展发行的6年期公司债，票面利率5.5%，发行时债券评级AA，具体要素见表4-5。

图 4-17　12 湘鄂债收益率和 3 年期国债、公司债收益率走势

资料来源：Wind。

表 4-5　12 圣农 01 基本要素

债券代码	112086.SZ	债券简称	12 圣农 01
发行人	福建圣农发展股份有限公司	发行人行业	农林牧渔
起息日期	2012-05-16	公司属性	民营企业
到期日期	2018-05-16	担保人	福建省圣农实业有限公司
回售日期	2015-05-18	担保人属性	
主体等级（发行时）	AA	抵质押品	
债项等级（发行时）	AA	主承销商	中银国际证券有限责任公司
票面利率（％，发行时）	5.50	评级公司	联合
发行期限（年）	6.0	发行规模（亿元）	7.0

资料来源：Wind。

从图 4-18 来看，12 圣农 01 在 2014 年 1~4 月之间，回售收益率一直保持在 9% 以上，2014 年 3 月 13 日回售收益率一度冲高至 14.8%。2014 年四季度，12 圣农 01 净价在 100 左右徘徊，脱离垃圾债券行列。

12 圣农 01 下跌始于 2013 年 12 月，但该债在 2014 年 2 月之前成交量都非常小，呈无量下跌。尔后 3 月，随着债券市场的走熊，12 圣农 01 急跌并放量，在 2014 年 3 月 13 日创出收益率高点。从对应关系来看，该债的下跌时点与 2013 年年度亏损预告

图4-18 12圣农01复盘

资料来源：Wind。

（2013年10月28日）稳合度并不高，存在一定的偶然性，但是它也具备季度亏损这个特征。12圣农01收益率和3年期国债、公司债收益率走势见图4-19。

图4-19 12圣农01收益率和3年期国债、公司债收益率走势

资料来源：Wind。

第二篇　投资策略

（三）12 黑牛 01

12 黑牛 01 是民营上市公司黑牛食品（现已改名维信诺）发行的 5 年期公司债，票面利率 5.8%，发行时债券评级 AA，具体要素见表 4-6。

表 4-6　12 黑牛 01 基本要素

债券代码	112163.SZ	债券简称	12 黑牛 01
发行人	黑牛食品股份有限公司	发行人行业	食品饮料
起息日期	2013-03-18	公司属性	民营企业
到期日期	2018-03-18	担保人	
回售日期	2016-03-18	担保人属性	
主体等级（发行时）	AA	抵质押品	
债项等级（发行时）	AA	主承销商	广州证券股份有限公司
票面利率（%，发行时）	5.80	评级公司	鹏元
发行期限（年）	5.0	发行规模（亿元）	2.7

资料来源：Wind。

从图 4-20 来看，12 黑牛 01 在 2013 年 12 月~2014 年 4 月之间，回售收益率一直保持在 9% 以上，2014 年 1 月 20 日达到 15.3% 的高点。2014 年 8 月，该债净价接近 100 元，回售收益率回到发行利率附近。

图 4-20　12 黑牛 01 复盘

资料来源：Wind。

12 黑牛 01 进入垃圾债行列是 2013 年 11 月左右，当时大环境是信用债市场暴跌（2013 年 11 月和 12 月中债 5 年期 AA + 中标收益率分别上行 57BP 和 24BP）；小环境是公司 2013 年二季度亏损，三季度也仅盈利 200 万元，前三季度累计净利润 200 万元，公司经营业绩不佳。尔后 2014 年 2 月 25 日，公司发布 2013 年业绩快报，第四季度盈利明显好转。2014 年 4 月 26 日，公司发布一季报，盈利尚可。公司经营状况的改善以及债券市场的回暖，12 黑牛 01 逐渐脱离高收益市场。12 黑牛 01 收益率和 3 年期国债、公司债收益率走势见图 4 - 21。

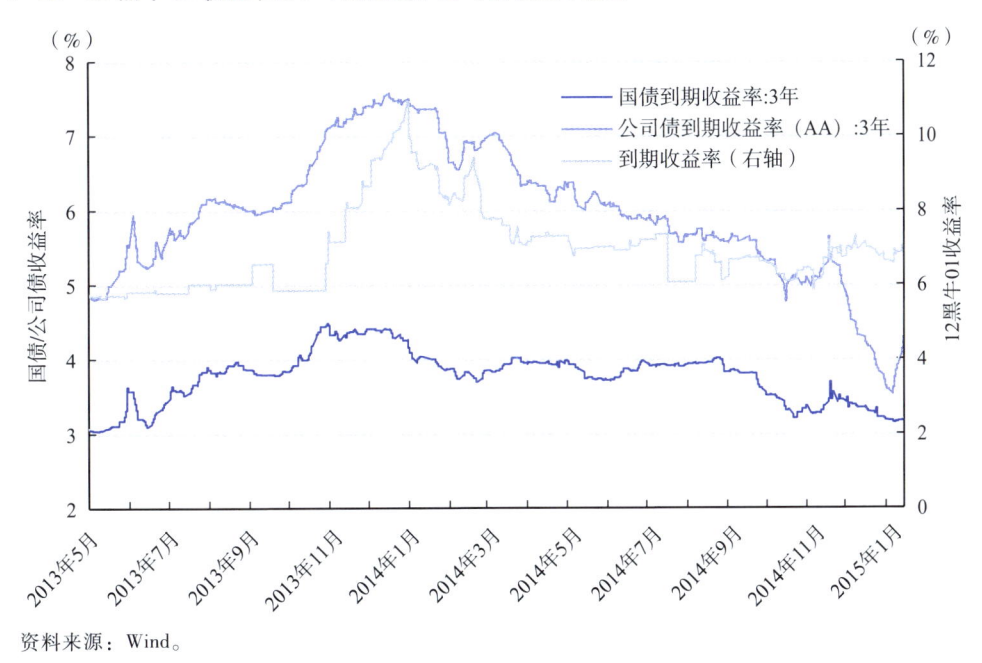

图 4 - 21　12 黑牛 01 收益率和 3 年期国债、公司债收益率走势

资料来源：Wind。

（四）12 墨龙 01

12 墨龙 01 是民营上市公司山东墨龙发行的 3 年期公司债，票面利率 5.2%，发行时债券评级 AA，具体要素见表 4 - 7。

表 4 - 7　12 墨龙 01 基本要素

债券代码	112178. SZ	债券简称	12 墨龙 01
发行人	山东墨龙石油机械股份有限公司	发行人行业	机械设备
起息日期	2013 - 06 - 07	公司属性	民营企业
到期日期	2016 - 06 - 07	担保人	
回售日期		担保人属性	

续表

主体等级（发行时）	AA	抵质押品	
债项等级（发行时）	AA	主承销商	国泰君安证券股份有限公司
票面利率（%，发行时）	5.20	评级公司	中诚信证券评估有限公司
发行期限（年）	3.0	发行规模（亿元）	5.0

资料来源：Wind。

从图4-22来看，12墨龙01进入高收益债行列是2013年11月，但是和12圣农01相似，开始均是无量下跌。尔后2014年1月，由"11华锐01暂停上市事件"作为导火索，公司年度业绩预告作为催化剂，伴随着垃圾债市场暴跌，12墨龙01放量下跌，到期收益率一度超过15%。

图4-22　12墨龙01复盘

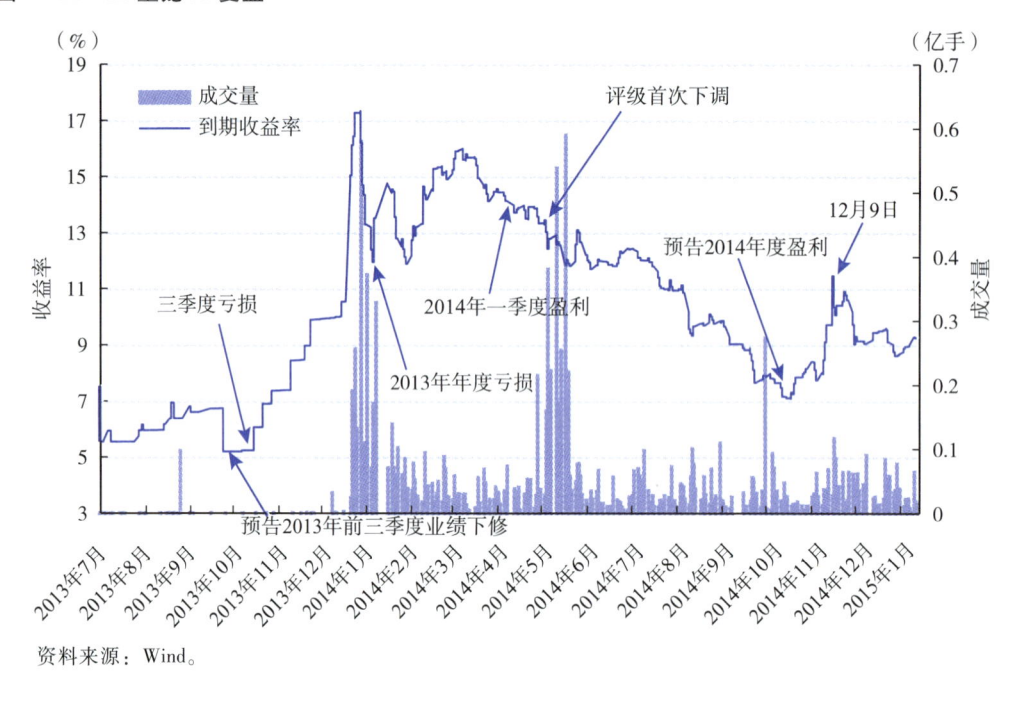

资料来源：Wind。

2014年10月30日，公司公告三季度业绩，前三季度累计盈利仅1 000万，预计2014年全年盈利1 000万~1 500万元，2014年公司经营情况改善甚微。于是2014年11月11日~12月9日，伴随着债券市场的调整，12墨龙01收益率再次大幅上行，收益率最高达11.5%。12墨龙01收益率和3年期国债、公司债收益率走势见图4-23。

图 4－23　12 墨龙 01 收益率和 3 年期国债、公司债收益率走势

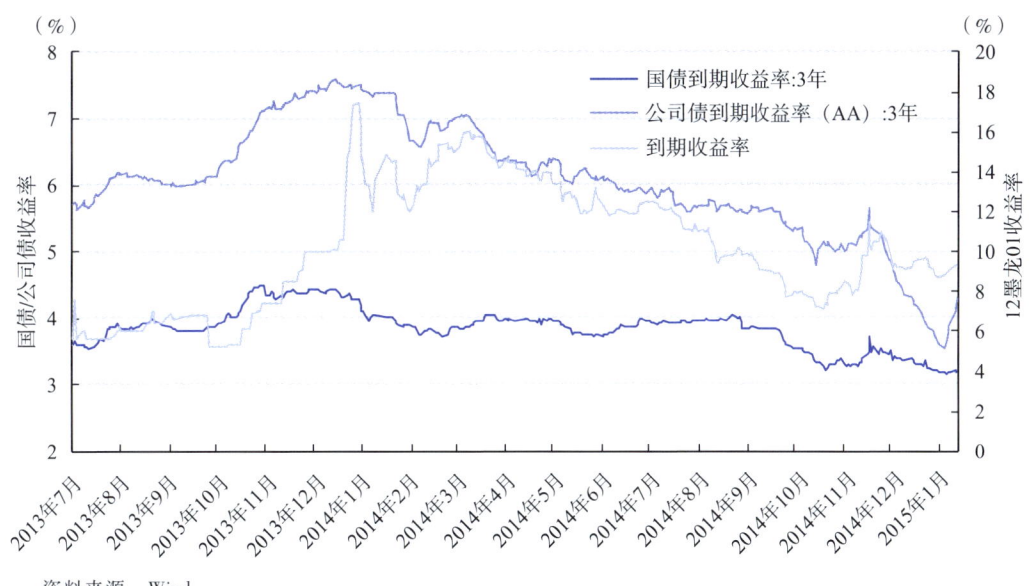

资料来源：Wind。

（五）11 安钢 01

11 安钢 01 是地方国企安阳钢铁发行的 7 年期公司债，票面利率 6.87％，发行时债券评级 AA，具体要素见表 4－8。

表 4－8　11 安钢 01 基本要素

债券代码	122107. SH	债券简称	11 安钢 01
发行人	安阳钢铁股份有限公司	发行人行业	钢铁
起息日期	2011－11－11	公司属性	地方国有企业
到期日期	2018－11－11	担保人	
回售日期	2016－11－11	担保人属性	
主体等级（发行时）	AA	抵质押品	
债项等级（发行时）	AA	主承销商	广发证券股份有限公司
票面利率（％，发行时）	6.87	评级公司	中诚信证券评估有限公司
发行期限（年）	7.0	发行规模（亿元）	10.0

资料来源：Wind。

11 安钢 01 与 12 湘鄂债是同一批垃圾债，2013 年 6 月"钱荒"+遭遇评级下调至 AA－，收益率大幅上行，具体走势见图 4－24。公司未公告 2013 年盈利前，11 安钢 01 跟随债券市场持续下跌，当时公司最新业绩是 2013 年前两季度亏损，第三季度盈利，前三季度累计亏损 3.8 亿元。2014 年 1 月 25 日，公司发布 2013 年盈利公告，公司债价

格迅速上涨。进入 2014 年，公司前三季度盈利分别为 3 400 万元、1 300 万元和 800 万元，盈利改善不明显。11 安钢 01 收益率和 3 年期国债、公司债收益率走势见图 4-25。

图 4-24　11 安钢 01 复盘

资料来源：Wind。

图 4-25　11 安钢 01 收益率和 3 年期国债、公司债收益率走势

资料来源：Wind。

总的来看，形成这一批交易所高收益债的直接原因是发债公司经营业绩恶化（亏损），叠加债券市场走熊，投资者大量抛售相关个券。从后续发展来看，当时的高收益债多数脱离了高收益债行列，脱离的原因包括：公司经营业绩好转、债券到期前公司仍如期偿还了债券。

二、交易所高收益债驱动因素总结

笔者用下面的等式来表示垃圾债券的收益率水平：

$$Y_t = \beta \times 市场因子\, t + 其他因子\, t$$

其中，Y_t 表示 t 时刻的垃圾债券收益率水平，市场因子指债券市场收益率，其他因子则包括盈利因子、评级调整因子等。

（一）垃圾债券呈高贝塔特征

从波动幅度上看，垃圾债券指数①的波动幅度高于信用债指数，如图4-26所示。也即是上面式子中市场因子的系数大于1。

图4-26 垃圾债券指数与信用债指数走势

资料来源：Wind。

（二）事件冲击（其他因子）对垃圾债券影响显著

从交易所垃圾债券市场的发展来看，事件冲击对垃圾债券影响显著（笔者把各类

---

① 用35只收益较高品种的净价进行加权平均（权重为未偿付余额），编制的垃圾债券净价指数。

事件冲击统一的归为其他因子)。一段时间内，垃圾债券遭遇事件冲击时，甚至会逆市上涨或者下跌。同时，与投资级债券相似，负面事件冲击效应显著大于正面事件。

按事件冲击的重要程度排序，其他因子分为：

1. 盈利因子。

企业盈利状况是垃圾债券的核心驱动因子。它是决定垃圾债券价格波动的最核心要素。首先，过往交易所个券跌为垃圾债券，通常都伴有亏损的特质，具体见表4-9。同时企业亏损公告对个券价格往往有显著影响，表4-10整理了亏损公告对部分个券价格的冲击。其次，后期如果企业盈利有趋势性改善，那么垃圾债券可能回归投资级，表4-11整理了扭亏公告对部分个券的价格冲击。最后，如果企业连续两年亏损或三年亏损，同时垃圾债券面临到期（回售）或还本付息，垃圾债券违约风险将明显增加。

表4-9 相关垃圾债券年度及季度归属母公司净利润

名称	累计净利润			单季净利润					
	2012-12-31	2013-12-31	2014-09-30	2013-03-31	2013-06-30	2013-09-30	2013-12-31	2014-03-31	2014-06-30	2014-09-30
12圣农01	0.0	-2.2	1.3	-0.9	-1.7	0.1	-0.1	-1.3	1.6	0.8
12黑牛01	0.6	0.1	0.0	0.1	-0.1	0.0	0.1	0.1	0.0	-0.0
12墨龙01	1.3	-1.8	0.1	0.2	0.3	-0.0	-2.2	0.1	0.0	0.0
11安钢01	-35.0	0.5	0.5	-4.0	-2.1	2.3	4.2	0.3	0.1	0.1
ST湘鄂债	0.8	-5.6	-1.0	-0.7	-1.5		-2.6	0.3	-0.3	-0.8

资料来源：Wind。

表4-10 亏损公告事件对部分个券价格冲击回顾

代码	名称	T日涨跌幅
122237.SH	12西资源	-2.36
112168.SZ	ST三维债	-2.68
112163.SZ	12黑牛01	-0.90
112116.SZ	12中桥债	-0.46
112125.SZ	12海翔债	2.76
112178.SZ	12墨龙01	3.79

资料来源：Wind。

表4-11　扭亏公告事件对部分个券价格冲击回顾

代码	名称	T日涨跌幅
122107.SH	11安钢01	-0.42
112086.SZ	12圣农01	-0.81
122073.SH	11云维债	-0.15
122133.SH	11柳化债	0.64
122093.SH	11中孚债	3.02
112109.SZ	12南糖债	2.61

资料来源：Wind。

如果发债人是上市公司，它的信息披露要多于普通公司。根据上交所和深交所的规则（具体见表4-12），上市公司经营业绩会通过业绩快报、业绩预告、季报和年报发布，因此相关时点，比如1月和10月是垃圾债券盈利因子起作用的重要时点。

表4-12　业绩快报、业绩预告、季报和年报定义

	定义	时间
业绩快报	指在公布定期报告前，披露的本期及上年同期营业收入、营业利润、利润总额、净利润、总资产、净资产、每股收益、每股净资产和净资产收益率等主要财务数据和指标。	
业绩预告	根据《上海证券交易所股票上市规则》，上市公司预计年度经营业绩将出现下列情形之一的，应当在会计年度结束后一个月内进行业绩预告，预计中期和第三季度业绩将出现下列情形之一的，可以进行业绩预告： （一）净利润为负值； （二）净利润与上年同期相比上升或者下降50%以上； （三）实现扭亏为盈。 同时，上市公司披露业绩预告后，又预计本期业绩与已披露的业绩预告情况差异较大的，应当及时刊登业绩预告更正公告。 根据《深交所股票上市规则》，上市公司预计全年度、半年度、前三季度经营业绩将出现下列情形之一的，应当及时进行业绩预告： （一）净利润为负值； （二）净利润与上年同期相比上升或者下降50%以上； （三）实现扭亏为盈。 上市公司披露业绩预告后，又预计本期业绩与已披露的业绩预告差异较大的，应当按本所的相关规定及时披露业绩预告修正公告。	

续表

定义	时间
季报	会计年度结束后 1 个月
中报	会计年度结束后 2 个月
年报	会计年度结束后 4 个月

资料来源：上交所、深交所。

2. 证监会立案调查。

典型的例子是 12 中富 01，2013 年 8 月 3 日公司公告《收到中国证监会调查通知书的公告》，周一 8 月 5 日开盘后，12 中富 01 下跌 6.6%，其他垃圾债券品种跟随，如 11 华锐 01 下跌 3%、11 华仪债下跌 1.8%。从当时的市场状况来看，负面消息具有很强的传染性，负面消息不仅会影响到该发行人所发行的债券，也会传染至有相同属性的品种。

另外 12 湘鄂债，2014 年 10 月 14 日公告《收到中国证券监督管理委员会（调查通知书）》，10 月 15 日复牌后下跌 4.5%。12 中富 01 和 12 湘鄂债收到证监会立案调查后第一个交易日价格涨跌幅见表 4 - 13。

表 4 - 13　证监会立案调查事件对个券价格冲击回顾

代码	简称	T 日涨跌幅（%）
112087.SZ	12 中富 01	-6.6
112072.SZ	ST 湘鄂债	-4.5

资料来源：Wind。

3. 评级下调。

首批垃圾债的产生与评级下调关系密切。与银行间市场略有不同的是，交易所市场存在标准券制度。根据中证登的《标准券折算率管理办法（2012 年版）》，如果主体评级和债项评级为 AA-，那么个券的质押比率将被调整为 0。因此，在 2013 年 6 月债券市场发生"钱荒"后，评级下调至 AA- 的交易所个券被集中抛售，价格大幅下跌。表 4 - 14 是评级下调事件对部分个券价格冲击回顾，评级调整信息公告日首日个券多数下跌，涨跌幅从 -3.6% ~1% 不等。

表4–14 评级下调事件对部分个券价格冲击回顾

代码	简称	T日涨跌幅（%）	代码	简称	T日涨跌幅（%）
122107.SH	11安钢01	-3.56	112178.SZ	12墨龙01	-0.60
122093.SH	11中孚债	-1.83	122135.SH	12宝泰隆	-0.38
122237.SH	12西资源	-1.69	122073.SH	11云维债	-0.30
112110.SZ	ST东锆债	-1.46	122133.SH	11柳化债	1.01
112116.SZ	12中桥债	-1.21	112125.SZ	12海翔债	0.03
112072.SZ	ST湘鄂债	-0.62	112168.SZ	ST三维债	0.77

资料来源：Wind。

而根据交易所规则，评级公司应当每年至少向市场公布一次发行人的定期跟踪评级报告。从历史经验来看，评级公司对一般公司债[①]的评级发布时间集中在4月、5月和6月，如图4–27所示。另外，如果发行人年度经营业绩明显恶化，评级公司也可能在公司业绩预告发布后提前进行评级调整，比如12厦工债在2014年2月首先被列入信用观察名单，最终5月评级下调。

图4–27 2014年一般公司债的评级调整时间分布

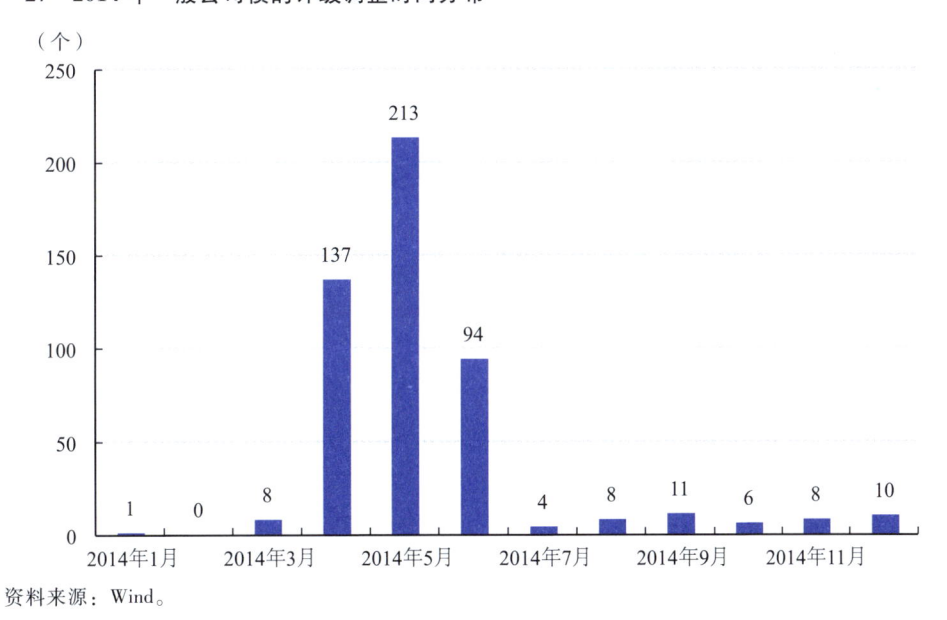

资料来源：Wind。

---

① 一般公司债即公司债的公募品种。

第二篇 投资策略　　61

4. 股权融资。

如果发行人通过股权融资补充资本,那么公司偿债能力将增强。2014 年 5 月 11 日晚间,湘鄂情发布定增股票预案,5 月 12 日 12 湘鄂债上涨 2.45%。

5. 风险警示(ST)。

根据上交所《关于对公司债券实施风险警示相关事项的通知》和深交所《关于对公司债券交易实行风险警示等相关事项的通知》,满足相关条件的个券会被交易所实行风险警示。而由于风险警示的个券当时限制中小投资者买入,因此风险警示也是负面因子。表 4-15 是已经风险警示的个券《风险警示公告》发布日前后的涨跌幅,T 日影响显著,个券波动范围从 -4.5% 到 0.75% 不等。

表 4-15 ST 事件对个券价格冲击回顾 单位:%

	ST长兴债	ST长交债	ST豫中小	ST湘鄂债	ST东锆债	ST露笑债	ST正邦债	ST毅昌01	ST三维债	ST银鸽债	ST东胜债	ST晋煤运	ST金特债
T-1	0.20	0.00	0.01	0.28	0.29	-0.01	0.48	-0.26	1.11	0.43	0.41	-1.06	-0.01
T	-1.18	-0.35	-1.45	-4.50	0.75	0.28	-0.48	-3.35	-1.82	-0.88	-2.95	0.00	-0.37
T+1	0.01	-0.17	0.06	-0.54	0.52	0.07	0.00	0.52	0.80	-0.49	-1.03	0.54	-4.76

资料来源:Wind。

注:本表的涨跌幅统计不包括 ST 蒙奈伦。

(三)事件冲击的效力同时取决于债券市场的牛熊

另外,笔者观察到,如果债券市场相对偏暖,那么垃圾债券遭遇负面事件时被抛售的压力略小,跌幅往往不大;反之,如果遇到"钱荒"或者债券市场大跌的熊市环境,那么相关负面事件涉及到的债券以及有类似属性的债券跌幅较大。

三、银行间高收益债

与交易所高收益债相比,银行间高收益债的流动性明显偏差。而这种交易的不连续,让人很难分解出各事件对价格的影响程度,笔者简单总结如下:

高收益城投债方面,以贵州省为例,可能有两个原因:一是发行人资质偏差,2018 年 5 月开始随着债券投资者避险情绪的走高,这些城投债与高等级债券利差拉大;二是发生负面事件——黔东南州棚改项目资管产品出现违约新闻,这导致该地区城投债收益率快速攀升。图 4-28 是贵州省部分城投债收益率走势图,图 4-29 是贵州省部分高收益城投债与投资级城投债利差走势图。

图 4-28 贵州省部分城投债收益率走势

资料来源：Wind。

图 4-29 贵州省高收益城投债与投资级城投债（14 遵义投资债）利差走势

资料来源：Wind。

高收益产业债方面，形成原因和城投债类似：一是发行人资质一般，2018 年随着债券投资者避险情绪的走高，这些债券与高等级债券利差拉大；二是负面事件爆发，相应的债券收益率快速攀升。比如营口港务集团爆出债务违约后，14 营口港收益率上行389BP，集团发债主体相关债券收益率上行500BP左右。图4-30部分高收益产业债收益率走势图，图4-31是部分高收益产业债与投资级产业债利差走势图。

图4-30 部分高收益产业债收益率走势

资料来源：Wind。

图4-31 高收益产业债与投资级产业债（14神华MTN001）利差走势

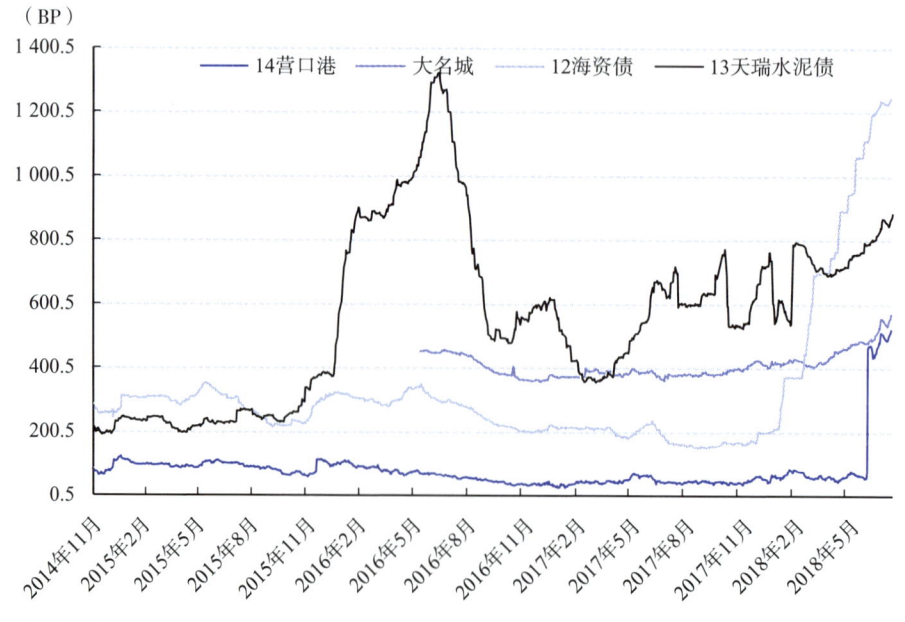

资料来源：Wind。

四、总结

从高收益债的形成原因以及后续各类事件对价格冲击的反馈来看，高收益信用债的信用利差和发行人信用风险相关度明显大于投资级信用债。当发行人经营明显恶化，投资人担心发行人债券违约后，高收益债信用利差主要由信用风险主导。

第四节 借助信用债供需预测利率方向可行吗？

价格由供需决定，预测信用债收益率的变化方向，是否也可以借助于这个思路？回顾十多年中国信用债的供给历史，从实际情况来看，笔者倾向于供需分析法并不适合。或者更广泛地说，金融产品的价格变动可能都不适用这一方法。

从过去十多年信用债年度发行量与净融资量数据来看，信用债供给并无规律，近十年信用债供给增量、增速波动显著。图 4-32 和图 4-33 分别是中国信用债年度总发行量和净融资量，中国非金融企业信用债年度总发行量和净融资量。发行量方面，2004 年信用债总发行量为 1 306 亿元；而 2018 年发行量达到 32.6 万亿元；2004 年非金融企业信用债总发行量为 531 亿元；而 2018 年发行量达到 9.7 万亿元，十多年间中国信用债市场发行量翻了百倍千倍。净融资额方面，2004 年信用债净融资额 1 270

图 4-32 中国信用债总发行量和净融资量

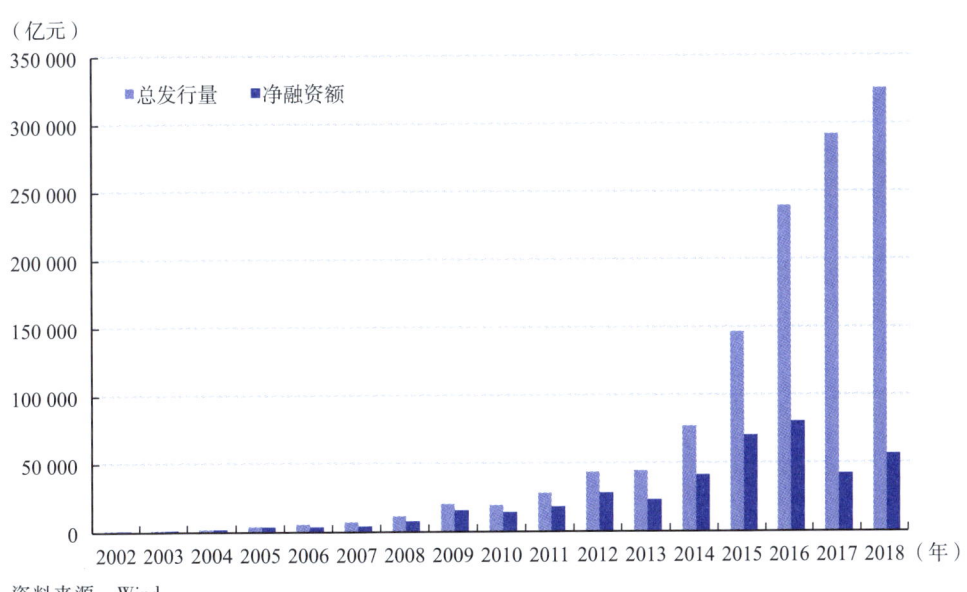

资料来源：Wind。

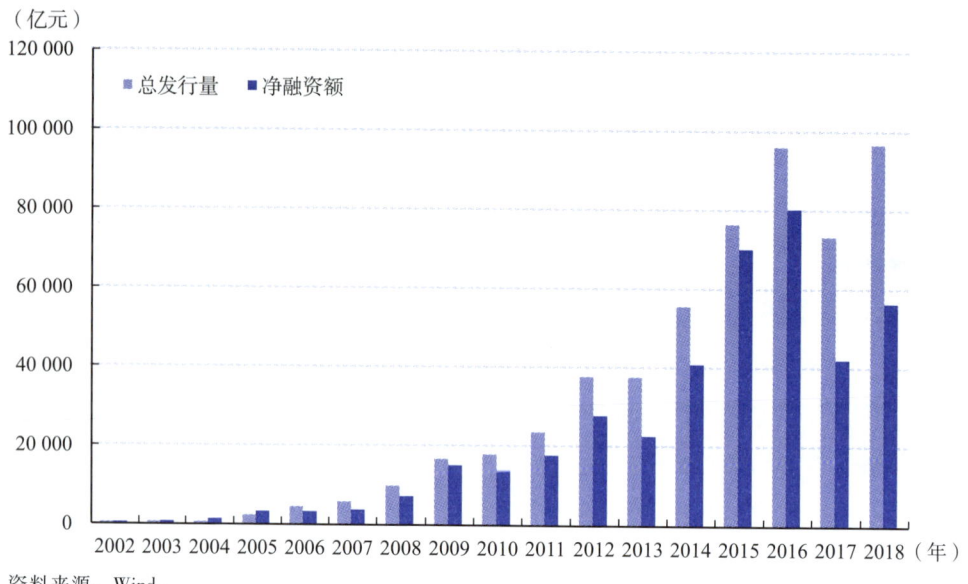

图 4-33 中国信用债（非金融企业）总发行量和净融资量

资料来源：Wind。

亿元，2018 年则达到 5.6 万亿元；2004 年非金融企业信用债净融资额 495 亿元，2018 年则达到 2.9 万亿元，信用债净融资量的变化也非常大。总的来说，过去十多年信用债市场供应的增长速度远远超过想象。

同时，从信用债年度供给量增速及增量来看，方差特别大，具体见表 4-16 和表 4-17。在国内信用债发展的黄金年代，也存在有的年份增速为负的现象。因此，笔者倾向于提前预测信用债供给量困难较大。

表 4-16 中国信用债总发行量和净融资量及增速

年份	绝对值（亿元）		增速（%）	
	总发行量	净融资额	总发行量	净融资额
2002	412	324		
2003	644	563	56.4	73.7
2004	1 306	1 270	103.0	125.4
2005	3 300	3 180	152.6	150.4
2006	4 998	3 181	51.5	0.0
2007	6 620	3 635	32.4	14.3
2008	10 829	7 143	63.6	96.5
2009	19 779	15 004	82.7	110.0

续表

年份	绝对值（亿元）		增速（%）	
	总发行量	净融资额	总发行量	净融资额
2010	18 973	13 809	-4.1	-8.0
2011	27 733	17 625	46.2	27.6
2012	42 882	27 707	54.6	57.2
2013	44 130	22 545	2.9	-18.6
2014	76 833	40 853	74.1	81.2
2015	146 474	70 114	90.6	71.6
2016	238 947	80 275	63.1	14.5
2017	291 615	42 013	22.0	-47.7
2018	325 545	56 319	11.6	34.1

资料来源：Wind。

表 4-17　中国信用债（非金融企业）总发行量和净融资量

年份	绝对值（亿元）		增速（%）	
	总发行量	净融资额	总发行量	净融资额
2002	367	279	—	—
2003	544	463	48.3	65.9
2004	531	495	-2.3	6.8
2005	2 230	2 140	319.9	332.3
2006	4 398	2 581	97.2	20.6
2007	5 627	2 672	27.9	3.5
2008	9 742	6 280	73.1	135.1
2009	16 599	12 081	70.4	92.4
2010	17 809	12 884	7.3	6.7
2011	23 580	13 746	32.4	6.7
2012	37 609	23 223	59.5	68.9
2013	37 565	18 990	-0.1	-18.2
2014	55 455	27 943	47.6	47.1
2015	76 411	34 823	37.8	24.6
2016	96 119	39 016	25.8	12.0
2017	73 262	14 441	-23.8	-63.0
2018	96 748	29 292	32.1	102.8

资料来源：Wind。

如果继续缩小样本量，仅考虑非金融企业公募债券（不包括资产证券化，包括一般公司债、企业债、中票短融和政府支持机构债），可预测性是否显著提高？

从图4-34和表4-18来看，近十年这类品种发展速度更加惊人。2018年它们的总发行量和净融资是2004年的197倍和56倍。因此，利用更狭义的信用债定义，得出了相似的结论。

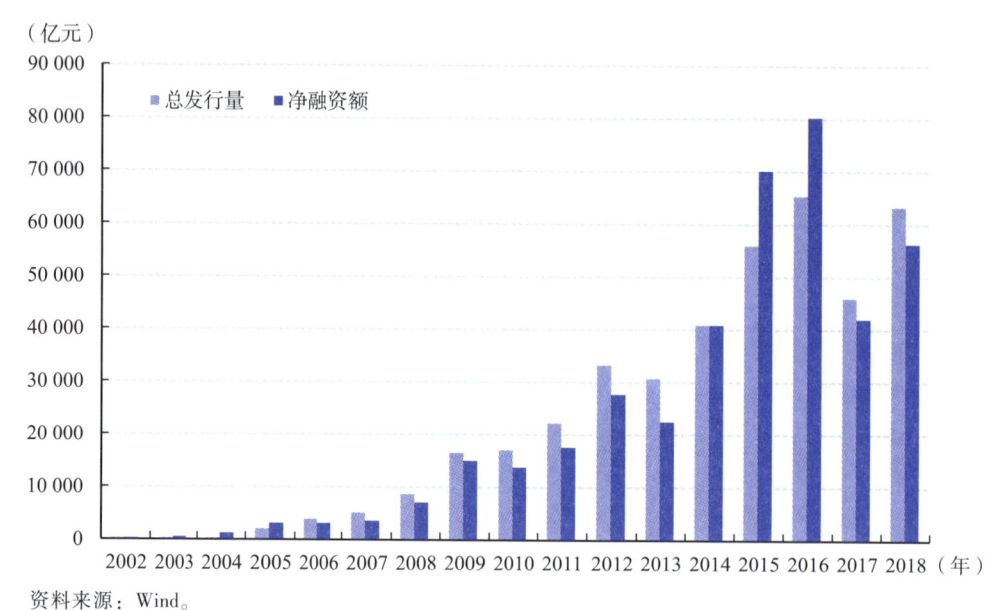

图4-34 中国非金融企业公募债券总发行量和净融资量

资料来源：Wind。

表4-18 中国非金融企业公募债券总发行量和净融资量及增速

年份	绝对值（亿元）		增速（%）	
	总发行量	净融资额	总发行量	净融资额
2002	325	238	—	—
2003	358	278	10.2	16.8
2004	322	286	-10.1	2.9
2005	2 078	1 996	545.3	597.4
2006	3 935	2 262	89.3	13.3
2007	5 170	2 289	31.4	1.2
2008	8 730	5 407	68.9	136.2
2009	16 512	12 181	89.1	125.3
2010	17 091	12 235	3.5	0.4
2011	22 235	12 448	30.1	1.7

续表

年份	绝对值（亿元）		增速（%）	
	总发行量	净融资额	总发行量	净融资额
2012	33 273	19 032	49.6	52.9
2013	30 728	12 979	-7.7	-31.8
2014	40 853	15 766	33.0	21.5
2015	56 004	21 674	37.1	37.5
2016	65 403	16 992	16.8	-21.6
2017	45 978	91	-29.7	-99.5
2018	63 312	16 105	37.7	17 656.4

资料来源：Wind。

总而言之，对非常庞大的发行主体组成的群体的发行行为预测难度非常大，这一点是信用债与利率债的明显差异。笔者倾向于从预测信用债供给入手，而从供需角度来分析收益率走势不是一个好方法。表4-19和表4-20提供了各类品种信用债年度发行量及净融资额，读者可以进一步缩小分析范围自行分析。

表4-19 各品种信用债年度发行量　　　　　　　　　　　　　　　　　　　　　　单位：亿元

| 年度 | 总发行量 | 金融类 | | 非金融类 | | | | | | | |
		同业存单	非政金	企业债	公司债	中票	短融	可转债	可交换债	定向工具	资产支持证券
2002	412			45	325		42				
2003	644			100	328		186				
2004	1 306			775	272		209				
2005	3 300			1 070	604		1 424	0			131
2006	4 998			600	615		2 920	34			322
2007	6 620		993	1 109	112		3 349	106			178
2008	10 829		1 086	1 567	288	1 737	4 339	77			302
2009	19 779		3 180	3 252	735	6 913	4 612	47			0
2010	18 973		1 164	2 827	512	4 971	6 892	717			0
2011	27 733		4 153	2 485	1 291	7 336	10 122	413		919	13
2012	42 882		5 273	6 499	2 626	8 559	14 222	164		3 759	281
2013	44 130	340	6 225	4 752	1 736	6 979	16 135	545	3	5 657	280

续表

年度	总发行量	金融类		非金融类							
		同业存单	非政金	企业债	公司债	中票	短融	可转债	可交换债	定向工具	资产支持证券
2014	76 833	8 986	12 392	6 972	1 446	9 781	21 850	321	60	10 263	3 310
2015	146 474	53 045	17 018	3 421	10 391	12 779	32 806	98	251	8 881	6 133
2016	238 947	130 211	12 617	5 926	27 761	11 448	33 676	213	674	6 016	8 764
2017	291 615	201 676	16 677	3 731	11 025	10 369	23 776	947	1 173	4 954	14 676
2018	325 545	210 986	17 811	2 418	16 643	16 977	31 275	794	465	5 464	20 127

资料来源：Wind。

表4-20　各品种信用债年度净融资额

单位：亿元

年度	净融资额	金融类		非金融类							
		同业存单	非政金	企业债	公司债	中票	短融	可转债	可交换债	定向工具	资产支持证券
2002	324		45	253			42				
2003	563		100	300			185				
2004	1 270		775	246			209				
2005	3 180		1 041	534		1 412	-9				131
2006	3 181		600	600		1 262	33				178
2007	3 635		963	1 048	112	529	105				91
2008	7 143		863	1 542	288	1 737	1 040	77			164
2009	15 004		2 923	3 229	735	6 913	343	46			-218
2010	13 809		924	2 769	512	4 968	2 094	717			-85
2011	17 625		3 879	2 296	1 280	6 248	1 635	406		919	-32
2012	27 707		4 484	6 205	2 579	5 295	3 588	163		3 637	256
2013	22 545	340	3 214	4 053	1 539	4 991	1 270	545	3	4 950	171
2014	40 853	5 665	7 245	5 943	745	3 863	4 465	320	60	8 342	2 802
2015	70 114	24 342	10 950	1 253	9 425	7 893	6 766	87	245	3 829	3 749
2016	80 275	32 755	8 504	2 215	26 401	4 670	-3 179	213	668	502	4 886
2017	42 013	17 094	10 478	-1 967	7 807	2 400	-6 009	947	1 131	-1 648	8 440
2018	56 319	18 961	8 066	-4 287	8 708	7 991	4 145	781	398	-801	8 659

资料来源：Wind。

第五章

信用债投资框架扩展
——行业利差

伴随中国信用债市场的快速扩容，叠加部分行业盈利明显恶化，相关信用债外部评级被下调，中国信用债市场的定价中逐渐体现出行业因素。本章探讨了行业利差出现的历史背景，对部分重点行业进行了行业分析。

第一节 什么是行业利差？

一、行业利差分化

行业利差定义是（以钢铁行业为例）：

$$钢铁债行业利差 = 钢铁行业债券估值 - 同等级①同期限信用债平均估值$$

如果行业利差扩大，意味着该行业个券相对跑输，典型的是2013年下半年至2015年的钢铁债，如图5-1所示。反之，则该行业个券相对跑赢。从图5-1~图5-4来看，2013年6月开始，信用债行业分化逐渐明显，其中钢铁和煤炭行业信用债的行业利差最显著。

二、行业信用利差分化原因分析

2011~2015年，宏观经济持续下行，周期性行业景气度日渐下滑。但是信用债行业的分化恰恰是从2013年6月开始的，笔者认为导火线和触发因素均是不可忽视的重要原因。

---

① 外部债项评级。

图 5-1 钢铁债券行业利差走势

资料来源：Wind。

注：从可比样本数量角度出发，本图钢铁行业收益率计算方法为：(1) 样本：外部评级 AAA、剩余期限 1.5~3 年的钢铁行业中期票据；(2) 取值：收益率平均数。

图 5-2 煤炭债券行业利差走势

资料来源：Wind。

注：从可比样本数量角度出发，本图煤炭行业收益率计算方法为：(1) 样本：外部评级 AAA、剩余期限 3~6 年的煤炭行业中期票据；(2) 取值：收益率平均数。

图 5-3 公用事业债券行业利差走势

资料来源：Wind。

注：从可比样本数量角度出发，本图公用事业行业收益率计算方法为：（1）样本：外部评级 AAA、剩余期限 3~6 年的电力、热力、燃气及水生产和供应业行业中期票据；（2）取值：收益率平均数。

图 5-4 代表行业信用债行业利差走势（AAA）

资料来源：Wind。

（一）条件一：债市走熊（620 钱荒）

从信用债 2008 年以来的历史走势来看，不同等级的信用利差，走势与债市大环境正相关关系非常明确。熊市中，信用利差走阔，而且等级越低，走阔越明显，如

图 5-5 所示。这主要是因为低等级品种的流动性较差,而熊市中流动性差的缺陷更加突出,相应的需要更多的利差补偿。而行业间分化,与高低等级债券间的流动性差异有相通性,在熊市中,通常为供过于求的买方市场,此时买方对于债券的资质会更为挑剔。因此,2013 年 6 月以来债市走熊是行业间分化的触发因素。

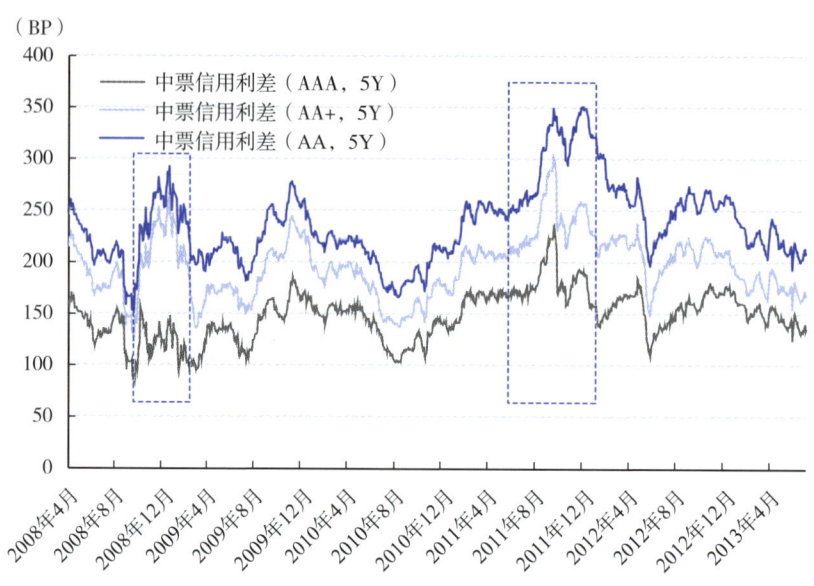

图 5-5 各等级 5 年期中票信用利差走势

资料来源:Wind。

(二)条件二:评级调整——信用风险凸显

回顾历史,2010 年 8 月~2011 年 8 月,也是一轮债券大熊市,但是当时行业基本无分化。对比来看,2013 年下半年除了熊市,产业债评级调整数量也明显增加,2013 年全年主体评级下调的次数较 2012 年翻倍,如图 5-6 所示。而且在这段时间,外部评级被下调的个券,特别是交易所交易现券,价格明显下跌。这也是信用债资质差异第一次如此清晰地反映到价格中。

2012 年~2014 年 8 月,主体评级调低的发债人(不包括中小债和私募债,评级调整包括展望负面调整)共 219 个,其中化工行业 25 个、机械设备行业 25 个、电气设备 22 个、钢铁行业 19 个、采掘行业 16 个,占比分别为 11%、11%、10%、9%、8%,如图 5-7 所示。也就是说,评级下调较多的行业往往对应着行业信用利差的明显走阔。

总的来看,评级调整让信用风险的负面影响凸显,同时债市一路走熊,行业景气度的恶化转化为个券价格的波动,行业间差异体现。

图 5-6 主体评级下调的发债人个数

资料来源：Wind。

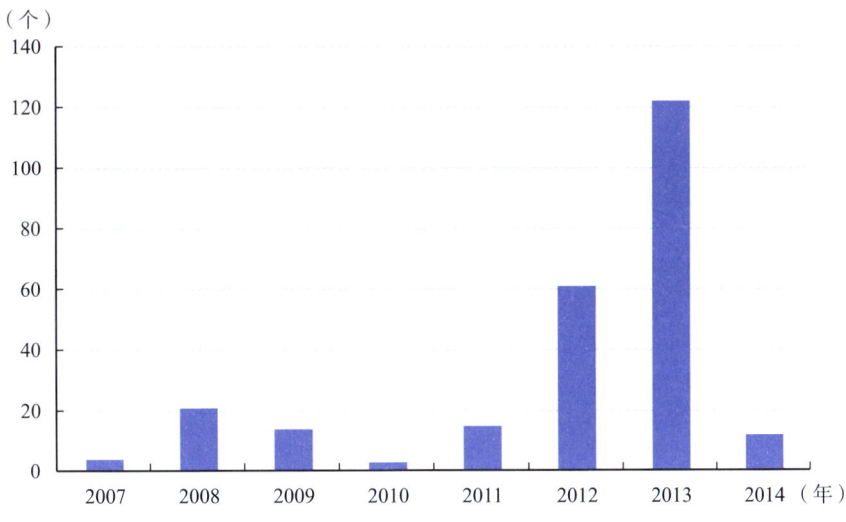

图 5-7 五大行业主体评级调低发债人占比

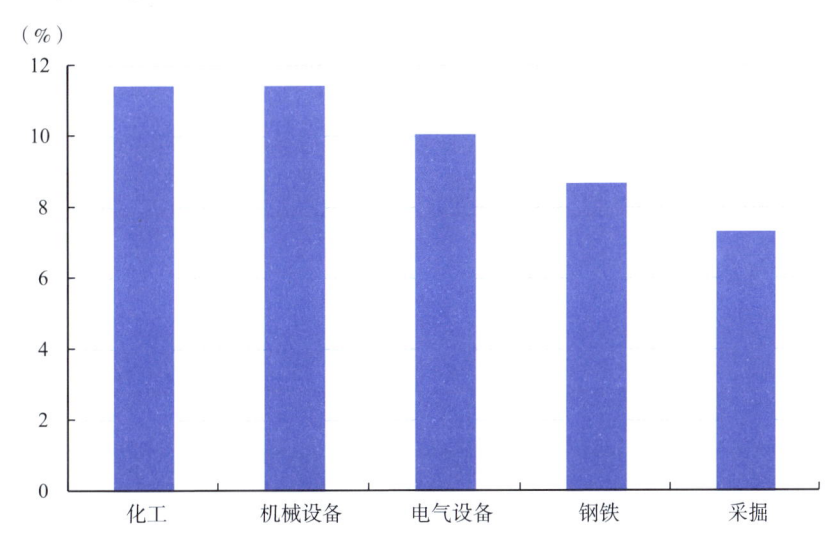

资料来源：Wind。

三、信用策略分析框架扩展

为了提高信用债收益率趋势预测的准确度，在此前把信用债收益率细分为基准利率和信用利差的基础上，笔者再进一步叠加上行业利差。也即是说，行业信用债收益率 = 基准利率 + 平均信用利差 + 行业利差。

笔者认为，行业信用利差的决定因素也可以分解为流动性风险和信用风险。只是与泛信用利差不同的是，信用风险是决定行业利差变动的主要因素。同时，行业信用风险这一部分，行业景气度、行业获现能力等是决定因素。具体划分见图5-8。

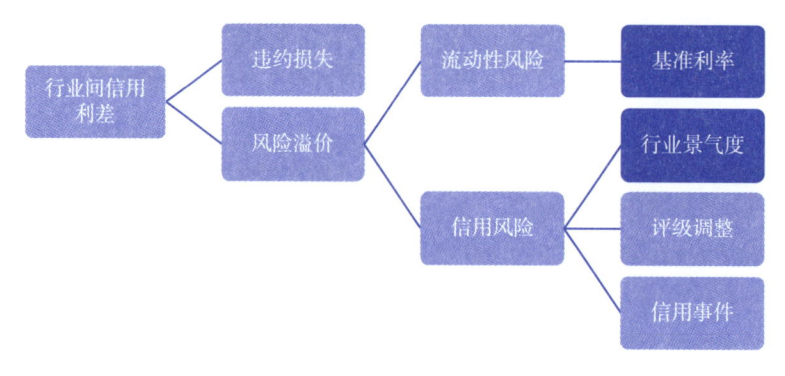

图5-8 信用债分析框架扩展——行业利差

```
                    ┌─ 违约损失
行业间信用利差 ──────┤                  ┌─ 流动性风险 ── 基准利率
                    └─ 风险溢价 ──────┤                  ┌─ 行业景气度
                                       └─ 信用风险 ──────┤─ 评级调整
                                                          └─ 信用事件
```

第二节 房地产债券行业利差驱动因素探讨

截至2018年12月31日，房地产债余额1.48万亿元，占产业债13.4%，是中国信用债市场的重要主体。不过历史上房地产债的发展势头起伏明显。2015年以前房地产行业的债券融资一直存在限制，存量个券偏少，而且多是信用资质较好的发行人。2015年新公司债推出后，房地产债井喷，债券余额几何级增长。图5-9是中国房地产债年度发行额以及房地产公司债发行额。

图5-9 房地产债发行额

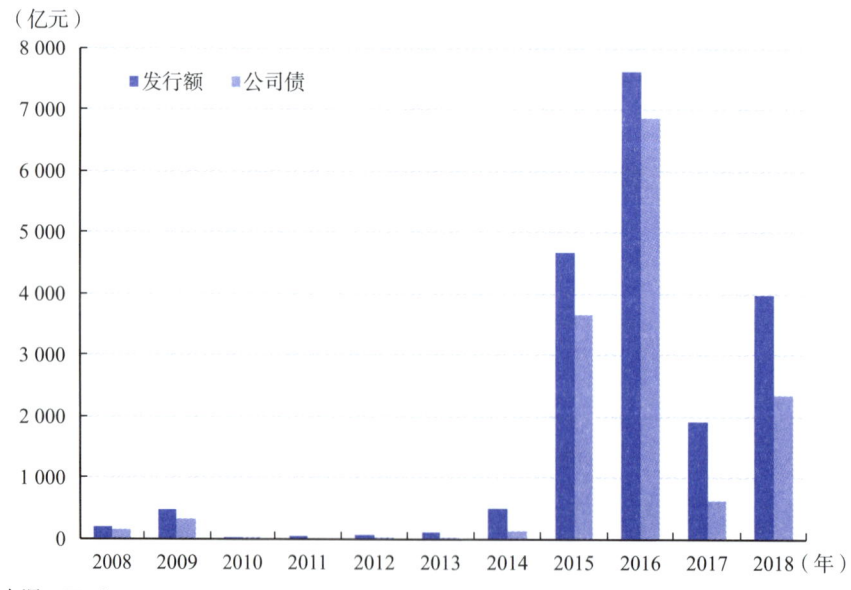

（亿元）柱状图显示2008年至2018年发行额与公司债数据，其中2016年发行额约7600亿元为最高，公司债约6800亿元；2015年发行额约4600亿元，公司债约3600亿元；2018年发行额约3900亿元，公司债约2300亿元。

资料来源：Wind。

梳理下来，笔者认为，房地产债行业利差的决定因素是行业景气度，统计局商品房销售额同比是观测房地产行业景气度的良好指标。而要在一个短周期内预测房地产销售额增速是向好还是向坏，对房地产行业调控政策的预判是关键。

一、房地产债券行业利差决定因素——行业景气度

笔者挑选了发行较早的两只低信用等级房地产债券，同时选取了4只同期交易所AA级产业债作为产业债代表，模拟房地产债券的行业利差。图5-10是低等级房地产债和同评级可比交易所产业债收益率走势图，图5-11是低等级房地产债行业利差走势图。

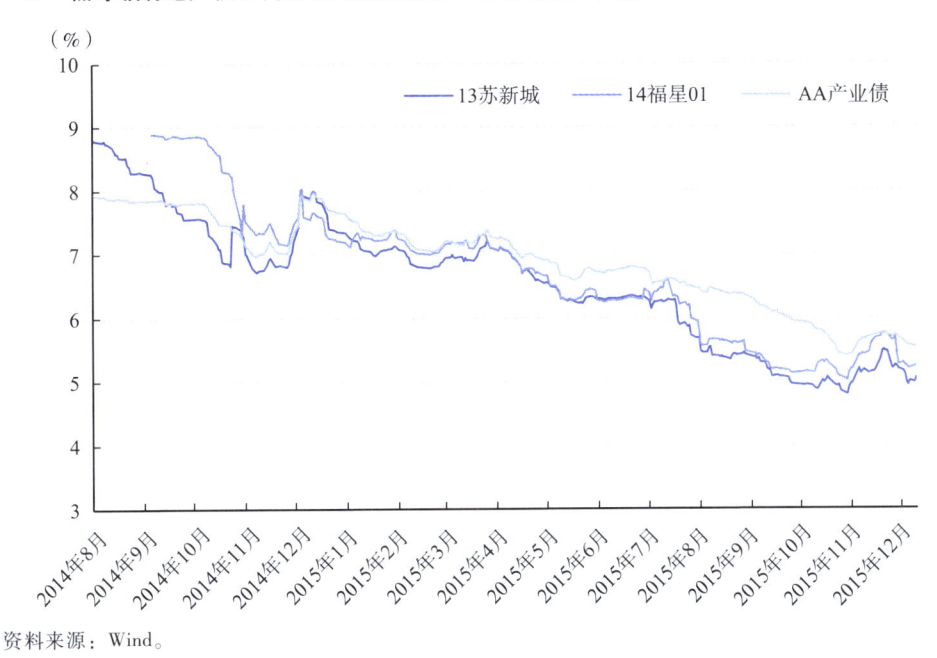

图5-10 低等级房地产债和同评级可比交易所产业债收益率走势

资料来源：Wind。

从2014年三季度到2015年底，房地产债的行业利差走势可以分为四个阶段：

第一阶段：2014年11月前，房地产行业利差迅速收窄100BP，对应着基本面触底和政策面开始放松。

这一阶段，13苏新城收益率下行幅度超过同期限同等级信用债105BP。当时房地产行业基本面是，商品房销售额当月同比触底反弹，见图5-12。政策面是，6月底从呼和浩特正式发文取消限购开始，全国多个城市放松限购。9月30日，两部委出台《关于进一步做好住房金融服务工作的通知》。10月9日，住房和城乡建设部、财

图 5-11　低等级房地产债行业利差走势

资料来源：Wind。

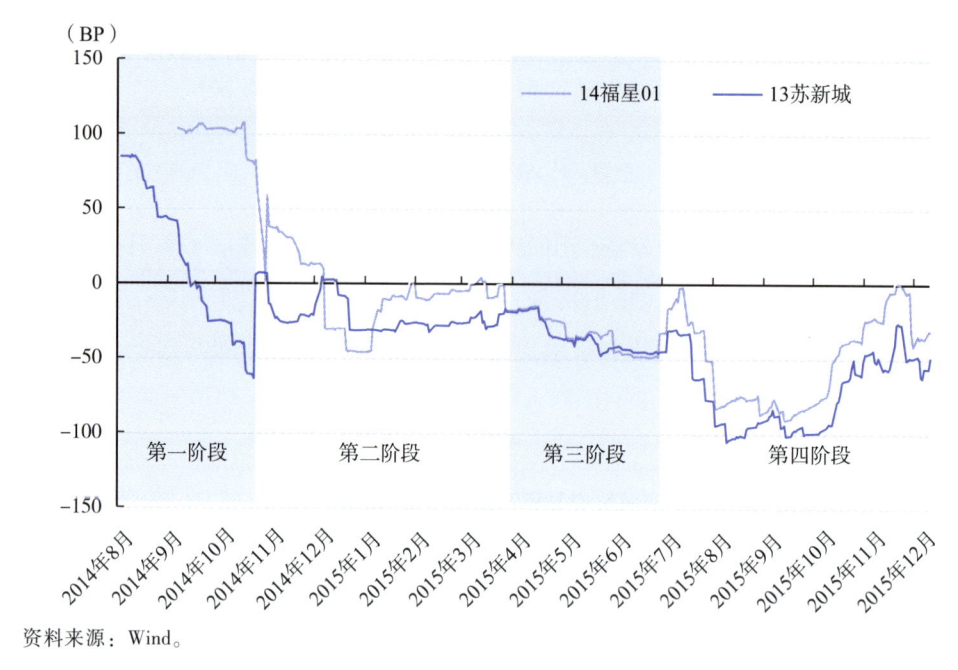

图 5-12　商品房销售额当月同比走势

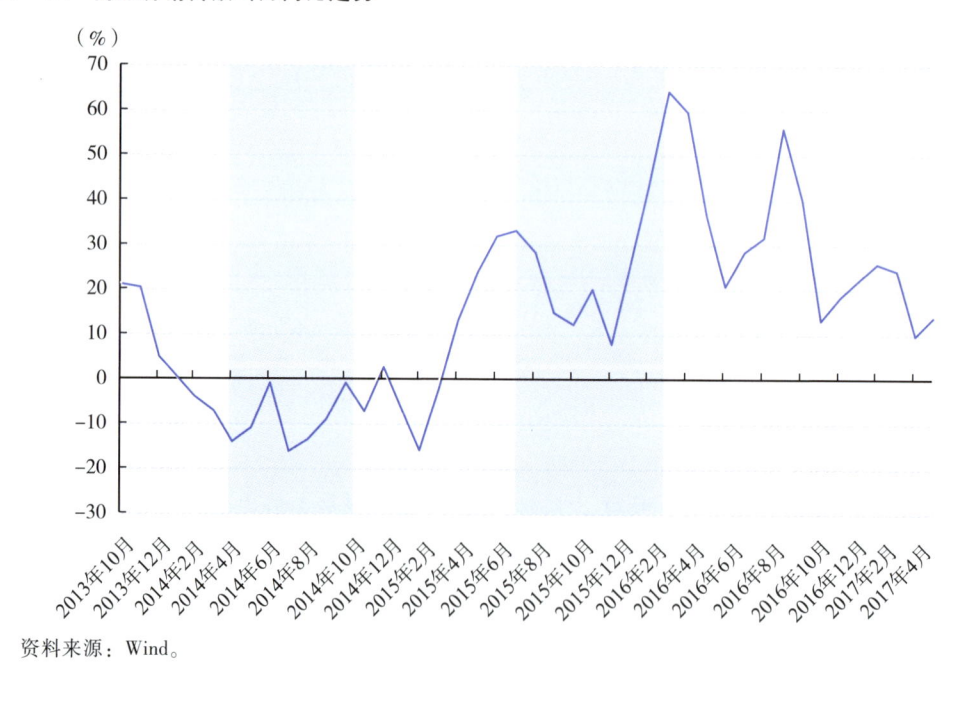

资料来源：Wind。

政部和央行联合印发《关于发展住房公积金个人住房贷款业务的通知》，要求各地放宽公积金贷款条件，具体见表 5-1。

表 5-1　2014 年下半年至 2015 年一季度房地产行业放松政策一览

时间	政策	主要内容
2014 年 6 月至 2014 年底	限消限购	6 月 27 日，呼和浩特正式发文取消限购，自此之后全国已有 40 多个城市相继取消或者大幅度松绑限购。截至 2014 年末，全国仅有北京、上海、广州、深圳四大一线城市的限购政策尚未取消
2014-09-30	《关于进一步做好住房金融服务工作的通知》	对改善型普通自住房执行首套房贷款政策，支持房地产开发企业融资
2014-10-09	《关于发展住房公积金个人住房贷款业务的通知》	住建部、财政部及央行三部门发文，取消住房公积金个人住房贷款保险、公证、新房评估和强制性机构担保等收费项目，减轻贷款职工负担
2014-11-20	《关于调整本市普通住房标准的通知》	上海放宽普通住房标准内环内成交价格提升至 450 万元/套
2014-11-21	下调人民币贷款及存款基准利率	
2014-12-31	《关于调整住房公积金个人住房贷款政策的通知》	北京上调公积金贷款额度，首套 90 平方米以下最高可贷款 120 万元
2015-02-04	普降金融机构存款准备金率并有针对性地实施定向降准	
2015-02-28	下调人民币贷款及存款基准利率	
2015-03-30	《关于个人住房贷款政策有关问题的通知》	二套房商业贷款从此前的 7 成首付降低为 4 成首付；营业税免征 5 年改 2 年等

资料来源：Wind。

第二阶段：2014 年 11 月~2015 年 3 月，房地产行业利差震荡。这段时间商品房销售额当月同比触底后低位震荡。主要政策是央行启动降息降准。

第三阶段：2015 年 4~6 月，房地产行业利差向下突破前期震荡平台。该期间房地产债行业利差收窄 30BP 左右。房地产行业层面，表现为商品房销售额出现明显改善，当月同比由负转正。政策方面，3 月 30 日，《关于个人住房贷款政策有关问题的通知》发布，降低二套房首付比率。

第四阶段：2015 年 7~10 月，房地产行业利差快速向下突破。以 13 苏新城为例，房地产债行业利差收窄 50BP 左右。与第一阶段和第三阶段不同，这一阶段商品房销售情况变化不明显。对于该阶段利差收窄的原因,笔者更多地归结于交易所债市的火爆。2015年7月,大量资金从股市转移到交易所债市,导致了交易所债市供需明显不平衡,其中房地产作为主要发债行业,相关债券均受到热棒。

总体来说,历史上房地产债券行业利差的主导因素仍是房地产行业景气度。2014年三季度以来,商品房销售额同比触底、由负转正等时点均是房地产债券行业利差向下突破的时机。

二、观察房地产行业景气度的指标——商品房销售额同比

用A股房企作为样本,企业销售商品收到的现金与国家统计局商品房销售额同比走势非常相似,如图5-13所示。笔者认为商品房销售额同比是衡量房地产行业景气度较好的指标(为什么采用企业销售商品收到的现金而不是净利润去观察房地产企业的经营状况?因为房地产行业采取预收制,企业营业收入和营业利润反而是经营的滞后指标,预收款项才是反映企业经营的较先行指标)。

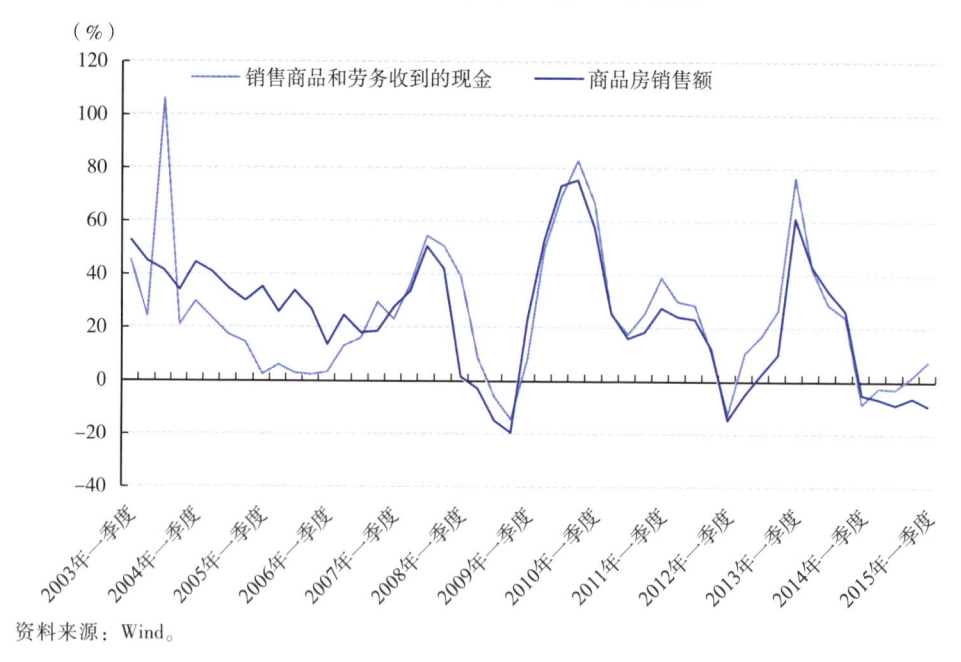

图5-13 A股上市房企销售商品收到的现金与商品房销售额同比走势

资料来源:Wind。

另外,国家统计局商品房销售额是月度数据,如果要更高频地观察行业销售情况,建议跟踪十大城市商品房成交面积指标(日数据),如图5-14所示。

图 5-14　十大城市商品房销售面积当月同比走势

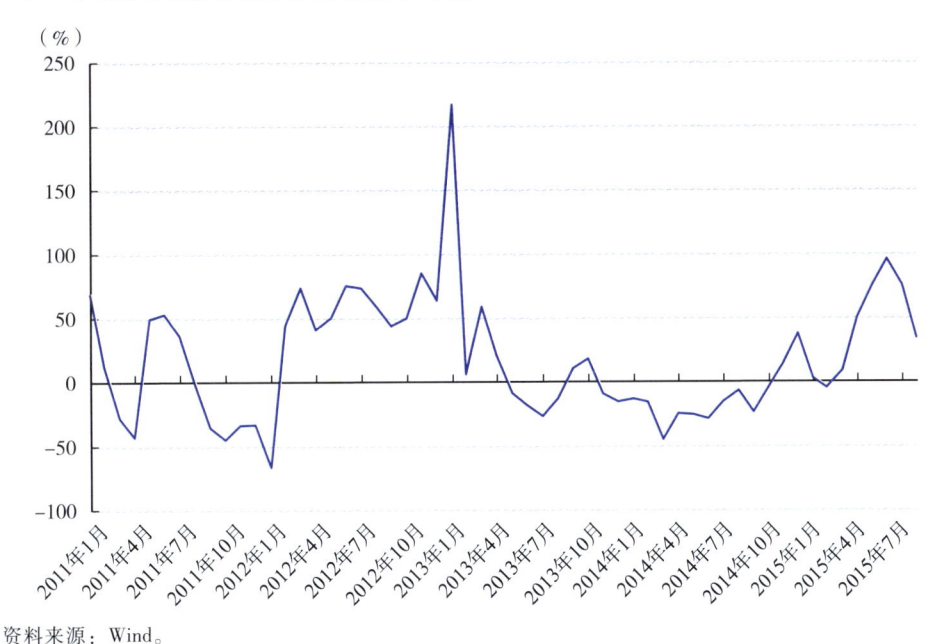

资料来源：Wind。

三、预测短周期房地产销售额走势——把握调控政策

2008 年以来，短周期房地产销售改善与行业政策（包括但不限于房贷政策、限购政策、房地产企业融资政策、货币政策等）放松相关性显著。而房地产行业政策的放松又是以稳增长政策的出台为前提。

以 2014 年为例，随着经济增速跌破目标值，GDP 同比下滑至 7.5% 以下，稳增长政策开始出台。而在近些年的经济结构下，房地产和基建投资是稳增长政策的"两条腿"，因此稳增长目标确定后，各地陆续放松限购，同时"930 新政"、降息降准、"330 新政"等相继出台。具体如图 5-15 所示。

图 5-15　通过把握稳增长政策来预测商品房销售

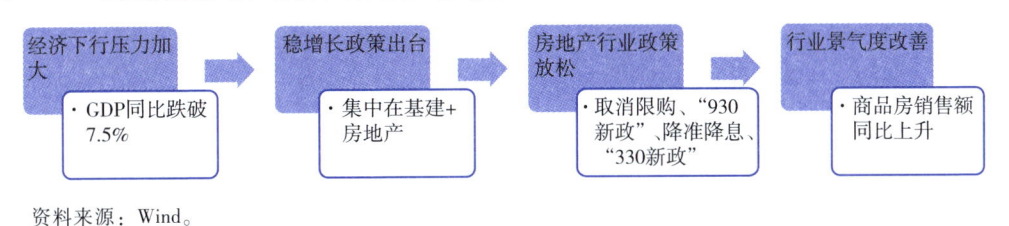

经济下行压力加大	稳增长政策出台	房地产行业政策放松	行业景气度改善
·GDP同比跌破7.5%	·集中在基建+房地产	·取消限购、"930新政"、降准降息、"330新政"	·商品房销售额同比上升

资料来源：Wind。

简而言之，进入 2014 年下半年，经济下行压力增大，这导致政策由调结构转向稳增长，房地产行业政策相应放松，最终行业销售开始改善。

四、房地产企业财务指标分析

由于房地产行业存在预收,本身又是高杠杆行业,因此房地产企业财务分析与传统企业存在差异。简化来讲,房地产企业重点关注以下五个指标(限于住宅开发类企业):

(1) 现金流状况——(经营性现金流净额+筹资性现金流净额)/所有者权益。

考虑到房地产行业是高杠杆行业,笔者认为企业现金流状况应放在首位。建议用(经营性现金流净额+筹资性现金流净额)/所有者权益来衡量房地产企业的现金流状况。

(2) 去化能力——销售商品收到的现金/存货。

高周转是企业提高净资产收益率(ROE)的重要途径。而对于房地产企业而言,由于房屋和土地通常记入存货,权责发生制下销售商品获得的收入记为预收账款,所以衡量企业去化能力,可以简化为销售商品收到的现金/存货。

(3) 盈利能力——营业利润率。

虽然营业收入和营业利润衡量当期经营状况相对滞后,但是对于一个持续经营的企业,过去的盈利能力仍有一定的代表意义。如果某企业的营业利润率持续高于其他企业,可能反映了该企业较强的成本控制能力、营销能力或者低成本融资能力等。

(4) 偿债能力——净负债率。

对于房地产企业,衡量偿债能力不能用传统的资产负债率指标,而应该观察净负债率。净负债率的定义如下:

$$净负债率 = (有息负债 - 货币资金)/所有者权益 \times 100$$

$$有息负债 = 短期借款 + 一年内到期的非流动负债 + 长期借款 + 应付债券$$

以 2015 年中报为例,132 家 A 股房企净负债率中位数和均值分别为 68% 和 89%。净负债率最高前三家企业分别是京投银泰、实达集团和泰禾集团。

(5) 绝对规模——销售商品收到的现金。

最后,衡量房地产企业的规模,建议参考房地产企业销售规模。而销售规模的近似替代指标为销售商品收到的现金。

第三节 钢铁债券行业利差驱动因素探讨

一、钢铁债券行业利差驱动因素

钢铁债券的行业利差与行业盈利在某一阶段存在良好的相关性。从图 5-16 钢铁债券行业利差和钢铁行业盈利走势来看，可以得出如下结论：

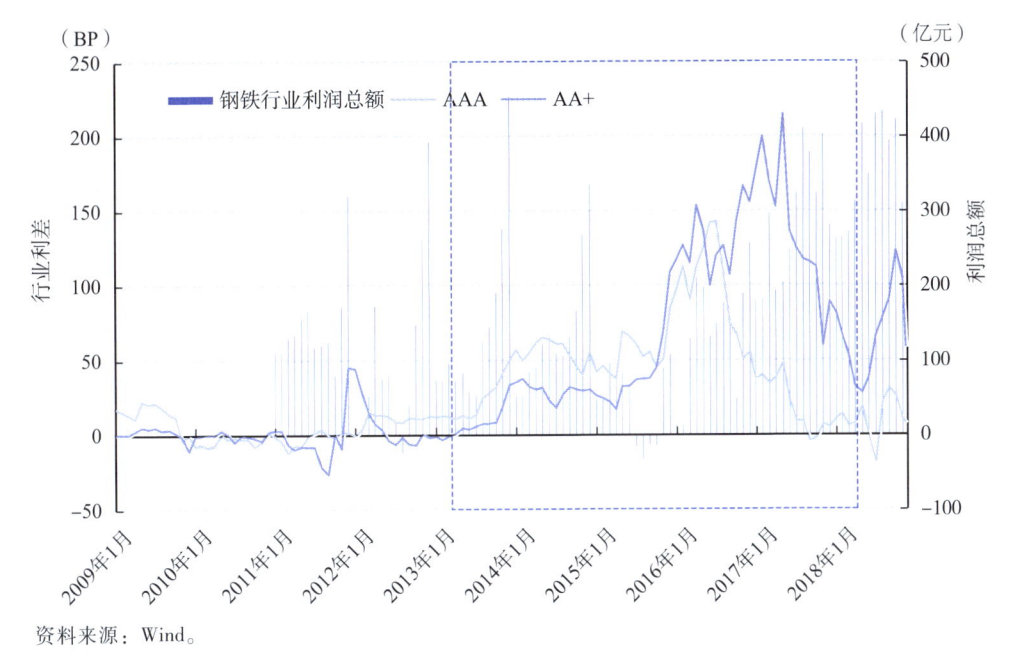

图 5-16　钢铁行业债券行业利差与行业盈利走势

资料来源：Wind。

（1）当钢铁行业由盈转亏，或者亏损幅度增大时，钢铁债券行业利差扩大。反之，钢铁行业由亏转盈时，钢铁债券行业利差缩小。

（2）在上述（1）阶段，行业亏损额越大，亏损时间越长，钢铁债券行业利差越大。对比 2015 年和 2014 年，2015 年钢铁债行业利差的上行幅度明显大于 2014 年，背后原因可能是 2015～2016 年上半年期间，钢铁行业的亏损幅度明显大于 2014 年。

（3）在行业盈利下滑，但行业依然保持盈利时，行业盈利的下滑并不对应着钢铁债行业利差的扩大；在行业扭亏为盈后，行业盈利的进一步好转，也并不对应着钢铁债行业利差的继续缩窄。

为什么会有以上特点？笔者认为，债券是固定收益产品，债券投资者获得的收益以利息为上限，因此债券的行业利差和企业盈利的相关关系并不线性。例如，在企业经营业绩转差但恶化幅度有限，违约风险仍然较低，债券还本付息尚有保障时，企业经营下滑对相关信用债定价的影响程度有限。反过来说，由于债券持有人仅获得约定的固定收益，当企业违约风险处于较低水平时，企业经营进一步向好带来的偿债能力提升，对相关信用债的定价影响也有限。

二、钢铁产业链简介

钢铁行业是以从事黑色金属矿物采选和黑色金属冶炼加工等工业生产活动为主的

工业行业，包括金属铁、铬、锰等的矿物采选业、炼铁业、炼钢业、钢加工业、铁合金冶炼业、钢丝及其制品业等细分行业。狭义的钢铁行业指黑色金属冶炼加工业。

图 5-17 是钢铁的生产流程图，进一步简化为图 5-18。矿石采选、人造块矿和焦化是炉料加工环节，炼铁、炼钢和连铸是钢坯加工环节，热轧、冷轧等是钢材产品制造环节。大型钢铁公司往往全流程生产，部分民营企业主营钢材加工。

图 5-17 钢铁生产工艺流程

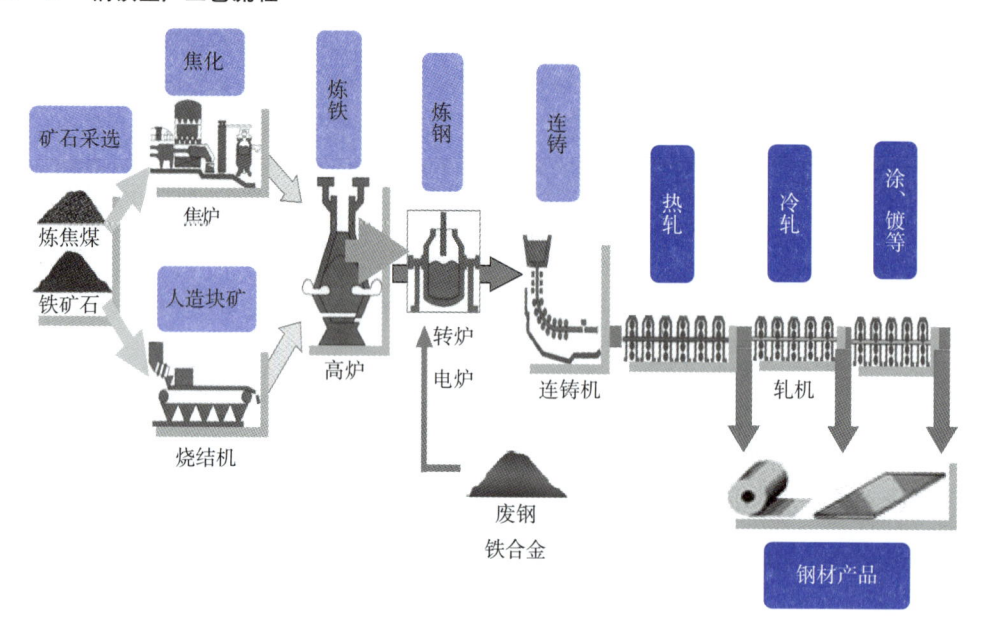

资料来源：我的钢铁网。

图 5-18 钢铁产业链简化

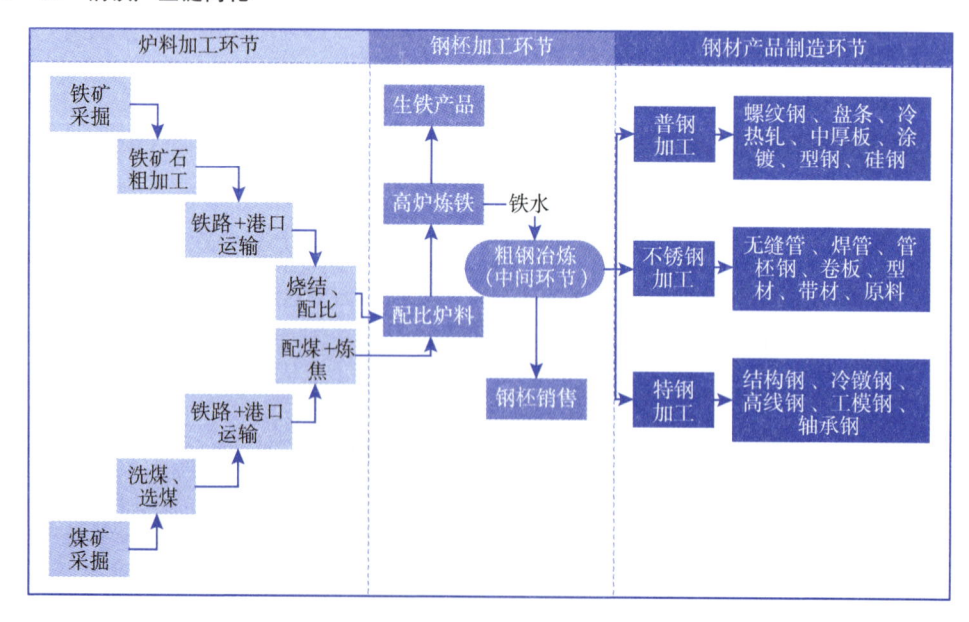

（一）钢铁行业上游

钢铁行业上游是铁矿石行业、焦炭行业和有色金属行业等。从成本来看，铁矿石占比六至七成；其次是焦炭，占比二成，如图 5-19 所示。

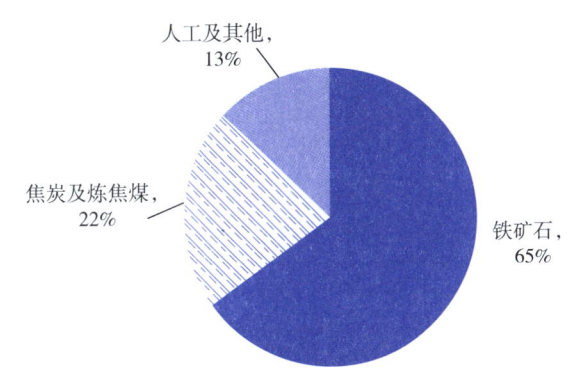

图 5-19 钢铁行业成本构成（2015 年）

人工及其他，13%
焦炭及炼焦煤，22%
铁矿石，65%

资料来源：我的钢铁网。

1. 上游原材料——铁矿石。

美国地质调查局数据显示，全球铁矿石资源主要分布在澳大利亚、俄罗斯、巴西及中国，2017 年底，上述四国铁矿石原矿储量占全球储量 70%。企业方面，世界三大铁矿石巨头（力拓、必和必拓和巴西淡水河谷）的铁矿石产量占全球总产量的三至四成，如图 5-20 所示。

图 5-20 铁矿石三巨头产量占全球总产量的比重（2018 年）

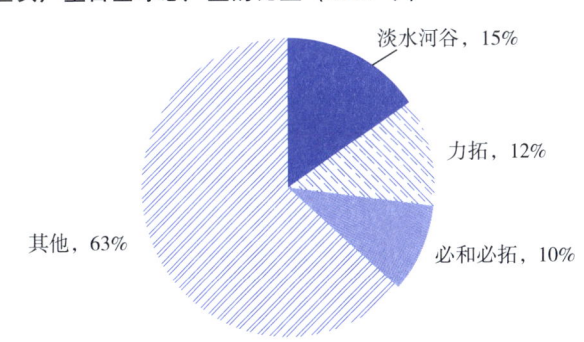

淡水河谷，15%
力拓，12%
必和必拓，10%
其他，63%

资料来源：Wind。

中国是全球最大的铁矿石进口国。虽然中国铁矿石储量不低，但是贫矿多，而且矿体复杂，铁矿石每年仍需大量进口。按照铁矿石来源划分，中国一半以上的铁矿石需要进口，如图 5-21 所示。其中，澳大利亚和巴西是主要进口地区。

图 5-21 中国铁矿石进口数量及占比

资料来源：Wind。

2. 上游原材料二——焦炭。

焦炭是烟煤在隔绝空气的条件下高温干馏得到的产物，其主要用于高炉冶炼、铸造和气化。在焦炭的下游需求中，黑色金属冶炼及压延加工行业占比较高。2016年底，黑色金属冶炼及压延加工业对焦炭的消费量占比高达84.6%，如图5-22所示。

图 5-22 钢铁行业焦炭的消费量在总消费量中的占比

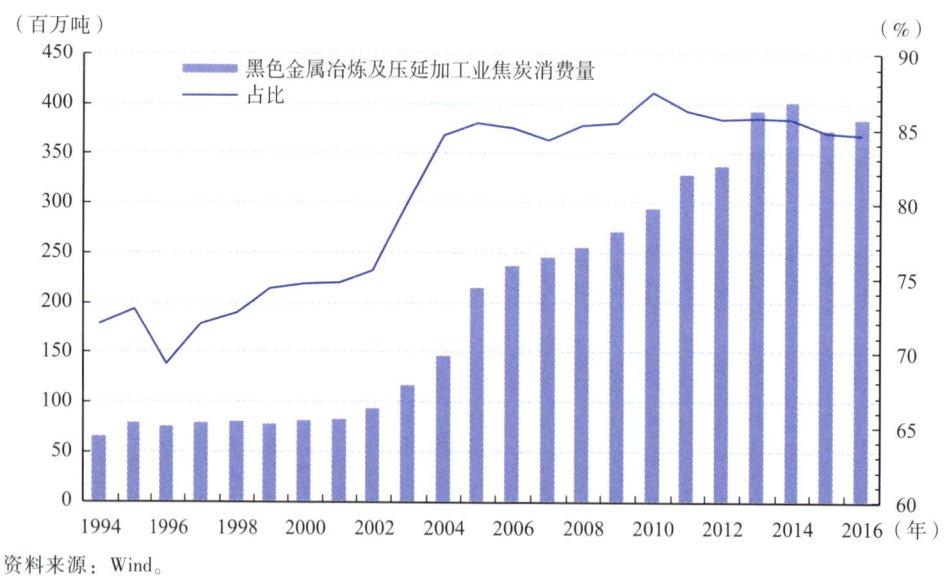

资料来源：Wind。

随着粗钢产量的上升，我国焦炭的表观消费量也快速增长。2018 年全年焦炭的表观消费量①达到 4.29 亿吨，较 2008 年增长了 36%，如图 5-23 所示。

图 5-23 焦炭表观消费量和粗钢产量

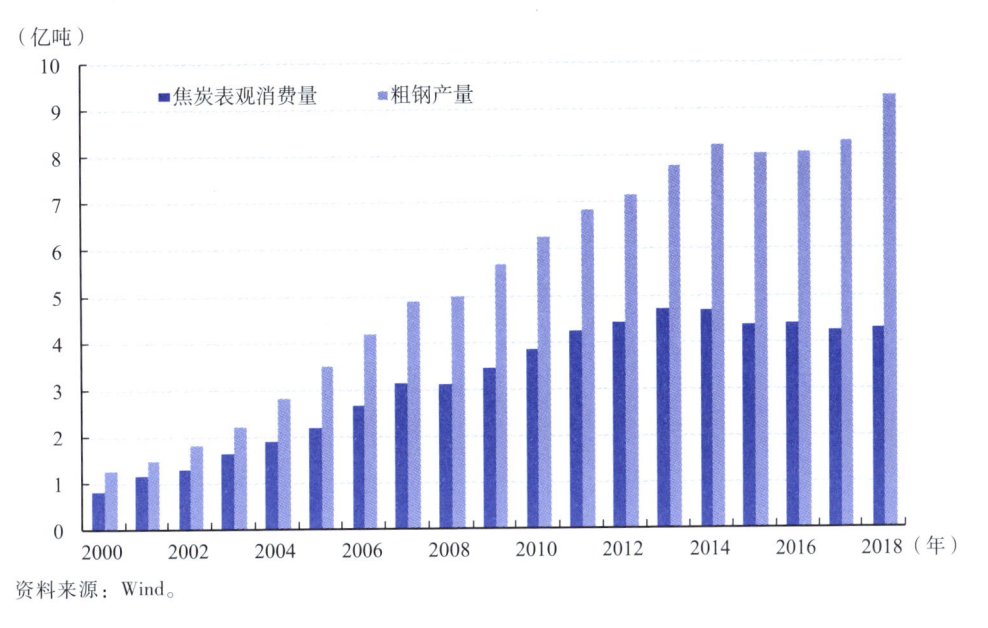

资料来源：Wind。

（二）钢铁行业下游

钢铁行业下游包括建筑行业（细分为房地产行业和非房地产行业）、机械行业、汽车行业、家电行业等。其中建筑行业是最主要的需求行业，占比超过 5 成，具体见图 5-24。钢铁行业的下游行业多数是周期性行业，所以钢铁行业也是典型的强周期行业。

图 5-24 钢铁下游行业需求占比（2015 年）

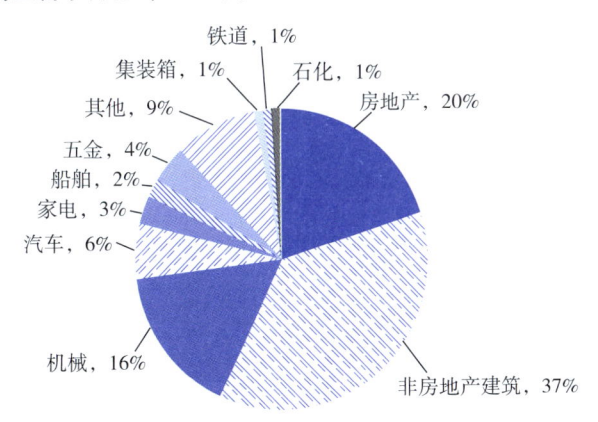

资料来源：我的钢铁网。

---

① 表观消费量 = 产量 + 进口 - 出口。

三、中国钢铁行业历史与现状

中国同时为钢材生产大国和消费大国，粗钢产量和表观需求量不断提高。从图 5-25 来看，2000 年我国粗钢产量为 1.27 亿吨，占全球产量的 15.0%；2017 年产量已上升至 8.32 亿吨，占比提高至 49.2%。从图 5-26 来看，2000 年我国粗钢的表观需求量为 1.38 亿吨，占全球的 16.4%；2017 年的需求量提高至 7.68 亿吨，占比也抬升至 44.7%。

图 5-25　中国粗钢产量以及占全球总产量的比重

资料来源：Wind。

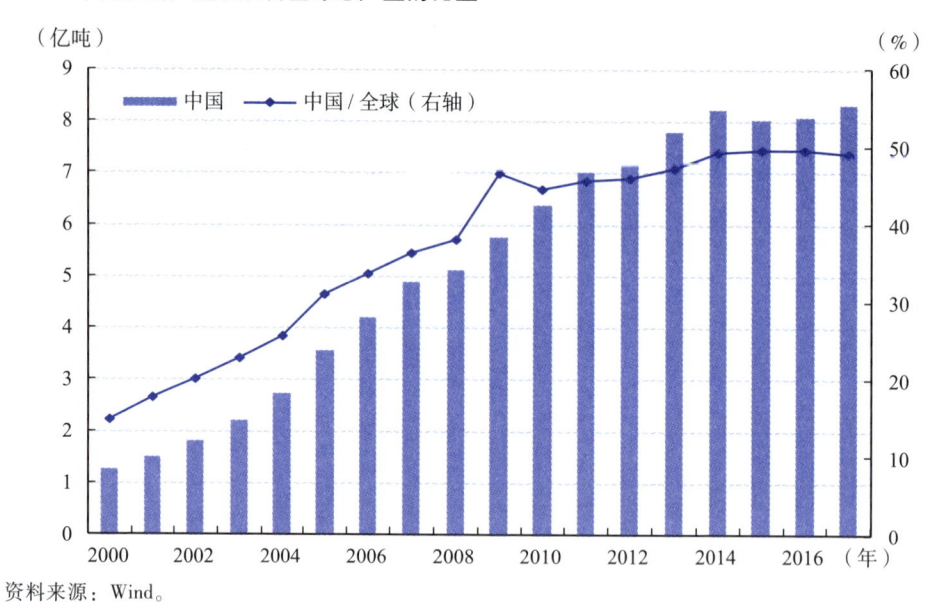

图 5-26　中国粗钢表观需求量以及占全球总需求量的比重

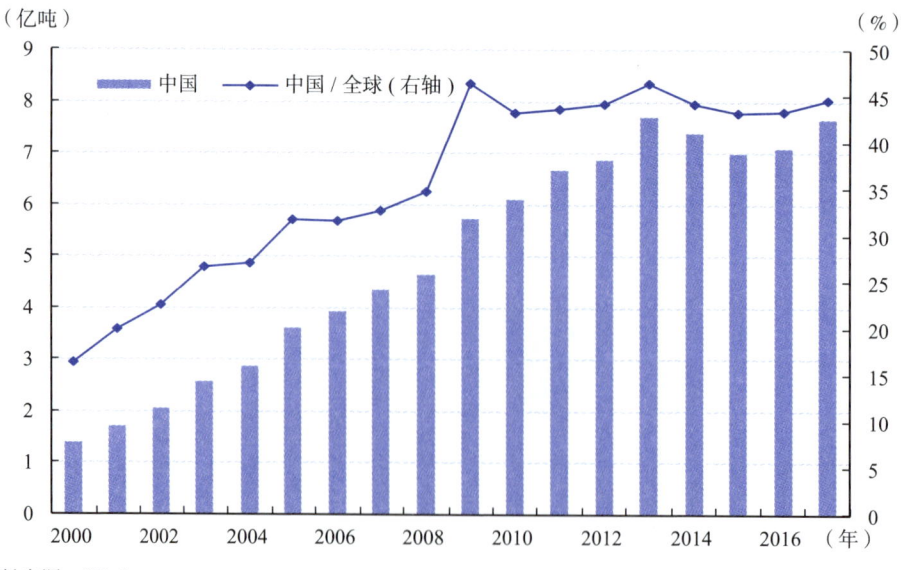

资料来源：Wind。

从图 5-27 来看，2005 年之前，中国粗钢产量低于表观消费量，钢材供不应求，需要靠净进口满足国内对钢材的需求。2005 年以后，供不应求的状态转变为供过于求，粗钢产量显著高于表观消费量，钢材需要出口。2015 年，我国钢材出口量在钢材出口量和表观消费量总和中的占比为 8.9%，如图 5-28 所示。

图 5-27 中国钢铁产量与表观消费量差值

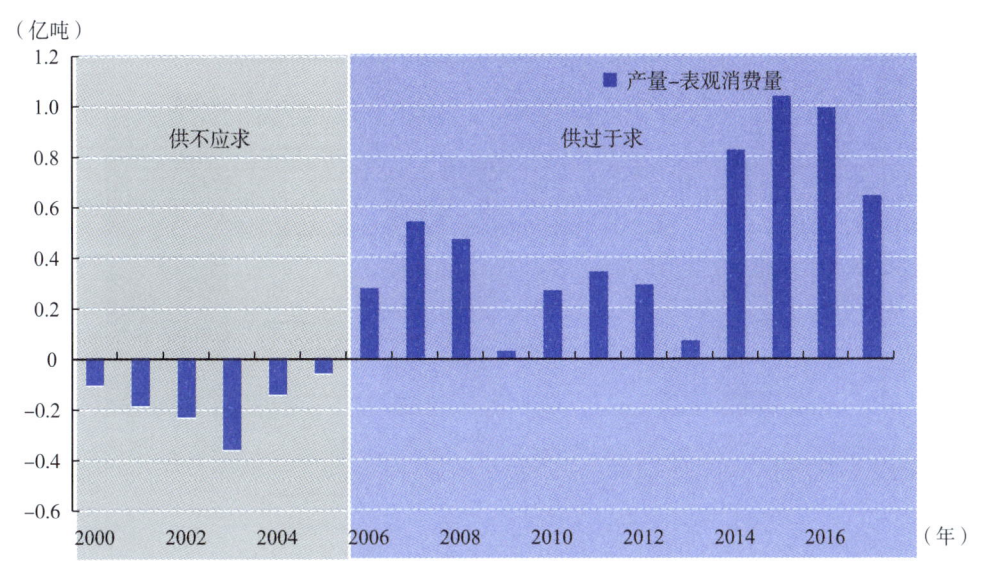

资料来源：Wind。

图 5-28 钢材出口和进口都偏少（2015 年）

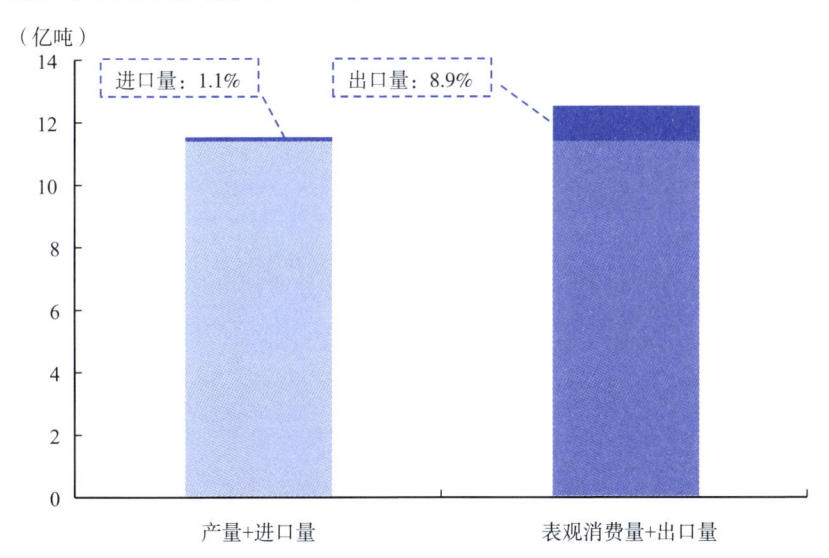

资料来源：Wind。

另外，我国钢铁行业集中度较低。截至 2017 年底，CR5[①] 为 25.2%，同比增加 0.2%；CR10 为 36.9%，同比增加 1.1%；CR15 为 45.4%，同比增加 1.5%。具体见图 5-29。

图 5-29　钢铁行业集中度

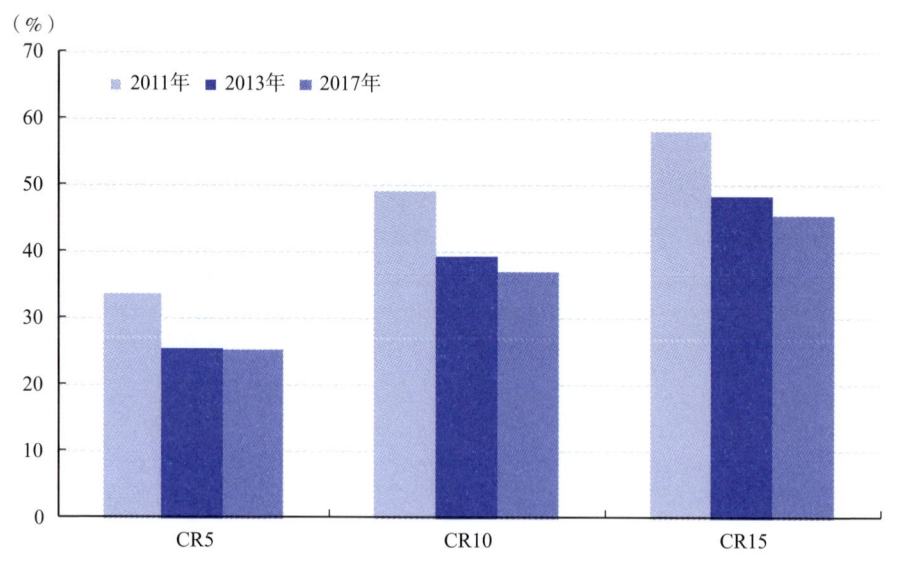

资料来源：Wind。

盈利方面，国务院国资委统计的黑色金属冶炼业经营数据显示，中国钢铁行业盈利经历了三个阶段：（1）2000~2005 年，盈利状况逐年改善，行业平均 ROA 和 ROE 分别从 3.0% 和 2.1% 上升至 7.8% 和 10.9%；（2）2005~2015 年，盈利状况迅速恶化，回报率进入下降通道，2015 年时行业平均 ROA 和 ROE 分别下降至 -0.2% 和 -3.0%；（3）2016~2017 年，钢铁行业进行供给侧结构性改革，盈利能力快速好转。如图 5-30 所示。

四、钢铁行业盈利驱动因素分解

从图 5-31 可以看到，钢铁企业管理费用、财务费用和销售费用占营业成本比重相对稳定，钢铁企业的利润可以简化分解为：

销售利润 = 吨钢毛利 × 销量

= (钢材价格 - 1.6 × 铁矿石价格 - 0.5 × 焦炭价格 - 吨钢辅料成本) × 销量

[①] CR，concentration ratio 的简称，行业集中度；CR5 表示前 5 家钢铁企业集团粗钢产量占全国总产量的份额；CR10 表示前 10 家钢铁企业集团粗钢产量占全国总产量的份额；CR15 表示前 15 家钢铁企业集团粗钢产量占全国总产量的份额。

图 5-30　钢铁全行业 ROA 和 ROE 平均值

资料来源：Wind。

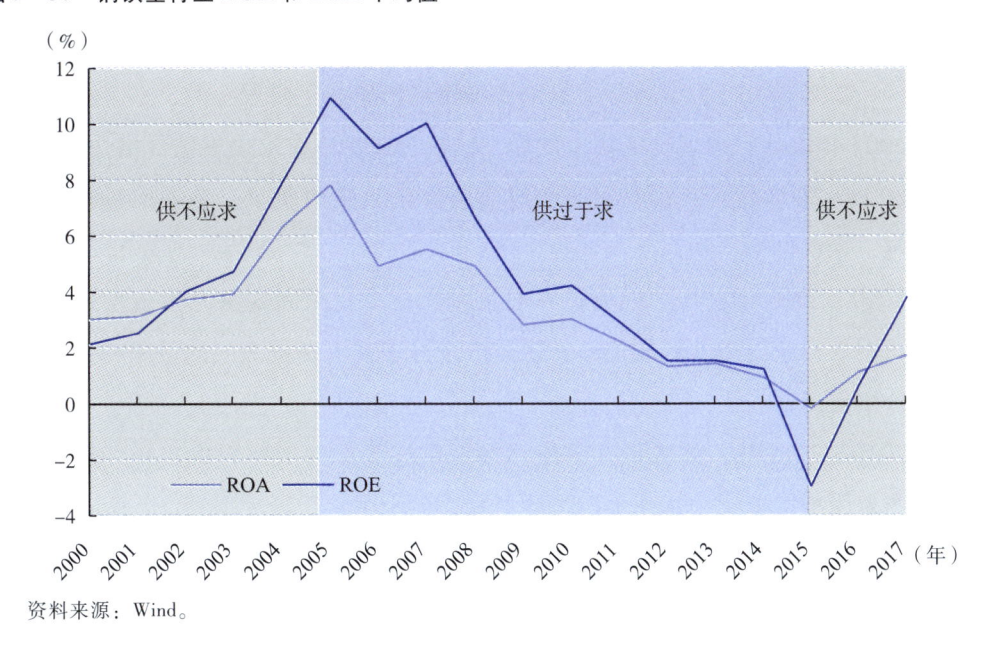

图 5-31　A 股上市钢铁企业营业成本占比

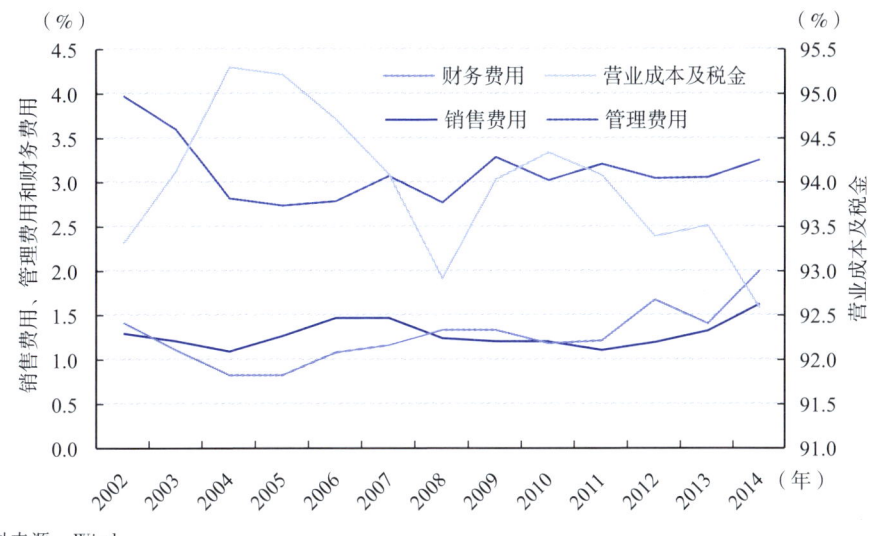

资料来源：Wind。

因此，影响钢厂盈利能力的变量包括钢材价格、铁矿石价格、焦炭价格、辅料价格和销量。再考虑到焦炭、辅料成本和"三费"在生产成本中占比较小，且"三费"相对稳定，它们对吨钢毛利的影响明显小于铁矿石价格，所以影响钢厂盈利能力的变量可以进一步简化为钢材价格、铁矿石价格和销量。

（一）钢材价格回顾

工业品价格由供需决定，供给大于需求时，产品价格将下跌，反之产品价格上涨。从图5-32来看，过去十多年中国钢铁价格经历了如下阶段：

（1）2005年以前：中国经济快速发展，钢铁行业供不应求，钢铁价格快速上涨。

（2）2006~2008年：我国粗钢的产量显著高于表观消费量，钢铁冶炼行业出现了产能过剩，钢铁价格下跌。

（3）2009~2010年：在"四万亿"政策刺激下，我国固定资产投资增速重新回到高位，对钢铁行业的需求形成拉动，使得产量与表观消费量之间的差距得以短暂缩窄，钢铁价格反弹。

（4）2010~2015年：需求再度萎缩，钢铁供过于求的情况再次出现，产量与消费量之间的差距持续扩大，钢铁价格持续下跌，创十多年新低。

（5）2016~2018年：供给侧结构性改革推进，钢铁行业供给受限，出现供不应求局面，钢铁价格快速上涨。

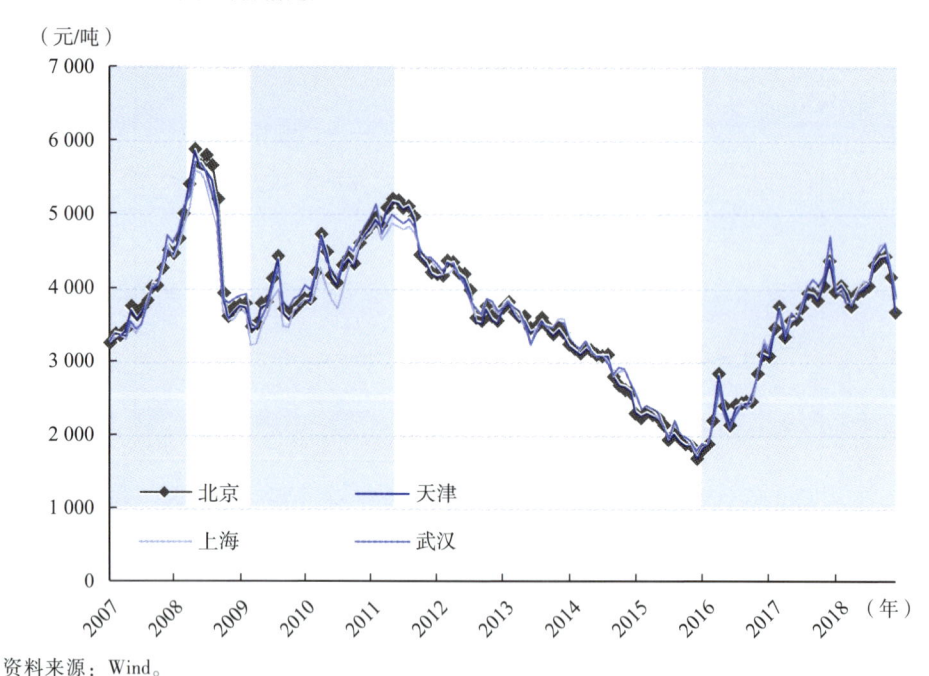

图5-32 主要地区螺纹钢价格走势

资料来源：Wind。

（二）铁矿石价格回顾

铁矿石的主要用途是冶炼钢铁，铁矿石的价格和钢铁价格走势正相关，如图5-33所示。不过波动幅度方面，两者存在明显差异。铁矿石相对钢价的涨幅由铁矿石的行业供求格局决定。2005 年至今，铁矿石行业的供需格局曾发生过三轮快速变化：

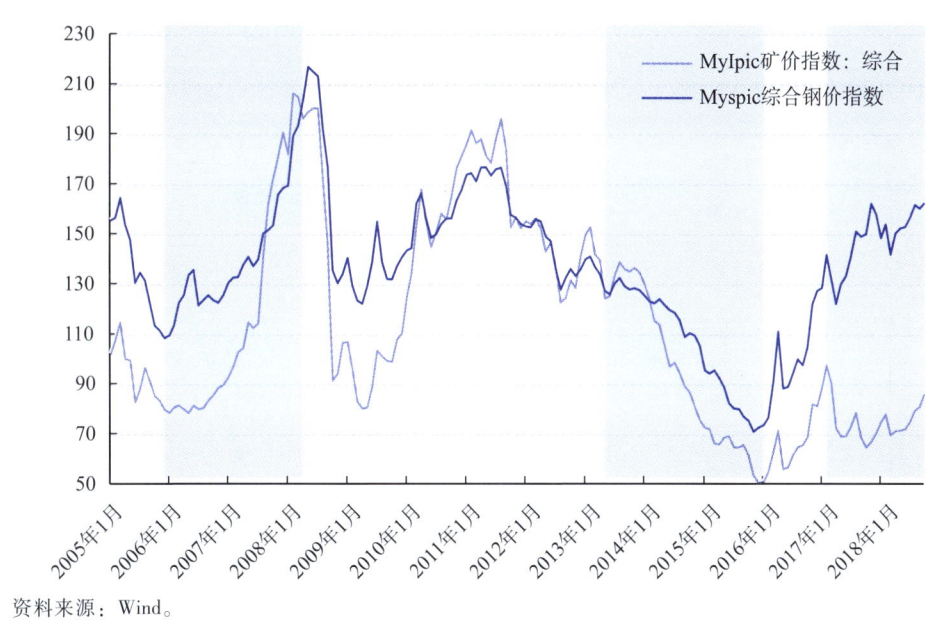

图 5-33 钢价指数与矿价指数走势

资料来源：Wind。

（1）2005 年 7 月~2008 年 6 月：铁矿石供不应求，涨幅明显超过钢铁价格。中国经济快速发展，钢铁消费量增速高企，导致了铁矿石行业供不应求。

（2）2014~2015 年：2014 年国际铁矿石生产商产量明显增加，铁矿石供不应求局面快速缓解。这一期间，国际四大铁矿石生产商产量大幅增加，铁矿石供给增速快于需求增速。2010 年左右，铁矿石供给方排产了大量铁矿石产能。通常铁矿石产能从排产到实际投入生产，需要 3~5 年的预开采期，所以这些产能陆续于 2014 年开始投产。

（3）2017~2018 年：中国钢铁行业推进供给侧结构性改革，铁矿石涨幅明显小于钢铁。在供给侧结构性改革政策推动下，中国钢铁行业产能收缩，对铁矿石的需求下降，使得铁矿石行业供给多于需求，钢铁价格的上涨对铁矿石的传导十分有限。

（三）钢铁销量

近些年中国对钢铁的需求量也分为两个阶段：

（1）2014 年以前，钢铁需求量持续增加，但需求增速波动；

（2）2015 年以后，钢铁需求量有增有减。

因此回溯历史，钢铁销量对钢铁行业利润波动的解释能力十分有限。从图 5-34

来看，2005~2015年，钢材产量持续大幅增加，但钢企的利润并未随之增长，个别年份更是出现一定程度的下降。2017年，全年钢材产量较2016年小幅下降，但2017年钢铁行业利润却大幅增加。

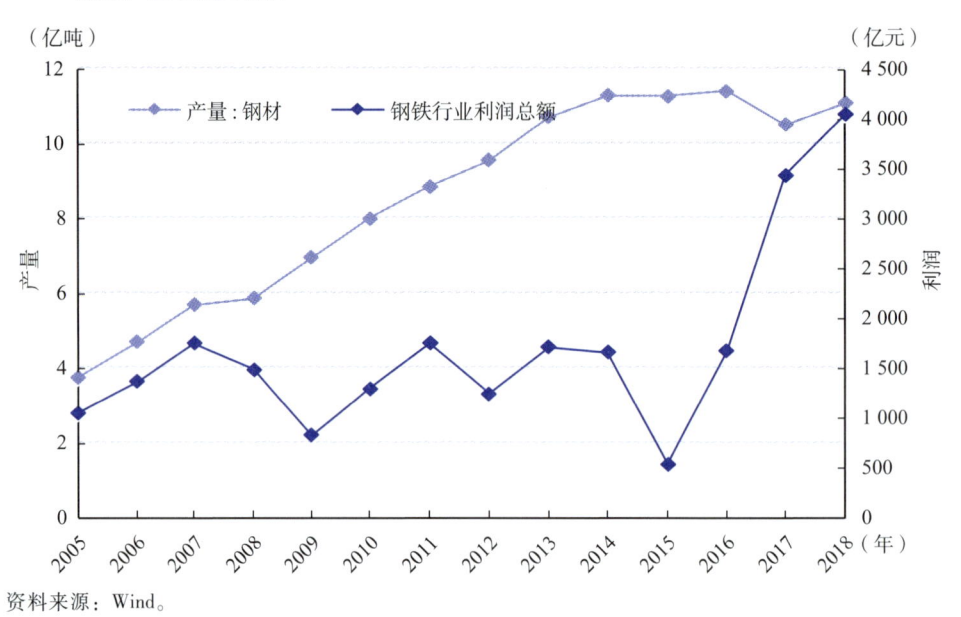

图 5-34 钢材产量与行业利润

资料来源：Wind。

（四）驱动因素及驱动机制

从上述分析来看，钢材价格、铁矿石价格以及钢铁销量并不是独立变量。钢铁行业和铁矿石行业作为同一产业链的上下游，钢材的供给恰恰是铁矿石的需求。

为了厘清独立变量，笔者认为可以分两步走。首先，把钢材生产和铁矿石生产环节当作一个环节，这时决定整个环节利润的因素将简化为：铁矿石的供给和钢铁的需求。如果钢铁需求旺盛，对铁矿石的最终需求量明显大于铁矿石的供给量，那么整个环节的利润将提高。然后，这个大环节的利润如何在两个子环节分配，将取决于子环节的相对供需格局。如果铁矿石的供需格局更优，那么整体环节的利润将大部分被铁矿石获取。这就表现为：在钢价上涨阶段，铁矿石的涨幅大概率大于钢价，比如2005~2008年阶段；反之，在钢价下跌阶段，铁矿石的跌幅大概率小于钢价。

综合来看，笔者认为影响钢企利润的主要独立因素是：钢铁的下游需求、铁矿石的供给以及钢铁企业的开工率（钢铁的产能及开工率），具体见图5-35。

图 5-35 钢企利润独立变量分解

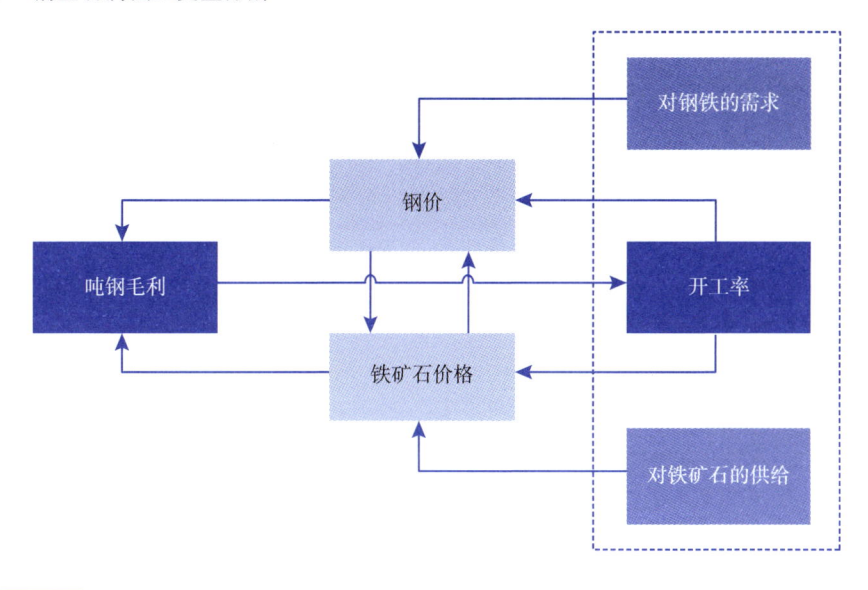

第四节 煤炭债券行业利差驱动因素探讨

一、煤炭行业债券利差决定因素——行业景气度

和钢铁债券类似，煤炭债券的行业利差与煤炭行业景气度存在相关性（见图 5-36）。

图 5-36 煤炭债券行业利差与行业盈利走势

资料来源：Wind。

（1）2014~2016年上半年：煤炭行业利差持续扩大。2014年开始，AAA级煤炭和同评级信用债利差持续扩大，2016年6月最高点利差高达200BP。当时的背景是，煤炭行业盈利不断恶化。2012~2015年，煤炭行业利润增速连续四年为负。2016年前两个月，煤炭行业出现整体亏损。

（2）2016下半年~2017年上半年：煤炭行业利差快速缩小。在此期间，AAA级煤炭行业利差快速缩小，对应的背景是煤炭行业利润明显改善。

二、煤炭行业基本现状

煤炭产业链相对简单，主要包括生产和物流环节，如图5-37所示。大部分煤炭企业均涉及这两个环节，少数企业专注于物流环节。煤炭发债企业以包含生产环节的企业为主。

图5-37 煤炭产业链

生产 ·开采 ·洗选 → 物流 ·仓储 ·分销 → 终端消费 ·电力 ·水泥 ·钢铁 ·化工

煤炭是我国的主要能源之一，煤炭产量跟随我国经济波动。从图5-38来看，2015年以前，中国经济增速较快，煤炭产量持续正增长；2015年和2016年，中国经

图5-38 中国煤炭产量及增速走势

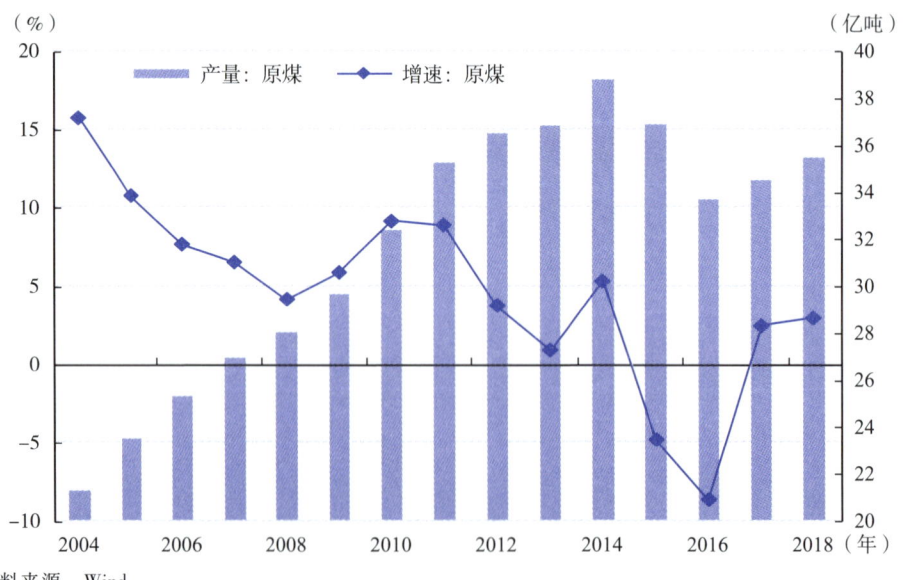

资料来源：Wind。

济增速下滑到7%以下，煤炭产量也连续两年录得负增长；2017~2018年，中国经济稳中有进，煤炭产量增速由负转正。2018年，原煤产量35.5亿吨，增速2.9%。

另外，我国煤炭行业以自给自足为主，进口占比不大。2018年，我国煤炭净进口量1.82亿吨，占全国生产量5.1%，如图5-39所示。

图5-39 2009年开始我国由煤炭出口国转变为进口国

资料来源：Wind。

我国煤炭生产企业集中度偏低，竞争较激烈。根据中国煤炭信息研究院统计，2015年神华集团、同煤集团、山西焦煤集团公司、兖矿集团有限公司和中煤能源产量分别占我国煤炭产量的6.1%、3.0%、2.8%、2.7%和2.2%，我国前十大产煤集团合计占中国煤炭总产量的24.2%。

三、观察煤炭行业景气度的指标——煤价

煤炭企业的吨煤生产成本和运输成本均相对刚性，近些年生产成本逐步上升，运输成本区间波动，盈利波动主要由煤价决定。

（一）生产成本相对刚性

以中国神华自产煤为例（中国神华是国内煤炭生产企业的佼佼者，其成本控制能力在行业领先），它的生产成本主要分为四块，分别是原材料、燃料及动力、人工成本，折旧及摊销和其他[①]。2018年，这四部分占比大致为20%、19%、16%和45%。

---

① 其他成本具体是指：(1) 与生产直接相关的支出，包括维简安全费、洗选加工费、矿务工程费等；(2) 生产辅助费用；(3) 征地及塌陷补偿、环保支出、地方性收费等。

从图5-40来看，自产煤单位生产成本同比在-10%~10%区间波动。

图5-40　中国神华自产煤成本同比增速走势

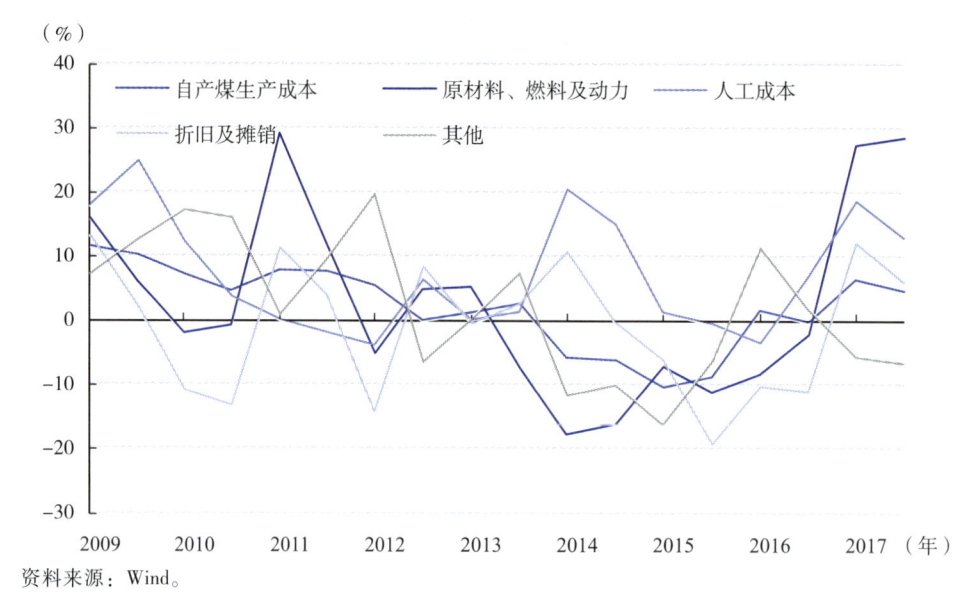

资料来源：Wind。

另外，由于煤炭产地与消费地相差较远，所以运输费用也是销售成本的重要一块。和生产成本相比，近些年神华运输成本中枢上行。从图5-41来看，运输成本同比增速大致在-15%~15%间波动。

图5-41　中国神华运输成本及同比增速走势

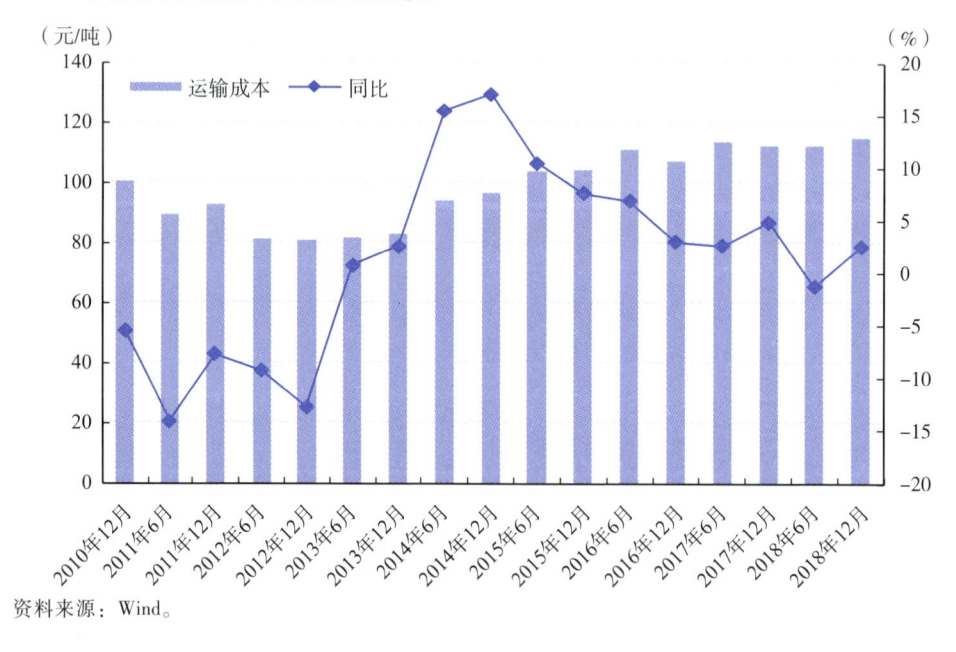

资料来源：Wind。

整体来看，与煤炭价格的波动幅度相比，煤炭行业的成本相对刚性。

（二）煤价是盈利的主要决定因素

利润＝收入－成本，当成本相对刚性时，利润波动主要由收入决定。而且，与钢铁行业类似，煤炭产量和行业利润相关性较弱，煤炭价格是企业收入波动的主导因素。

考察中国神华煤炭业务盈利与煤价的关系，这两者显著正相关，如图5-42和图5-43所示。2012~2016年，中国神华煤炭售价下跌，公司煤炭业务利润也开始负增长；2016~2018年，煤炭售价上涨时，公司利润快速上升。

图5-42　中国神华煤炭业务分部经营收益增速与煤价走势

资料来源：Wind。

图5-43　中国神华煤炭业务分部经营收益增速与煤价增速走势

资料来源：Wind。

四、预测煤价方向——把握下游行业需求

价格由供需决定。实践中，需求的波动明显大于供给，价格往往表现出需求主导。考察煤炭价格走势，煤价和行业需求存在一定的正相关性。

（一）动力煤

动力煤[①]是指用作动力的煤，它的下游主要是电力和水泥行业，其中电力行业用量约占6成，水泥行业占2成。

笔者用电力行业和水泥行业耗煤量近似作为整体动力煤的需求，观察需求与价格的走势。近10年来两者有一定正相关性，如图5-44和图5-45所示。当耗煤增速下滑时，煤价下跌；耗煤增速回升时，煤价上涨。其中，2013年耗煤量增速曾明显回升，但煤炭价格仍保持下滑态势，2013年耗煤量的回升体现为2014年煤价下滑速度的减缓。另外，如果以月度频率来看，耗煤增速同比和煤价涨跌稳合度更好。

图5-44 动力煤耗煤量和煤价增速走势

资料来源：Wind。
注：动力煤价格为环渤海动力煤 Q5500K 价格。

总的来说，全社会耗煤量是衡量动力煤下游需求的有效指标，如果耗煤量同比下滑，则动力煤价格下跌；反之上涨。

[①] 根据用途，煤炭大致分为三类：动力煤、炼焦煤和无烟煤。而我国资源储量以动力煤为主，占比70%左右。

图 5-45 动力煤耗煤量和煤价增速走势（月度）

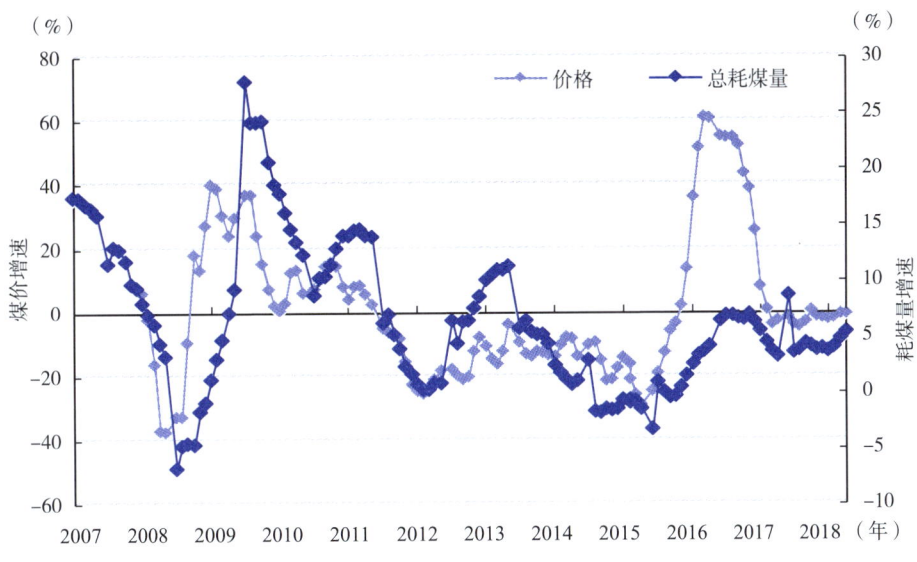

资料来源：Wind。

注：动力煤价格为环渤海动力煤 Q5500K 价格。

（二）焦煤及无烟煤

笔者考察焦煤价格与钢铁行业耗煤量、无烟煤价格与化肥行业耗煤量走势。两者均与下游需求有一定正相关性，如图 5-46 和图 5-47 所示。

图 5-46 焦煤价格与钢铁行业耗煤量增速走势

资料来源：Wind。

注：焦煤价格为太原古交 2#焦煤车板价（含税）。

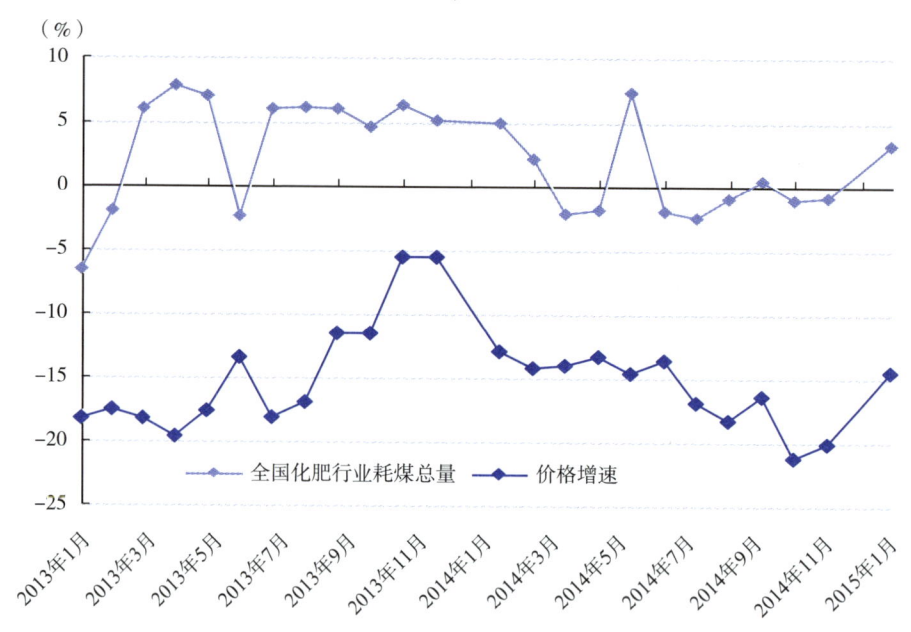

图 5-47　无烟煤价格与化肥行业耗煤量增速走势

资料来源：Wind。

注：无烟煤价格为阳泉洗中块坑口价（含税）。

五、衡量煤企竞争力——吨煤成本

在考察单个煤炭企业竞争力时，笔者认为吨煤成本是最重要的指标。它反映了企业生产能力、管理能力等各方面。如果同煤种的某企业吨煤成本较低，那它的盈利状况通常更好。但是，考虑数据可得性，总资产收益率（ROA）也是一个较好的替代指标。表 5-2 是部分煤企的经营指标。

表 5-2　衡量煤企竞争力（2017 年）

发行人简称	煤种	吨煤成本（元/吨）	备注	ROA
中国神华	动力煤	108.5	自产煤	9.49
中煤能源	动力煤	224.5	自产煤	1.81
兖州煤业	动力煤	227.68	本部	4.62
国投新集	动力煤			0.37
冀中能源	炼焦煤			2.44
西山煤电	炼焦煤			3.29
阳泉煤业	无烟煤			4.04

资料来源：Wind。

第五节 铝产业信用债研究

一、铝产业债券的行业利差并不明显

从铝产业债券估值来看，铝行业2013年下半年以来逐渐显现利差，但相比钢铁和煤炭行业仍不明显。以中国铝业债券的估值来看，2014年开始，它的一级市场发行利率通常高出可比估值曲线估值40~50BP，如图5-48所示。而铝加工发债人，虽然企业盈利尚不错，但由于多数是民营企业，所以估值也相对偏高。

图5-48 中国铝业债券发行利率与同评级同期限估值曲线利差

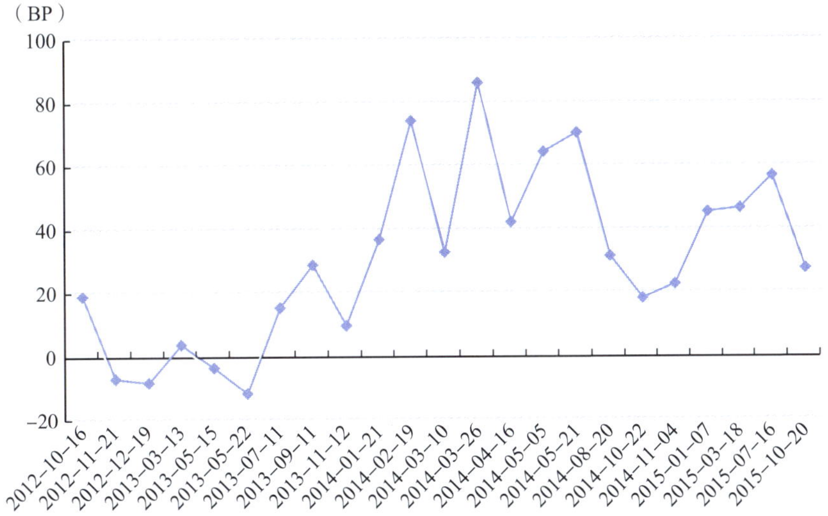

资料来源：Wind。

二、铝产业链简介

铝是仅次于钢铁的第二大金属材料，它的应用非常广泛，下游涉及交通运输、建筑、包装、航空航天、机械、电子设备等众多行业。我国铝产业链可以细分为上游和中游，如图5-49所示。

（一）上游采选——铝土矿/氧化铝

我国铝土矿储量偏低，对进口铝土矿依赖程度较大。截至2014年底，全球铝土矿储备量约280亿吨（美国地质调查局数据），而我国铝土矿储量8.3亿吨（见图5-50），仅占全球储量的3%。同时，我国以中低品位矿石为主。因此，我国铝土矿资源非常缺乏，长期需要大量进口。2017年底，我国生产铝土矿6 284万吨，进口铝土矿6 855万吨，进口氧化铝287万吨（见图5-51）。

图 5-49 铝产业链

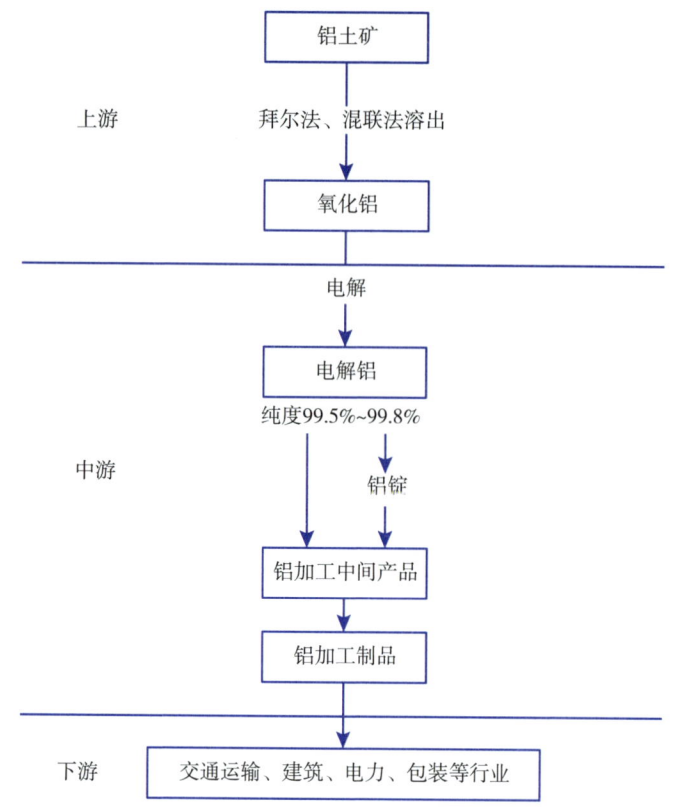

```
                    ┌──────┐
                    │ 铝土矿 │
          上游      └──┬───┘
                拜尔法、混联法溶出
                       ↓
                    ┌──────┐
                    │ 氧化铝 │
                    └──┬───┘
─────────────────────── 电解 ──────────────────
                       ↓
                    ┌──────┐
                    │ 电解铝 │
                    └──┬───┘
                 纯度99.5%~99.8%
          中游              ┌──────┐
                           │ 铝锭 │
                           └──┬───┘
                       ↓      ↓
                ┌──────────────┐
                │ 铝加工中间产品 │
                └──────┬───────┘
                       ↓
                ┌──────────────┐
                │  铝加工制品   │
                └──────┬───────┘
─────────────────────────────────────────────
                       ↓
          下游   ┌────────────────────────────┐
                │ 交通运输、建筑、电力、包装等行业 │
                └────────────────────────────┘
```

资料来源：中国铝业募集说明书。

注：铝土矿：一种矿石，主要成分为氧化铝，俗称"铝矾土"；氧化铝：一种白色无定形粉状物，又称三氧化二铝；原铝：通过电解熔融氧化铝而得到的成品铝，也称"电解铝"。

图 5-50 中国铝土矿基础储量

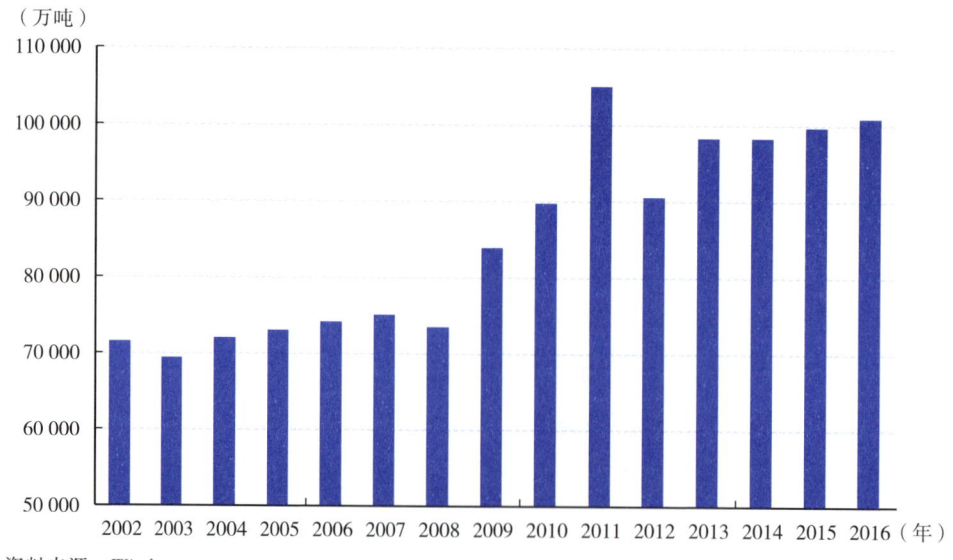

（万吨）

年份	储量
2002	~71500
2003	~69000
2004	~72000
2005	~73000
2006	~74000
2007	~75000
2008	~73000
2009	~83500
2010	~89000
2011	~104500
2012	~90000
2013	~97500
2014	~97500
2015	~99000
2016	~100000

资料来源：Wind。

图 5-51 中国铝土矿进口数量及增速

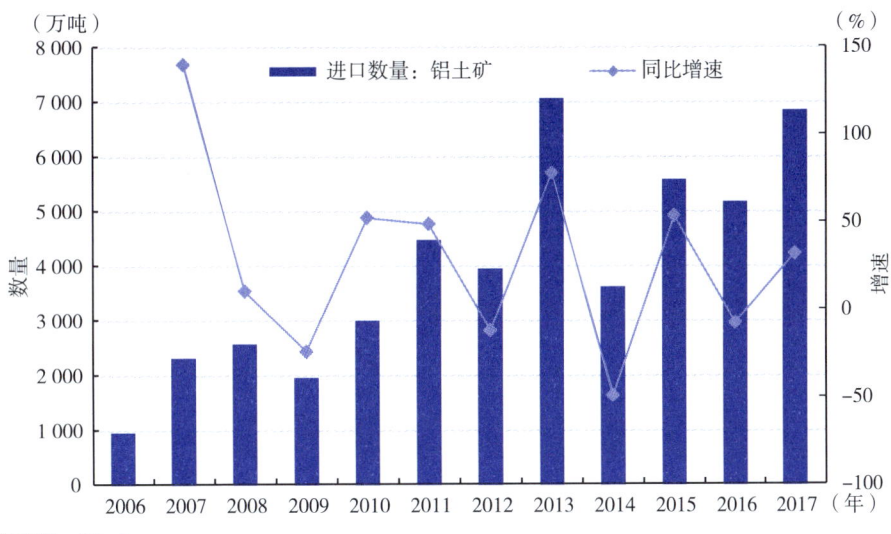

资料来源：Wind。

我国铝土矿储量第一的企业是中国铝业，截至 2018 年 6 月末，储量为 8.8 亿吨（其中国内 7.6 亿吨，国外储量 1.2 亿吨）；其次是云冶集团，截至 2018 年 3 月末，储量 1.61 亿吨。铝土矿产量方面，中国铝业 2018 年上半年自采铝土矿产量 812 万吨（包括联办矿山），铝土矿自给率 46%。

氧化铝方面，我国近些年产能增加，以自产为主。2017 年我国氧化铝产量 6 902 万吨，进口 287 万吨，占比 4.2%，如图 5-52 所示。中国铝业是国内最大的氧化铝企业，全球第二大氧化铝企业，2017 年氧化铝产量 1 281 万吨。

图 5-52 中国氧化铝进口情况

资料来源：Wind。

（二）中游——冶炼和加工

对于铝产业链的中游，又细分为冶炼和加工。冶炼主要是指把氧化铝电解成电解铝的过程，铝加工是指对电解铝进行加工的总称。铝加工产品主要分为铸造加工而成的铝铸压件；铝轧制、压延而成的铝板带材和各类铝箔；铝熔铸、挤压而成的建筑型材和工业型材。根据有色金属协会统计，中国铝材产品结构以型材为主，约占50%左右；其次为板带箔材，约占30%；其余为铸压件。相比上游，电解铝和铝加工产业集中度较低。

三、子行业盈利驱动点

铝行业的三个子行业，同一时点往往所处的盈利阶段不一样。从图5-53和图5-54国家统计局的数据来看（仅公布至2015年10月），2015年铝冶炼行业亏损严重，上游采选也处于亏损状态，但加工行业盈利较好。笔者认为，这三个子行业盈利格局不同，是因为它们盈利驱动点不一样。

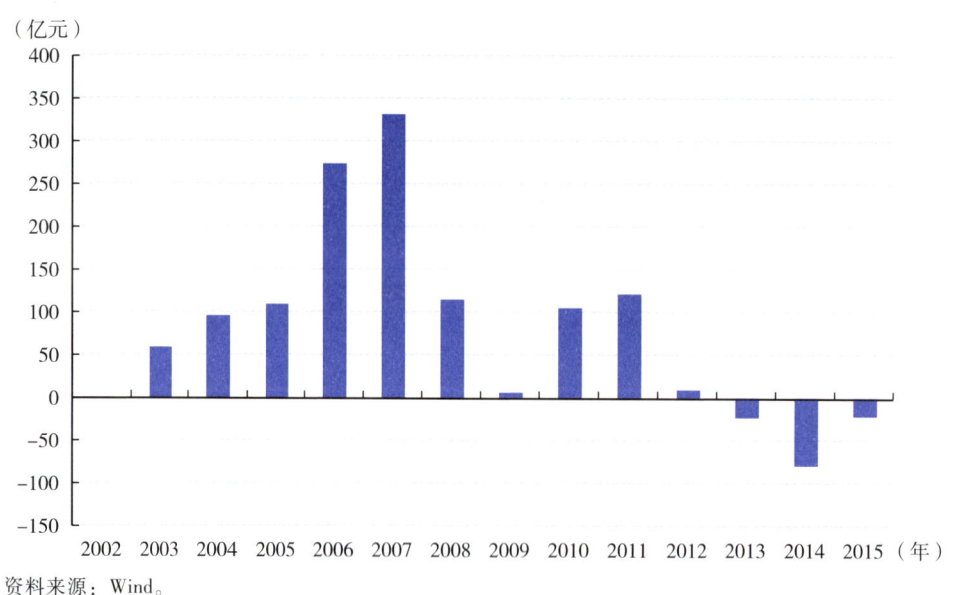

图5-53 铝冶炼行业盈利状况

资料来源：Wind。
注：2015年为1~10月数据。

（一）氧化铝行业盈利驱动因素——氧化铝与铝土矿价差

铝土矿是氧化铝生产中的主要原料，氧化铝工艺流程如图5-55所示。通常在生产成本中占比超过5成，其次是折旧及其他占比3成，然后是辅料（石灰、煤炭等）占比不到2成。因此，氧化铝业务的盈利主要取决于氧化铝产品价格与铝土矿价格之差。

图 5-54　铝压延加工行业利润及增速

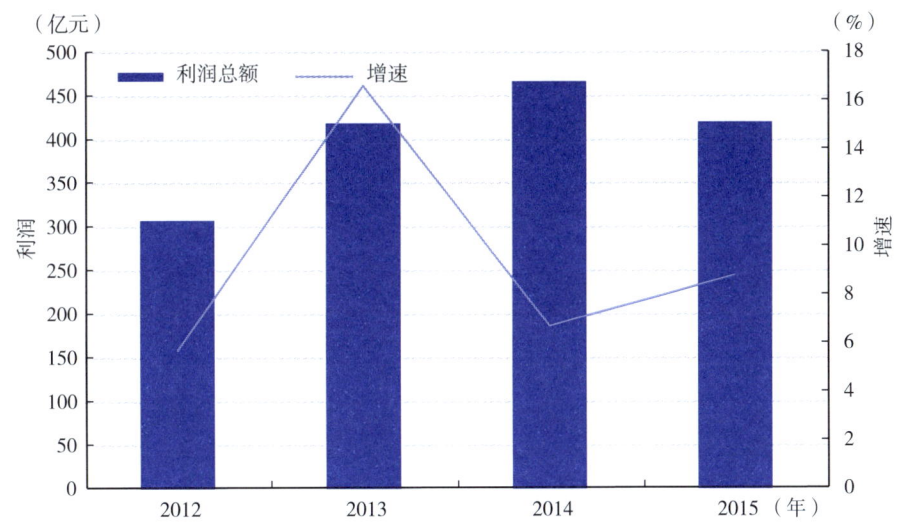

资料来源：Wind。

注：2015 年为 1～10 月数据。

图 5-55　氧化铝工艺流程

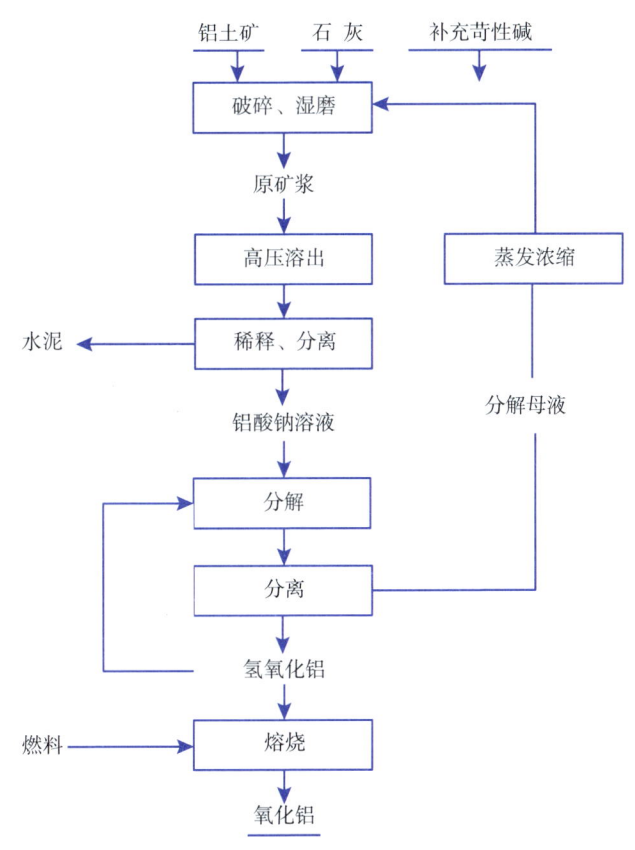

资料来源：南山集团募集说明书。

2012～2014 年，氧化铝价格逐渐下滑，仅 2014 年下半年小幅反弹，如图 5-56 所示。而铝土矿方面，价格则一路上行，氧化铝业务盈利一直被挤压。以中国铝业为例，2012～2014 年，它的氧化铝业务板块持续亏损①，具体见图 5-57。

图 5-56 氧化铝价格走势

资料来源：Wind。

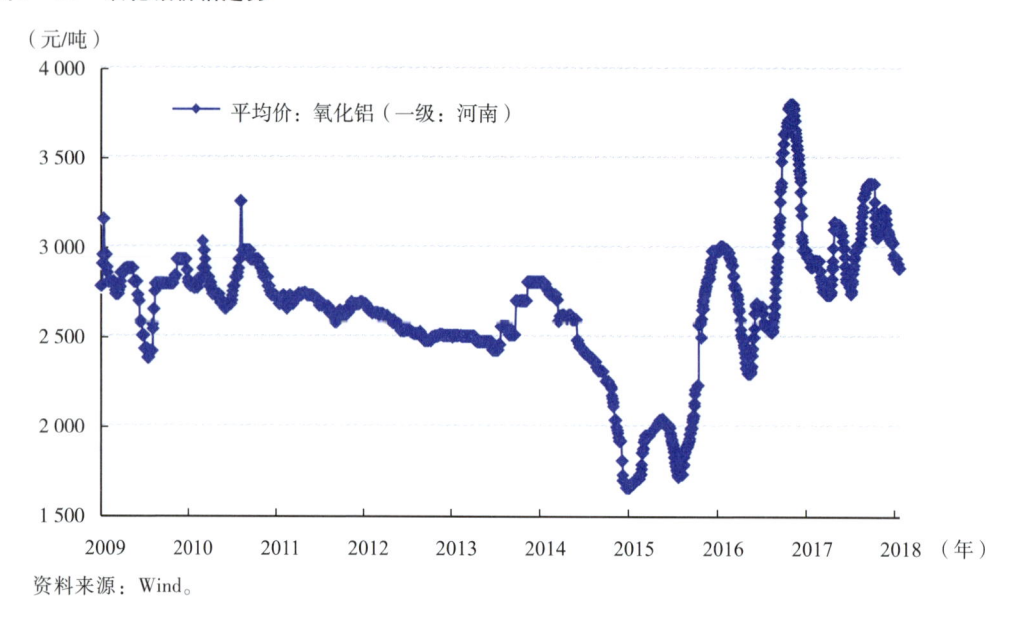

图 5-57 中国铝业氧化铝板块盈利情况

资料来源：Wind。

---

① 2014 年下半年氧化铝价格反弹，但是中国铝业仍亏损较多，与对该板块的部分长期资产计提了大额减值准备，以及对内部退养和协商解除劳动关系人员计提了辞退及内退福利费用有关。

(二) 电解铝行业盈利驱动因素——铝价与氧化铝价差

通常，1 吨原铝需 1.95 吨氧化铝，同时需要消耗直流电能 13 000～15 000 度，0.5 吨阳极炭块。电解铝工艺流程见图 5-58。因此，电解铝生产成本中，电力成本占比约为 45%，氧化铝成本占比约 45%，预焙阳极主要是碳素产品约占 10%。

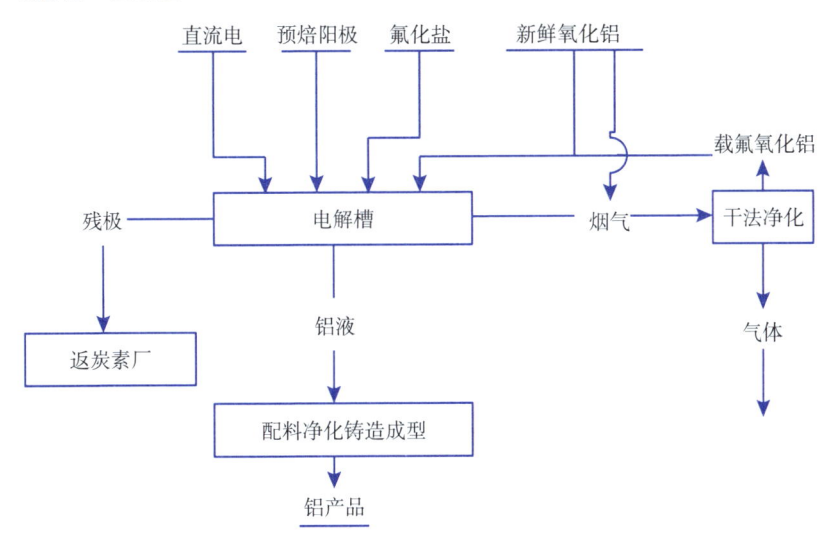

图 5-58 电解铝工艺流程

资料来源：南山集团募集说明书。

从实践中来看，电解铝业务的盈利，主要取决于铝价走势。2012～2015 年，铝价持续走低，电价和碳素价格波动幅度较小，每吨原铝盈利主要取决于铝价波动。现货铝价走势见图 5-59。

而对于单个冶炼企业来说，盈利的差异主要有两点：一是用电成本，部分企业拥有自供电，电力成本较低；二是产成品的运输成本，如果原铝消费企业距离较近，则可以直接销售铝液节约铸造成本及下游厂商的重熔成本，如山东宏桥。

(三) 铝加工产业——成本加成法

铝加工行业逐步形成成本加成定价，这种方法可以有效规避铝锭价格波动，锁定盈利空间。以中国忠旺为例，它的工业铝型材产品价格是以"成本加成法"与客户确定，即根据"供货下单日所在月（或上月）的上海期货交易所公布的铝锭现货当月加权平均价格＋加工费、包装处理费和运输成本"的形式确定产品的销售价格，从而规避了铝锭价格波动的风险，在一定程度上可以锁定产品营业利润。

而加工费通常与该加工的技术壁垒有关。一般技术含量不高的产品，竞争比较激烈，加工费较低。

图 5-59　现货铝价走势

资料来源：Wind。

四、铝产业债券发行人产业分布情况

截至 2018 年 12 月 31 日，国内铝产业链存量债券（包括私募品种）余额 1 891 亿元，占全部非金融企业信用债比例 0.8%。而存量债券中，发行人零散地分布在各个子行业中，具体见图 5-60。相对来讲冶炼电解铝环节发行人略多。

图 5-60　铝产业债券发行人一揽

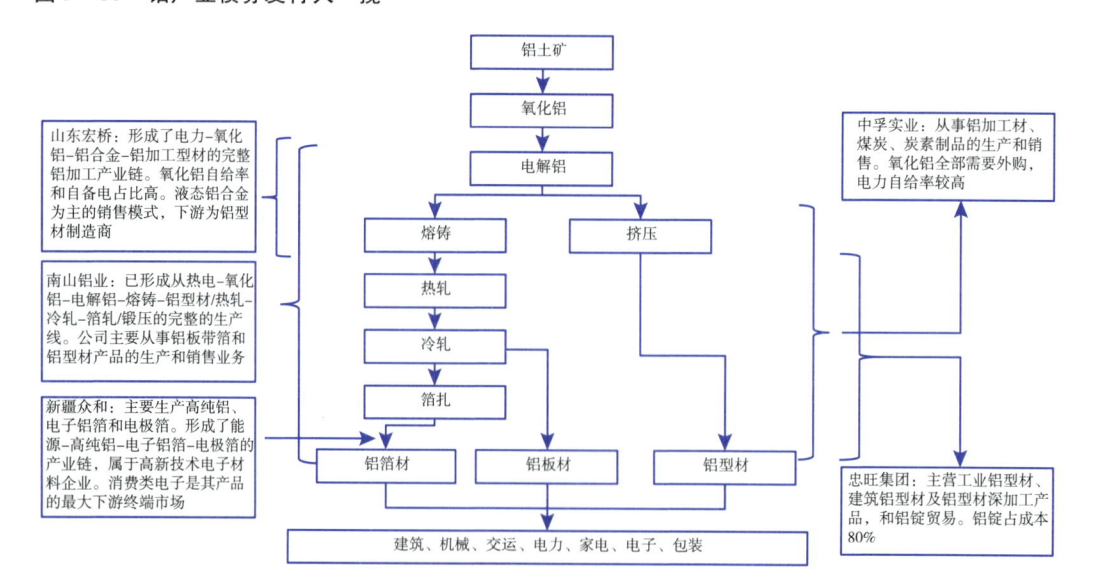

(一) 拥有上游铝土矿资源的债券发行人

(1) 中国铝业集团：中国最大的铝产品生产企业，拥有铜、铝资源"开发—冶炼—加工"完整的产业链。公司生产氧化铝和原铝的下属企业主要是中国铝业。

控股子公司——中国铝业（33.89%）：拥有"铝土矿—电解铝—铝加工"完整产业链，铝土矿资源储量居国内同行业第一位，全球第二大氧化铝生产企业。

(2) 云冶集团：云南省大型有色金属企业，拥有铝、铅锌、锰和硅四大产业。其中云铝股份是公司铝板块的运营主体。

控股子公司——云铝股份（42.57%）：拥有"铝土矿—电解铝—铝加工"完整的产业链，铝土矿储量1.7亿吨，截至2018年3月底保有铝土矿资源储量（净矿量）6 884万吨。同时，公司140万吨/年氧化铝项目铝土矿100%自给。见表5-3。

表5-3 拥有上游铝土矿资源的发债人产能情况　　　　　　　　　　　　　　　　　　单位：万吨

项目	中国铝业集团	中国铝业	云铝股份
年份	2017年底	2017年底	2018年3月底
铝土矿	88 000		17 000（净矿量6 884）
氧化铝	1 686	1 686	140
电解铝	392.9	392.9	158
铝产品	131（2016年底）		80

资料来源：Wind。

(二) 冶炼产业为主的债券发行人

(1) 山东宏桥：形成了"电力—氧化铝—铝合金—铝加工型材"产业链。2017年公司销售液态铝合金656.82万吨、铝合金锭95.20万吨、铝母线2.36万吨、铝合金加工制品41.24万吨，年均产能794.6万吨。

控股子公司——魏桥铝电（100%）：山东宏桥的主要子公司，2017年销售液态铝合金约518.09万吨、铝合金锭89.96万吨、铝母线2.25万吨、铝加工产品35.58万吨。

(2) 神火集团："煤—电—氧化铝—电解铝—铝加工"产业链，截至2015年3月底，拥有氧化铝产能80万吨/年，阳极炭块产能56万吨/年，电解铝产能170万吨/年，铝合金及型材产能22万吨/年，高精度双零铝箔产能2.5万吨/年。

控股子公司——神火股份（24.21%）：神火集团铝业务的主要经营主体，截至2018年6月底，公司电解铝产能为148万吨/年、阳极炭块产能为56万吨/年、铝合金及型材产能 15 万吨/年、氧化铝产能 80 万吨/年、氢氧化铝产能 10 万吨/年。

（3）中孚实业：产业链为"煤—电—铝锭—铝精深加工"，其中控股及参股煤矿产能共计 365 万吨/年，电解铝产能（无氧化铝）75 万吨/年，铝加工产能 80 万吨/年。

（4）青海省投资集团："产业链为煤（水）—电—电解铝—铝加工"，截至 2017 年底，公司电解铝产能 145 万吨/年，阳极碳素产能 18 万吨/年，高精铝板产能 20 万吨/年，铝合金扁锭产能 31.50 万吨/年，铝合金铸轧卷产能 4.5 万吨/年，其他品种铝材产品产能合计为 12 万吨/年。

（5）新疆生产建设兵团农八师天山铝业有限公司：产业链为"煤—电—铝"一体化。截至 2017 年末，公司拥有电解铝产能 120 万吨/年，碳素产能 30 万吨/年。

（6）陕有色：拥有产业链"煤—电—电解铝"，公司铝产业集中于下属控股企业榆林煤业，拥有电解铝产能 60 万吨/年和 5 台 330MV 发电机组。

（三）铝加工为主的债券发行人

（1）忠旺集团：全球第二大、亚洲最大的工业铝挤压产品制造商，截至 2018 年 3 月末，公司铝挤压材设计产能超过 100 万吨/年。

（2）南山集团：以有色金属为主，纺织、电力、房地产、旅游、金融、航空、教育为辅的大型集团企业。截至 2017 年底，公司拥有"电力—氧化铝—电解铝—铝型材—铝板带箔"完整铝加工产业链，其中电解铝产能 81.6 万吨/年，铝型材产能 39 万吨/年，热轧卷产能 80 万吨/年，冷轧卷产能 70 万吨/年，高精度铝箔产能 7 万吨/年。

控股子公司——南山铝业（23.72%）："热电—氧化铝—电解铝—铝型材/熔铸—热轧—冷轧—箔轧"产业链。截至 2017 年底，公司已形成氧化铝产能 140 万吨/年，电解铝产能 81.6 万吨/年，铝型材产能 39 万吨/年，热轧卷产能 80 万吨/年，冷轧卷产能 70 万吨/年，高精度铝箔 7 万吨/年。

（3）东阳光科：公司拥有"高纯铝—电子铝箔—电极箔—铝电解电容器"为一体的电子新材料完整产业链，是国内规模最大的电子铝箔加工基地。截至 2018 年 3 月底，公司拥有中高压化成箔产能 3 644 万平方米/年，腐蚀箔产能 4 500 万平方米/年，铝电解电容器（大）产能 1.5 亿只/年。

（4）利源精制：公司是东北、华北地区仅次于中国忠旺的铝型材供应商，2017 年公司销售工业用材 5.19 万吨、装饰建筑用材 3.78 万吨以及深加工用材 2.73 万吨。

（5）中融双创：公司主要从事铝精深加工、煤炭及成品油贸易、现代农业生产与销售业务。截至 2018 年 3 月末，公司拥有年加工 30 万吨铝产品、2 亿只铝制瓶罐体的生产能力。见表 5-4。

表 5-4 铝产业发债人情况一揽

公司名称	主体评级	企业性质	2017 年净利润	2017 年 ROA
中国铝业集团	AAA	中央国有企业	0	0
中国铝业	AAA	中央国有企业	23.6	1.21
云冶集团	AA	地方国有企业	5.1	0.6
山东宏桥	AA+	民营企业	44.1	2.86
魏桥铝电	AA+	民营企业	53.5	4.21
陕有色	AAA	地方国有企业	3.7	0.3
神火集团*	AA	地方国有企业	-2.5	-3.65
神火股份	AA	地方国有企业	3.1	0.58
中孚实业	AA	外资企业	-4.7	-1.79
青海省投资集团	AA	地方国有企业	1.2	0.19
天山铝业	AA	民营企业	14.2	4.33
忠旺集团	AA+	民营企业	36.6	6.57
南山集团	AA+	其他企业	30.9	2.57
南山铝业	AA+	其他企业	17.2	3.88
东阳光科	AA+	民营企业	5.0	4.07
利源精制	C	民营企业	5.2	3.83
中融双创	C	民营企业	5.6	4.0

资料来源：Wind。

注：*神火集团为 2016 年数据。

第六节 水泥行业信用债研究

一、水泥债券的行业利差

债券估值方面，亏损的发行人曾在 2015 年下半年估值明显上移，形成一定的行业利差。笔者计算水泥债券发行人短融发行利率与当天中债估值的利差，外部评级 AAA 且盈利尚可的中建材发行利率稳定在估值曲线附近（见图 5-61），出现亏损的联合水泥、冀东水泥和亚泰集团发行利率则明显高出估值（见图 5-62～图 5-64）。

图 5-61 中建材超短融发行利率与估值利差

资料来源：Wind。

注：中建材主要发行超短融，所以此处计算估值利差时以它的超短融为样本。

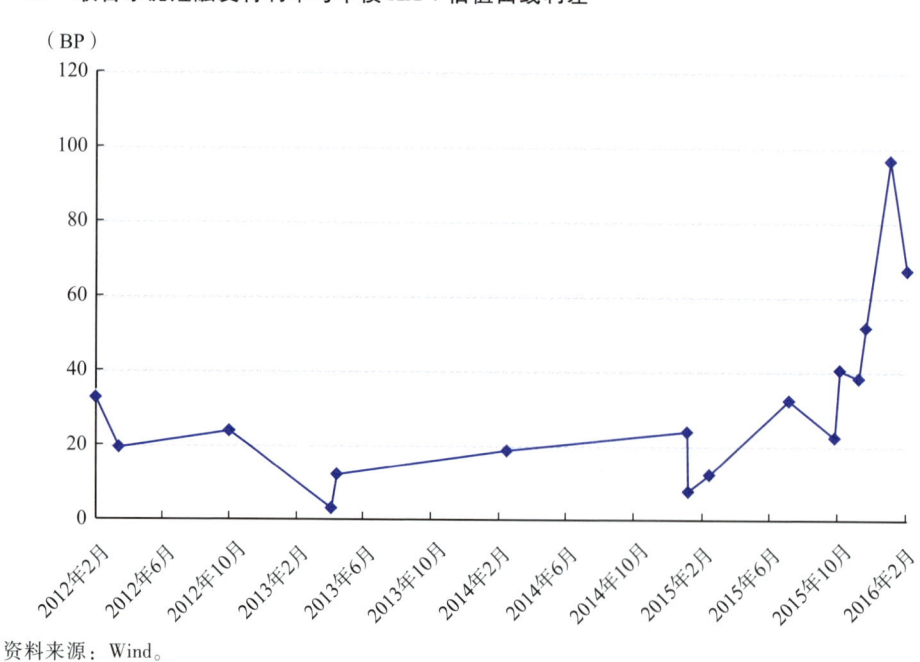

图 5-62 联合水泥短融发行利率与中债 AA + 估值曲线利差

资料来源：Wind。

图 5 – 63　冀东水泥短融收益率与中债估值曲线的利差在 2015 年下半年明显上移

资料来源：Wind。

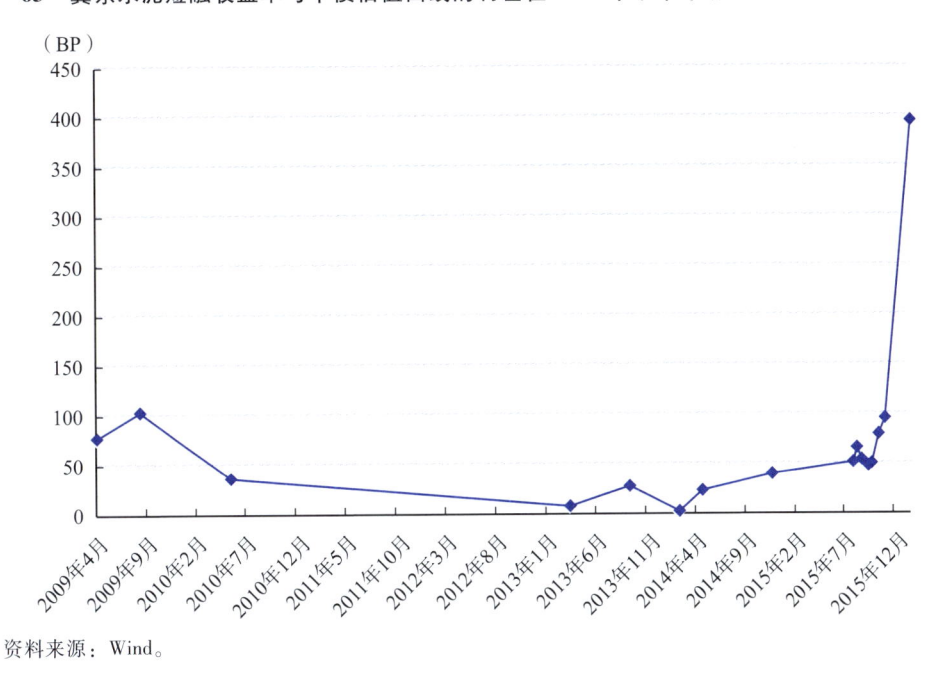

图 5 – 64　亚泰集团短融收益率与中债估值曲线的利差在 2015 年下半年明显上移

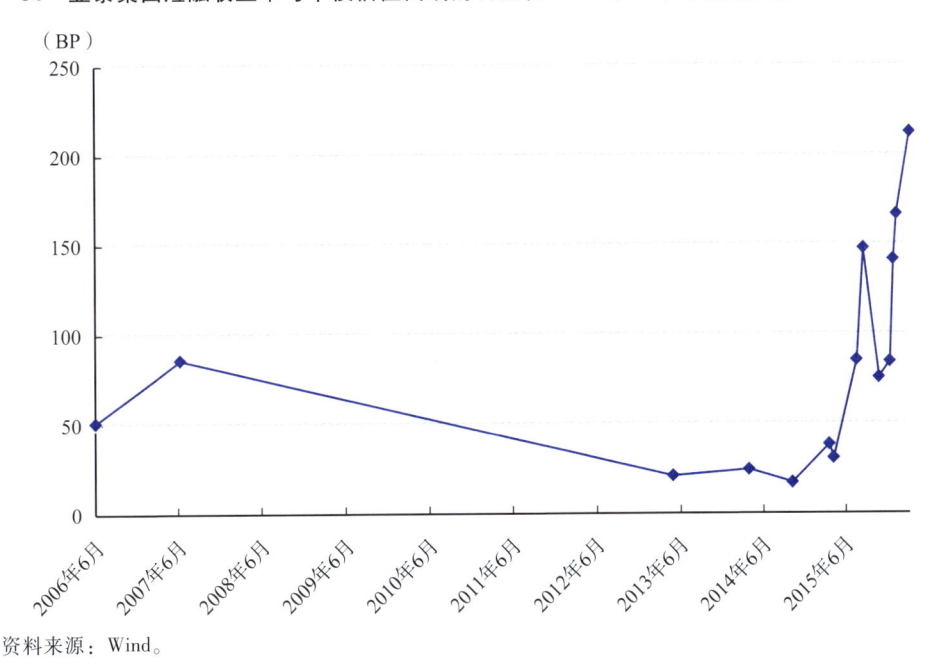

资料来源：Wind。

二、水泥制造行业简介

水泥制造业指水泥熟料加入适量石膏或一定混合材，经研磨设备（水泥磨）磨制到规定的细度，制成水泥的生产活动。实践中，水泥制造产业链通常包括生料和熟料的生产，熟料的研磨，水泥的运输等，如图 5-65 所示。

图 5-65　水泥制造产业链

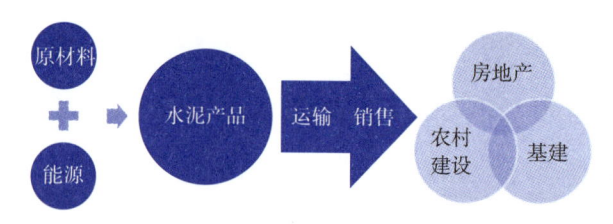

图 5-66 是水泥生产的具体工艺流程，可简单细分为原料研磨制成生料→生料煅烧制成熟料→熟料加适量混合材料研磨制成水泥。

图 5-66　水泥制造工艺流程

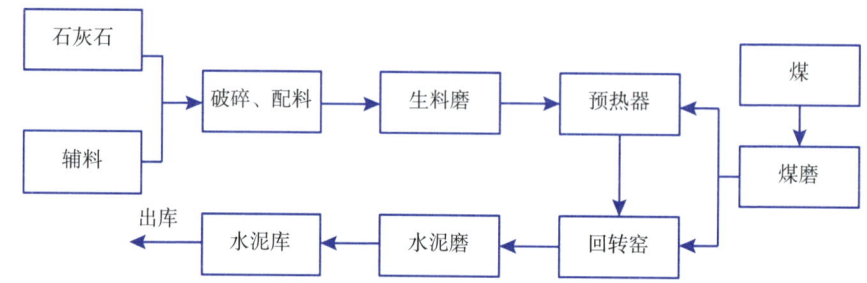

数据来源：金隅集团募集说明书。

水泥行业的主要产业特征有：

（1）水泥产品单价便宜，运输费用占售价比重高，运输不经济划算，存在明显的销售半径（公路 200 公里以内，铁路 500 公里，水路 1 000 公里）。

（2）产品保质期较短（3 个月左右），工厂库存和社会库存均较少。

（3）产品同质性强，生产者和消费者众多，企业对产品价格控制能力偏弱。

（4）生产成本中煤电占比较高，属于高耗能行业。这导致水泥行业虽然技术壁垒较低，但政策壁垒较高。

同时，水泥是典型的周期性行业，盈利增速波动较大。国家统计局数据显示（仅公布至 2015 年 10 月），2015 年 1~10 月利润总额累计增速为 -64%，水泥行业利润同比大幅回落，这是该行业盈利增速 10 年来首次负增长，见图 5-67。但随后的 2017 年和 2018 年，水泥行业盈利又快速回升。以中国水泥龙头企业海螺水泥的利润表来看，2017 年和 2018 年公司净利润持续创历史新高。

图 5-67　水泥制造行业利润总额与增速

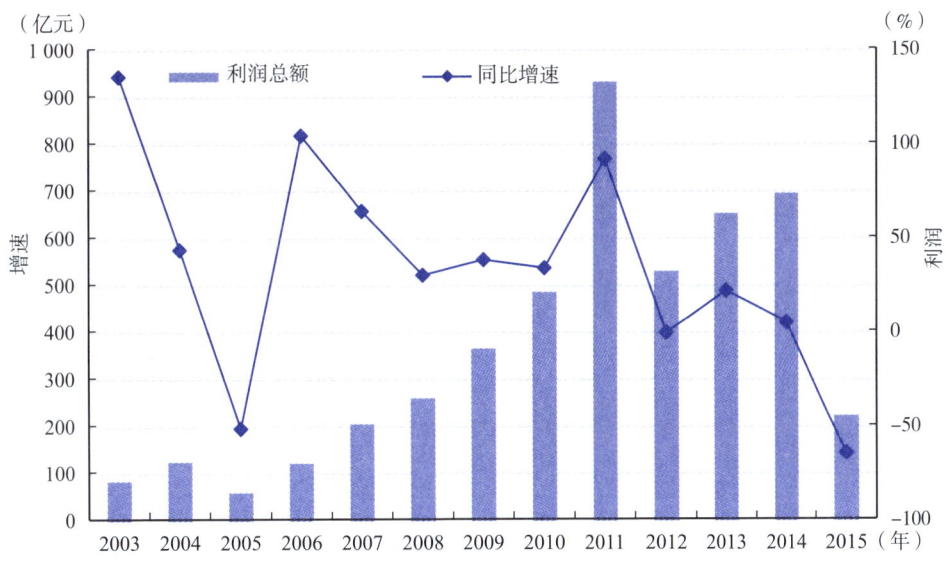

资料来源：Wind。

注：2015 年为 1~10 月数据。

产量方面，从图 5-68 来看，2014 年是水泥产量的最高峰。进入 2015 年，全国水泥产量开始下滑，全年增速仅为 -4.9%，出现二十多年来首次负增长。

图 5-68　水泥产量及增速

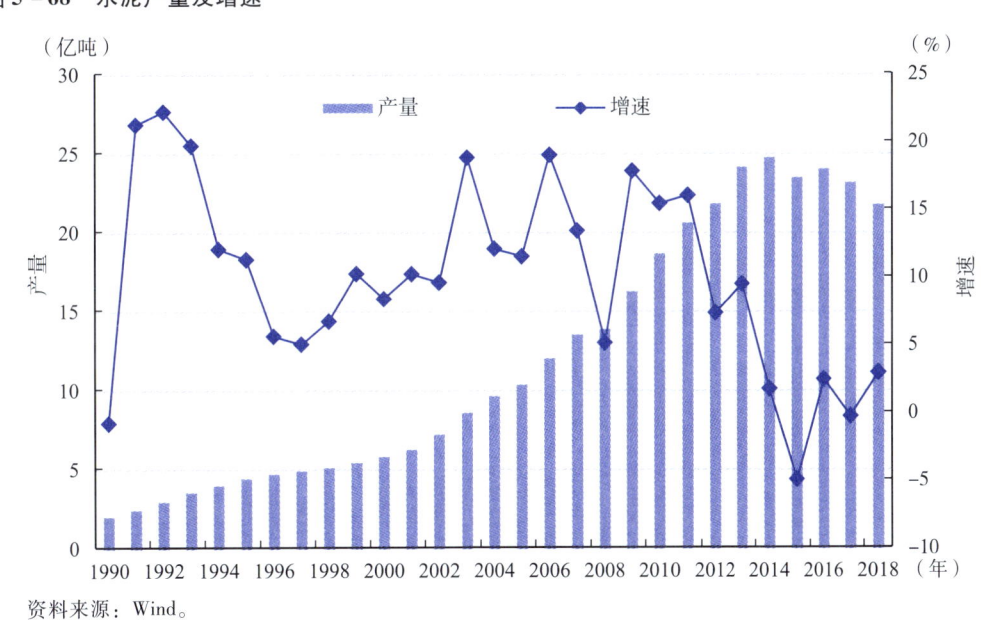

资料来源：Wind。

价格方面，水泥价格波动更大。图 5-69 是全国水泥价格走势。2007~2018 年，价格的波峰和波谷非常明显。最低点出现在 2015 年，最高点是 2018 年，次高点是

第二篇　投资策略　　117

2011年。从各区域来看,价格波动周期均相似。但不同阶段内,根据所在区域的供给格局不同,水泥价格的绝对水平存在差异,具体见图5-70。

图5-69 全国水泥价格走势

资料来源:数字水泥网。

注:全国水泥价格由31个地区的P.O42.5散装水泥价格平均所得。

图5-70 各区域水泥价格走势

资料来源:数字水泥网。

注:华北地区水泥价格由北京、天津、石家庄、太原、呼和浩特五个地区的水泥价格(P.O42.5散装)平均所得;东北地区水泥价格由沈阳、长春、哈尔滨三个地区的水泥价格(P.O42.5散装)平均所得;华东地区水泥价格由上海、南京、杭州、合肥、济南、福州、南昌七个地区的水泥价格(P.O42.5散装)平均所得;中南地区水泥价格由郑州、武汉、长沙、广州、南宁、海口六个地区的水泥价格(P.O42.5散装)平均所得;西南地区水泥价格由重庆、成都、贵阳、昆明、拉萨五个地区的水泥价格(P.O42.5散装)平均所得;西北地区水泥价格由西安、兰州、西宁、银川、乌鲁木齐五个地区的水泥价格(P.O42.5散装)平均所得。

三、水泥行业盈利驱动因素

(一) 煤炭和水泥价差决定行业盈利

水泥生产成本主要包括原材料（石灰石、黏土、铁粉等）、燃料及动力、折旧、人力成本及其他。其中，燃料及动力占比最大，近60%。图5-71是海螺水泥2018年的综合成本分布。

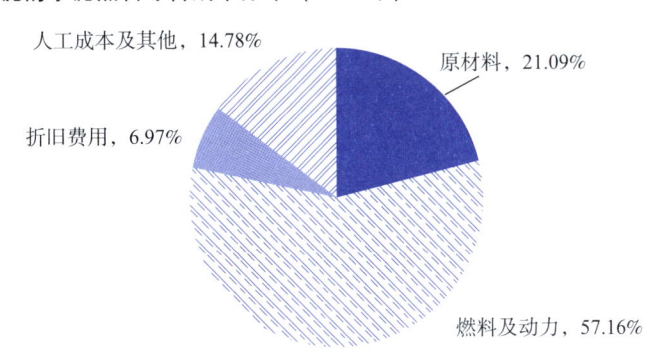

图5-71 海螺水泥的水泥熟料综合成本分布（2018年）

人工成本及其他，14.78%
折旧费用，6.97%
原材料，21.09%
燃料及动力，57.16%

资料来源：海螺水泥2018年年度报告。

考虑到折旧、人工成本变化较慢（相对固定），同时电力价格虽然实行"煤电联动"，但实际操作中国家发改委调整价格次数有限，所以水泥生产成本的主要变量是煤炭价格，单吨水泥盈利主要由水泥煤炭价差决定。另外，和钢铁及煤炭行业类似，水泥产量对盈利影响有限，水泥行业盈利波动也主要取决于煤炭和水泥价差。

如图5-72所示，2008~2018年水泥煤炭价差可以分为三个阶段：(1) 2008~2014年，价差在区间内波动，水泥行业盈利相对稳定；(2) 2015~2016年，两者价差迅速下滑，水泥行业利润大幅缩水；(3) 2017~2018年，两者价差持续扩大，水泥行业利润大幅增加。笔者认为，这三个阶段的水泥煤炭价差分别对应着水泥行业的三种供需格局。以第三个阶段为例，在供给侧结构性改革推进的大背景下，水泥企业通过协同一定程度上实现了对供给的控制，向下游转嫁成本能力显著提高，相应的水泥煤炭价差迅速扩大。这个阶段水泥行业通过供给协同，达到了整个行业更利于供给方的格局。

(二) 水泥价格主要取决于下游需求

产品价格由供需决定。实践中，水泥产品需求方的变化明显多于供给变化，多数时候水泥价格走势主要取决于下游需求。我国水泥下游主要是基建、房地产和农村建

图 5-72　水泥煤炭价差走势

资料来源：Wind、数字水泥网。

注：假设 1 吨水泥消耗 0.2 吨煤炭。

设，其中基建和房地产投资拉动了全国水泥需求的 70%。从图 5-73 和图 5-74 来看，基建和房地产固定资产投资略领先于水泥产量和水泥价格同比。当下游需求转弱时，水泥量、价增速均下滑。

图 5-73　水泥下游需求与水泥产量同比走势

资料来源：Wind。

图 5-74 水泥下游需求与水泥价格同比走势

资料来源：Wind。

（三）电力耗煤是煤炭价格的重要影响因素

动力煤的下游主要是电力和水泥行业，其中电力行业用量约占 6 成，水泥行业占 2 成。从图 5-75 来看，电力行业耗煤量的波动率也大于水泥行业。因此，电力行业的耗煤变化是动力煤下游需求变化的主要影响因素。

图 5-75 水泥行业耗煤和电力行业耗煤增速走势

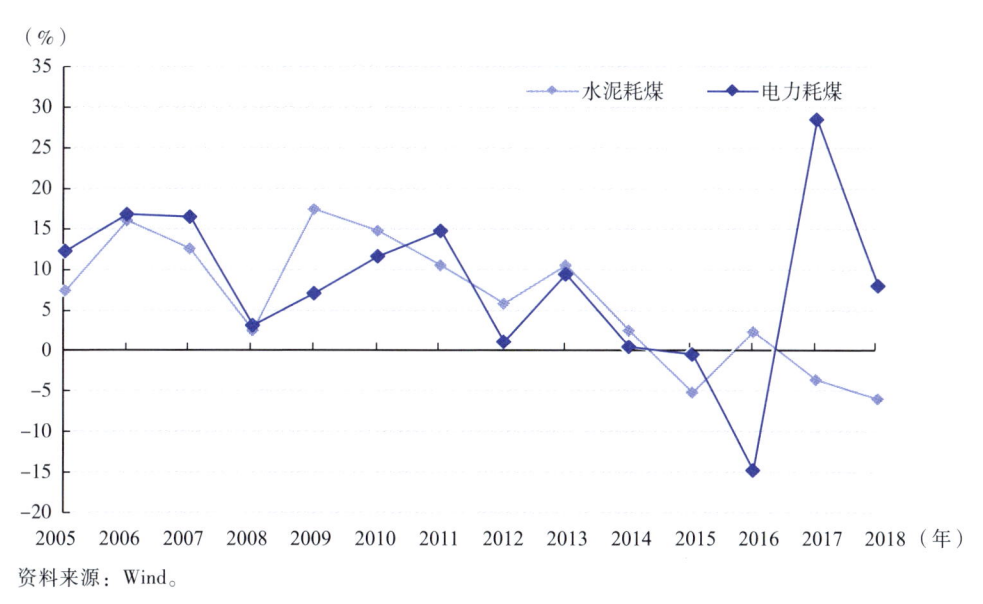

资料来源：Wind。

第二篇 投资策略

四、水泥行业的区域特征

由于水泥产品销售半径限制,所以各区域的企业盈利情况存在一定的差异。而这种差异主要来自两个因素:一是该区域的水泥煤炭价差,二是该区域的产能利用率(影响企业折旧成本)。

(一)各区域盈利情况存差异

图5-76是各区域水泥、石灰和石膏制造行业盈利情况(用以近似水泥行业)。2015年前10个月,华北地区出现亏损,其他五个区域中西南地区、西北地区和东北地区盈利增速分别下滑92.9%、92.3%和81.9%。另外表5-5各省份销售利润率也显示了不同地区水泥行业盈利的区别。

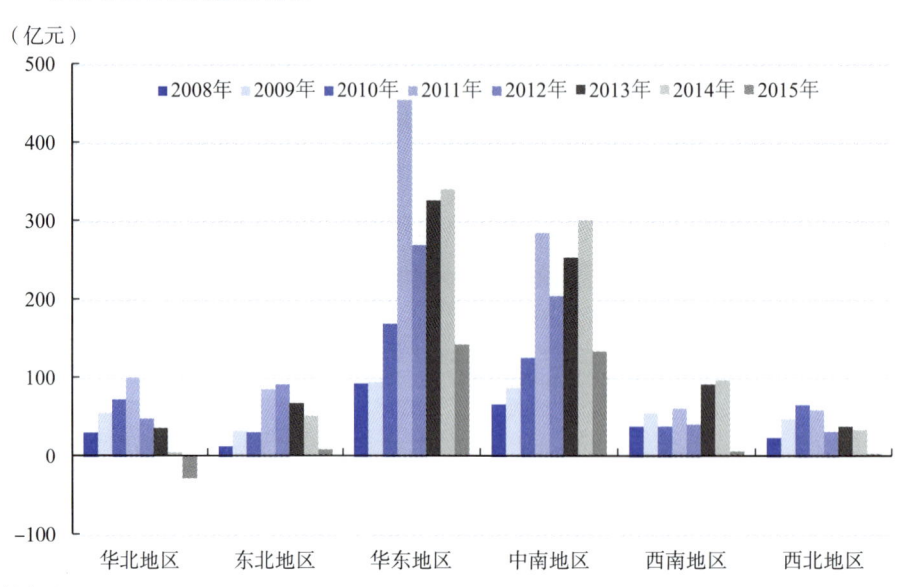

图5-76 水泥行业各区域盈利情况

资料来源:Wind。

注:华北地区包括北京、天津、河北、山西和内蒙古五省区市;东北地区包括辽宁、吉林和黑龙江三省;华东地区包括上海、江苏、浙江、安徽、福建、江西和山东;中南地区包括河南、湖北、湖南、广东、广西和海南;西南地区包括重庆、四川、贵州、云南和西藏;西北地区包括陕西、甘肃、青海、宁夏、新疆五省区。2015年为1~10月数据。

另外,从上市公司的毛利率也可以看出区域的差异。主要产能在中南地区的华新水泥2012年以后的毛利率持续较高,但产能集中在南疆地区的青松建化2012年以后毛利率就明显低于其他公司,具体见图5-77。

表 5-5　2015 年各省区市销售利润率分布　　　　　　　　　　　　　　　　　单位：%

地区	2015年1~10月销售利润率	同期增减	地区	2015年1~10月销售利润率	同期增减	地区	2015年1~10月销售利润率	同期增减
西藏	24.5	-0.7	浙江	3.7	-5.2	辽宁	-0.4	-4.2
广西	11.6	-3.9	陕西	3.6	-0.9	贵州	-1.9	-13.5
海南	8.8	-10.8	黑龙江	2.6	-5.0	内蒙古	-2.2	-3.3
安徽	7.5	-6.5	上海	1.7	-3.3	云南	-2.2	-4.7
江西	7.3	-2.6	重庆	1.6	-4.2	河北	-2.6	-5.0
江苏	6.3	-1.4	湖南	1.5	-3.3	宁夏	-3.4	-9.0
河南	5.8	-1.4	吉林	1.2	-2.8	北京	-9.1	-5.1
山东	5.4	-3.2	四川	1.2	-6.8	新疆	-10.0	-7.5
广东	5.0	-6.3	青海	1.0	-10.6	山西	-25.4	-16.3
湖北	5.0	-3.8	天津	0.8	-1.5			
甘肃	4.7	-7.3	福建	0.0	-4.4			

资料来源：Wind。

注：2015 年为前 10 个月累计。

图 5-77　各公司水泥产品毛利率走势

资料来源：Wind。

（二）区域盈利决定因素——水泥需求及新增产能释放速度

由于不同区域水泥需求增速不一、新增产能释放速度明显不同，各区域盈利状况产生分化。例如华新水泥，公司 2012 年以后毛利率小幅提升，背景是中部崛起，该区域水泥需求旺盛。而新疆区域，2012年以来水泥产能骤增（具体见表5-6），但市场需求未同步增长，这导致公司产能利用率明显下降，区域内的水泥价格也迅速下滑。

表5-6 新疆地区水泥产能利用率明显偏低　　　　　　　　　　　　　　　　单位：%

年份	新疆地区	天山股份	青松建化	全国平均
2008	—	74.71	—	—
2009	—	82.8	69.1	—
2010	—	73.0	60.6	—
2011	—	66.9	48.4	—
2012	—	88.7	55.6	72.7
2013	62.9	59.7	43.8	—
2014	52.0	50.4	40.7	70.0
2015	—	—	26.2	—
2016	—	—	30.1	—
2017	—	—	36.9	75

资料来源：Wind。

当然，各区域的盈利情况并不是一成不变的。当该区域水泥煤炭价差以及产能利用率变化时，它区域内企业的毛利率也会变化。图5-78显示，四川双马2017年毛利率较2008年大幅提升。

图5-78 主要A股上市公司水泥产品毛利率对比（2008年和2017年）

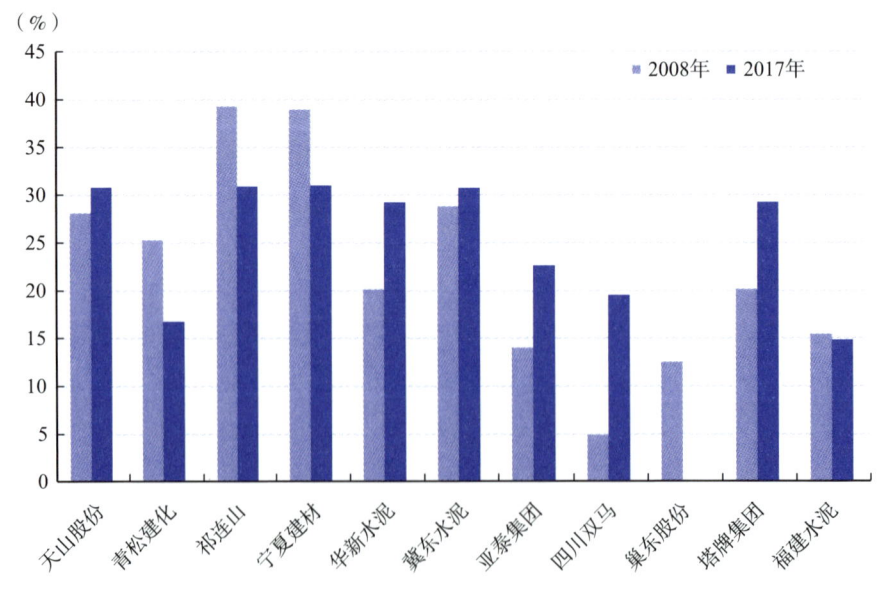

资料来源：Wind。

（三）各发债人产能分布

由于水泥行业区域性这一重要特征，在考虑发债人盈利能力变化时，了解发行人的产能分布是必须的。笔者整理了主要水泥发债人产能规模及产能区域分布情况，具体见表5-7。

表5-7 发债公司的水泥或熟料产能区域分布

公司简称	产能（水泥或熟料）区域分布	熟料产能（万吨/年）	水泥产能（万吨/年）
中建材股份	中联水泥、南方水泥、北方水泥、西南水泥、天山水泥、中材水泥、宁夏建材、祁连山等公司母公司		52 500（2017年12月末）
南方水泥	水泥：浙江（20.89%）、上海（26.77%）、江西（21.43%）、湖南（25.7%）、广西（5.21%）——为2017年12月末结构分布	9 500	14 000（2018年9月末）
西南水泥	水泥：四川（36.1%）、贵州（26.1%）、云南（20.8%）及重庆（17.1%）	9 025	12 281（2018年6月末）
中联水泥	熟料：淮海地区（江苏和山东，共68.7%）、河南（19.6%）、内蒙古（9%）和河北（2.8%）	7 624	10 600（2017年12月末）
北方水泥	水泥：黑龙江（63.6%）、吉林（27.3）和辽宁（9.1%）——为2015年3月末结构分布	3 440	3 246（2016年3月末）
中材水泥	水泥：广东（36%）、安徽（24%）、湖南（20%）、江西（12%）和陕西（8%）	1 922	2 500（2017年3月末）
祁连山	水泥：甘肃和青海（总计100%，以甘肃为主）	2 122	2 800（2016年12月末）
宁夏建材	水泥：宁夏（52%）、甘肃（20%）和内蒙古（28%）	1 571	2 115（2018年12月末）
天山股份	水泥：新疆（81.9%）和江苏（18.1%）	2 995	3 866（2018年12月末）
海螺水泥	熟料：东部地区（3.2%）、中部地区（52.11%）、南部地区（14.6%）、西部地区（28.14%）和海外（印度尼西亚）（1.95%）——为2017年12月末结构分布	25 000	35 300（2018年12月末）
金隅集团	水泥：北京（3.2%）、天津（2.7%）、河北（44.4%）、陕西（11.8%）、山西（10.4%）、东北地区（9%）、内蒙古（8.6%）、川渝地区（5.1%）、河南（1.2%）和其他地区（3.7%）——为2017年12月末结构分布	11 000	17 000（2018年12月末）
华新水泥	水泥：湖北（39.7%）、云南（17.3%）、湖南（14.9%）、重庆（7.7%）、西藏（5.1%）、四川（4.5%）、河南（2.7%）、塔吉克斯坦（2.6%）、广东（2.1%）、贵州（1.8%）和柬埔寨（1.6%）	6 005	9 370（2018年12月末）

续表

公司简称	产能（水泥或熟料）区域分布	熟料产能（万吨/年）	水泥产能（万吨/年）
万年青	水泥：江西（94%）和福建（6%）	1 307	2 351（2017年12月末）
青松建化	水泥：新疆（100%），其中南疆地区（54.44%）、北疆地区（45.56%）	1 435	2 085（2017年12月末）
山水水泥	水泥：山东（50.3%）、辽宁（17.3%）、山西（13.8%）、内蒙古（10.0%）、新疆（4.0%）、河南以及天津（4.6%）	4 915	9 999（2015年6月末）
天瑞水泥	熟料：河南（65.9%）、辽宁（29%）和安徽（5.1%）；水泥：河南（62.2%）、辽宁（30.0%）、天津（4.2%）和安徽（3.5%）	2 893	5 663（2017年12月末）
红狮水泥	熟料：浙江（20.1%）、福建（13.9%）、云南（13.9%）、江西（10.4%）、湖南（10.4%）、贵州（10.4%）、云南（6.9%）、广西（6.9%）、新疆（3.5%）和甘肃（3.5%）	4 464	6 510（2018年9月末）
亚泰集团	水泥：吉林、黑龙江和辽宁（100%）	2 236	2 913（2017年12月末）
四川双马	水泥：四川（100%）	845	1 141（2016年12月末）
峨胜水泥	水泥：四川（100%）	880	1 120（2017年3月末）
尧柏水泥	水泥：陕西、新疆和贵州（100%）	1 912	2 910（2018年9月末）
尖峰集团	水泥：湖北和云南（100%）		450（2017年12月末）

资料来源：Wind、评级报告、募集说明书。

注：除单独标注外，产能区域分布的数据时间和熟料产能（水泥产能）数据时间一致。

第七节 城投债的运行逻辑

与产业债不同，近些年城投债的信用风险主要与地方政府融资平台外部融资渠道畅通与否有关。回顾城投债和产业债相对利差历史，该利差和城投债发行人——地方政府融资平台的外部融资政策相关度非常大。

一、城投债简介

地方政府融资平台指由地方政府及其部门和机构、所属事业单位等通过财政拨款或注入土地、股权等资产设立，具有政府公益性项目投融资功能，并拥有独立企业法人资格的经济实体，包括各类综合性投资公司，如建设投资公司、建设开发公司、投资开发公司、投资控股公司、投资发展公司、投资集团公司、国有资产运营公司、国有资本经营管理中心等，以及行业性投资公司，如交通投资公司等。它们发行的债券，通常称为城投债。

城投债成为中国信用债的重要主体要追溯到 2009 年。2008 年次贷危机爆发后，中国经济也受到较大的冲击。为了扩内需保增长，应对国际金融危机，2008 年底，中央推出"四万亿"投资计划。作为"四万亿"投资计划配套融资的一部分，2009 年 3 月 18 日，中国人民银行和中国银监会联合发布《关于进一步加强信贷结构调整促进国民经济平稳较快发展的指导意见》，支持有条件的地方政府组建投融资平台，发行企业债、中期票据等融资工具，拓宽中央政府投资项目的配套资金融资渠道。经过一年多粗放式"大干快干"后，融资平台公司债务快速扩张，城投债券规模也翻倍增长。至此，城投债开始成为中国债券市场的一类重要品种，城投债年度发行量见图 5-79。

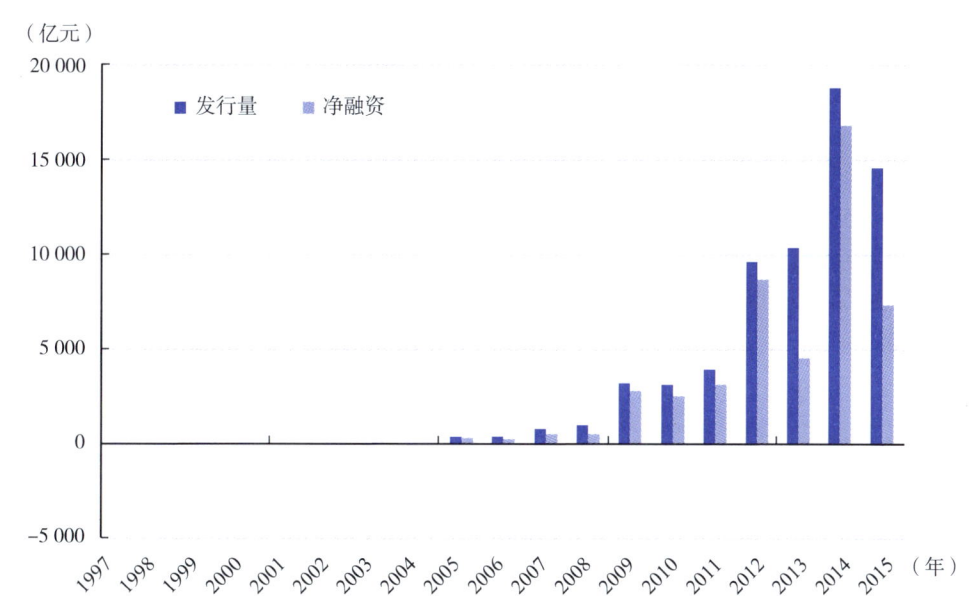

图 5-79 城投债发行量及净融资额

资料来源：Wind。

根据 Wind 的统计[①]，截至 2018 年 12 月 31 日，中国城投债余额 7.49 万亿元，共 8 217 只，占非金融企业信用债余额 33%。分地区来看，存量城投债前三名是江苏省、浙江省和湖南省，余额分别为 14 083 亿元、5 312 亿元和 4 653 亿元，具体见表 5-8。

---

① 城投债并无统一的分类标准。笔者估计，Wind 的城投债划分标准也曾发生过变化。本节数据采取的是 2018 年底的 Wind 划分标准。

表 5-8　主要地区城投债分布

地区	债券数量（只）	债券余额（亿元）	地区	债券数量（只）	债券余额（亿元）
江苏	1 926	14 083	陕西	196	1 947
浙江	639	5 312	广西	222	1 706
湖南	508	4 653	上海	119	1 152
天津	281	4 134	新疆	140	1 033
四川	451	3 853	吉林	83	989
北京	235	3 838	山西	86	942
重庆	439	3 792	辽宁	100	915
湖北	360	3 168	河北	104	816
山东	350	3 014	甘肃	75	775
安徽	327	2 974	内蒙古	58	503
广东	249	2 939	黑龙江	56	477
江西	256	2 682	青海	18	134
河南	256	2 380	宁夏	16	126
云南	214	2 235	海南	5	63
福建	270	2 188	西藏	4	49
贵州	174	2 059	合计	8 217	74 931

资料来源：Wind。

按照债券品种划分，截至 2018 年 12 月 31 日，存量城投债中，城投中票余额占比最大（28.9%），其次是企业债（25.4%），如图 5-80 所示。

图 5-80　城投债余额分布——按照债券品种划分（2018 年 12 月 31 日）

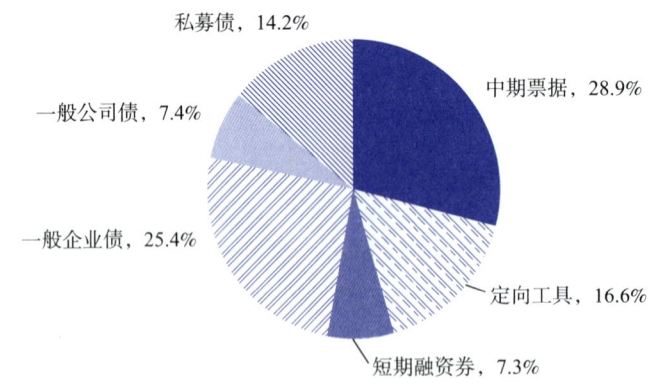

私募债，14.2%
一般公司债，7.4%
一般企业债，25.4%
短期融资券，7.3%
定向工具，16.6%
中期票据，28.9%

资料来源：Wind。

按照发行主体的行政级别划分，截至 2018 年 12 月 31 日，省级余额占比 53%，地级市占比 34.5%，县及县级市占比 12.5%，如图 5-81 所示。

图 5-81 城投债余额分布——按发行主体行政级别划分（2018 年 12 月 31 日）

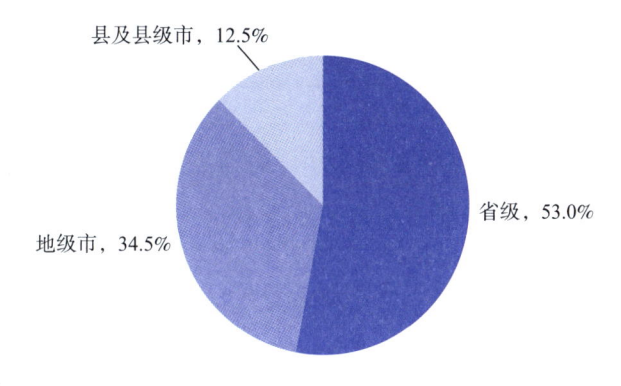

县及县级市，12.5%
地级市，34.5%
省级，53.0%

资料来源：Wind。

二、城投债信用风险的演变逻辑——"借新还旧"

（一）城投公司特征：地方政府的投融资平台，主要从事类地产业务

由于城投公司最初设立的目的是行使投融资功能，所以城投公司的会计报表和一般企业存在明显的差异。从结构上来看，城投公司和房地产企业更类似。

笔者把样本公司（2 165 家）当作一个整体公司。从图 5-82 来看，资产负债表方面，2017 年底，城投公司的流动资产占总资产比重明显偏高，一般在 50% 以上。而流动资产中，存货和其他应收款[①]是最主要的两个分项。以成都新开元城市建设投

图 5-82 城投公司各类资产占总资产比重（2017 年年报）

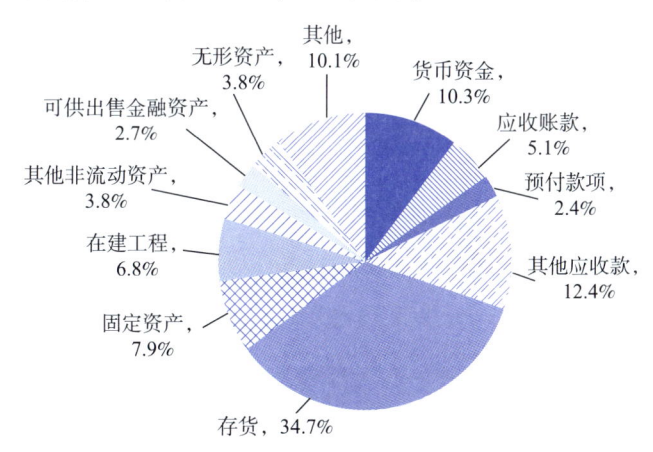

其他，10.1%
无形资产，3.8%
可供出售金融资产，2.7%
其他非流动资产，3.8%
在建工程，6.8%
固定资产，7.9%
存货，34.7%
其他应收款，12.4%
预付款项，2.4%
应收账款，5.1%
货币资金，10.3%

资料来源：Wind。

---

① 其他应收款指企业除应收票据、应收账款、应收股利、应收利息和预付款项以外的各种应收、暂付款项。

资有限公司为例，2017年底公司存货占总资产比重31%，其他应收款占比21.7%，流动资产占比78.9%。这些其他应收款主要由区财政局和青白江国投等区事业单位的往来款项构成，其中财政局往来款占其他应收款的61.82%，主要因区财政局支付部分工程回购款所致。从账龄来看，其他应收款主要集中在5年以上，比重为69.96%。

另外，负债方面，城投公司的其他应付款①占比明显偏高，具体见图5-83。以成都新开元城市建设投资有限公司为例，2017年底公司其他应收款51亿元，占总负债比重23.6%。公司其他应付款关联方主要为青白江区土地储备中心和青白江现代物流与商贸园区管理委员会。

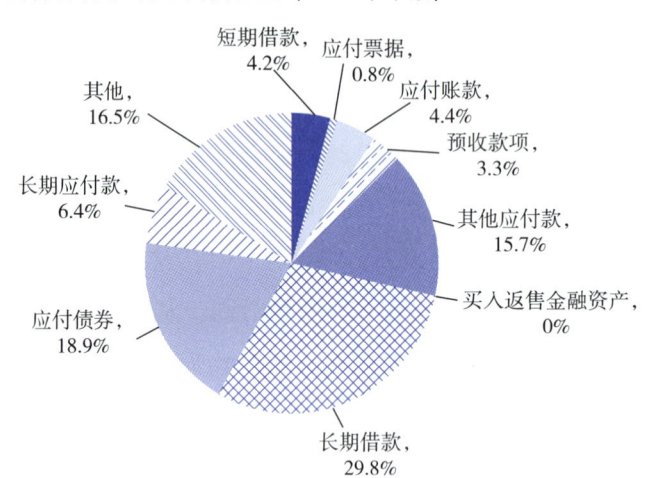

图5-83 城投公司各类负债产占总负债比重（2017年年报）

- 短期借款，4.2%
- 应付票据，0.8%
- 应付账款，4.4%
- 预收款项，3.3%
- 其他应付款，15.7%
- 买入返售金融资产，0%
- 长期借款，29.8%
- 应付债券，18.9%
- 长期应付款，6.4%
- 其他，16.5%

资料来源：Wind。

总的来说，作为投融资平台的城投公司的业务模式是：存货（土地）是城投公司的主要资产。在房价长期上涨的背景中，有利于城投公司的整体资产价值提升。同时，城投公司通过其他应收款和其他应付款项目与地方政府存在较多的资金往来，以完成投融资的任务。

（二）信用风险主导逻辑——中央对地方政府融资的态度

从近些年城投债相对利差的演变来看，主导城投债信用风险的逻辑是地方融资平台外部融资渠道是否通畅，这主要受中央政府对地方政府融资态度的变化影响。

---

① 其他应付款指企业所有应付或暂收其他单位或个人的款项。

1. 地方融资平台外部融资政策收紧导致城投债相对利差走阔。

从图 5-84 来看，2010~2018 年，每轮城投债和产业债相对利差的扩大，都与中央政府收紧地方融资平台外部融资政策相关。其中最典型的是 2011 年（更详细的资料可参考本书第四篇第十三章的内容）。

图 5-84 城投债和一般信用债相对利差走势复盘

资料来源：Wind。

注：城投债与产业债相对利差 = 中债 5 年 AA 城投债收益率 - 中债 5 年 AA 中票收益率。

2. "借新还旧"的终极法器——置换债。

新一届政府对地方融资平台债务采取了"开正门，堵偏门"的方针。回顾下来，新一届政府进行了两步走。第一步进行全面的债务审计摸底；第二步完善政策法规，其中最重要的是赋予地方政府举债权、对地方政府存量债务通过发行地方政府债券置换以及地方政府债务实行限额管理。

笔者认为，置换债是城投债"借新"的最理想状态。置换债在法律上是由地方政府发行，信用资质仅次于国债，融资成本明显低于融资平台。2017 年两会政府工作报告也提到：2016 年通过扩大地方政府存量债务置换规模，降低利息负担约 4 000 亿元。随着地方政府的低成本外部融资渠道打开，2015 年年中城投债品种的相对利差水平下行到历史低位。

3. 横向比较，地方政府财政收入变动、地方政府债务率是城投债估值分化的重要影响因素。

纵向来看，近10年城投债相对利差的大幅波动主要受融资政策变化影响。而这类融资政策往往对所有地区一视同仁，所以外部融资环境收紧时，发生负面事件的地区并不一定就是债务率偏高的地区，可预测性一般。例如2010~2011年融资平台融资政策收紧时，除了云南省外，上海地区也爆出了违约事件。

但是，站在同一个时点进行横向比较，从估值分化的角度来看，当地地方政府债务率、当地地方政府财政收入变动是影响当地城投债定价的两个重要因素。

（1）地方政府财政收入。

地方政府财政收入对城投债定价的影响表现为：地方政府财政收入下滑地区的城投债外部评级下调的概率高于其他地区，所以出现这一特征的城投债估值大概率上行。例如，2014年内蒙古和辽宁财政收入一度出现负增长（见图5-85），相应的2015年外部评级下调的城投债中，内蒙古和辽宁的占比偏高。而这些地区城投债和同一外部评级城投债收益率的利差扩大，如图5-86。

图5-85 部分地区财政收入累计同比走势

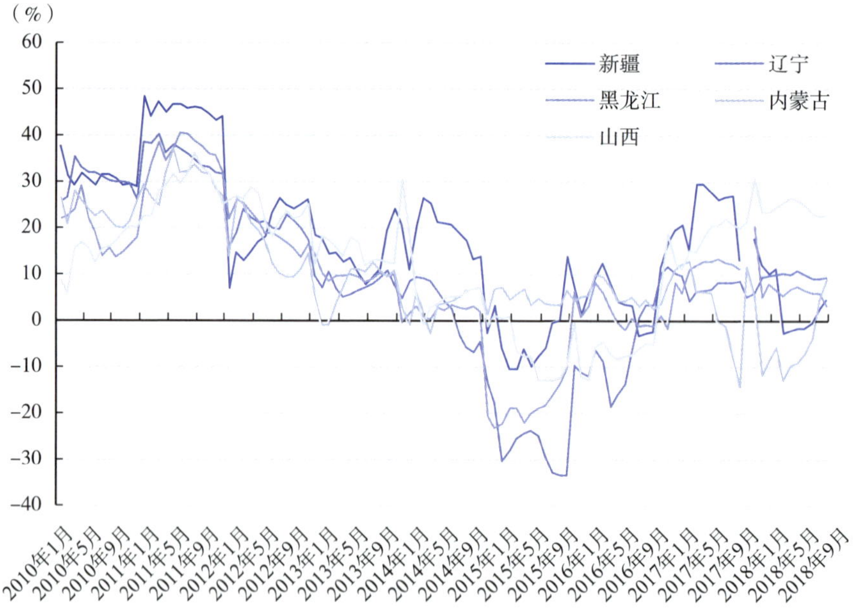

资料来源：Wind。

（2）地方政府债务率。

笔者发现，曾爆出违约（非标违约）新闻的云南省（2011年）以及贵州省（2018年）的共同特点是债务率偏高，各地区债务率估算见表5-9。这一点和普通企业偿债能力分析类似，债务率偏高的地方政府，自身偿债能力偏差。

图 5-86　部分地区城投债相对利差

资料来源：Wind。

表 5-9　各地区债务率（估算）

地区	债务率1	债务率2	地区	债务率1	债务率2
贵州	10.3	14.6	福建	5.7	7.5
天津	11.9	13.3	海南	5.5	7.3
青海	7.1	12.2	江西	5.4	6.9
云南	8.4	11.3	吉林	4.4	6.7
广西	9.0	11.1	黑龙江	3.9	6.2
北京	10.4	11.0	内蒙古	2.5	5.6
四川	8.5	10.4	辽宁	3.1	5.5
重庆	8.4	10.0	河南	3.6	5.1
江苏	8.4	9.7	山东	3.2	4.6
甘肃	7.5	9.6	上海	3.9	4.5
湖南	6.7	9.0	宁夏	1.6	4.0
陕西	6.7	9.0	河北	2.3	4.0
湖北	6.6	8.2	山西	2.7	3.9
安徽	6.5	8.1	广东	2.2	2.8
新疆	6.1	8.0	西藏	2.3	2.7
浙江	6.3	7.5			

资料来源：Wind。
注：债务率 = 当地债务/一般预算收入；
本表债务率1债务计算口径 = 当地发债融资平台总负债；
本表债务率2债务计算口径 = 债务率1债务口径 + 当地地方政府债券。
另外，采用本方法统计各省区市融资平台债务时，存在重复统计。比如母公司和子公司同时发债，母公司全资控股子公司。这种情况理论上应该只统计母公司债务。但是实际中出于简化目的，笔者将两者都包含进来了。

第二篇　投资策略

三、未来展望

随着中国房地产黄金时代的过去,城投公司资产大幅升值的时代也将过去。笔者倾向于,未来城投债相对利差的演变路径中,外部融资环境变化仍是重要影响因素,但财政收入变化也可能在某个阶段对利差产生明显影响。

第八节 不同行业获现能力审视

本章前七节多数是笔者基于过去中国债券市场演绎归纳的逻辑结论,但从微观角度往中观和宏观推演,笔者认为,行业因素除了和行业的盈利能力相关外,阶段内可能也会和行业的获现能力相关。因为债券有到期日,需要企业用现金来偿还,所以企业产生现金的能力也应是债券投资的重要关注点。2018 年中国信用债市场就曾出现这方面的苗头,获现能力差的行业的个券不受欢迎。

当然,横向比较时,不同行业盈利能力的优劣势,在一到两年时间内出现很大变化的可行性较小。因为行业的获现能力,往往是由行业的销售模式、结算周期等决定的,这些特征往往长期不变。

笔者利用 A 股上市公司为样本,用销售现金比率指标衡量获现能力,得出的各行业获现能力差异,具体见表 5-10。销售现金比率指标越大,表示每单位销售收入获得的现金越多。

表 5-10 主要行业获现能力比较(2016~2018 年)

所属申万行业名称	销售现金比率(2016 年)	销售现金比率(2017 年)	销售现金比率(2018 年)	所属申万行业名称	销售现金比率(2016 年)	销售现金比率(2017 年)	销售现金比率(2018 年)
交通运输	0.23	0.22	0.21	商业贸易	0.06	0.06	0.07
公用事业	0.22	0.17	0.19	纺织服装	0.12	0.07	0.06
休闲服务	0.16	0.14	0.18	传媒	0.15	0.10	0.06
采掘	0.14	0.13	0.13	有色金属	0.02	0.01	0.06
食品饮料	0.16	0.11	0.12	汽车	0.00	0.03	0.06
医药生物	0.14	0.08	0.12	计算机	0.08	0.12	0.05

续表

所属申万行业名称	销售现金比率（2016年）	销售现金比率（2017年）	销售现金比率（2018年）	所属申万行业名称	销售现金比率（2016年）	销售现金比率（2017年）	销售现金比率（2018年）
农林牧渔	0.11	0.04	0.11	家用电器	0.10	-0.01	0.05
钢铁	0.08	0.09	0.11	通信	0.08	0.02	0.05
建筑材料	-0.29	0.07	0.10	机械设备	0.08	0.06	0.05
电子	0.09	0.09	0.09	电气设备	0.07	0.05	0.05
轻工制造	0.15	0.11	0.09	建筑装饰	0.04	0.00	0.03
化工	0.10	0.07	0.09	国防军工	0.01	0.03	0.02

资料来源：Wind。

注：销售现金比率＝经营活动现金流净额/销售收入。公用事业行业样本中剔除异常值神雾节能和神雾环保；商业贸易行业样本中剔除*ST成城；休闲服务行业样本中剔除海航创新。

一、获现能力偏弱的行业

2016～2018年，建筑装饰和国防军工在24个行业大类中连续排名后五位。

（一）建筑装饰

申万建筑装饰行业分为五个行业小类，分别是房屋建设、基础建设、装修装饰、专业工程和园林工程。其中装修装饰和园林工程子类获现指标连续3年为负，具体见表5-11。

表5-11 建筑装饰行业获现能力指标

分类	上市公司家数	销售现金比率（2016年）	销售现金比率（2017年）	销售现金比率（2018年）
建筑装饰	126	0.04	0.00	0.03
房屋建设Ⅱ	14	0.11	0.06	0.13
基础建设	36	0.09	0.03	0.03
装修装饰Ⅱ	24	-0.01	-0.02	-0.00
专业工程	30	0.03	-0.00	0.09
园林工程Ⅱ	22	-0.00	-0.04	-0.09

资料来源：Wind。

以园林工程行业为例，由于前期垫资的行业属性，除了有一定品牌议价能力的企业，多数企业经营活动现金流净流出。2016～2018年，22家上市园林工程公司中，分别有36%、59%和45%的企业当年经营活动现金流为负。

(二) 国防军工

国防军工行业分为四个小类，分别是地面兵装、航天装备、航空装备和船舶制造。横向对比，船舶制造子类获现能力持续较差，航空装备和航天装备相对较差，具体见表5-12。不过，与装修装饰行业相比，上市公司样本中，国防军工行业民企占比较低。

表 5-12 国防军工行业获现能力指标

分类	上市公司家数	销售现金比率（2016年）	销售现金比率（2017年）	销售现金比率（2018年）
国防军工	53	0.01	0.03	0.02
地面兵装Ⅱ	11	-0.03	0.03	0.03
航天装备Ⅱ	12	0.00	0.01	0.06
航空装备Ⅱ	21	0.05	0.06	-0.02
船舶制造Ⅱ	9	-0.02	-0.01	0.03

资料来源：Wind。

二、获现能力较强的行业

获现能力较强行业的排名更加稳定。2016~2018年，交通运输和公用事业行业获现能力排名持续靠前，另外休闲服务和食品饮料行业的获现能力也不错。

(一) 交通运输

交通运输子类较多，包括高速公路、机场、航空、铁路、港口等等。整体来看，主要子类A股上市公司的获现能力均不错，物流略差。另外，高速公路和机场行业的获现能力非常好，高速公路行业获现比高达0.5以上。交通运输行业获现能力见表5-13。

表 5-13 交通运输行业获现能力指标

分类	上市公司家数	销售现金比率（2016年）	销售现金比率（2017年）	销售现金比率（2018年）
交通运输	114	0.23	0.22	0.21
高速公路Ⅱ	20	0.51	0.50	0.57
机场Ⅱ	4	0.38	0.37	0.41
港口Ⅱ	19	0.20	0.23	0.22

续表

分类	上市公司家数	销售现金比率（2016 年）	销售现金比率（2017 年）	销售现金比率（2018 年）
航运Ⅱ	10	0.36	0.35	0.26
航空运输Ⅱ	8	0.26	0.17	0.17
铁路运输Ⅱ	4	0.12	0.24	0.19
公交Ⅱ	9	0.21	0.13	0.09
物流Ⅱ	40	0.06	0.07	0.03

资料来源：Wind。

（二）公用事业

从表 5-14 来看，虽然公用事业行业整体获现能力不错，但是部分子类间存在明显差异。申万公用事业行业包含环保子类，环保子类的获现能力明显弱于电力、燃气和水务行业。2018 年，环保子行业获现能力较 2017 年有所好转。2018 年 47 家公司中经营活动现金流净额为负的比例为 36%，较 2017 年下降 13%。

表 5-14　公用事业行业获现能力指标

分类	上市公司家数	销售现金比率（2016 年）	销售现金比率（2017 年）	销售现金比率（2018 年）
公用事业	155	0.22	0.17	0.19
电力	67	0.35	0.27	0.27
水务Ⅱ	18	0.33	0.20	0.27
环保工程及服务Ⅱ	47	0.05	0.00	0.07
燃气Ⅱ	21	0.14	0.19	0.14

资料来源：Wind。
注：环保工程及服务Ⅱ样本中剔除神雾节能和神雾环保。

三、总结

决定不同行业获现能力差异的因素包括：

（1）客户群体："to C"业务获现能力明显好于"to B"，然后"to B"业务中，客户为政府部门的获现能力最差。例如公用事业、交运、休闲服务等获现能力长期较好的行业，都是"to C"业务。

（2）业务结算周期：由于工程周期较长，部分行业在工程周期前段存在明显的垫资现象，导致企业获现能力很差。以造船行业为例，船舶建造周期较长，造船业务的结算模式非常特别。通常船东收到预付款还款保函后，合同生效，船东支付合同金额的5%；第一块钢板切割支付5%；船舶龙骨架设支付10%；船舶下水支付10%。最后在公司顺利交船，与船东签订船舶交接协议书时，船东再将船舶建造合同剩余70%尾款全部支付完毕。

第六章

债券估值体系

结合本篇的分析框架，笔者尝试构建债券的估值定价体系，从绝对估值和相对估值两个维度来描绘中国的信用债市场。

值得一提的是，与二级市场非常活跃的股票市场相比，债券市场流动性相对较差，部分个券长期缺乏成交，所以债券的定价较依赖估值机构。目前债市的三个登记托管机构都有各自的估值团队。中债金融估值中心有限公司是中央国债登记结算有限责任公司的全资子公司，本章的收益率估值曲线都选取的是中债估值中心数据。

第一节　信用债绝对估值

一、信用债收益率分解

对低等级信用债收益率分解：低等级信用债收益率 = 资金成本 + 期限利差 + 信用利差 + 评级间利差。

截至2018年12月31日，中债5年期AA-收益率7.11%，其中资金成本2.6%，期限利差0.37%，信用利差2.07%，评级间利差2.07%，具体见图6-1。历史比较来看，当前评级间利差和资金成本在收益率中的百分比偏高，具体见图6-2。

二、基准利率

截至2018年12月31日，5年期国债收益率2.97%，略低于历史中位数；10年期国债收益率3.23%，接近历史1/4分位数，具体见图6-3和图6-4。

图6-1 信用债收益率分解

资料来源：Wind。

图6-2 信用债收益率分解百分比

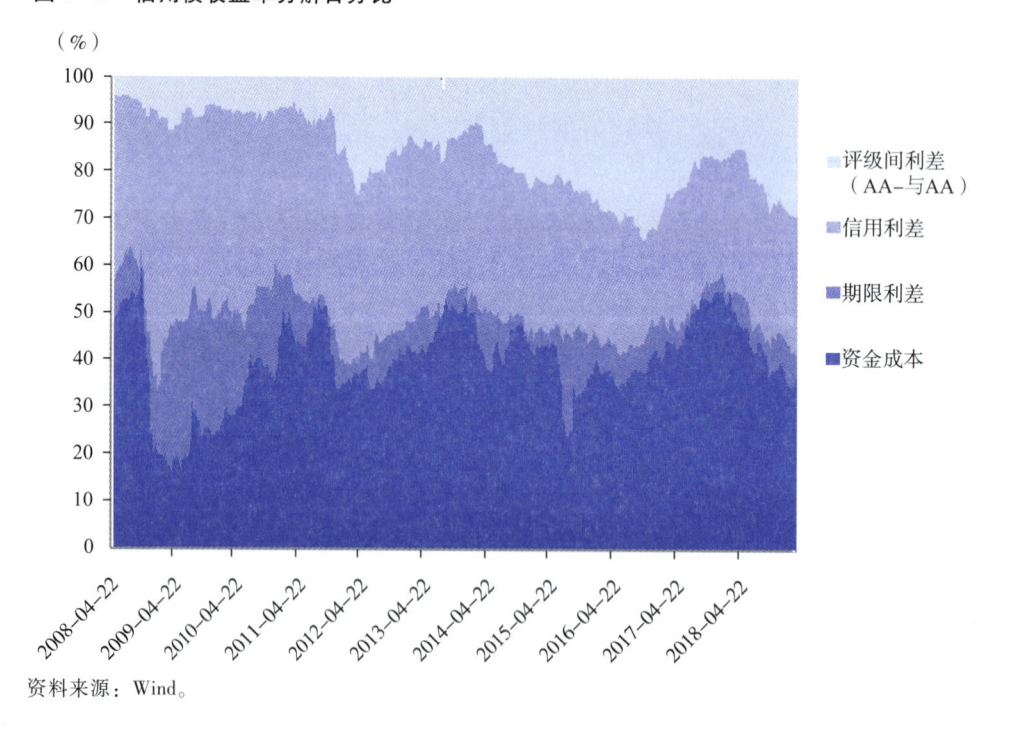

资料来源：Wind。

图 6 – 3　基准利率——5 年期国债收益率走势

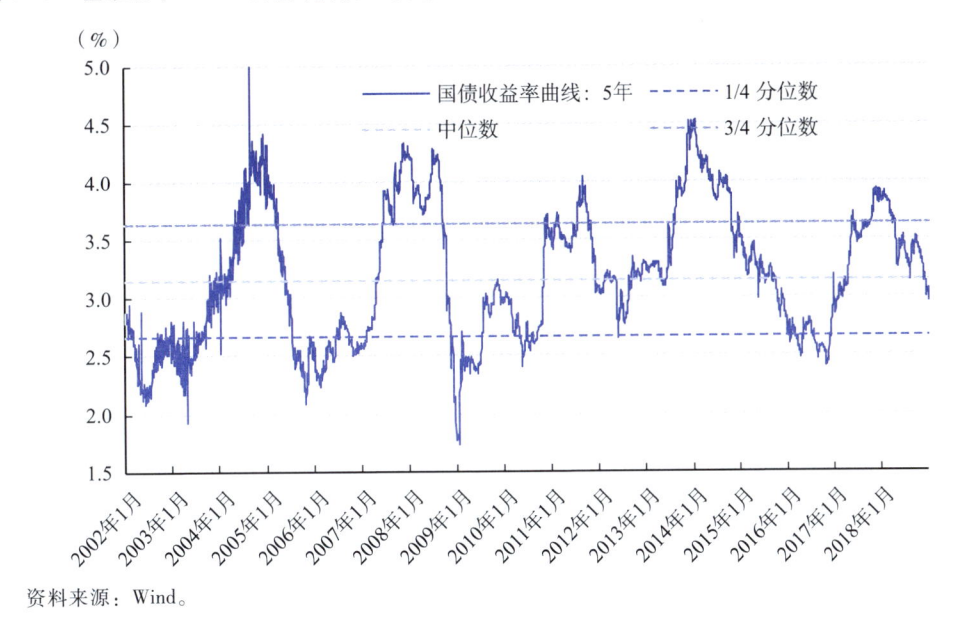

资料来源：Wind。

图 6 – 4　基准利率——10 年期国债收益率走势

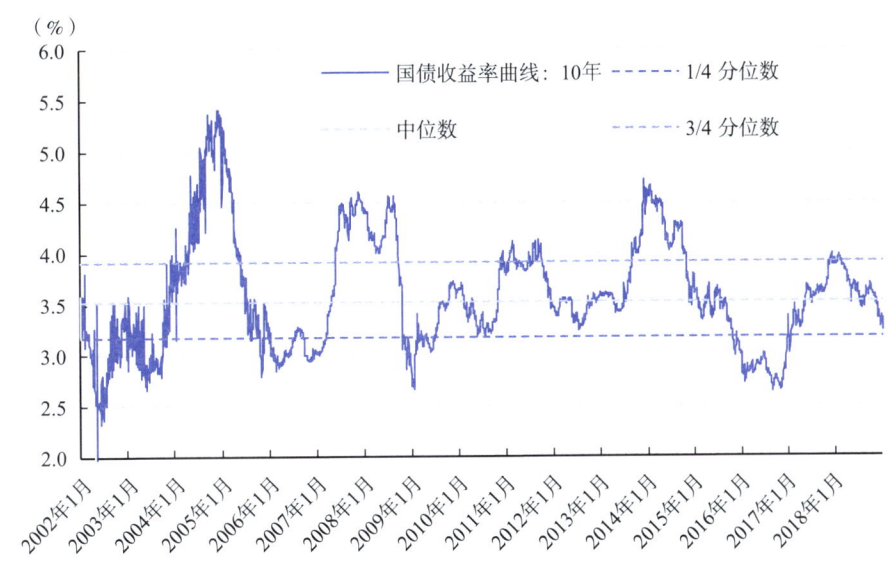

资料来源：Wind。

三、期限利差

2011 年以后，利率市场化加速，这一结构性因素导致我国资金成本易上难下。截至 2018 年 12 月 31 日，国债 10 – 1 期限利差 63BP，处于历史中位数附近，具体见图 6 – 5。

图 6-5 期限利差——10 年期国债与 1 年期国债利差

资料来源：Wind。

四、信用利差

截至 2018 年 12 月 31 日，AA 信用利差绝对水平 2.07%，位于中位数以下。分信用等级来看，不同信用等级信用利差分布存在一定差异，信用等级越高，对应的信用利差分位数越低，AAA 和 AA+级的信用利差分位数在 1/4 分位数以下，但 AA 在中位数附近。各等级 5 年期中票信用利差走势见图 6-6。

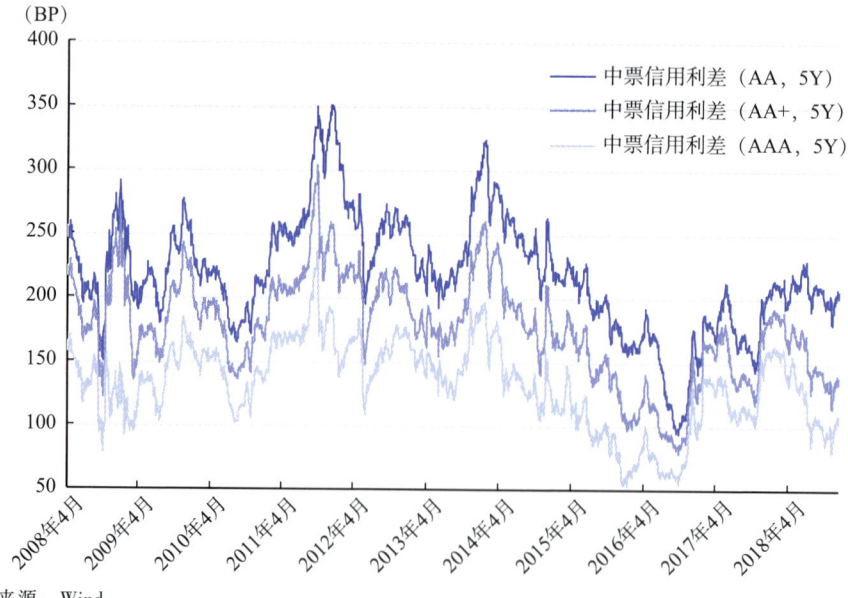

图 6-6 5 年期中票信用利差走势

资料来源：Wind。

五、评级间利差

笔者用 AA - 与 AA 评级间利差来观察债市信用风险定价。截至 2018 年 12 月 31 日，该指标为 207BP，处于历史高位，具体见图 6-7。

图 6-7 5 年期中票评级间利差

资料来源：Wind。

第二节 信用债相对估值

一、城投债与产业债相对利差

历史上城投债与产业债相对利差多数时候由城投债相关的政策驱动，重要拐点对应的政策有银监发 12 号文、中证登 149 号文、置换债推出等。截至 2018 年 12 月 31 日，AA 城投债与产业债利差为 -36BP，处于历史最低水平，具体见图 6-8。

二、行业利差

随着中国信用债市场的扩容，宏观经济持续下行，不同行业的信用债估值分化。从运行来看，行业利差多数时候与该行业景气度相关。2017 年供给侧结构性改革叠

图 6-8 城投债与产业债相对利差走势

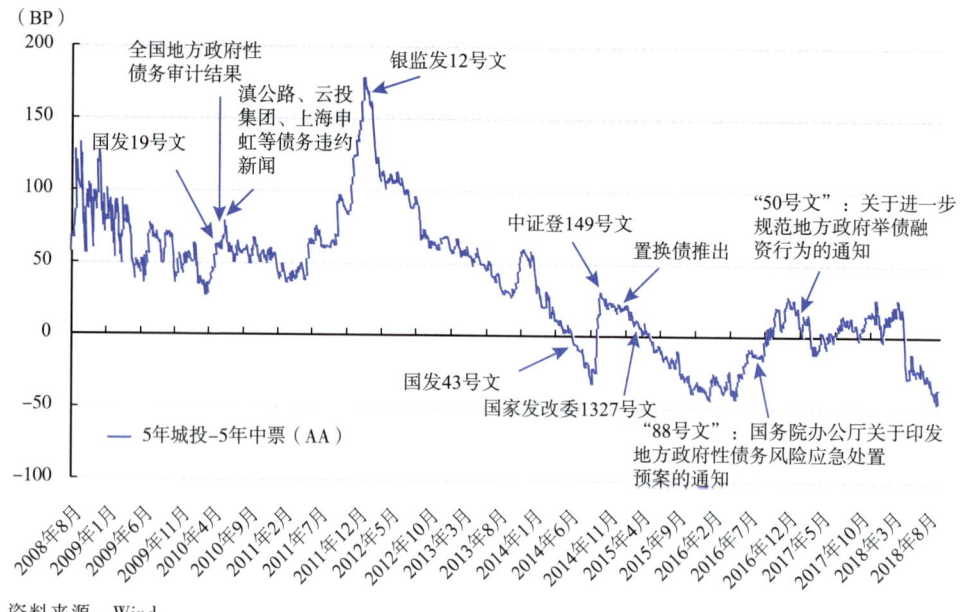

资料来源：Wind。

注：城投债与产业债相对利差 = 中债 5 年 AA 城投债收益率 - 中债 5 年 AA 中票收益率。

加需求回暖，多数周期性行业景气度回升（特别是钢铁行业），相关行业的高等级信用债行业利差处于近些年低位，具体见图 6-9。

图 6-9 代表性行业信用债的行业利差（AAA）

资料来源：Wind。

144

三、民企与国企相对利差

2017年以来，金融去杠杆推进，处于融资链末端的民营企业信用收缩非常明显。2018年开始民营发债人违约事件快速增加，民营发债人与国企发债人的相对利差迅速扩大到了历史高位，具体见图6-10。

图6-10 民企的溢价

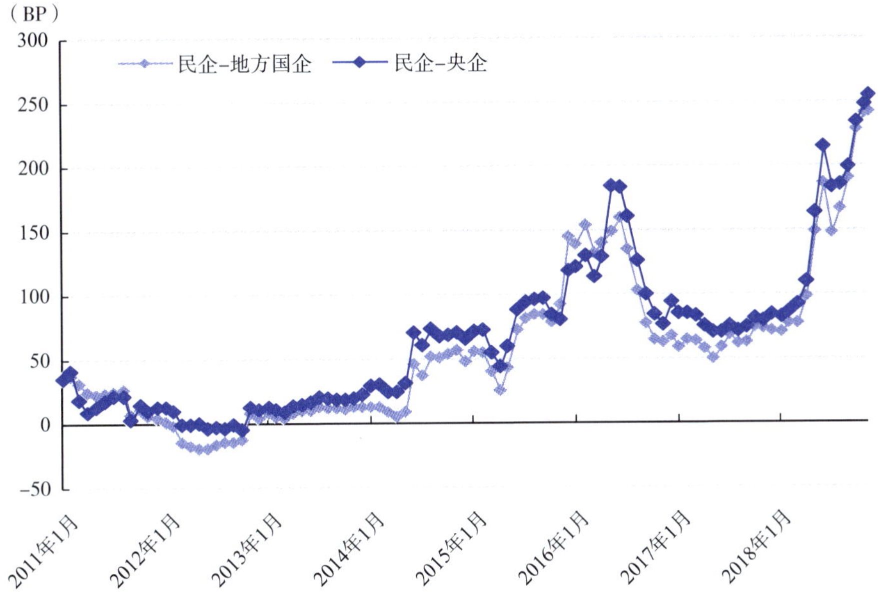

资料来源：Wind。

注：从可比样本数量角度出发，本图中民企收益率计算方法为：（1）样本：外部评级AA+、剩余期限1.5~3年的中期票据；（2）取值：收益率平均数。地方国企和央企收益率计算方法相似。

四、重点省份城投债相对利差

2018年，各地区城投债的估值也分化加剧。截至2018年12月31日，云南、辽宁、贵州、江西和四川的城投债估值普遍高于平均水平，具体见图6-11和图6-12。

图 6-11 北京、上海、天津、广东和云南城投债相对利差

资料来源：Wind。

注：从可比样本数量角度出发，本图中北京城投债收益率计算方法为：（1）样本：外部评级 AAA、剩余期限 1.5~3 年的中期票据；（2）取值：收益率平均数。上海、天津、广东和云南收益率计算方法相似。

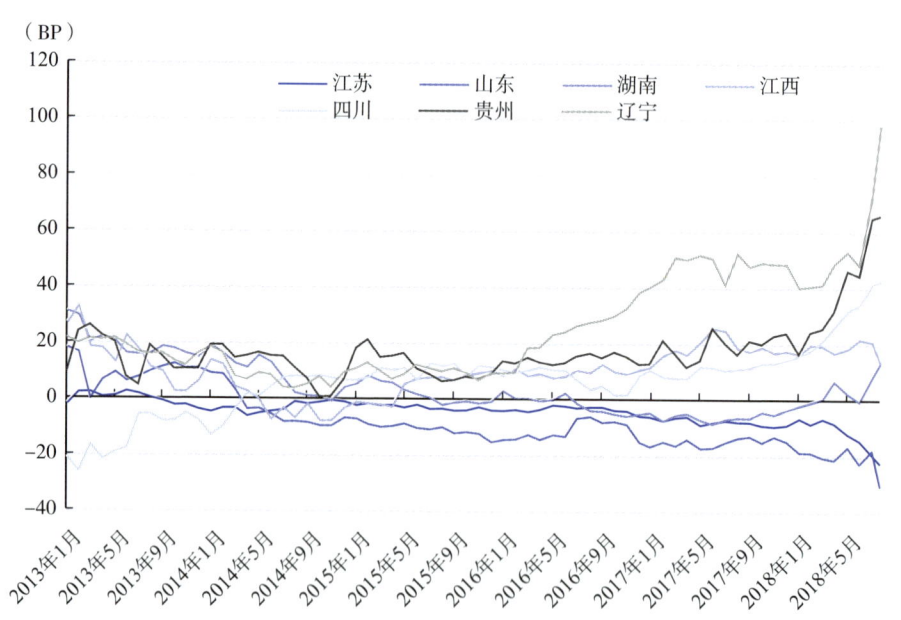

图 6-12 辽宁、贵州、四川、湖南、江西、山东和江苏城投债相对利差

资料来源：Wind。

注：从可比样本数量角度出发，本图中辽宁城投债收益率计算方法为：（1）样本：外部评级 AA、剩余期限 3~6 年的中期票据；（2）取值：收益率平均数。贵州、四川、湖南、江西、山东和江苏收益率计算方法相似。

第三篇
信用风险

在第二篇中，笔者提到，对单个企业的信用债投资时，区分是投资级还是投机级是最基础的一步，因为投资级和投机级信用债收益率变动的驱动因素存在明显区别。那如何区分呢？

目前，国内信用债市场中，虽然评级公司会对公募债券出具外部评级报告，但是国内采取的是债券发行人评级付费制度。从过去十多年的发展历史来看，市场隐含评级低于外部评级的比例持续上升，外部评级公司评级的公信力有所下降。2018年8月17日，大公国际资信评估有限公司曾因缺乏独立性、上报材料存在不实，被银行间市场交易商协会和证监会同时处罚。因此，外部评级之外，投资者仍需具备一定的信用风险识别能力。

第七章

信用风险分析最看重企业偿还债务的能力

分析企业时有很多切入点,如盈利能力、营运能力、偿债能力等。但作为债券投资者,笔者认为最看重的应该是企业的偿债能力。

简化来说,企业偿还债务有三种方式:

(1)赚取的利润(或现金流);

(2)变现资产;

(3)外部融资。

实际运营中,企业可能会同时采取以上三种方式来偿还债务。

一、狭义的偿债能力

传统财务报表分析中的偿债能力指标主要是从前两个角度衡量企业偿还债务的能力,笔者称它为狭义的偿债能力。按照债务时间划分,偿债能力分为短期偿债能力和长期偿债能力。各个偿债能力指标的计算公式见表7-1。

表7-1 企业偿债能力分析指标

类型	指标	计算公式
短期偿债能力	货币资金/短期债务	货币资金/有息短期债务
	速动比率	(流动资产合计－存货)/流动负债合计
	流动比率	流动资产合计/流动负债合计
	经营性现金流量比率	经营现金流净额/流动负债合计
长期偿债能力	资产负债率(%)	负债总额/资产总额×100%
	全部债务资本化比率(%)	有息债务/(有息债务＋所有者权益)×100%
	EBITDA/利息	(利润总额＋计入财务费用的利息支出＋折旧＋无形资产摊销＋长期待摊费用摊销)/利息
	经营现金流/利息	经营性现金流净额/利息

续表

类型	指标	计算公式
长期偿债能力	EBITDA/总债务	（利润总额＋计入财务费用的利息支出＋折旧＋无形资产摊销＋长期待摊费用摊销）/（短期借款＋应付票据＋1年内到期的非流动负债＋长期借款＋应付债券＋长期应付款）
	经营现金流/总债务	经营性现金流净额/（短期借款＋应付票据＋1年内到期的非流动负债＋长期借款＋应付债券＋长期应付款）

1. 短期偿债能力。

短期偿债能力指企业偿付流动负债的能力。兼顾全面性和必要性，笔者一般通过四个指标来衡量，具体如下：

（1）流动比率＝流动资产/流动负债；

（2）速动比率＝速度资产/流动负债；

（3）货币资金/短期债务；

（4）经营性现金流量比率。

2. 长期偿债能力。

长期偿债能力指标分为两小类：一类是衡量企业偿还本金的能力，另一类是衡量企业付息的能力。

前者包括四个财务指标：

（1）资产负债率；

（2）全部债务资本化比率；

（3）EBITDA/总债务；

（4）经营现金流/总债务。

后者包括两个指标：

（1）利息保障倍数；

（2）经营现金流/利息。

值得一提的是，对于上述比率的运用，最好从两个维度同时分析：一是不同企业的横向对比，且最好在处于同一行业的企业之间比较；二是纵向对比，选取至少三年以上的财务数据指标观察该公司的发展趋势。

另外，笔者列举的上述指标中，每小类都至少包含了一个跟经营性现金流有关的指标。这主要是基于如下考虑：对债权人来说，偿付债务需要现金。而资产负债表和利润表均是基于权责发生制，只有现金流量表是基于收付实现制。所以在传统的偿债指标中，加入现金流量表相关的指标来判断企业真实的偿债能力可能更准确。然后，经营活动产生的现金流量净额类似于企业自身的造血能力，所以笔者结合现金流量表，在上面的系列指标中增加了以下三个指标：

（1）经营性现金流量比率：衡量企业通过经营活动净现金流偿还流动债务的能力。

（2）经营现金流/总债务：衡量企业通过经营活动净现金流偿还总债务的能力。

（3）经营现金流/利息：衡量企业通过经营活动净现金流偿还利息的能力。

二、外部融资能力

在一个较短的时间周期中，企业要偿还某笔债务，通过外部融资获得资金，也即"借新还旧"，可行度往往还高于狭义的偿债能力。因此，外部融资能力也是企业偿还债务不可忽视的重要方面。

外部融资能力有定量指标和定性指标两类。定量指标很多：比如企业规模和行业地位、企业员工人数、企业银行贷款占整体债务比重等。通常来说，同样狭义偿债能力的企业，大企业的外部融资能力普遍好于小企业。定性指标方面，最典型的是企业性质，央企和国企的外部融资能力明显好于民企。

三、狭义偿债能力和外部融资能力如何加总？

对两个企业的信用风险进行比较时，如果 A 企业的狭义偿债能力和外部融资能力均好于 B 企业，那么 A 企业的广义偿债能力好于 B 企业。但是实践中，经常出现的情况是，可比企业这两方面的优势并不相同，这种情况总体的偿债能力如何呢？

这个问题的答案很难统一，在此笔者举一个例子供大家参考。中国铝业和山东宏桥是我国电解铝行业的两家大型头部企业。

从短期偿债能力和长期偿债能力来看，山东宏桥的各项指标基本都优于中国铝业，具体结果见表 7 - 2 和表 7 - 3。

表 7 - 2　中国铝业和山东宏桥短期偿债能力比较（2017 年年报）

项目	中国铝业	山东宏桥
货币资金/短期债务	0.4	0.9
速动比率	0.5	0.8
流动比率	0.8	1.1
经营性现金流量比率	0.1	0.5

资料来源：Wind、评级报告。

表 7-3 中国铝业和山东宏桥长期偿债能力比较（2017 年年报）

项目	中国铝业	山东宏桥
资产负债率（%）	67.3	66.5
全部债务资本化比率（%）	62.7	58.7
EBITDA/利息	2.9	4.6
经营现金流/利息	2.5	7.6
EBITDA/总债务	0.1	0.2
经营现金流/总债务	0.1	0.4

资料来源：Wind、评级报告。

但是，中国铝业的外部融资能力强于山东宏桥。首先，中国铝业是央企，山东宏桥是民企；其次，中国铝业的行业地位高于山东宏桥，它的总资产规模略大于山东宏桥。

那到底中国铝业和山东宏桥的广义偿债能力谁更强？从债券市场反映的结果来看，这些年中国铝业在信用债市场的融资成本明显低于山东宏桥，中国铝业的外部主体信用评级高于山东宏桥，具体见表 7-4。如果债券市场是有效的，这说明在这个案例中，中国铝业的综合偿债能力高于山东宏桥。

表 7-4 中国铝业和山东宏桥的 3 年期债券收益率以及外部评级

项目	中国铝业	山东宏桥
融资成本（%）	3.76	5.56
外部主体评级	AAA	AA+

资料来源：Wind。

注：融资成本是剩余期限 3 年左右债券的中债估值（2019 年 1 月 31 日）。

第八章

财务报表粉饰识别

实践中，债券投资者作为财务报表分析者处于信息劣势地位，对报表应保持怀疑态度。国内外多起案例表明，财务报表的可操作性非常强。本章笔者主要介绍几种财务报表粉饰的常见套路，财务报表粉饰识别任重而道远。

第一节到第四节是对企业各项资产的审视。除了笔者提到的这几类资产外，其他资产，比如存货、其他应收款也可能存在"水分"。第五节和第六节分别为针对所有者权益和现金流量表所作的分析。

第一节 财务报表粉饰之货币资金

在企业的各项资产中，货币资金流动性非常好，所以按照常规的偿债分析方法，有较多货币资金的企业偿债能力通常较高。

但是实践中，往往企业越受益的地方，财务报表粉饰的动机越强。笔者认为，投资者需要对高货币资金占比＋高资产负债率组合的财务报表保持警觉，尤其是民营企业（业界又把这个现象简称为大存大贷）。

因为这个组合非常违背常识：货币资产的收益率大概率低于负债的成本，从降低企业成本角度出发，在保证一定的流动性需求后，企业应该使用剩余的货币资金去投资而不是持续依靠新增负债。

表8-1和表8-2是具备这一特征的两个企业财务数据。其中康得新2019年出现了多笔债券违约，2019年5月瑞华会计师事务所为康得新出具了"无法表示意见"的审计报告，称对去年末122.10亿元的银行存款余额，实施了检查、函证等审计程序，但是未能取得充分适当的审计证据，无法判断公司上述银行存款期末余额的真实性、准确性及披露的恰当性。康美药业方面，2019年4月30日公司发布《前期会计差错更正公告》，对2017年财务报表进行重述，公司2017年多计货币资金299亿元，存货少计195亿元。

表8-1 康美药业货币资金、货币资金占总资产比重以及资产负债率

项目	2018-09-30	2017年	2016年	2015年	2014年	2013年	2012年	2011年	2010年	2009年
货币资金（亿元）	378	342	273	158	100	85	61	63	28	20
货币资金占总资产比重（%）	46	50	50	42	36	38	34	41	34	32
资产负债率（%）	58	53	46	51	40	46	41	39	40	31

资料来源：Wind。

表8-2 康得新货币资金、货币资金占总资产比重以及资产负债率

项目	2018-09-30	2017年	2016年	2015年	2014年	2013年	2012年	2011年	2010年	2009年
货币资金（亿元）	150	185	154	101	42	27	34	7	7	2
货币资金占总资产比重（%）	41	54	58	55	39	34	60	36	58	29
资产负债率（%）	45	47	41	50	56	52	47	45	22	51

资料来源：Wind。

当然，具备"大存大贷"特点的企业也并不一定存在财务造假，需要进一步分析高货币资金存在的合理性。读者可以从两个方面入手：

1. 货币资金是否长期存在。

因为财务报表是时点数，所以季末报表上存在大量货币资金不等同于企业长期持有较多的货币资金。如果货币资金仅出现在财报日，那么该企业一段时间内的利息收入和货币资金的比率将明显低于正常存款利率。表8-3是4家具备"大存大贷"特征的公司利息收益率，康美药业和康得新的存款收益率明显低于普路通和格力电器。

表8-3 康美药业、康得新、普路通和格力电器的利息收入/货币资产   单位：%

公司	2017年	2016年	2015年	2014年	2013年	2012年
康美药业	0.8	0.5	1.1	0.7	1.9	1.3
康得新	0.9	0.3	0.9	0.7	0.9	0.3
普路通	1.5	0.8	1.5	1.2	4.6	3.9
格力电器	2.2	1.0	1.7	1.5	3.0	2.0

资料来源：Wind。

2. 货币资金受限程度。

要知道,货币资金不等于现金。货币资金分为库存现金、银行存款和其他货币资金,除了库存现金外,银行存款和其他货币资金都可能用途受到限制。如果企业的货币资金受限程度较高,货币资金就丧失了良好的流动性本质,企业报表中货币资金占比偏高这个数据就存在明显水分。一个典型案例是信威集团。根据信威集团 2017 年年报,公司受限货币资金占货币资金总额的 98.11%,这些受限的货币资金主要用于买方信贷担保,且无法在短期内解除。

第二节 财务报表粉饰之应收账款

一、由乐视网和中联重科说起

2017 年乐视网亏损 181.8 亿元,巨额亏损直接导致公司资不抵债。如此惊人的亏损是如何发生的呢?

拆分利润表,当年公司资产减值 108.8 亿元(2014~2016 年资产减值分别为 0.5 亿元、1.2 亿元、3.5 亿元),这部分占了当年亏损额的六成。

造成 2017 年乐视网资产减值的重要原因是坏账损失和无形资产减值损失,其中坏账损失高达 60.9 亿元,占比 56%,具体见表 8-4。进一步拆分,60.9 亿元坏账损失中应收账款准备 56.6 亿元,坏账准备计提比例高达 62.82%。

表 8-4 乐视网资产减值科目(2017 年) 单位:亿元

项目	本期发生额	上期发生额	变动
一、坏账损失	60.94	3.16	57.77
二、存货跌价损失	1.95	0.27	1.68
三、长期股权投资减值损失	—	—	—
四、无形资产减值损失	32.80	0.00	32.80
五、贷款损失准备	3.18	0.08	3.10
六、可供出售金融资产减值准备	8.51	0.00	8.49
七、固定资产减值准备	1.45	0.00	1.45
合计	108.82	3.52	105.30

资料来源:Wind。

为什么乐视网一夜之间应收账款缩水如此严重？这可能与乐视网的应收账款结构有关。从 2016 年年报来看，乐视网通过业务模式调整，关联方交易增加，而这些关联方交易多体现为应收账款增加。到了 2017 年年报，乐视网直接对外部关联方 44 亿元应收账款按照 67.44% 计提了坏账准备。

2017 年发生大额应收账款准备的上市公司还包括中联重科。2017 年中联重科资产减值损失 87.9 亿元，其中应收账款准备 59.4 亿元。中联重科发生如此大额应收账款减值准备，与它的销售政策有关。中联重科的销售模式分为三种：一般信用销售、融资租赁和按揭，其中一般信用销售占 70% 以上。一般信用销售业务是客户根据与公司签订的合同，预先支付产品的首付款，可选择在 1～6 个月的信用期内及在 6～48 个月信用期内两种模式分期支付余款。这种信用销售与银行按揭存在着相似性，应收账款坏账率较高。

总的来说，应收账款从一个侧面反映出销售收入的质量。如果企业销售收入包含"水分"，应收账款占比出现异常，不排除未来将以应收账款坏账的形式对利润表和资产负债表产生负面影响。

二、应收账款的行业特性

当然，分析应收账款科目时也不能简单的只观察应收账款占总资产比重的绝对值，因为不同行业有不同的商业模式，所以应收账款占总资产比重的分布存在行业特征。比如房地产行业采取预售制，所以房地产行业的预售账款比重较高但是应收账款比重非常少。

笔者统计了 A 股上市公司各行业应收账款占总资产比重的平均值，建筑装饰、电气设备和通信行业应收账款占总资产比重明显高于其他行业，具体见表 8-5。

表 8-5 申万一级行业应收账款占总资产比重（平均法） 单位：%

所属申万行业名称	2015-12-31	2016-12-31	2017-12-31	2018-12-31	2015～2018 年平均
房地产	1.7	1.7	2.0	2.2	1.9
食品饮料	5.1	4.8	5.2	5.4	5.1
商业贸易	5.3	5.3	4.9	5.5	5.2
非银金融	11.2	3.6	3.6	2.8	5.3
休闲服务	5.4	6.0	5.7	6.3	5.8
农林牧渔	6.5	6.8	6.5	6.8	6.6
交通运输	8.6	8.4	8.4	8.7	8.5
综合	8.6	8.7	8.9	9.0	8.8

续表

所属申万行业名称	2015-12-31	2016-12-31	2017-12-31	2018-12-31	2015~2018年平均
公用事业	9.1	9.0	9.3	9.6	9.2
钢铁	9.3	9.5	11.3	10.9	10.3
纺织服装	10.7	10.2	10.2	10.8	10.5
有色金属	12.4	12.8	13.1	12.2	12.6
传媒	14.1	12.6	13.2	14.1	13.5
轻工制造	14.4	13.5	13.1	14.0	13.8
采掘	14.2	14.3	14.1	13.4	14.0
医药生物	15.4	15.2	15.9	16.3	15.7
化工	16.6	15.9	16.6	15.7	16.2
建筑材料	19.3	19.3	18.0	19.9	19.1
计算机	21.2	19.8	19.8	20.8	20.4
国防军工	19.3	19.5	21.4	22.3	20.6
汽车	21.2	22.0	21.5	19.8	21.1
机械设备	22.2	21.5	21.1	20.9	21.4
电子	22.2	22.3	21.8	21.6	22.0
家用电器	23.6	22.6	23.8	24.3	23.6
通信	25.3	23.9	23.2	23.8	24.1
电气设备	29.4	28.3	27.6	27.2	28.1
建筑装饰	29.8	28.2	27.3	27.4	28.2

资料来源：Wind。

注：应收账款包括应收票据和应收账款两个子科目。

同时，申万二级行业中，医药商业、营销传播和视听器材等子行业也存在应收账款偏高的特征，具体见表8-6。

表8-6 部分应收账款占总资产比重偏高的申万二级行业（平均法） 单位：%

一级行业	二级行业	2015-12-31	2016-12-31	2017-12-31	2018-12-31	2015~2018年平均
采掘	采掘服务	23.5	21.5	20.9	20.0	21.5
建筑装饰	房屋建设Ⅱ	22.8	21.7	21.2	23.0	22.2
建筑装饰	基础建设	23.9	22.8	22.3	22.8	23.0
通信	通信设备	25.5	24.2	23.7	24.3	24.5

续表

一级行业	二级行业	2015-12-31	2016-12-31	2017-12-31	2018-12-31	2015~2018年平均
建筑材料	其他建材Ⅱ	25.5	25.1	22.6	25.1	24.6
电气设备	电源设备	27.7	26.3	25.6	24.7	26.1
机械设备	运输设备Ⅱ	25.6	27.4	26.4	26.6	26.5
电子	电子制造	27.5	27.5	26.3	26.3	26.9
休闲服务	其他休闲服务Ⅱ	33.2	34.3	18.3	24.4	27.6
传媒	营销传播	28.9	25.9	27.4	30.0	28.1
建筑装饰	专业工程	31.5	29.8	29.5	26.1	29.2
电气设备	高低压设备	30.3	29.5	29.8	29.3	29.7
电气设备	电气自动化设备	32.0	30.8	29.3	29.4	30.4
家用电器	视听器材	31.7	31.6	34.8	32.2	32.6
医药生物	医药商业Ⅱ	32.4	32.8	32.9	33.3	32.8
建筑装饰	装修装饰Ⅱ	48.5	45.4	43.9	46.0	45.9

资料来源：Wind。

注：应收账款包括应收票据和应收账款两个子科目。

总之，如果某个行业的企业都具备应收账款占总资产比重偏高的特征，可能是这个行业的客户处于明显优势地位。例如，电信设备公司之于三大电信运营商、医药商业公司之于医院、采掘服务企业之于中石油和中石化、装修公司之于房地产商等等。因此，观察某个公司应收账款质量时不应该完全脱离行业特征。

第三节 财务报表粉饰之在建工程

2017年盐湖股份亏损42.9亿元，2018年亏损36亿元。公司两年的亏损金额已经超过2012~2016年五年的利润总额，盐湖股份业绩反转的幅度非常惊人。

拆分来看，公司2017年巨亏的直接原因有：

（1）巨额的资产减值损失：2017年公司资产减值43.2亿元，较2016年增加33.6亿元，损失变动较大主要是因为两个科目：固定资产减值损失和在建工程减值损失，具体见表8-7。

表 8-7 盐湖股份 2017 年底资产减值损失明细　　　　　　　　　　　　　　单位：亿元

项目	2017 年发生额	2016 年发生额	变动
一、坏账损失	1.26	0.26	1.00
二、存货跌价损失	7.95	6.75	1.20
三、可供出售金融资产减值损失	0.20	—	—
七、固定资产减值损失	20.67	0.99	19.68
八、工程物资减值损失	1.00		
九、在建工程减值损失	12.12	1.03	11.09
十三、商誉减值损失	0.53		
合计	43.20	9.56	33.64

资料来源：Wind。

（2）因停工大幅增加的管理费用：2017 年公司管理费用 15.5 亿元，占营业收入比重 13.2%，分别较 2016 年变动 8.1 亿元和 4.1%，2017 年公司管理费用大幅增加主要是海纳化工"2·14 火灾"事故及化工一期"6·28 爆炸"事故造成的停工损失增加 7.9 亿元。

（3）财务费用增多：2017 年公司财务费用 13.2 亿元，占营业收入比重为 11.3%，较 2016 年变动 2.5 亿元和 1%。

公司 2018 年继续大额亏损的原因有：

（1）资产减值损失：2018 年资产减值损失 28.6 亿元，其中固定资产减值损失占比 33%，具体见表 8-8。

表 8-8 盐湖股份 2018 年底资产减值损失明细　　　　　　　　　　　　　　单位：亿元

项目	2018 年发生额	2017 年发生额	变动
一、坏账损失	0.08	1.26	-1.18
二、存货跌价损失	16.10	7.95	8.15
三、可供出售金融资产减值损失	0.20	0.00	0.20
五、长期股权投资减值损失	2.66	0.00	2.66
七、固定资产减值损失	9.56	20.67	-11.11
八、工程物资减值损失	1.00	0.00	1.00
九、在建工程减值损失	0.24	12.12	-11.88
合计	28.64	43.20	-14.57

资料来源：Wind。

（2）财务费用明显增加：2018年财务费用20.4亿元，占营业收入比重为11.4%，占比较2017年底继续提升0.14%。

（3）管理费用偏高：海纳PVC一体化项目停工直到2018年12月初才恢复生产并生产出合格产品。

整体来看，盐湖股份业绩大反转，与投资建设的化工项目关系较大。2011年盐湖钾肥合并盐湖集团后，盐湖股份报表上在建工程占总资产比重持续高于30%，投资规模巨大。较激进的投资项目对公司业绩影响如下：

（1）持续的融资需求，债务规模增加，财务成本上升；

（2）2017年在建工程大规模转固时发生较多资产减值；

（3）在建工程转固后折旧费用明显增加。

另一个典型的例子是东北特殊钢集团股份有限公司。从图8-1和图8-2来看，东北特钢债券违约前，在建工程占总资产比重持续保持在高位，财务费用持续上升。2015年三季度末，财务费用占营业收入比重已经高达12.5%。不过与盐湖股份存在差异的是，东北特钢的在建工程在债券违约前一直未大规模转固，所以截至2015年三季度，东北特钢财务报表仍未看到大幅的资产减值损失和折旧费用的快速攀升。

图8-1 东北特钢在建工程和固定资产占总资产比重

资料来源：Wind。

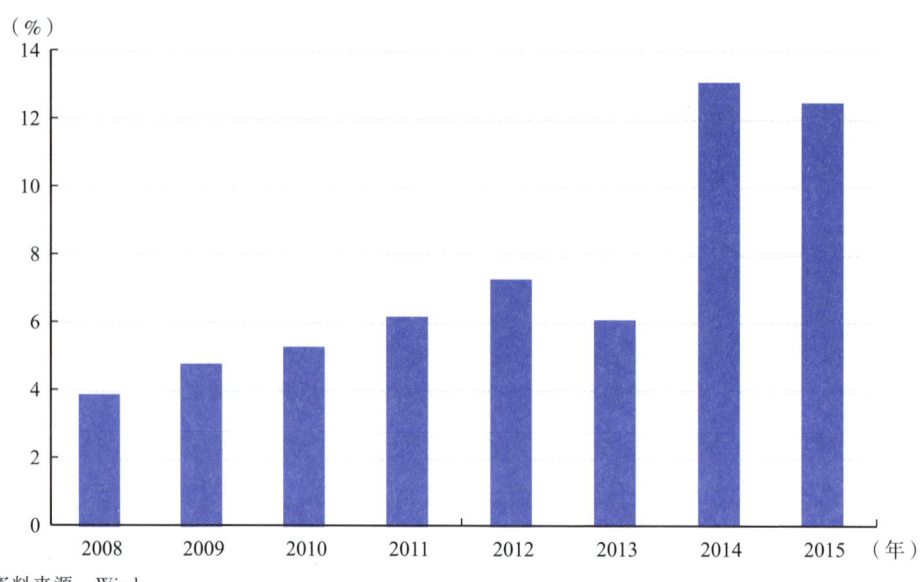

图 8-2　东北特钢财务费用占总营业收入比重

资料来源：Wind。

注：2015 年为前三个季度。

总的来看，如果企业资本支出计划长期偏激进，如在建工程占总资产比重持续较高（尤其是周期性行业的公司），利润表的可调节性较大。

第四节　财务报表粉饰之商誉

一、商誉基本情况介绍

商誉是非同一控制下的企业合并时，合并成本大于标的公司可辨认净资产公允价值份额的差额。商誉至少在每年年终进行减值测试。上述资产减值损失一经确认，在以后会计期间不予转回。

从 A 股非金融上市公司样本来看，2014 年以后商誉以及商誉减值损失对公司财务报表的影响越来越大。从图 8-3 来看，2014~2016 年，A 股非金融上市公司样本商誉总额增长率分别为 55%、96% 和 61%；2017 年和 2018 年底商誉资产占净资产高达 3.6% 和 3.3%。另外，随着商誉资产比重的提高，2017 年和 2018 年商誉发生减值损失的数额大幅提高至 368 亿元和 1 668 亿元，占当期末商誉资产比重的 2.8% 和 12.7%，具体见图 8-4。

图 8-3　A 股非金融上市公司商誉总额及商誉中位数

资料来源：Wind。

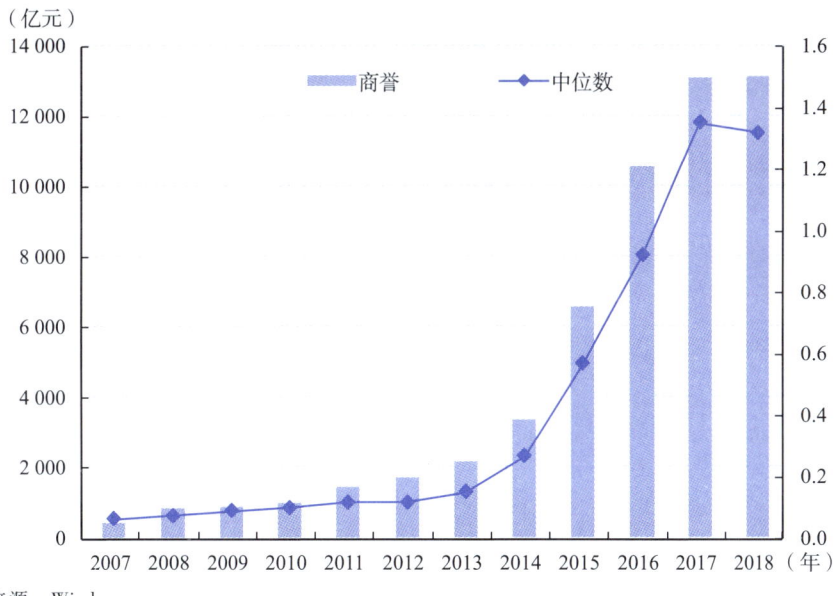

图 8-4　A 股非金融上市公司商誉减值及商誉减值损失占商誉资产比重

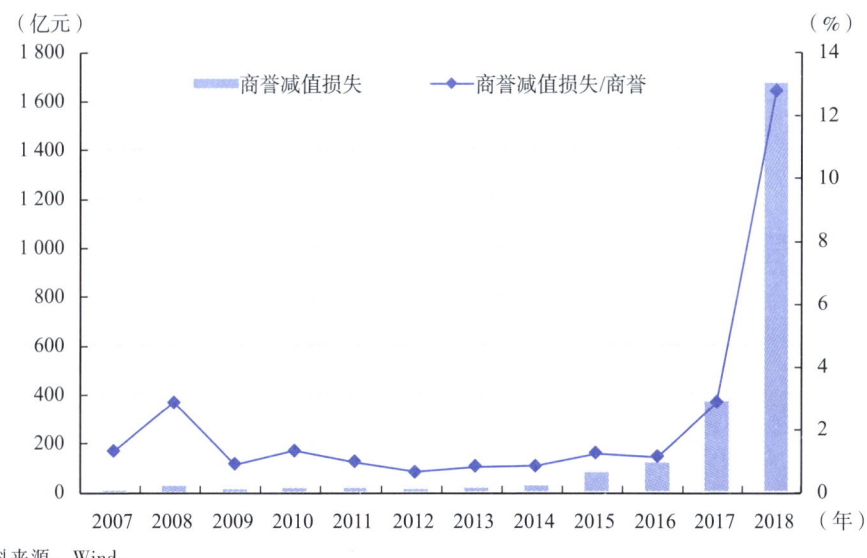

资料来源：Wind。

从行业分布来看，A 股商誉分布相当不均匀。2018 年中报显示，传媒、休闲服务、计算机、通信和医药生物这五个行业商誉占净资产比重超过 10%，具体见表 8-9。

表 8-9 A 股各行业 2018 年中报商誉情况

行业	商誉（亿元）	商誉占净资产比重（全部法，%）	商誉占净资产比重（平均法，%）	商誉占总资产比重（全部法，%）	商誉占总资产比重（平均法，%）
传媒	1 798	27.8	38.9	16.7	18.8
休闲服务	272	26.5	22.2	7.4	6.5
计算机	1 103	20.4	16.4	11.5	9.6
通信	400	9.6	12.4	13.2	6.8
医药生物	1 412	14.1	11.4	3.4	7.4
机械设备	769	8.8	9.5	2.1	3.7
电子	843	9.6	9.0	3.0	2.5
国防军工	154	5.1	8.4	4.1	4.0
电气设备	534	7.1	8.0	0.4	1.3
综合	112	5.9	7.7	3.7	5.5
家用电器	623	15.3	7.4	5.0	4.2
商业贸易	294	5.4	7.1	3.0	4.4
化工	860	4.8	6.7	1.1	1.3
轻工制造	245	7.5	6.5	1.1	2.5
房地产	327	2.3	5.9	0.0	0.0
公用事业	448	3.6	5.9	0.4	1.0
纺织服装	108	4.7	5.8	0.4	2.2
非银金融	777	2.8	5.5	2.2	2.3
建筑装饰	312	2.3	5.3	3.6	3.4
汽车	859	8.1	5.2	1.4	2.0
建筑材料	83	2.7	5.2	0.7	1.5
有色金属	227	3.6	4.4	2.9	3.2
农林牧渔	171	5.9	4.1	2.1	5.1
食品饮料	106	2.2	3.4	1.8	3.1
交通运输	217	1.7	3.1	2.7	2.9
采掘	520	2.4	2.6	1.4	2.0
钢铁	10	0.2	0.4	1.4	2.3
银行	338	0.3	0.3	0.1	0.3

资料来源：Wind。

另外，从表 8-10 的 2015~2018 年商誉减值损失占商誉资产比重来看，减值损失占比较大的行业不一定是商誉资产占净资产比重偏高的行业。换句话说，不同行业业务模式差异导致了财务报表上商誉资产分布的差异，但短期内商誉是否减值仍取决于多种因素。

表 8-10 A 股 2015~2018 年各行业商誉减值损失占商誉资产比重

行业	商誉减值损失（亿元）				商誉减值损失占商誉资产比重（%）			
	2015 年	2016 年	2017 年	2018 年	2015 年	2016 年	2017 年	2018 年
纺织服装	0.4	1.0	4.9	28.9	1.7	1.9	4.8	36.1
传媒	6.8	12.5	69.3	481.3	1.4	1.3	4.0	35.4
电气设备	2.4	4.4	55.9	122.3	1.1	1.1	11.2	29.0
综合	2.1	3.0	2.7	16.8	7.6	4.1	3.3	20.6
通信	7.3	5.7	9.8	72.4	4.0	2.1	2.6	20.2
农林牧渔	1.6	1.6	0.9	26.0	4.1	1.6	0.6	19.4
房地产	2.9	3.1	6.2	47.0	3.3	1.8	2.1	19.1
有色金属	4.1	2.6	1.8	36.0	3.1	1.6	0.9	16.5
机械设备	3.7	15.6	18.0	122.7	1.3	3.2	2.5	16.3
国防军工	0.0	0.2	0.6	19.0	0.0	0.2	0.4	13.5
计算机	10.4	16.3	28.6	135.0	2.3	1.9	2.8	13.3
轻工制造	0.8	2.1	6.8	28.3	0.8	1.3	3.3	12.0
电子	11.5	7.0	27.6	92.2	3.9	0.9	3.5	11.5
汽车	0.9	0.9	8.2	86.4	0.3	0.1	1.0	10.8
医药生物	7.9	3.9	25.9	131.4	1.1	0.4	2.0	8.7
商业贸易	2.9	2.2	1.4	22.4	3.2	1.4	0.5	7.9
食品饮料	0.2	1.1	6.3	9.4	0.3	1.3	7.2	7.8
公用事业	1.4	3.6	5.8	37.9	0.5	1.0	1.4	7.4
家用电器	0.1	1.5	3.8	38.8	0.1	0.4	0.6	6.5
建筑装饰	0.6	5.6	16.7	17.6	0.2	2.0	5.8	6.1
化工	3.2	5.2	10.6	47.2	1.1	1.0	1.5	6.1
休闲服务	0.2	0.2	1.1	15.9	0.2	0.1	0.4	6.1
建筑材料	3.5	3.4	1.7	4.4	8.2	5.8	2.4	4.7
交通运输	1.4	1.2	4.1	15.9	0.9	0.7	1.7	4.5
采掘	1.8	6.4	40.6	7.5	0.3	1.1	7.7	1.4
钢铁	0.0	0.0	0.0	0.1	0.0	0.0	0.0	1.0
非银金融	0.5	4.4	8.3	4.9	0.1	0.6	1.1	0.6
银行	0.0	0.0	0.0	0.0	0.0	0.0	0.0	0.0

资料来源：Wind。

二、2017 年 A 股商誉减值数额较大案例分析

从 2017 年受商誉减值影响较大的部分案例来看，商誉减值的数额存在非常大的不确定性，是公司当年利润变动的决定因素。

1. 坚瑞沃能（储能设备行业）。

2017 年年报，坚瑞沃能商誉减值 46.1 亿元，商誉资产尚存 2.2 亿元。坚瑞沃能对 2016 年收购沃特玛电池产生的商誉全额计提减值损失（虽然收购沃特玛电池有业绩承诺补偿，但是承诺人李瑶持有的公司股份已全部被司法冻结）。

公司商誉减值是因为子公司深圳市沃特玛电池有限公司业绩不达预期。受国家新能源产业政策补贴调整、子公司沃特玛业务扩张增速过快、应收账款回款较慢，资金链紧张等综合因素的影响，子公司沃特玛净利润未达预期。

2. 美丽生态（园林工程行业）。

2017 年年报，美丽生态商誉减值 7.1 亿元，减值完再无商誉资产。2017 年公司对子公司八达园林计提减值准备，原因如下：

（1）园林绿化资质取消后，八达园林仅具备市政公用工程施工总承包三级、园林古建筑工程专业承包三级、风景园林工程设计专项乙级资质，资质薄弱，公司园林绿化项目承揽面临的竞争更加激烈，项目承揽更加困难。

（2）园林施工行业是资金推动型行业，业绩的增长离不开资金的支持。由于受证监会立案调查的影响，公司融资能力受到较大影响，同时八达园林 2017 年 1 季度私募债券到期偿还债券本金及利息共计约 2.5 亿元，导致八达园林 2017 年度资金压力更为紧张，已施工项目进展缓慢，未能实现预期目标。

（3）受宏观经济环境变化的影响，八达园林参与的醴泉泥河 PPP 项目融资贷款迟迟无法落实到位，项目施工进展缓慢，八达园林投入 SPV 公司的 3 465 万元资本金未能实现预期利润，反而加大了资金压力。

（4）资金的匮乏使得八达园林无力参与政府主导的 PPP 项目，从而无法推动业绩的增长。

（5）由于政府严控债务规模和市场流动性降低的影响，业主方的资金压力进一步加大，导致公司部分项目的实际回款进度远低于预期。部分已完工未结算资产和应收款项存在减值迹象，预计未来可收回金额低于账面价值，依据谨慎性原则，报告期计提资产减值损失大幅增加。

公司并购八达园林时，2016 年与原股东王仁年签订了《盈利预测补偿协议之补充协议》，王仁年在业绩承诺未完成时将进行现金补偿。

3. 百花村（医疗服务行业）。

2017 年年报，百花村商誉减值 6.2 亿元，商誉资产尚存 10.8 亿元。百花村商誉减值是因为 2016 年收购的子公司南京华威医药科技集团业绩较差，受国家药改政策调整，南京华威 2017 年经营收益受到较大影响。另外，虽然本次收购重组有原控股股东张孝清《盈利预测补偿协议》，但目前总经理张孝清由于涉嫌背信损害上市公司利益，已被公安机关立案调查。

4. 联建光电（营销服务行业）。

2017 年年报，联建光电商誉减值 5.6 亿元，商誉资产尚存 38.4 亿元。减值原因是公司自查后发现，在 2014~2016 年度期间，子公司分时传媒、精准分众、远洋文化的部分收入和成本确认不准确。由于上述子公司收入、成本确认不准确，对上述子公司前期收入、成本进行追溯调整导致对应的商誉出现减值，计提减值准备。

总的来说，虽然不是所有的商誉都会减值，但是考虑到商誉减值对利润表和资产负债表的影响可能非常大，从谨慎性出发，分析企业偿债能力分析时，笔者认为可以把账面商誉资产等同于 0。

第五节 财务报表粉饰之所有者权益

理论上所有者权益是企业的资本，是企业负债的最重要支持。但所有者权益中不同的细分类，往往成色并不一致。

一、所有者权益构成

对一般企业来说，所有者权益分为以下几类（厦门国贸的所有者权益报表见表 8-11）。

表 8-11 厦门国贸所有者权益报表　　　　　　　　　　　　　　　　　　　单位：亿元

项目	2017-12-31	2016-12-31
实收资本（或股本）	18.16	16.65
其他权益工具	115.11	67.17
其他权益工具：优先股		
其他权益工具：永续债	112.90	62.95
资本公积金	30.29	17.92
减：库存股		

续表

项目	2017-12-31	2016-12-31
其他综合收益	1.69	0.96
专项储备	0.00	0.00
盈余公积金	4.09	3.39
一般风险准备	0.25	0.27
未分配利润	60.64	47.38
未确认的投资损失		
归属于母公司所有者权益合计	230.23	153.73
少数股东权益	29.77	25.43
所有者权益合计	260.00	179.16

资料来源：Wind。

（1）少数股东权益：少数股东权益是合并报表中的特有项目，表示少数股东对企业的净资产要求权。

（2）归属于母公司所有者权益之所有者投入的资本（实收资本+资本公积）。这部分主要是企业发行股本时所投入的资本。对股份公司来说，实收资本指股本，是股票面值乘以股份总数。资本公积包括资本溢价和其他资本公积，资本溢价是企业收到的超过其注册资本的投资；其他资本公积指资本溢价以外的资本公积。

（3）归属于母公司所有者权益之留存收益（盈余公积+未分配利润）。盈余公积是从净利润中提取的资本，一般分为法定公积金和任意公积金。未分配利润是企业净利润分配后的剩余部分。

（4）其他权益工具：优先股和永续债。优先股是利润分红及剩余财产分配的权利方面优先于普通股的股份。

（5）其他综合收益：指未在当期损益中确认的各项利得和损失。例如，可供出售金融资产公允价值变动形成的损益等。

比较来看，实收资本稳定性强于资本公积，资本公积强于盈余公积，盈余公积强于未分配利润。

二、永续债的"明股实债"

按照《金融负债与权益工具的区分及相关会计处理规定》，满足一定条件的永续债可以记为其他权益工具，放在所有者权益科目。而如果把永续债当作权益入表，企业资产负债率会下降。

从债券样本来看，我国第一支公开发行的永续债券是 13 武汉地铁可续期债，发行于 2013 年 10 月 29 日。尔后，永续债的发行速度明显加快，截至 2018 年底，总发行额已经超过 1.7 万亿元，永续债年度发行额见图 8-5。分品种来看，永续中票占比最高。

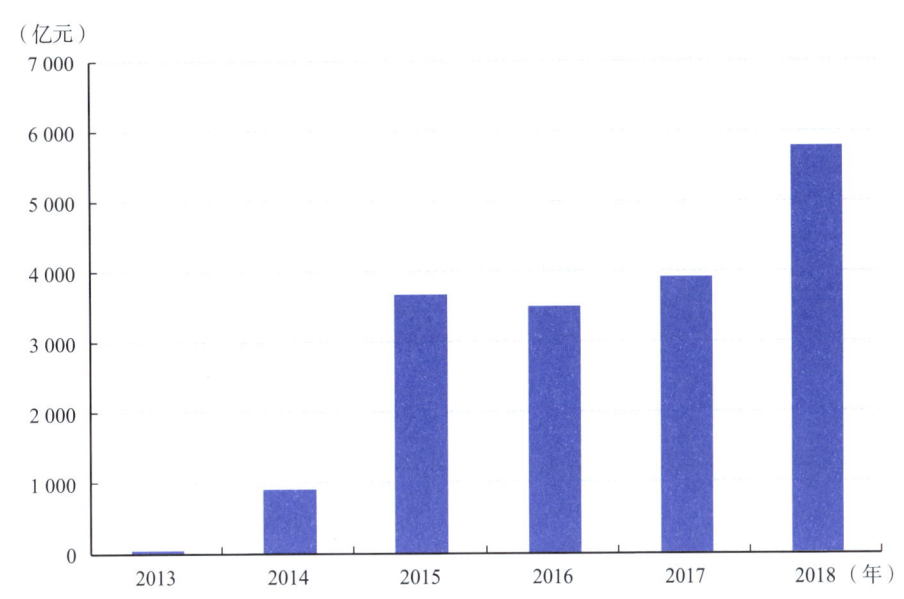

图 8-5 永续债发行情况

资料来源：Wind。

永续债券的后续发展分为三种：一是发行人行使赎回权；二是票面利率下调或者保持不变且不行使赎回权；三是提高票面利率且不行使赎回权。具体如下：

（1）行使赎回权：大部分永续债发行人选择行使赎回权。这是最大众化的一种结果。

（2）票面利率下调或者保持不变且不行使赎回权：部分永续债的利率条款是浮动利率或者固定利率，并没有跳升条款，典型的如 14 首创集团可续期债 01 和 15 津保障房 MTN001，发行人从自身利益出发选择不赎回。14 首创集团可续期债票面利率条款是 1 周 Shibor 750 日均值 +2.25%，所以 2017 年 11 月 3 日永续债第一个重定价日时，新的票面利率低于原来发行时的票面利率，因此公司选择不赎回。15 津保障房 MTN001 则采用固定利率。

（3）提高票面利率且不行使赎回权：截至 2018 年底，有 4 只永续债券发行人选择了提高票面利率不行使赎回权，具体见表 8-12。在永续债行权前，这四个发行人偿债能力均明显下降，以至于公司宁愿提高票面利率而不是选择还本。

表 8-12 提高票面利率且不行使赎回权的永续债

证券代码	证券简称	期限条款 年	发行额（亿元）	发行时利率（%）	利率条款	利率跳升（%）
101560002.IB	15 森工集 MTN001	3+N	10.0	7.1	20150204～20180203，票面利率：7.10%；20180204～20210203，票面利率：10.55%	3.45
101558016.IB	15 宜化化工 MTN002	3+N	6.0	5.94	20150519～20180518，票面利率：5.94%；20180519～20210518，票面利率：9.18%	3.24
101570008.IB	15 山煤 MTN001	3+N	5.0	7.8	20150909～20180908，票面利率：7.8%；20180909～20210909，票面利率：8.20%	0.4
101564049.IB	15 海南航空 MTN001	3+N	25.0	5.4	20151021～20181020，票面利率：5.4%；20181021～20211020，票面利率：8.78%	3.38

资料来源：Wind。

从债券市场的情况来看，多数有跳升机制的永续债都以发行人行使赎回权结束，因此可以说永续债存在"明股实债"这一特征。

笔者把记入权益工具的永续债重新分类为负债，计算公司的资产负债率，变化较明显的债券发行人见表 8-13。另外，查看相关公司报表明细，记入其他权益工具：永续债的品种不止包括债券，还有信托、专项资产管理计划等非标产品。

表 8-13 部分债券发行人资产负债率对比——基于永续债重分类

债券发行人	其他权益工具永续债（亿元）	2018 年中报资产负债率（%）	2018 年中报资产负债率（新）（%）	差异（%）
金隅集团	120	70	75	5
徐工机械	27	54	59	5
晨鸣纸业	56	73	78	5
兖州煤业	103	59	64	5
人福医药	20	54	59	5
启迪桑德	20	59	64	5
顺鑫农业	10	59	65	5
苏州高新	19	65	70	6
浙商中拓	8	77	83	6
中兴通讯	76	72	78	6
首创股份	44	69	77	7
厦门信达	18	75	83	8
鲁西化工	25	60	69	8
厦门国贸	118	70	83	14

资料来源：Wind。

三、资本结构的稳定性

通常来说,实收资本是所有者权益中最稳定的部分,其次是盈余公积。其他综合收益波动性较大,未分配利润如果分红也会变化较大,稳定性明显低于实收资本。因此,笔者认为,实收资本占比高的所有者权益结构更优。

以 2019 年债券违约的国购产业控股有限公司为例,国购产业控股有限公司业务主要分为两块,房地产业务和化学肥料业务,其中化肥业务是由上市公司"司尔特"经营,2016 年 12 月起合并报表。

2017 年末,国购投资其他综合收益率占归属母公司所有者权益高达 58.6%,它通过把商业房地产项目转为投资性房地产,产生了较多的其他综合收益。国购投资的主要财务数据见表 8-14。从笔者的观察来看,这种情形在非上市企业处理房地产业务中较常见。

表 8-14 国购投资主要财务数据

项目	2015-12-31	2016-12-31	2017-12-31	2018-6-30
营业收入(亿元)	62.4	69.4	83.8	33.3
毛利率(%)	20.9	24.7	26.8	28.2
净利润(亿元)	4.8	4.0	5.1	1.7
经营性净现金流(亿元)	-2.6	6.2	19.6	1.0
EBITDA(亿元)	8.6	8.2	15.6	—
长期债务(亿元)	105.3	118.5	113.8	—
全部债务(亿元)	124.8	168.2	176.8	—
EBITDA/债务总额	0.07	0.05	0.09	—
EBITDA 利息倍数(倍)	0.6	0.5	1.0	—
资产负债率(%)	74.9	73.5	74.4	75.3
全部债务资本化比率(%)	70.6	75.0	75.1	—
其他综合收益率占归属母公司所有者权益比率(%)	67.4	64.2	58.6	58.0
短期刚性债务占比(%)	15.6	29.6	35.6	—
货币资金/短期债务	0.7	0.4	0.5	—

资料来源:Wind、评级报告。

四、总结

所有者权益是企业负债经营的最重要支持之一，所有者权益的成色需要仔细辨认。实践中，近年内永续债记入其他权益工具的发债主体日益增加。但从债券市场永续债的实际兑付情况来看，多数永续债均于赎回日赎回，和普通债券相似。建议分析企业偿债能力时，把记入权益工具的永续债重新分类为负债。另外，从所有者权益各细分项的稳定度来看，实收资本稳定性强于资本公积，资本公积强于盈余公积，盈余公积强于未分配利润，对于未分配利润和其他综合收益占所有者权益比率偏高的发债人，需关注其资本的稳定性。

第六节　财务报表粉饰之现金流的分类

一、现金流量表介绍

现金流量表是反映企业在一定会计期间现金和现金等价物流入和流出相关信息的报表，是以收付实现制为基础的报表，和以权责发生制为基础的资产负债表和利润表存在本质区别，是投资者观察企业经营状况的一个重要信息渠道。

直接法现金流量表结构上分为三部分：经营活动产生的现金流量、投资活动产生的现金流量和筹资活动产生的现金流量。这三大部分单个又分为三小部分，以经营活动产生的现金流量为例，分为现金流入小计、现金流出小计和现金流量净额（等于流入小计 - 流出小计），表 8 - 15 是东方园林 2015 ~ 2017 年的现金流量表。

表 8 - 15　东方园林 2015 ~ 2017 年现金流量表　　　　　　　　　　　单位：亿元

项目	2017 - 12 - 31	2016 - 12 - 31	2015 - 12 - 31
经营活动产生的现金流量：			
销售商品、提供劳务收到的现金	103.3	70.4	43.2
收到的税费返还	1.0	0.8	0.0
收到其他与经营活动有关的现金	9.3	4.5	5.9
经营活动现金流入小计	113.6	75.7	49.2
购买商品、接受劳务支付的现金	51.0	41.3	28.3
支付给职工以及为职工支付的现金	9.4	5.6	5.9
支付的各项税费	7.7	5.4	2.7

续表

项目	2017-12-31	2016-12-31	2015-12-31
支付其他与经营活动有关的现金	16.2	7.6	8.6
经营活动现金流出小计	84.3	60.0	45.5
经营活动产生的现金流量净额	29.2	15.7	3.7
投资活动产生的现金流量:			
收回投资收到的现金	1.2	0.1	—
取得投资收益收到的现金	0.0	0.0	
处置固定资产、无形资产和其他长期资产收回的现金净额	0.0		0.0
处置子公司及其他营业单位收到的现金净额	11.6	0.1	0.5
收到其他与投资活动有关的现金	—	—	—
投资活动现金流入小计	12.8	0.2	0.5
购建固定资产、无形资产和其他长期资产支付的现金	4.3	3.4	1.2
投资支付的现金	46.4	15.2	5.8
取得子公司及其他营业单位支付的现金净额	7.2	7.5	7.6
支付其他与投资活动有关的现金		0.5	2.3
投资活动现金流出小计	57.9	26.7	16.9
投资活动产生的现金流量净额	-45.1	-26.4	-16.4
筹资活动产生的现金流量:			
吸收投资收到的现金	0.5	10.4	0.0
其中:子公司吸收少数股东投资收到的现金	0.1	0.1	0.0
取得借款收到的现金	58.2	29.0	28.0
收到其他与筹资活动有关的现金	0.4	0.0	1.3
发行债券收到的现金	—	21.8	—
筹资活动现金流入小计	59.1	61.3	29.3
偿还债务支付的现金	34.3	45.9	19.0
分配股利、利润或偿付利息支付的现金	3.8	3.5	2.6
其中:子公司支付给少数股东的股利、利润	—	0.0	0.0
支付其他与筹资活动有关的现金	4.8	1.3	0.5
筹资活动现金流出小计	43.0	50.8	22.2
筹资活动产生的现金流量净额	16.1	10.5	7.1
汇率变动对现金的影响	0.0	0.0	0.0
现金及现金等价物净增加额	0.2	-0.2	-5.6
期初现金及现金等价物余额	21.2	21.5	27.1
期末现金及现金等价物余额	21.4	21.2	21.5

资料来源:Wind。

二、关注现金流量表分类

上述现金流的三分类中,经营活动产生的现金流量净额类似于企业自身的造血能力,更受债权人的重视。而正是对经营性现金流的重视,实践中财务报表提供方存在对现金流重分类的动机。

通常来说,建筑工程施工业务普遍需要垫付资金,而且工程完成后回款滞后,企业报表上相应的有较多的存货和应收账款,所以企业的经营活动现金流通常较差,是经营性现金流量净额和净利润明显脱节的典型行业。而且,随着企业业务量的快速扩张,企业需要垫付的资金继续增加,企业规模的扩大并不会改变这种局面。但是比较A股的园林工程行业公司,部分公司的经营活动现金流净额明显好于其他,具体见表8-16。

表8-16 东方园林、蒙草生态、铁汉生态、美尚生态获现能力比较(2015~2017年)

年份	经营活动现金流净额(亿元)				营业收入(亿元)				获现能力(%)			
	东方园林	蒙草生态	铁汉生态	美尚生态	东方园林	蒙草生态	铁汉生态	美尚生态	东方园林	蒙草生态	铁汉生态	美尚生态
2017	29.2	4.2	-8.5	-2.0	152.3	55.8	81.9	23.0	19.2	7.5	-10.4	-8.5
2016	15.7	1.1	-6.3	-1.8	85.6	28.6	45.7	10.5	18.3	3.7	-13.7	-17.5
2015	3.7	0.8	-0.6	-1.4	53.8	17.7	26.1	5.8	6.8	4.8	-2.2	-24.7

资料来源:Wind。

对比东方园林和蒙草生态更长时间的获现能力,事实上2015年之前两者经营现金流净额也长期为负,具体见表8-17。

表8-17 东方园林和蒙草生态获现能力比较(2012~2017年) 单位:%

年份	东方园林	蒙草生态
2012	-6.4	-16.4
2013	-5.3	-25.8
2014	-6.5	-3.9
2015	6.8	4.8
2016	18.3	3.7
2017	19.2	7.5

资料来源:Wind。

仔细拆解后，2014 年兴起的 PPP 业务是一个重要原因。PPP 模式，是政府和社会资本合作的一种项目运作模式。在该模式下，私营企业、民营资本与政府进行合作，设立 PPP 项目公司，项目公司再进行公共基础设施建设。一方面，东方园林现金流量表中投资支付的现金大量增加（因为 PPP 模式下，公司的资金由原来的购买材料或者支付工资变为投资到项目公司），投资活动现金流出大增，投资活动现金流量净额明显负增长，具体见表 8-18；另一方面，现金流量表中的经营活动现金流出减少，经营活动现金流出和流入的比值变化较大，两者的相对增速差也拉大（可能是项目公司的资金回流仍然计入经营活动现金流入，最终产生了更少的现金流出能产生更多现金流入的状况），具体见图 8-6。

表 8-18 东方园林经营活动现金流及投资活动现金流（2009~2017 年） 单位：亿元

时间	经营活动现金流入小计	经营活动现金流出小计	经营活动产生的现金流量净额	投资活动现金流入小计	投资活动现金流出小计	投资活动产生的现金流量净额
2009-12-31	3.3	4.4	-1.1	0.0	0.0	0.0
2010-12-31	6.9	9.4	-2.6	0.1	0.2	-0.1
2011-12-31	16.5	20.4	-4.0	0.2	0.7	-0.5
2012-12-31	20.0	22.5	-2.5	0.0	1.2	-1.2
2013-12-31	27.2	29.9	-2.6	0.0	2.5	-2.5
2014-12-31	40.3	43.3	-3.0	0.6	1.1	-0.5
2015-12-31	49.2	45.5	3.7	0.5	16.9	-16.4
2016-12-31	75.7	60.0	15.7	0.2	26.7	-26.4
2017-12-31	113.6	84.3	29.2	12.8	57.9	-45.1

资料来源：Wind。

不可否认的是，基于业务模式的改变，公司对现金流重分类存在合理性，并不是违规操作。以上分析笔者仅是从债券投资者角度，提示不要只看到报表上经营现金流的好转，更需要观察好转的本质。另外，现实中也的确存在违规操纵经营活动现金流的案例。

另外，企业的经营性现金流量状况也与该企业所处的生命周期有关。一般成长性的企业现金流较紧张。进入成熟期后，经营活动现金流净额将逐渐好转。因此，如果企业较长一段时期内获现能力发生明显变化，也需要仔细甄别是否是因为企业所处的生命周期阶段发生了变化。

图 8-6 东方园林经营性现金流出/经营性现金流入比率

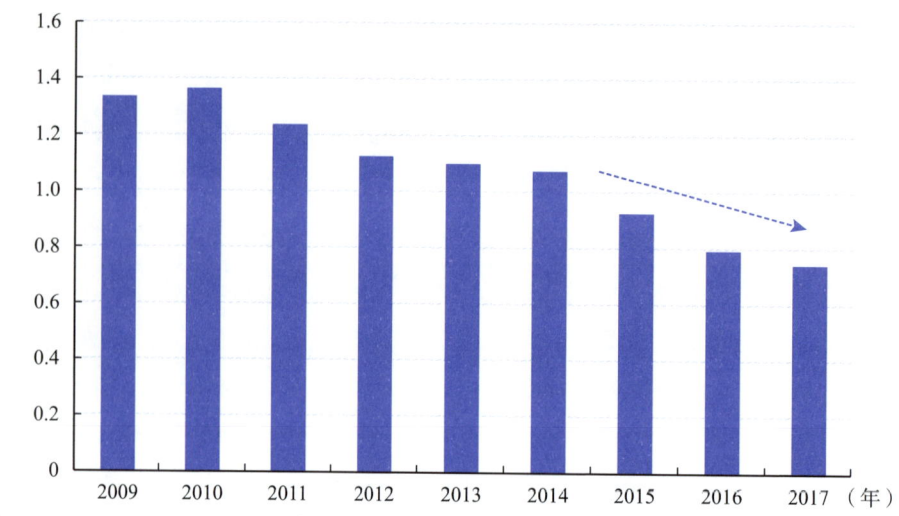

资料来源：Wind。

第九章

信用风险分析中其他值得关注的信息

除资产负债表、利润表和现金流量表三张财务报表以外,财务报告中的审计报告意见以及重要事项中的对外担保情况也是信用风险分析中的重中之重,不可忽视。另外,A股上市公司方面,信息披露相对充分,可以关注重要股东股权质押比率以及股份买卖情况。

一、非标准审计意见

我国审计报告意见分为五种类型,分别是无保留意见的审计报告、带强调事项段的无保留意见的审计报告、保留意见的审计报告、否定意见的审计报告和无法表示意见的审计报告。通常来说,第一种称作标准审计报告,占比高于90%,后四种称作非标准审计报告。

从表9-1来看,2015~2018年四个会计年度,共526家A股上市公司被出具非标审计意见(不同年度之间存在重复)。按照年度来看,2018年年报被出具非标审计意见的公司家数最多。

表9-1　A股上市公司非标审计意见公司分布

年度	家数(个)	占比(%)
2015	95	2.6
2016	95	2.6
2017	117	3.2
2018	219	6.1

资料来源:Wind。

上述被出具非标审计意见的企业,有接近两成的公司事后发生重组或退市,如松辽汽车、黑化股份和青鸟华光等,因此非标准审计意见往往是公司经营存在较大问题的一个特征。表9-2是2015~2018年年报被出具非标审计意见、至今企业主体业务未发生明显变化的发债 A 股上市公司列表。

表 9 – 2　2015～2018 年年报被出具非标审计意见的发债 A 股上市公司

股票代码	股票名称	代表债券代码	代表债券简称	年度	具体类型
002237.SZ	恒邦股份	031800252	18 恒邦冶炼 PPN001	2015 年年报	带强调事项段的无保留意见
600179.SH	安通控股	145850	18 安通 01	2015 年年报	带强调事项段的无保留意见
600546.SH	山煤国际	150902	18SMGJY1	2015 年年报	带强调事项段的无保留意见
600609.SH	金杯汽车	145328	17 金杯 01	2015 年年报	带强调事项段的无保留意见
600546.SH	山煤国际	150902	18SMGJY1	2016 年年报	带强调事项段的无保留意见
600609.SH	金杯汽车	145328	17 金杯 01	2016 年年报	带强调事项段的无保留意见
600654.SH	*ST 中安	136821	安债暂停	2016 年年报	带强调事项段的无保留意见
600891.SH	*ST 秋林	145041	16 秋林 01	2016 年年报	保留意见
601177.SH	杭齿前进	122308	13 杭齿债	2016 年年报	带强调事项段的无保留意见
000422.SZ	ST 宜化	112019	09 宜化债	2017 年年报	带强调事项段的无保留意见
000939.SZ	*ST 凯迪	112441	16 凯迪 01	2017 年年报	无法表示意见
002581.SZ	未名医药	112593	17 未名债	2017 年年报	保留意见
300090.SZ	盛运环保	112510	17 盛运 01	2017 年年报	保留意见
600074.SH	*ST 保千	145206	16 千里 01	2017 年年报	无法表示意见
600310.SH	桂东电力	122145	11 桂东 02	2017 年年报	带强调事项段的无保留意见
600485.SH	*ST 信威	145100	16 信集 01	2017 年年报	保留意见
600546.SH	山煤国际	150902	18SMGJY1	2017 年年报	带强调事项段的无保留意见
600654.SH	*ST 中安	136821	安债暂停	2017 年年报	带强调事项段的无保留意见
600751.SH	海航科技	136476	16 天海债	2017 年年报	带强调事项段的无保留意见
601880.SH	大连港	122072	11 大连港	2017 年年报	保留意见
603555.SH	贵人鸟	122346	14 贵人鸟	2017 年年报	带强调事项段的无保留意见
000587.SZ	金洲慈航	112505	17 金洲 01	2018 年年报	保留意见
000981.SZ	ST 银亿	112308	15 银亿 01	2018 年年报	保留意见
002220.SZ	天宝食品	114130	17 天宝 01	2018 年年报	保留意见
002354.SZ	天神娱乐	112496	17 天神 01	2018 年年报	保留意见
002581.SZ	未名医药	112593	17 未名债	2018 年年报	保留意见
002638.SZ	勤上股份	112136	12 勤上 01	2018 年年报	保留意见
002716.SZ	金贵银业	112231	14 金贵债	2018 年年报	保留意见
300090.SZ	盛运环保	112510	17 盛运 01	2018 年年报	保留意见
600086.SH	东方金钰	143040	17 金钰债	2018 年年报	保留意见
600518.SH	ST 康美	122354	15 康美债	2018 年年报	保留意见
600525.SH	长园集团	136466	16 长园 02	2018 年年报	保留意见

续表

股票代码	股票名称	代表债券代码	代表债券简称	年度	具体类型
601258.SH	庞大集团	145135	16 庞大 03	2018 年年报	保留意见
000410.SZ	沈阳机床	101564007	15 沈机床股 MTN001	2018 年年报	带强调事项段的无保留意见
000669.SZ	金鸿控股	112276	15 金鸿债	2018 年年报	带强调事项段的无保留意见
002121.SZ	科陆电子	112226	14 科陆 01	2018 年年报	带强调事项段的无保留意见
002310.SZ	东方园林	112380	16 东林 01	2018 年年报	带强调事项段的无保留意见
002341.SZ	新纶科技	112370	16 新纶债	2018 年年报	带强调事项段的无保留意见
002471.SZ	中超控股	112213	14 中超债	2018 年年报	带强调事项段的无保留意见
002509.SZ	天广中茂	112467	16 天广 01	2018 年年报	带强调事项段的无保留意见
002670.SZ	国盛金控	112485	16 国盛金	2018 年年报	带强调事项段的无保留意见
002742.SZ	三圣股份	112608	17 三圣债	2018 年年报	带强调事项段的无保留意见
300426.SZ	唐德影视	114308	18 唐德 01	2018 年年报	带强调事项段的无保留意见
600122.SH	宏图高科	101659043	16 宏图高科 MTN001	2018 年年报	带强调事项段的无保留意见
600157.SH	永泰能源	136520	16 永泰 03	2018 年年报	带强调事项段的无保留意见
600179.SH	安通控股	145850	18 安通 01	2018 年年报	带强调事项段的无保留意见
600221.SH	海航控股	122071	11 海航 02	2018 年年报	带强调事项段的无保留意见
600595.SH	*ST 中孚	122093	孚债暂停	2018 年年报	带强调事项段的无保留意见
600654.SH	*ST 中安	136821	安债暂停	2018 年年报	带强调事项段的无保留意见
600751.SH	海航科技	136476	16 天海债	2018 年年报	带强调事项段的无保留意见
000939.SZ	*ST 凯迪	112441	16 凯迪 01	2018 年年报	无法表示意见
002143.SZ	*ST 印纪	101762004	17 印纪娱乐 MTN001	2018 年年报	无法表示意见
002210.SZ	*ST 飞马	112422	16 飞马债	2018 年年报	无法表示意见
002359.SZ	*ST 北讯	114290	18 北讯 01	2018 年年报	无法表示意见
002450.SZ	*ST 康得	101753016	17 康得新 MTN002	2018 年年报	无法表示意见
002477.SZ	*ST 雏鹰	112209	14 雏鹰债	2018 年年报	无法表示意见
002501.SZ	*ST 利源	112227	14 利源债	2018 年年报	无法表示意见
002766.SZ	*ST 索菱	114252	17 索菱债	2018 年年报	无法表示意见
300089.SZ	文化长城	114112	17 长城债	2018 年年报	无法表示意见
600074.SH	*ST 保千	145206	16 千里 01	2018 年年报	无法表示意见
600240.SH	*ST 华业	122424	15 华业债	2018 年年报	无法表示意见
600485.SH	*ST 信威	145100	16 信集 01	2018 年年报	无法表示意见
600687.SH	*ST 刚泰	135349	16 刚泰 02	2018 年年报	无法表示意见
600891.SH	*ST 秋林	145041	16 秋林 01	2018 年年报	无法表示意见

资料来源：Wind。

另外，也应该留意企业变更财务报告审计单位的原因，特别是针对频繁变更情况。以 A 股上市公司为样本，2016 年、2017 年和 2018 年年度报告中，被出具非标准审计报告的公司组变更会计师事务所比重普遍高出标准无保留意见组 10%，具体见表 9 – 3。

表 9 – 3　A 股非标准审计报告公司组和标准无保留意见公司组变更会计师事务所比重

项目	非标审计意见				标准无保留意见			
会计年度	2015 – 12 – 31	2016 – 12 – 31	2017 – 12 – 31	2018 – 12 – 31	2015 – 12 – 31	2016 – 12 – 31	2017 – 12 – 31	2018 – 12 – 31
变更会计师事务所公司个数	11	22	21	39	3 149	3 253	3 263	3 141
非标审计意见公司个数	95	95	117	219	356	271	240	256
非标审计意见公司变更会计师事务所比重（%）	11.6	23.2	17.9	17.8	10.2	7.7	6.9	7.5

资料来源：Wind。

二、对外担保比率偏高

2017 年 3 月，由于对外担保企业齐星集团资金链断裂，西王集团面临代偿风险，信用风险明显上升。尔后受代偿事件负面影响，西王集团自身的融资渠道也明显不畅，期间评级公司也多次下调西王集团主体评级。对外担保带来的或有债务风险不容小觑。

从 A 股上市公司的信息披露来看，通常公司会在中报和年报中披露对外担保信息。以 A 股上市公司为样本计算各行业的对外担保比率（见表 9 – 4），对外担保率（对外担保总额/净资产 × 100）存在一定的行业特征，实际中判断对外担保比例高低时可能也要结合行业特征。

表 9 – 4　申万一级行业对外担保比率

申万行业	2018 年年报		2018 年中报	
	非子公司担保比率均值（%）	样本个数	非子公司担保比率均值（%）	样本个数
采掘	3.5	27	7.6	44
传媒	2.6	23	2.8	79
电气设备	1.6	49	8.4	121
电子	0.3	78	1.9	134

续表

申万行业	2018年年报 非子公司担保比率均值（%）	样本个数	2018年中报 非子公司担保比率均值（%）	样本个数
房地产	13.2	63	14.2	107
纺织服装	3.2	26	3.0	47
非银金融	0.6	32	0.3	38
钢铁	2.9	15	8.0	16
公用事业	1.8	71	5.5	118
国防军工	0.8	21	0.7	27
化工	1.9	126	4.5	196
机械设备	2.8	97	7.2	178
计算机	1.3	50	1.6	96
家用电器	2.1	13	4.5	39
建筑材料	4.3	34	6.7	53
建筑装饰	2.5	47	2.4	78
交通运输	1.5	55	3.4	69
农林牧渔	3.6	38	5.9	61
汽车	1.5	44	9.4	85
轻工制造	4.3	38	2.3	65
商业贸易	2.0	43	2.6	67
食品饮料	2.1	27	1.6	42
通信	1.0	19	4.4	50
休闲服务	0.3	6	3.9	20
医药生物	1.5	72	1.1	145
有色金属	0.4	45	4.1	78
综合	1.0	15	21.2	32

资料来源：Wind。

注：上述计算中，2018年年报剔除了异常值＊ST康达、ST天业、ST安泰、ST宜化、＊ST东电、金杯汽车、ST双环、ST慧球；2018年中报剔除了部分异常值，包括＊ST工新、＊ST海润、＊ST厦工、＊ST富控、＊ST众和、千山药机、＊ST猛狮、＊ST龙力等。

笔者筛选了对外担保比率超过20%的发债企业列表和某一特定行业内对外担保比率排名前三，且绝对水平超过10%的发债A股企业，具体见表9-5和表9-6。

表 9－5　2018 年年报对外担保比率超过 20％的发债 A 股公司列表

公司名称	代表债券	所属行业	对外担保比率（％）	公司属性
金杯汽车	17 金杯 01	汽车	511.2	地方国企
ST 宜化	09 宜化债	化工	300.9	地方国企
中交地产	15 中房债	房地产	89.2	地方国企
新城控股	16 新城 03	房地产	82.7	民企
阳光城	15 阳房 01	房地产	47.0	民企
金科股份	15 金科 01	房地产	44.0	民企
凌钢股份	11 凌钢债	钢铁	38.8	地方国企
天健集团	18 天健 Y1	房地产	34.2	地方国企
华胜天成	18 华胜 01	计算机	33.4	公众企业
大悦城	15 中粮 01	房地产	30.2	央企
珠江实业	16 珠实 01	房地产	29.0	地方国企
起步股份	19 起步 01	纺织服装	25.8	外资企业
华西能源	16 华源 01	电气设备	24.4	民企
惠博普	16 华油 01	采掘	22.1	民企
上海建工	18 沪建 Y3	建筑装饰	21.5	地方国企
泰禾集团	16 泰禾 02	房地产	20.6	民企

资料来源：Wind。

表 9－6　2018 年年报各行业中对外担保率排名前三，且绝对水平超过 10％的发债 A 股公司列表

公司名称	代表债券	所属行业	对外担保比率（％）	公司属性
惠博普	16 华油 01	采掘	22.1	民企
华西能源	16 华源 01	电气设备	24.4	民企
中交地产	15 中房债	房地产	89.2	央企
新城控股	16 新城 03	房地产	82.7	民企
阳光城	15 阳房 01	房地产	47.0	民企
起步股份	19 起步 01	纺织服装	25.8	外资企业
新野纺织	16 新野 02	纺织服装	15.0	地方国企
中航资本	19 航控 02	非银金融	10.7	央企
凌钢股份	11 凌钢债	钢铁	38.8	地方国企
ST 宜化	09 宜化债	化工	300.9	地方国企
兴发集团	15 兴发债	化工	17.8	地方国企
中材科技	18 中材 Y1	化工	10.4	央企

续表

公司名称	代表债券	所属行业	对外担保比率（%）	公司属性
中联重科	18中联01	机械设备	10.9	公众企业
华胜天成	18华胜01	计算机	33.4	公众企业
上海建工	18沪建Y3	建筑装饰	21.5	地方国企
岭南股份	15岭南债	建筑装饰	16.2	民企
金杯汽车	17金杯01	汽车	511.2	地方国企
金一文化	17金一02	轻工制造	17.1	地方国企
洛阳钼业	16栾川钼业MTN001	有色金属	11.7	民企

资料来源：Wind。

三、重要股东减持公司股份

通常来说，重要股东是公司的内部人士。重要股东减持公司股份，不排除是对公司发展前景不乐观所致。对于债券持有人来说，出于谨慎性考虑，可以关注重要股东的股票买卖行为。

A股上市公司以下股东减持需要强制公告：控股股东、持股5%以上股东、实际控制人、董监高、员工持股计划。笔者梳理了2017年下半年至2018年上半年重要股东减持市值占比超过2%的民营发债企业，具体见表9-7。表9-7的29家公司中，有9家在2018年6月至2019年4月间出现评级下调或者债券违约。

表9-7 2017年下半年~2018年上半年重要股东减持市值占比超过2%的民营发债企业

名称	增减仓参考市值（亿元）	占比（%）	资产负债率（%）	企业属性	代表债券
丽鹏股份	-2.3	-6.7	47.1	民营企业	17丽鹏G1
中南文化	-3.8	-4.7	43.9	民营企业	16中南债
劲胜智能	-4.1	-4.7	49.8	民营企业	18劲胜智能CP001
游族网络	-8.8	-4.5	40.2	民营企业	17游族01
金贵银业	-3.9	-4.1	57.8	民营企业	14金贵债
天神娱乐	-4.4	-4.0	30.0	民营企业	17天神01
暴风集团	-2.6	-3.6	65.2	民营企业	15暴风债
惠博普	-1.6	-3.6	52.5	民营企业	16华油01
蒙草生态	-4.4	-3.4	66.6	民营企业	17蒙草G1
华友钴业	-21.2	-3.3	65.1	民营企业	18华友01
中能电气	-0.6	-3.3	58.9	民营企业	17中能01

续表

名称	增减仓参考市值（亿元）	占比（%）	资产负债率（%）	企业属性	代表债券
阳光城	-8.7	-3.2	86.8	外资企业	15 阳房 01
顺发恒业	-2.9	-3.2	52.5	民营企业	16 顺发债
腾达建设	-1.4	-3.1	56.1	民营企业	16 沪腾达
金发科技	-4.8	-3.1	51.5	外资企业	16 金发 01
天宝食品	-1.4	-3.0	46.0	民营企业	17 天宝 01
新文化	-1.7	-2.9	38.8	民营企业	16 文化 01
南玻A	-4.9	-2.8	54.2	民营企业	15 南玻 MTN001
智慧能源	-3.1	-2.7	69.2	民营企业	15 智慧 01
长园集团	-5.9	-2.6	59.4	民营企业	16 长园 01
美尚生态	-2.1	-2.5	56.8	民营企业	17 美尚 01
东方金钰	-3.4	-2.5	74.0	民营企业	17 金钰债
天广中茂	-2.3	-2.3	40.8	民营企业	16 天广 01
飞马国际	-4.7	-2.3	80.6	民营企业	16 飞马债
岭南股份	-2.6	-2.3	66.3	民营企业	15 岭南债
精工钢构	-1.1	-2.2	64.3	民营企业	15 精工债
太阳纸业	-5.8	-2.1	56.8	民营企业	16 太阳 01
迪安诊断	-2.6	-2.1	59.2	民营企业	16 迪安 01
凯撒文化	-1.1	-2.1	19.4	民营企业	17 凯文 01

资料来源：Wind。

注：标记为浅蓝色的公司是 2018 年 6 月至 2019 年 4 月期间曾评级下调或者债券违约的公司。

另外，上述重要股东中，实际控股股东的行为最值得关注。表 9-8 是 2017 年下半年至 2018 年上半年第一大股东曾净减持的发债企业列表。表 9-8 的 22 家公司中，有 5 家在 2018 年 6 月至 2019 年 4 月间出现评级下调或者债券违约。

表 9-8 2017 年下半年~2018 年上半年第一大股东曾净减持的发债企业列表

代表债券	公司名称	第一大股东名称	减持参考金额（亿元）
18 华友 01	华友钴业	大山私人股份有限公司	8.8
16 掌趣 01	掌趣科技	姚文彬	5.9
18 劲胜智能 CP001	劲胜智能	劲辉国际企业有限公司	3.8
13 南洋债	南洋股份	郑钟南	3.5
17 金钰债	东方金钰	云南兴龙实业有限公司	3.4

续表

代表债券	公司名称	第一大股东名称	减持参考金额（亿元）
15 智慧 01	智慧能源	远东控股集团有限公司	3.2
16 飞马债	飞马国际	飞马投资控股有限公司	3.0
16 迪安 01	迪安诊断	陈海斌	2.6
16 广联 01	广联达	刁志中	2.0
16 新纶债	新纶科技	侯毅	2.0
16 棕榈 01	棕榈股份	吴桂昌	1.9
16 中南债	中南文化	江阴中南重工集团有限公司	1.7
15 岭南债	岭南股份	尹洪卫	1.5
17 天宝 01	天宝食品	大连承运投资集团有限公司	1.4
17 蒙草 G1	蒙草生态	王召明	1.4
18 苏电器 MTN001	电科院	胡德霖	1.4
15 华业债	华业资本	华业发展（深圳）有限公司	1.1
14 万马 01	万马股份	浙江万马投资集团有限公司	0.9
17 三圣债	三圣股份	潘先文	0.4
17 金一 03	金一文化	上海碧空龙翔投资管理有限公司	0.4
18 朗姿 01	朗姿股份	申东日	0.3
11 中泰 01	中泰化学	新疆中泰（集团）有限责任公司	0.1

资料来源：Wind。

注：标记为浅蓝色的公司是 2018 年 6 月至 2019 年 4 月期间曾评级下调或者债券违约的公司。

四、股权质押率高低

股权质押回购是指符合条件的资金融入方以所持有的股票或其他证券质押，向符合条件的资金融出方融入资金，并约定在未来返还资金解除质押的交易。

2014 年以后，A 股股权质押业务快速发展。从图 9-1 来看，截至 2019 年 5 月 24 日，A 股质押股数占总股本 9.38%。其中，大股东是股权质押的最主要参与者，它们的股权质押数占全部质押股数比重 99%。

股权质押数据有以下几个来源：一是中国证券登记结算公司披露的周频率数据；二是重要股东进行股权质押后上市公司的公告披露；三是年报和中报关于股东和实际控制人情况的披露；四是债券募集说明书及评级报告中的相关信息。其中前面两个来源数据最及时。

图 9-1 A 股股权质押股数及占总股本比例

资料来源：Wind。

笔者认为，从股权质押比例出发，有两个维度来考察信用风险。一个是子公司股权质押较多的母公司发债人，存在控制权丧失的风险；另一个是如果控股股东已质押股权出现强制平仓情形，子公司将面临实际控制人发生变更的风险。从 2018 年的经验来看，在股价暴跌的大背景下，股权质押比率偏高是识别信用风险的较好指标。2018 年以来出现债券违约的东方金钰、康得新、中信国安集团有限公司以及三胞集团有限公司等均具备这一特征。

第十章

合并报表制度下关注母公司和子公司的独立性

2018年5月，江南化工的控股股东盾安集团出现债务危机。危机事件爆出后不久，江南化工公告杭州银行从公司募资账户扣划2.1亿元用于公司在杭州银行合肥分行的未到期贷款本息，公司已委托公司法律顾问向杭州银行合肥分行发送律师函。这笔贷款的具体情形是：1亿元人民币贷款由盾安控股提供担保，7 000万元人民币贷款由浙江盾安人工环境股份有限公司提供担保，4 000万元人民币贷款为信用贷款（盾安集团直接持有上市公司江南化工36.82%的股权，通过控股子公司盾安化工持有江南化工8.69%股权，对江南化工具有实际控制权，把江南化工合并报表）。

这一事件引出了笔者几个思考：

（1）母公司债务违约对子公司的具体影响？

（2）母公司对子公司资源的支配权如何？

首先来看第一个问题，母公司债务违约对子公司的具体影响？

法律意义上，母公司和子公司是独立的法律主体，它们的财务和经营都是独立的。母公司对子公司的控制是以股权的方式实现的，并不能直接支配子公司的各种资源。以盾安集团为例，它的两个上市子公司均发布类似公告：作为中小企业板上市公司，与盾安控股在业务、人员、资产、机构、财务等方面保持独立，具有独立完整的业务及自主经营能力。因此，母公司债务危机对子公司的影响要进一步分析以下三个方面：

1. 子公司是否为母公司担保。

江南化工和盾安环境作为盾安集团的子公司，2017年均通过了与盾安集团的互保协议。即使不考虑子母关系，被担保企业债务违约也需要承担代偿责任。从实际情况来看，母公司和子公司之间的内部担保比较常见。

2. 控制权变更风险。

因为母公司对子公司的控制主要是采取股权的方式，如果母公司卖出子公司股权，那么母公司的控股地位可能会变化，这样子公司的控制权将发生变更。

3. 影响外部融资环境。

盾安集团债务危机消息发布后，杭州银行即划转子公司江南化工银行存款，可见虽然子母公司是独立的法律主体，但是两者的相关度较高使得子公司也会受到债务危机的负面影响。

然后看第二个问题，母公司对子公司的资源支配权方面，由于母、子公司均是独立的法律实体，所以事实上母公司对子公司的资源支配权有限，这一点对于上市子公司尤其明显。母公司合并报表和母公司本身的偿债能力存在较多差异。

以盾安集团的为例，从流动性最好的货币资金来看，盾安集团债务危机爆发后，可动用的货币资金基本上仅自己报表的部分。盾安集团2018年5月爆出债务危机，一季度合并报表货币资金66.6亿元，其中母公司报表货币资金17.5亿元。2018年中报时，母公司货币资金快速减少13.5亿~3.97亿元，而上市子公司江南化工和盾安环境仅减少3.5亿元和1.6亿元，下降幅度分别为77%、20%和12%，具体见表10-1。

表10-1　盾安集团及子公司货币资金余额　　　　　　　　　　　　　单位：亿元

时间	货币资金余额				货币资金变化			
	合并报表	母公司报表	江南化工	盾安环境	合并报表	母公司报表	江南化工	盾安环境
2018-03-31	66.62	17.45	18.03	13.08				
2018-06-30	45.11	3.97	14.52	11.5	-21.5	-13.5	-3.5	-1.6
2018-09-30	35.75	4.97	14.89	9.97	-9.4	1.0	0.4	-1.5

资料来源：Wind。

总之，在这种有限支配事实下，对母公司偿债能力分析时，仅仅分析合并报表存在局限性。特别是对于子公司偿债能力明显优于母公司的情况，合并报表显示的母公司偿债能力需要重新评估。

第十一章

破产流程梳理

通过企业偿债能力分析可知,债券投资者应尽量规避投资违约风险较大的债券。但实践中,债券发生违约的原因五花八门,如果投资者最终碰上债券违约,了解现代公司制度下的破产流程是必须的功课。

本章以第一只违约债券发行人超日太阳的破产重整作为案例,梳理公司破产重整及重建过程,供大家参考。

一、11超日债破产案例回顾

2014年3月4日,11超日债利息违约。

2014年4月29日,超日太阳股票停牌。

2015年8月12日,重组后的公司协鑫集成重新上市交易,当日大涨986%[①]。

从债券违约到重新上市,一年多的时间,国内第一起违约的公募债券发行人超日太阳赢来新生。

(一)从债券违约到公司破产重整

1. 2014年3月4日——第二次利息无法按期全额支付,债券违约。

2014年3月4日晚间22点左右,超日太阳发布公告:截至目前,公司付息资金仅落实人民币400万元,"11超日债"本期利息将无法于原定付息日2014年3月7日按期全额支付。

2. 2014年3月11日——债券受托管理人公告拟召开债券持有人会议,审议对债券托管人进行授权的相关议案。

公告称:拟于3月26日召开债券持有人会议,会议审议事项包括:

(1) 审议《关于提请债券持有人会议授权受托管理人就逾期付息对超日太阳提起民事诉讼等的议案》(参见会议议案一);

(2) 审议《关于提请债券持有人会议授权受托管理人有权依法处置"11超日债"担保物用于付息的议案》(参见会议议案二);

(3) 审议《关于提请债券持有人会议授权受托管理人有权代表

[①] 老股东曾无偿让渡2/3股份,实际涨幅131%。

债券持有人参与超日太阳整顿、和解、重组或者破产的法律程序的议案》（参见会议议案三）；

（4）审议《关于"11超日债"再次召开债券持有人会议的会议召开形式及投票表决方式的议案》（参见会议议案四）。

3. 2014年3月21日——登记参加人数偏少，延期召开债券持有人会议。

因本次会议筹备组截至参会登记截止时间收到参会登记的债券持有人所持债券面值过少，远低于本次会议形成有效决议所需的50%，为避免出现因参会债券持有人过少、持债数量不足而未能形成有效决议的情况，争取更多债券持有人参会以尽可能形成有效决议，受托管理人决定延期召开本次会议。

4. 2014年4月3日——债权人（毅华公司）向法院申请公司破产重整。

公告内容：2014年4月3日，本公司接到债权人上海毅华金属材料有限公司的函，该公司以本公司不能清偿到期债务，并且资产不足以清偿全部债务、明显缺乏清偿能力为由，向上海市第一中级人民法院（以下简称"上海一中院"）提出对公司进行破产重整的申请。

（二）破产重整程序

1. 2014年6月27日——法院裁定受理超日太阳公司重整申请，指定管理人。

上海一中院受理申请人上海毅华金属材料有限公司对上海超日太阳能科技股份有限公司的重整申请；指定北京市金杜律师事务所上海分所、毕马威华振会计师事务所（特殊普通合伙）上海分所担任超日太阳管理人。从债权人申请到法院裁定时间约3个月。

2. 2014年7月10日——法院公告债权申报和第一次债权人会议。

公告：公司的债权人应于公告之日起至2014年8月11日前，向管理人申报债权，书面说明债权数额、有无财产担保及是否属于连带债权，并提供相关证据材料。

同时，将于2014年8月18日召开第一次债权人会议，会议议程包括管理人作阶段性工作报告、管理人作财务分析报告、管理人介绍债权申报审查情况和核查《债权表》的程序、债权人会议核查《债权表》、管理人介绍《上海超日太阳能科技股份有限公司重整案财产管理方案》（下称《财产管理方案》）、债权人会议表决《财产管理方案》、人民法院指定债权人会议主席。

3. 2014年9月3日——投资人遴选，用公开招标的方式引入及确定投资人。

由于超日太阳负债沉重，且严重缺乏偿债资金，生产经营亦难以维系，需要通过引入投资人的方式帮助公司筹集偿债资金，恢复生产，并协助公司完成重整。为保障投资人的引入工作能够公平、公开、公正，接受各方监督，管理人决定采用公开招标的方式引入及确定投资人。

4. 2014 年 10 月 8 日——确定投资人并公告重整计划草案，拟召开债权人第二次会议审议重整计划。

10 月 7 日晚间，*ST 超日发布确定投资人公告及重整计划草案等。根据《重整计划草案》及相关单位为 11 超日债提供的保证担保，按照管理人测算，如重整草案经债权人会议表决通过并获执行、相关单位履行保证担保责任，11 超日债本息将全额受偿。

5. 2014 年 10 月 23 日——第二次债权人会议，对重整计划草案分组表决，重整计划草案通过，提交法院裁定批准重整计划。

债权人会议由职工债权组、税款债权组、有财产担保债权组和普通债权组对《上海超日太阳能科技股份有限公司重整计划草案》（下称重整计划草案）进行分组表决，出资人组会议由出资人对重整计划草案中涉及的出资人权益调整方案进行表决。

6. 2014 年 10 月 29 日——法院裁定批准重整计划，并终止重整程序。

管理人收到上海一中院送达的（2014）沪一中民四（商）破字第 1-4 号《民事裁定书》，裁定批准重整计划，并终止重整程序。

7. 2014 年 12 月 26 日——发布《关于重整计划执行完毕的公告》。

2014 年 12 月 23 日，管理人向上海一中院提交了《上海超日太阳能科技股份有限公司重整计划执行监督工作报告》，报告了管理人监督我公司执行《重整计划》的有关情况，并于同日向上海一中院提交了《关于上海超日太阳能科技股份有限公司重整计划执行完毕的申请书》，提请上海一中院裁定确认重整计划执行完毕并终结破产程序。

2014 年 12 月 26 日，公司收到管理人转来的上海一中院送达的《民事裁定书》，上海一中院对管理人《上海超日太阳能科技股份有限公司重整计划执行监督工作报告》及其他相关证据材料进行了审查，确认了重整计划已经执行完毕，重整工作已经完成。裁定：

（1）确认上海超日太阳能科技股份有限公司重整计划执行完毕；

（2）终结上海超日太阳能科技股份有限公司破产程序。

（三）重新上市

1. 2015 年 4 月 29 日——发布《2014 年年报》。

经审计，公司 2014 年度净利润为 26.8 亿元，归属于母公司所有者的净利润为 26.9 亿元。

2. 2015 年 5 月 5 日——董事会向深交所提出恢复上市申请。

公司于 2015 年 4 月 29 日披露了 2014 年年度报告，立信会计师事务所出具的公司 2014 年度《审计报告》的审计意见类型为标准无保留意见。

根据《深圳证券交易所股票上市规则》的有关规定，公司董事会认为本公司已经符合提出恢复上市申请的条件，并于 2015 年 4 月 27 日召开董事会，审议通过了《公司符合恢复上市条件及申请恢复上市的报告》。

2015 年 5 月 4 日，公司董事会向深圳证券交易所提出公司股票恢复上市的申请。

3. 2015 年 8 月 4 日——股票恢复上市获得深交所核准。

协鑫集成于 2015 年 8 月 3 日收到深交所《关于同意协鑫集成科技股份有限公司股票恢复上市的决定》，根据《深圳证券交易所股票上市规则》的相关规定，经审查并根据深圳证券交易所上市委员会的审议意见，深圳证券交易所决定核准公司股票自 2015 年 8 月 12 日起恢复上市。从公司董事会提交申请到核准，花费 3 个月的时间。

4. 2015 年 8 月 12 日——重新上市。

公司恢复上市首日 A 股股票交易不设涨跌幅限制，不纳入指数计算。

总的来说，超日太阳 2014 年 4 月被债权人向法院申请破产重整，经过破产重整程序，引入其他投资人进行债务重组，2014 年 12 月重组完毕，最后 2015 年 8 月重新在深交所上市。

二、破产相关问题整理

1. 破产三大制度：破产重整、和解和破产清算，重整并不是破产清算。

根据《破产法》，破产制度包括三类：破产重整、和解或者破产清算（见图 11-1）。其中，破产重整是指专门针对可能或已经具备破产原因但又有维持价值和再生希望的企业，经由各方利害关系人的申请，在法院的主持和利害关系人的参与下，进行业务上的重组和债务调整，以帮助债务人摆脱财务困境、恢复营业能力的法律制度。破产清算是指宣告企业法人破产以后，由清算组接管，对破产财产进行清算、评估和处理、分配。因此，破产重整并不是清算。通常公司破产重整失败，才会被法院宣告破产清算。

图 11-1 破产三大制度

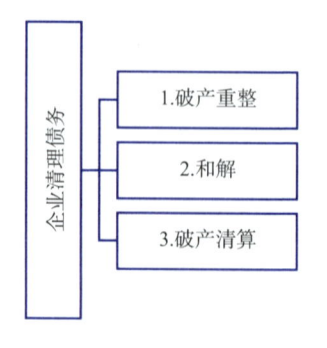

企业清理债务
1. 破产重整
2. 和解
3. 破产清算

2. 向法院申请破产的条件？

根据《破产法》，下面三种情况可以申请进入破产程序：

（1）企业法人不能清偿到期债务，并且资产不足以清偿全部债务或者明显缺乏清偿能力的，又或者有明显丧失清偿能力可能的，债务人可以向人民法院提出重整、和解或者破产清算申请。

（2）债务人不能清偿到期债务，债权人可以向人民法院提出对债务人进行重整或者破产清算的申请。

（3）企业法人已解散但未清算或者未清算完毕，资产不足以清偿债务的，依法负有清算责任的人应当向人民法院申请破产清算。

也就是说，作为债权人，只要债务人不能清偿到期债务，即可以向法院申请债务人重整或者清算。

而且根据《破产法》，对债权人提出的破产申请，在债务人不提出异议时，通常法院应当自收到破产申请之日起15日内裁定是否受理。

另外，在破产重整申请被受理时，未到期的债权，在破产申请受理时视为到期。附利息的债权自破产申请受理时起停止计息。

3. 破产重整的具体程序？

包括：（1）申请；（2）法院受理；（3）指定管理人、债权申报以及召开第一次债权人会议；（4）提交重整计划草案并召开债权人会议审核；（5）法院裁定批准重整计划，终止重整程序；（6）执行重整计划，终结破产程序。

另外，除了超日太阳案例，此前出现债券违约风险的山东海龙的重整程序，笔者也简要整理如下（重整花费了半年时间）：

2012年5月18日，法院根据债权人申请，裁定山东海龙进行重整。尔后管理人启动债权申报登记及审查工作，召开债权人会议，最后法院裁定确认债权。

2012年10月30日，召开出资人组会议，对重整计划涉及的出资人权益调整事项进行表决。

2012年10月30日，债权人会议对重整计划草案进行审议和表决。

2012年11月2日，法院批准重整计划，终止重整程序。重整计划中，职工债权全额清偿，税款债权全额清偿，经确认的有财产担保债权金额在担保财产评估价值范围内的部分全额受偿；担保财产评估价值不足以全额清偿的部分列入普通债权，按照普通债权的调整及清偿方案获得清偿。

而根据偿债能力分析报告，山东海龙在破产清算状态下的普通债权清偿比例为14.18%。为最大限度地保护全体债权人的合法权益，根据本案实际，重整计划将对普通债权的清偿比例作较大幅度的提高，具体调整如下：

（1）普通债权 5 万元以下（含 5 万元）的部分全额清偿；

（2）普通债权超过 5 万元（不含 5 万元）部分的清偿比例提高至 40%；

（3）对于上述债权中未获清偿的部分，根据破产法的规定，山东海龙不再承担清偿责任。

2012 年 11 月 22 日，法院裁定如下：将山东海龙股份有限公司股东根据山东海龙股份有限公司重整计划应让渡的 257 178 941 股划转至重组方中国恒天集团有限公司证券账户。

4. A 股重整案例中普通债权人的处理结果分布？

笔者统计了部分 A 股上市公司的重组计划中对普通债权的偿还情况（根据《破产法》的规定，破产重整时，一般把债权区分为有财产担保的债权组、职工债权组、税收债权组和普通债权组。除普通债权组外，其他基本全额偿还），普通债权人的受偿方案有如下特点：

（1）普通债权可区分为金融类普通债权和非金融类普通债权，通常非金融类普通债权的清偿率略高。

（2）在金融类普通债权和非金融类普通债权分类下，对每家债权人，把债务金额分成几个档次，如 50 万元及以下为一档，50 万~1 000 万元为一档，1 000 万元以上为一档，不同的档次清偿比率和清偿方式存在区别。最普遍的方案是，小额债务档内的债务 100% 清偿（金牛化工重整时，50 万元（含）以下的清偿率仅为 30%），超过该金额后剩余债务部分偿还。对普通债权按照金额大小区分清偿率，体现了对中小债权人保护的态度。

表 11 -1 是 7 个 A 股重整案例的第一档划分标准，不同公司划分标准差异明显。以柳化股份为例，第一档是 20 万元及以下，这部分全额现金受偿。

表 11 -1 普通债权中小额债权划分标准、清偿率及清偿方式

公司	标准（万元）	清偿率（%）	清偿方式
川化股份	100	100	现金
云维股份	30	100	现金
舜天船舶	30	100	现金
重庆钢铁	50	100	现金
泸天化	10	100	现金
柳化股份	20	100	现金

续表

公司	标准（万元）	清偿率（%）	清偿方式
抚顺特钢	50	100	现金
贤成矿业	0.5	100	现金
金牛化工	50	30	现金

资料来源：Wind。

（3）对于超出标准的剩余债务部分，不同公司的清偿比例和清偿方案不尽相同。通常分为两种，一是现金偿还，但偿还比例不高；另一种是股票偿还，按照一定的抵债价格，这种方式的清偿率相对较高。具体案例情况见表11-2和表11-3。

表11-2　超过一定金额的金融类普通债权人清偿率和具体方案

公司	清偿率（%）	方案
川化股份	50	现金偿还
云维股份	30	6%现金+24%股票，每股抵债价格为7.55元
舜天船舶	100	10.56%现金+89.44%股票，每股抵债价格为13.72元
重庆钢铁	58.84	股票偿还，每股抵债价格为3.68元
泸天化	100	股票偿还，每股抵债价格为8.89元
柳化股份	50	20万~1 000万元现金偿还，超过1 000万元的部分股票偿还，抵债股票按照柳化股份2018年3月8日股票收市时的价格折价4.83元/股
抚顺特钢	100	12.6%债权十年内清偿完毕+87.4%股票清偿，股票的抵债价格按7.92元/股计算
贤成矿业	14	

资料来源：Wind。

表11-3　超过一定金额的非金融类普通债权人清偿率和具体方案

公司	清偿率（%）	方案
川化股份	50	现金偿还
云维股份	30	现金偿还
舜天船舶	10.56	10.56%现金+89.44%股票，每股抵债价格为13.72元
重庆钢铁	58.84	股票偿还，每股抵债价格为3.68元

续表

公司	清偿率（%）	方案
泸天化	100/60	二选一：股票偿还，每股抵债价格为8.89元，100%清偿率；一次性现金偿还，60%清偿率
柳化股份	100	20万~1 000万元现金偿还；超过1 000万元的部分股票偿还，抵债股票按照柳化股份2018年3月8日股票收市时的价格折价4.83元/股
抚顺特钢	100/70	三选一：（1）全额保留，7年内清偿完毕，从第5年起至第7年，每年分别清偿30%、30%和40%；（2）转增股票抵偿债务，股票的抵债价格按7.92元/股计算，该部分普通债权的清偿比例为100%。（3）按照70%的清偿率一次性现金清偿

资料来源：Wind。

注：标记为浅蓝色的公司非金融类普通债权人受偿方案和金融类普通债权人存在差异。

第十二章

债券违约案例信用风险分析

发生债券违约的公司案例中，多数存在以下一个或多个特点：

（1）债务负担偏重。

（2）企业经营现金流净额持续为负。

（3）财务报表有粉饰嫌疑，例如康得新和天翔环境的"大存大贷"、国购投资"投资性房地产产生的其他综合收益占比较大"、众品股份"应收账款和其他流动资产占总资产比重较高"、宝塔石化"无形资产占总资产比重偏高"、三胞集团"商誉资产偏高"、天宝食品"在建工程占总资产比重长期偏高"等。

（4）非财务方面，发行主体是 A 股上市公司或者存在 A 股上市子公司时，上市公司通常股权质押比率明显偏高、股权存在被冻结的情况以及长期被重要股东减持。

本章笔者选取三胞集团、金钰股份、康得新和宝塔石化四家公司进行具体分析，这四家公司基本情况见表 12 – 1。

表 12 – 1　债券违约企业基本情况

首次债券违约企业	企业属性	省（区、市）	行业	违约债券
康得新复合材料集团股份有限公司	民企	江苏	基础化工	18 康得新 SCP001
宝塔石化集团有限公司	民企	宁夏	石油与天然气的炼制和销售	14 宁宝塔 MTN001
东方金钰股份有限公司	民企	湖北	服装、服饰与奢侈品	17 金钰债
三胞集团有限公司	民企	江苏	电脑与电子产品零售	12 三胞债

资料来源：Wind。

一、三胞集团债券违约分析

2019 年 3 月 19 日，三胞集团有限公司公告：12 三胞债目前债券余额（本金）为 5.5 亿元。本期债券兑付资金发放如下：（1）对于通过个人账户持有本期债券的个人投资者，我司将向中国证券登记结算有限责任公司上海分公司提出申请，委托中国结算上海分公司办理个人投资者资金划付及相应债券的注销。（2）对于持有本期债券的机构投资者，将由我司自行与机构投资者沟通协商解决。我司正积极稳妥推进相关方案落实，将尽快筹集资金，尽早兑付机构投资者持有的本期债券。12 三胞债本金部分违约。

1. 公司基本情况。

三胞集团业务板块较多，包括电子商贸（IT 连锁和通信连锁）、百货零售、信息制造、房地产、大健康、文化艺术及其他，2017 年营业收入占比为 53.5%（28.6% 和 24.9%）、23.8%、4.2%、5%、6%、0.6% 和 6.9%；毛利润占比为 22.1%（7.7% 和 14.4%）、37%、2.4%、6.6%、16%、2.7% 和 13.3%。电子商贸和百货零售是公司的主要业务。

2. 财务特征。

财务方面，三胞集团有以下特征（三胞集团的主要财务数据见表 12-2）：

表 12-2 三胞集团主要财务数据

项目	2015-12-31	2016-12-31	2017-12-31	2018-6-30
营业收入（亿元）	490.1	544.8	559.7	277.8
毛利率（%）	20.6	18.3	21.6	23.3
净利润（亿元）	7.3	7.6	12.9	-20.9
经营性净现金流（亿元）	29.6	47.1	23.4	-28.7
EBITDA（亿元）	42.0	37.3	47.6	
长期债务（亿元）	137.2	157.1	196.6	
全部债务（亿元）	340.6	342.2	396.9	
EBITDA/债务总额	0.12	0.11	0.12	
EBITDA 利息倍数（倍）	2.5	1.9	2.5	
资产负债率（%）	77.1	73.2	69.4	70.7
全部债务资本化比率（%）	83.5	88.7	88.8	
短期刚性债务占比（%）	59.7	54.2	50.5	
货币资金/短期债务	0.7	0.9	0.8	

资料来源：Wind、评级报告。

（1）资产负债率明显偏高，债务负担非常重。2015 年、2016 年和 2017 年三胞集团资产负债率分别为 77.1%、73.2% 和 69.4%，负债率明显高于民营公司平均水平。

（2）商誉资产占总资产比重偏高。2015 年、2016 年和 2017 年商誉资产占比分别为 12.2%、10.9% 和 18.5%，商誉资产占比偏高。

3. 负面事件。

非财务方面，三胞集团债券违约前有以下负面事件：

（1）控股上市子公司股权质押率明显偏高。截至 2018 年 6 月 5 日，三胞集团累计质押 98.75% 所持宏图高科股权。截至 2018 年 8 月 17 日，三胞集团累计质押 98.39% 所持有的南京新百股权。

（2）资管计划违约。2018 年 7 月 16 日，受让三胞集团持有股权收益权的资管计划到期后，三胞集团未在约定时间内支付回购价款。

（3）股权冻结。2018 年 7 月 27 日，公司持有的上市公司宏图高科和南京新百股份被冻结。

二、东方金钰债券违约分析

2019 年 3 月 18 日，东方金钰股份有限公司公告：公司及控股股东云南兴龙实业有限公司虽然积极筹措支付债券利息的资金，但截至公告日，资金暂时未到账，公司无法按期支付 17 金钰债利息。

1. 公司基本情况。

东方金钰业务主要有三块，分别是珠宝玉石首饰、黄金金条与饰品以及网络金融服务。2017 年营收占比分别为 21%、78.1% 和 0.64%，毛利润占比分别为 76.9%、17% 和 5.4%。2017 年公司实现营业收入 92.8 亿元，毛利润 9.7 亿元。2018 年前三季度，公司营业收入同比增长 -64.5%，归属母公司净利润 -128.3%。公司是自然人控制的上市公司，赵宁为公司实际控制人。

2. 财务特征。

财务方面，东方金钰有以下特征（东方金钰的主要财务数据见表 12 - 3）：

（1）资产负债率明显偏高，债务负担偏重。2015 年、2016 年和 2017 年东方金钰资产负债率分别为 71%、68% 和 74%，负债率明显高于民营上市公司平均水平。

（2）债务结构以短期债务为主。从债务结构来看，有息负债中，2015 年、2016 年和 2017 年东方金钰短期债务占比分别为 79%、63.5% 和 52.1%，债务结构有待改善。

（3）经营性现金流净额长期为负。2015 年、2016 年和 2017 年东方金钰经营性现金流净额分别为 -16.8 亿元、-10.9 亿元和 -17.8 亿元，长期为负。

表 12-3 东方金钰主要财务数据

项目	2015-12-31	2016-12-31	2017-12-31
营业收入（亿元）	86.61	65.92	92.8
净利润（亿元）	3.00	2.51	2.3
毛利率（%）	8.75	12.92	10.5
经营性净现金流（亿元）	-16.80	-10.89	-17.8
EBITDA（亿元）	5.70	7.66	9.8
长期债务（亿元）	12.40	19.27	39.4
全部债务（亿元）	59.00	52.73	82.2
资产负债率（%）	70.96	67.62	74.2
EBITDA/债务总额	0.10	0.15	0.23
EBITDA/利息倍数	2.52	2.02	1.47
全部债务资本化比率（%）	68	63.5	71.8
短期刚性债务占比（%）	79	63.5	52.1
货币资金/短期债务	0.55	0.22	0.1

资料来源：Wind、评级报告。

3. 负面事件。

（1）2018 年 1 月，公司非公开发行 A 股股票申请未获得中国证监会发审委审核通过。

（2）2018 年 1 月 19 日，公司股票因重大事项停牌。

（3）控股股东股权质押率明显偏高。截至 2019 年 3 月 7 日，公司董事长赵宁通过云南兴龙实业有限公司 98% 的股权直接控制东方金钰 31.24% 的股份，同时通过受托行使瑞丽金泽投资管理有限公司 51% 的股权间接控制公司 21.72% 的股份，合计控制公司 52.96% 股份。而根据此前的公告，云南兴龙实业有限公司持有的东方金钰股权质押比例长期超过 90%。

（4）股权冻结。2018 年 5 月开始，公司公告控股股东所持股份被司法冻结，公司部分资产被司法冻结。

（5）控股股东连续减持公司股份。2017 年下半年开始，控股股东以及员工持股计划持续减持公司股份，具体见表 12-4。

（6）2017 年开始涉及金融业务。2017 年，公司新增小额贷款业务，打造以珠宝翡翠产业链金融服务为纽带的珠宝翡翠、网络金融、小额贷款、典当融资、资本管理的珠宝产业生态圈。

表 12-4　东方金钰股份减持情况

变动起始日	股东名称	股东类型	方向	参考市值（亿元）
2017-09-29	云南兴龙实业有限公司	公司	减持	2.81
2018-01-08	云南兴龙实业有限公司	公司	减持	0.55
2018-05-25	彭卓义	高管	增持	0.00
2018-05-24	彭卓义	高管	增持	0.00
2019-03-07	华宝-浦发金钰1号集合资金信托计划	公司	减持	0.06
2019-02-25	华宝-浦发金钰1号集合资金信托计划	公司	减持	0.28
2018-11-23	华宝-浦发金钰1号集合资金信托计划	公司	减持	0.03
2018-11-21	华宝-浦发金钰1号集合资金信托计划	公司	减持	0.35
2019-03-07	云南兴龙实业有限公司	公司	减持	—

资料来源：Wind。

总的来看，发生债券违约的东方金钰存在的问题是多方面的：一是经营活动现金流长期为负，自身造血能力不足，同时债务负担较重，公司偿债能力长期偏弱；二是近两年外部融资环境变化，股权融资受阻，控股股东资金链高度紧张（表现为控股股东高质押率以及持续减持公司股份），债务违约并引发集中抽贷，公司资金链彻底断裂。

三、宝塔石化债券违约分析

2019年1月29日，宁夏宝塔石化集团有限公司公告，因公司流动资金紧张，截止到2019年1月29日终，公司未能按约定筹措偿付资金，"14宁宝塔MTN001"不能按期足额偿付本息，已构成实质性违约。

1. 公司基本情况。

宝塔石化是中国大型民营地炼企业之一。2017年，石化板块（汽、柴油以及燃料油）、化工板块（乙烯、PX、PTA）、生产及机械加工板块和油品贸易板块营收占比分别为42.98%、0.55%、1.47%和54.34%，毛利润占比分别为75.3%、0.21%、4.18%和20.2%，石化板块是公司最核心的业务板块。

2. 财务特征。

财务方面，宝塔石化有以下几个特征（宝塔石化的主要财务数据见表12-5）：

（1）债务负担较重，EBITDA对利息和债务的覆盖有限。

（2）短期债务占比偏高。

（3）在建工程和固定资产比率偏高。奎山基地转让之前，2015年和2016年，公司的在建工程和固定资产比值分别为 1.92 和 2.12，公司投资非常激进。

（4）无形资产占总资产比重偏高。2015~2017 年，公司无形资产占总资产比重分别为 14.3%、29% 和 30.2%。而无形资产 90% 以上是采矿权探矿权，由于尚未开采，公司并未对其摊销。

表 12-5 宝塔石化主要财务数据

项目	2015-12-31	2016-12-31	2017-12-31	2018-6-30
营业收入（亿元）	409.3	469.7	524.7	210.1
毛利率（%）	8.9	8.4	7.2	6.9
净利润（亿元）	6.6	7.7	11.1	2.1
经营性净现金流（亿元）	16.0	36.2	26.6	13.4
EBITDA（亿元）	25.7	29.1	36.6	—
长期债务（亿元）	97.1	100.7	52.3	—
全部债务（亿元）	280.8	290.5	277.6	—
EBITDA/债务总额	0.09	0.10	0.13	—
EBITDA 利息倍数（倍）	1.3	1.3	1.8	—
资产负债率（%）	59.7	52.5	49.3	51.8
全部债务资本化比率（%）	58.7	57.9	56.0	—
短期刚性债务占比（%）	65.4	65.3	81.2	—
货币资金/短期债务	0.3	0.2	0.2	—

资料来源：Wind、评级报告。

3. 负面事件。

债券违约前的负面消息有：

（1）2016 年 8 月开始，宝塔石化集团所持上市公司宝塔实业股份因合同纠纷被轮候冻结。

（2）2017 年 12 月，宝塔石化集团转让新疆奎山基地和珠海基地两个重要生产基地。

（3）2018 年 7 月 11 日，宝塔石化集团下属财务公司宝塔石化集团财务公司公告，由于工作上的失误，财务公司未能对风控兑付问题进行严格统筹，造成持有宝塔票据的客户未能如期兑付。经集团董事局、票据销售商磋商，财务公司计划将持有财务公司 10 万元（含）以下已到期尚未兑付票据于公告当周全部兑付，10 万~50 万元（含）已到期尚未兑付票据将于 7 月 16~20 日兑付，其余投资机构将于本月 23 日至 8 月 20 日进行统筹、协调、兑付完毕。

（4）2018年11月16日，上市子公司宝塔实业公告，当天下午15：00时，在宁夏宝塔石化大厦4楼多功能能厅的集团高级领导会议上，公安机关通报公司实际控制人孙珩超先生涉嫌刑事犯罪。

（5）2018年11月21日，上市子公司宝塔实业公告，实际控制人孙珩超先生涉嫌票据诈骗罪、宝塔实业监事王高明涉嫌违规出具金融票证罪被银川市公安局逮捕。

四、康得新债券违约分析

2019年1月15日，康得新复合材料集团股份有限公司公告，因公司流动资金紧张，截至2019年1月15日，公司未能按照约定筹措足额兑付资金，"18康得新SCP001"未能按期足额偿付本息，已构成实质性违约。

1. 公司基本情况。

康得新主要从事先进高分子材料的研发、生产和销售，主要聚焦于印刷包装类产品和光学膜两大核心业务板块。2017年，光学膜和印刷包装类用膜营业收入比重为83.39%和15.48%，毛利润占比为85.3%和13.72%。

2. 财务特征。

财务方面，康得新有以下特征（康得新的主要财务数据见表12-6）：

（1）债务结构以短期债务为主。从债务结构来看，有息负债中，2015年、2016年和2017年康得新短期债务占比分别为77.4%、90.8%和69.6%，债务结构有待改善。

（2）2016年经营性现金流净额为负，公司年度间经营性现金流净额波动较大。

（3）"大存大贷"。康得新公司债务规模不小，但是同时报表上货币资金规模也较大。2015~2017年，货币资金占总资产比重为54.9%、58.2%和54%，资产负债率为49.8%、41%和47.4%。

表12-6 康得新主要财务数据

项目	2015-12-31	2016-12-31	2017-12-31	2018-6-30
营业收入（亿元）	74.6	92.3	117.9	72.4
毛利率（%）	37.3	40.5	39.9	38.1
净利润（亿元）	14.0	19.7	24.8	15.2
经营性净现金流（亿元）	9.1	-0.5	36.6	6.4
EBITDA（亿元）	22.6	29.2	37.6	—
长期债务（亿元）	18.0	8.9	44.4	—

续表

项目	2015-12-31	2016-12-31	2017-12-31	2018-6-30
全部债务（亿元）	79.9	96.3	146.0	—
EBITDA/债务总额	0.28	0.30	0.26	—
EBITDA利息倍数（倍）	6.4	7.8	6.5	—
资产负债率（%）	49.8	41.0	47.4	46.6
全部债务资本化比率（%）	46.5	38.2	44.8	—
短期刚性债务占比（%）	77.4	90.8	69.6	—
货币资金/短期债务	1.6	1.8	1.8	—

资料来源：Wind、评级报告。

3. 负面事件。

康得新负面事件方面包括：

（1）控股上市子公司股权质押率明显偏高。截至2019年1月3日，控股股东康得集团累计质押99.45%所持康得新股权。

（2）股权冻结。2018年8月3日，康得集团持有的0.33%康得新股权被冻结。

第四篇
信用债超额收益复盘笔记

中国信用债市场曾出现过三次较明显的超额收益行情。什么是超额收益？它是指部分品种收益率下行的幅度明显超过总体信用债的平均水平。这三次超额收益的主体分别是城投债、房地产债和高收益产业债，然后超额收益的取得都是以前期信用风险发酵相关品种超跌为前提的。表1是三次债市信用风险发酵时期对比。

表1　三次债市信用风险发酵时期对比

阶段	代表债券品种	观察指标	宏观背景	危机缓解的标志性事件
城投债信用危机	城投债	城投债与中票相对利差	融资平台债务清理规范	《中国银监会关于加强2012年地方政府融资平台贷款风险监管的指导意见》（12号文）发布
过剩产能产业债信用危机	过剩产能债、民企债	过剩产能产业债行业利差	名义GDP增速逐年下滑	供给侧结构性改革，过剩产能行业的产品价格止跌回升
民企及低评级城投发债人信用危机	民企债、低评级城投债	民企债与国企债利差、AA−与AA评级间利差	中性稳健货币政策，金融去杠杆	

第十三章

城投债的超额收益

历史上城投债出现过两段超额收益行情：第一段是 2012～2014 年；第二段是 2015～2016 年。

笔者用城投债和中票相对利差指标来观察城投债的超额收益，相对利差计算公式为：

$$相对利差 = \left(\begin{matrix} 5\,年\,AA\,中债城投债 \\ 到期收益率 \end{matrix} - \begin{matrix} 5\,年\,AA\,中债中票 \\ 到期收益率 \end{matrix} \right) \times 100$$

相对利差走势见图 13 – 1。2010～2016 年，该利差最高值为 180BP，最低值为 – 50BP，波动较剧烈。

图 13 – 1　城投债相对利差复盘

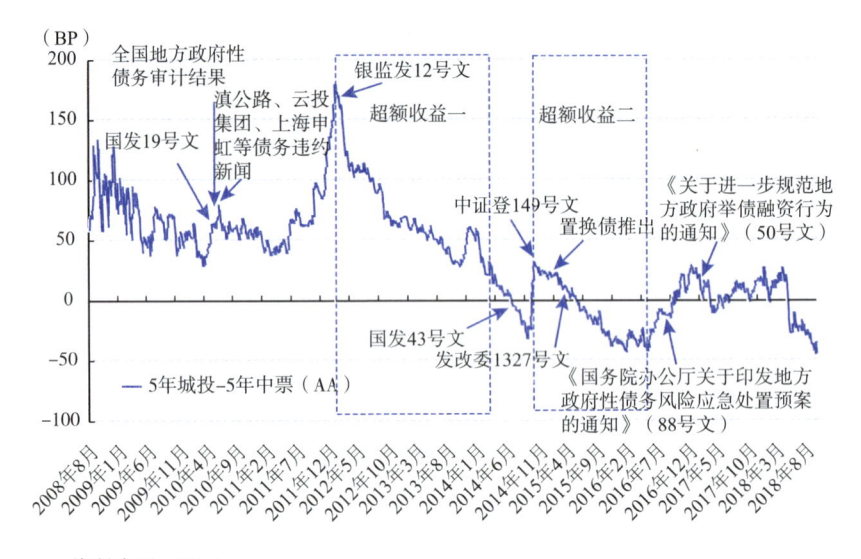

资料来源：Wind。

注：城投债与产业债相对利差 = 中债 5 年 AA 城投债收益率 – 中债 5 年 AA 中票收益率。

一、第一段超额收益复盘：城投债信用危机的爆发和缓解

（一）城投债信用危机爆发

2010 年 6 月 10 日，《国务院关于加强地方政府融资平台公司管理有关问题的通知》（19 号文）出台，融资平台债务规范拉开帷幕。

至 2012 年 3 月，央行、银监会、财政部等多部委出台了多份关于融资平台贷款等债务融资规范的文件。

这一期间，揣测中国地方政府债务规模的新闻报道时不时给债市投下"惊雷"，最终伴随着云南城投、上海申虹等融资平台的贷款逾期新闻，投资者情绪达到阶段性恐慌高点，城投债抛售潮如期而至。表 13 – 1 是这一期间与城投债相关的重要事件列表。

表 13 – 1 城投债信用危机爆发期间的重要事件

时间	事件/文件	文件名/内容
2010 – 06 – 10	国发［2010］19 号	关于加强地方政府融资平台公司管理有关问题的通知
2010 – 07 – 30	财预［2010］412 号	关于贯彻国务院关于加强地方政府融资平台公司管理有关问题的通知相关事项的通知
2010 – 08 – 02	银监办发［2010］244 号	关于地方政府融资平台贷款清查工作的通知
2010 – 11 – 10	银监办发［2010］338 号	关于开展地方政府融资平台贷款台账调查统计的通知
2010 – 12 – 16	银监发［2010］110 号	关于加强融资平台贷款风险管理的指导意见
2011 – 02 – 13	国办发明电［2011］6 号	关于做好地方政府性债务审计工作的通知
2011 – 03 – 31	银监发［2011］34 号	关于切实做好 2011 年地方政府融资平台贷款风险监管工作的通知
2011 年 4 月		滇公路只付息不还本
2011 – 06 – 27		全国地方政府性债务审计结果
2011 – 06 – 29		上海申虹贷款违约
2011 年 7 月		云投集团资产重组传闻

以城投债和产业债相对利差来看，2011 年 3 月开始，两者利差从 40BP 持续上升，到 2012 年 3 月达到 180BP 的最高点，期间部分城投债一级发行利率超过 8%。

（二）城投债信用危机缓解

进入 2012 年后，融资平台债务规范暂告一段落，融资平台公司的信贷收缩困局逐渐缓解。

笔者认为，城投债信用危机缓解的标志性事件是《中国银监会关于加强 2012 年地方政府融资平台贷款风险监管的指导意见》（12 号文）发布。12 号文中指导意见第一点提到：严格监控，及时化解到期风险。要求：（1）逐户按月统计到期贷款。（2）落实到期贷款偿还方案。对于 2012 年到期的融资平台贷款，各银行要在全面调查统计的基础上，与各融资平台共同制定详细的还款方案。牵头银行即最大债权银行要按融资平台名录负责测算和还款方案制定工作,将还款方案于 2012 年 4 月底前报送各银监局。(3)加强到期贷款风险分析监测。各银行、各银监局要根据专项统计结果和银企共同制定的还款方案,密切跟踪融资平台运营状况和到期贷款的还款进度。对不能按方案落实资金来源、可能造成还款违约和存在以贷还贷问题的,要及早采取处置措施,并专报银监会。笔者认为,银监会对地方政府融资平台贷款到期风险的密切关注,对下属金融机构提出具体的指导意见,有效地缓解了融资平台公司现金流断裂风险。

另外,2012~2014 年 7 月期间,除了 12 号文以外,还出台了若干与融资平台融资相关的政策,但是这类政策多是修修补补,对融资平台的外部融资环境影响不大,所以这些事件对城投债市场的实际冲击较小。表 13-2 是这一期间与城投债相关的重要政策列表。

表 13-2　2012~2013 年与城投债相关的重要政策

时间	文件	文件名/内容
2012-03-24	银监发〔2012〕12 号	关于加强 2012 年地方政府融资平台贷款风险监管的指导意见
2012-12-31	财预〔2012〕463 号	关于制止地方政府违法违规融资行为的通知
2013-04-10	银监发〔2013〕10 号	关于加强 2013 年地方政府融资平台贷款风险监管的指导意见
2013-06-21	银监办发〔2013〕175 号	关于地方政府融资平台融资全口径统计的通知
2013-07-26	国办发明电〔2013〕20 号	关于做好全国政府性债务审计工作的通知
2013-12-30		全国政府性债务审计结果

二、第二段超额收益复盘:置换债推出

这一段又可以细分为四个阶段,笔者认为每一个阶段都是在创造历史,表 13-3 是这一期间与城投债相关的重要事件总结。

表 13-3　2014~2016 年与城投债相关的重要事件

时间	事件/文件	文件名/内容
2014-08-31		《预算法》完成修改
2014-10-02	国发〔2014〕43 号	关于加强地方政府性债务管理的意见
2014-10-17		地方政府性存量债务处理办法(征求意见稿)
2014-10-23	财预〔2014〕351 号	地方政府存量债务纳入预算管理清理甄别办法

续表

时间	事件/文件	文件名/内容
2014-12-08	中结发〔2014〕149	关于加强企业债券回购风险管理相关措施的通知
2014-12-10	山东省人民政府	关于贯彻国发〔2014〕43号文件加强政府性债务管理的实施意见
2015年3月	全国两会	推出地方政府置换债
2015-05-17	国办发〔2015〕40号	关于妥善解决地方政府融资平台公司在建项目后续融资问题意见的通知
2016-11-14	国办函〔2016〕88号	关于地方政府性债务风险应急处置预案的通知
2016-12-02	财预〔2016〕152号	地方政府性债务风险分类处置指南

(一)"开正门，堵偏门"——建立规范的地方政府债务管理制度

2013年后，新一届政府对融资平台债务采取了"开正门，堵偏门"的方针。回顾下来，新一届政府进行了两步走。第一步是全面的债务审计摸底；第二步完善政策法规，其中最重要的是赋予地方政府举债的权利、发行地方政府债券置换地方政府存量债务以及对地方政府债务实行限额管理。在此期间具体的政策法规如下：

2013年11月，中共十八届三中全会提出要建立规范合理的中央和地方政府债务管理及风险预警机制。

2014年3月，国务院《政府工作报告》：建立规范的地方政府举债融资机制，把地方政府性债务纳入预算管理，推行政府综合财务报告制度，防止和化解债务风险。

2014年6月30日，中央政治局会议审议通过了《深化财税体制改革总体方案》，提出了规范地方政府性债务管理的总体要求。

2014年8月31日，全国人大常委会审议通过的《预算法》修正案增加了允许地方政府规范举债的规定。

2014年9月23日，国务院印发《关于加强地方政府性债务管理的意见》，全面部署加强地方政府性债务管理。

上述这些政策中，对城投债市场影响最大的是《关于加强地方政府性债务管理的意见》，又称国发43号文。国发43号文发布后，债券投资者对城投债产生了很多疑问：目前的哪些城投债属于地方政府债务？不属于地方政府债务的城投债是不是要失去隐性政府信用？新发行的城投债是不是也将失去隐性政府信用？笔者还记得，当时债券投资者一度发动很多人力物力，去分析到底哪些存量城投债属于地方政府债务。

(二) 由中证登"149号文"引发的暴跌

国发43号文发布两个月后，12月8日，《关于加强企业债券回购风险管理相关措施的通知》（中结发［2014］149号文，又称149号文）发布，这一政策对当时的城投债市场冲击非常大。149号文主要内容如下：

根据国务院发布的《关于加强地方政府性债务管理的意见》（国发43号文），相关部门将对地方政府性债务进行甄别与清理。为提前做好企业债券风险防范，避免回购质押库出现系统性风险，现将有关事项通知如下：

(1) 自本通知发布之日起，暂时不受理新增企业债券回购资格申请，已取得回购资格的企业债券暂不得新增入库。按主体评级"孰低原则"认定的债项评级为AAA级、主体评级为AA级（含）以上（主体评级为AA级的，其评级展望应当为正面或稳定）的企业债券除外。

(2) 地方政府性债务甄别清理完成后，对于纳入地方政府一般债务与专项债务预算范围的企业债券，继续维持现行回购准入标准；对于未纳入地方政府一般债务与专项债务预算范围的企业债券，本公司仅接纳债项评级为AAA级、主体评级为AA级（含）以上（主体评级为AA级的，其评级展望应当为正面或稳定）的企业债券进入回购质押库。

(3) 地方政府性债务甄别清理完成后，对于未纳入地方政府一般债务与专项债务预算范围，且不符合本通知第二条规定的已入库企业债券，本公司将采取措施，分批分步压缩清理出库，具体方案另行通知。

考虑到149号文是中证登基于国发43号文的应对，而且它明确未来对纳入地方政府债务和不纳入地方政府债务的企业债的质押资格区别对待，这导致前期市场对城投债的各种怀疑全面爆发，仅12月9日一个交易日，5年期AA城投债收益率即上行40BP，城投债和产业债的利差快速拉大。

(三) 置换债大量发行后融资平台外部融资渠道明显改观

事后来看，本轮城投债利差的大幅波动主要是债券投资者预期变化所致，是投资者对城投债隐性政府信用消失的担忧。

而后来事件的发展完全超出了债券市场的构想。进入2015年，两会期间地方政府置换债被推出，而且第一批额度为1万亿元。根据财政部的答记者问，发行地方政府债券置换存量债务（这部分地方政府债被称为置换债），只是债务形式变化，不增加债务余额，因此，不会增加财政赤字。

从图13-2来看，2015年全年，共发行置换债3万亿元，全部地方政府债3.8万亿元。2015年这一年的地方政府债发行量是前面六年总发行量的两倍多。伴随着地方政府置换债的稳步发行，融资平台公司陆续用地方政府债券资金置换存量债务，融资平台的外部融资渠道增加，而且融资成本明显下降，债券投资者对融资平台债券违约的担忧逐渐下降，城投债和中票的相对利差一度下行至负值区域，最低点两者利差在-50BP左右。

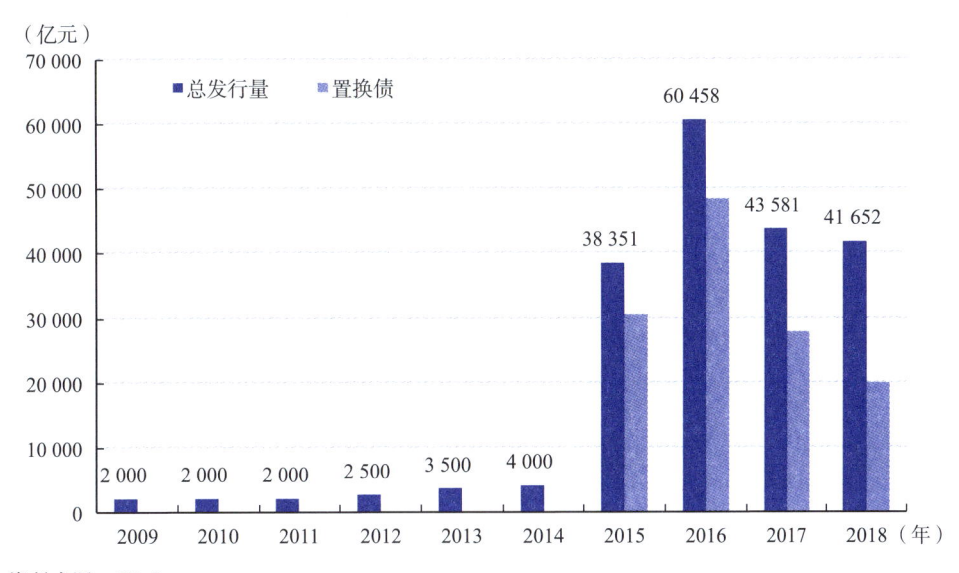

图 13-2 地方政府债和地方政府置换债年度发行量

资料来源：Wind。

（四）城投债提前兑付公告集中发布，市场担忧地方政府低价回购债务

2016年6月，使用发行的地方政府债资金，提前偿还城投债时再度出现小幅波折，此时投资者主要担心城投公司以非市场价（低价）赎回城投债。但后来经过沟通，部分城投债发行人取消了拟召开的持有人会议，最终并未引起轩然大波。

城投债提前偿还的具体过程如下：2016年4月起，14海南交投MTN001和14宣化北山债相继发布公告，拟用地方政府债券资金提前兑付债券。由于当时城投债市价普遍高于面值，债券持有人担心城投债发行人按照面值强制赎回债券，造成净值损失。最后，两位发行人综合考虑债券持有人意愿后，均取消了拟召开的持有人会议，引发市场恐慌的城投债提前赎回暂告一段落。

进入2017年下半年，债务置换的截止日期越来越近，城投债置换的迫切性不降反升。不过随着债券市场的下跌，城投债净价高于面值的幅度较2016年时期已经明显缩窄。而且吸取过去的经验，经过与债券持有人较充分的沟通，此后的持有人会议议案多数明确将参考公告日前某一时间段内的中债估值均值作为赎回净价（高于面值),所以提前兑付逐渐有序进行,具体进展可参考图 13 - 3。

图 13 - 3　持有人会议通过议案并且发布了提前兑付公告的城投债只数

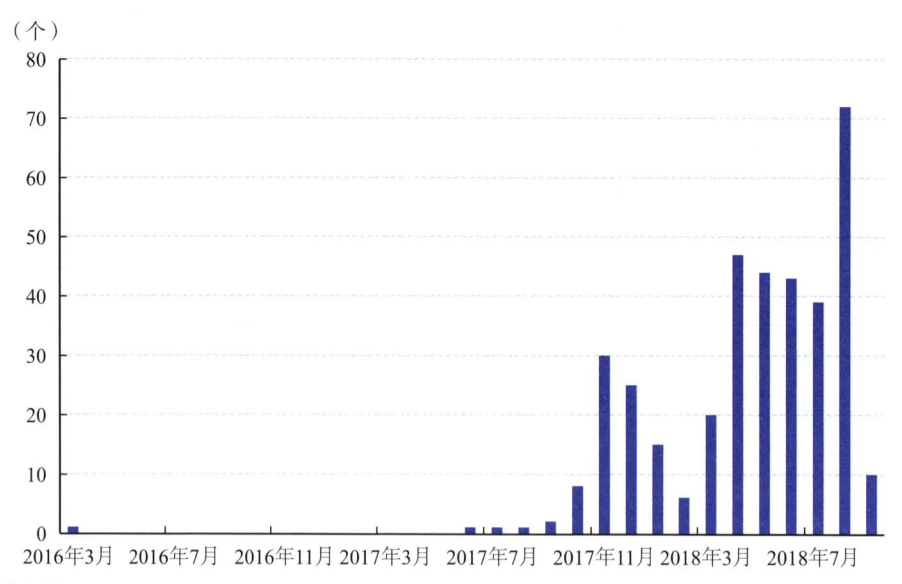

资料来源:Wind。

第十四章

高收益产业债的超额收益

历史上高收益产业债的超额收益也有两段，一段主体是交易所垃圾债；另一段是过剩产能产业债。

一、交易所垃圾债超额收益复盘

这一段在第四章高收益信用债策略时笔者已经详细介绍。总体来说，相关债券发行人的亏损以及扭亏为盈是这一段的逻辑主线。

值得一提的是，在交易所高收益产业债产生的过程中，相关债券质押融资功能的丧失曾起到推波助澜的作用。与银行间市场采用一对一询价、交易对手较分散不同，交易所质押融资的对手方主要是中国证券登记结算有限公司（简称中证登），因此中证登质押政策的变化，对交易所债券市场会产生深远影响。而随着债券市场的扩容，中证登的质押式回购资格准入标准及标准券折扣系数取值一直在修订。

2013年12月之前，中证登债券质押时的标准券计算公式为：

$$\text{公司债等其他债券的标准券折算率} = \text{计算参考价（上期平均价} \times (1-\text{波动率)})\times [70\%, 91\%] \div 100$$

[70%，91%] 指在70%和91%之间取一个固定值，具体取值由中证登根据相关债券的评级及担保等具体情况确定后通告证券交易所。

以12湘鄂债为例，中证登质押政策变化对高收益产业债的影响表现为：2013年6月26日晚间，12湘鄂债外部评级由AA下调至AA-。2013年6月27日，中证登公布的《关于发布债券适用的标准券折算率的通知》中，因12湘鄂债评级下调，自2013年7月1日起取消其质押券资格，12湘鄂债的标准券折算率由原来的0.7直接下调为0。12湘鄂债质押融资功能丧失，投资者需要及时调整持仓券防止欠库，加大了12湘鄂债抛售压力。2013年6月27日和6月28日，12湘鄂债净价下跌-0.62%和-2.68%。

尔后交易所陆续出现的多只高收益产业债，均存在交易所质押融资功能丧失的特点，比如 11 华孚 01 和 12 中富 01 因评级下调自 2013 年 7 月 3 日起取消质押券资格。

二、过剩产能产业债超额收益复盘

以光伏行业产能过剩为起点，债券市场进入了一段很长时间的产业债阴影时期。2014～2016 年，以钢铁煤炭为代表的过剩行业产业债的行业利差快速扩大，2016 年上半年外部评级 AAA 钢铁债行业利差超过 100BP，AAA 煤炭债行业利差接近 200BP。2016～2017 年，在供给侧改革及需求回暖的背景下，钢铁及煤炭等过剩产能行业盈利明显好转，2016 年下半年过剩产能产业债的行业利差快速收窄。

（一）盈利持续恶化，资产负债率快速上升

从 2012 年开始，钢铁行业的盈利状况持续恶化。到 2015 年时，全行业连续几个月利润总额为负。即使是钢铁行业中经营最好的宝钢股份，2015 年三四季度也出现了罕见亏损。同样的情况也发生在煤炭行业，2016 年一季度，煤炭开采和洗选业月度利润总额开始为负。钢铁行业和煤炭行业的月度利润总额走势见图 14-1 和图 14-2。

图 14-1 黑色金属冶炼及压延加工行业利润总额

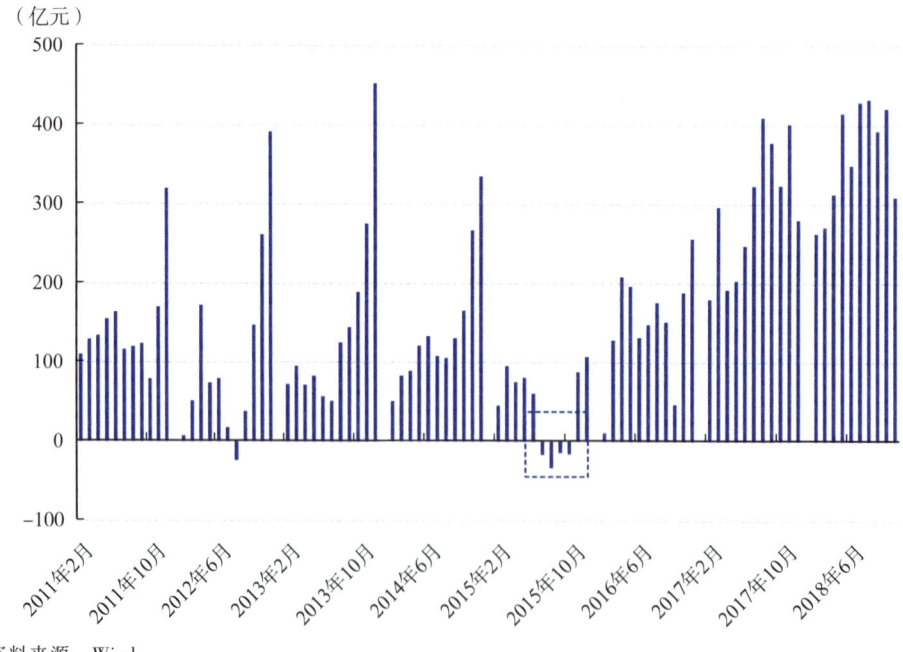

资料来源：Wind。

图 14-2 煤炭开采和洗选业利润总额

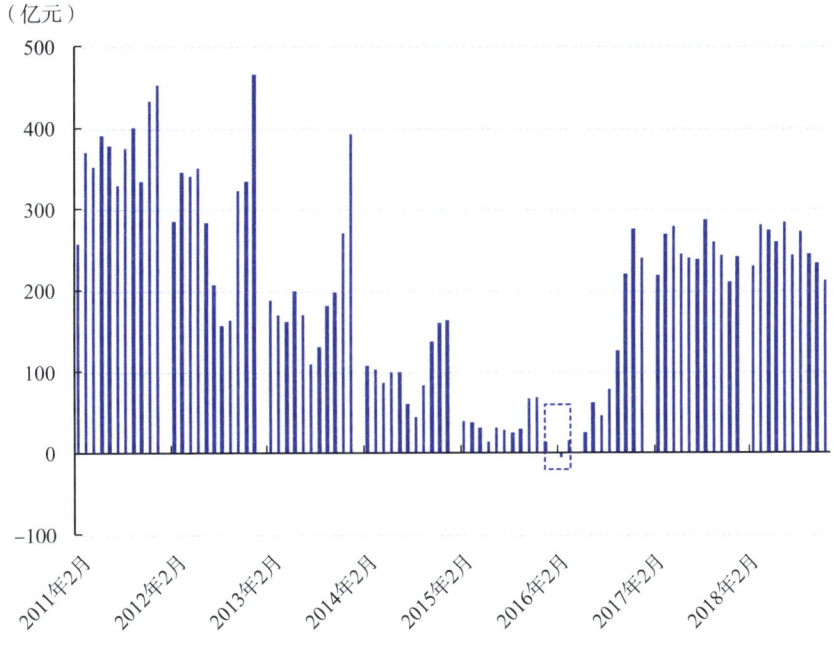

资料来源：Wind。

（二）多起违约来袭，冲击投资者的国企信仰

2015 年 11 月开始，债券市场的违约数量明显增加。而且，伴随着钢铁和煤炭全行业亏损，债券市场也出现了钢铁债和煤炭债的违约，这开始挑战债券投资人的国企信仰，钢铁债和煤炭债的行业利差快速扩大。

回顾历史，钢铁、煤炭债券发行人外部融资环境改善其实在 2016 年初已经出现。2015 年底，中央经济工作会议提出，"稳定经济增长，要更加注重供给侧结构性改革。"到 2016 年春节，中国人民银行、发展改革委、工信部、财政部、商务部、银监会、证监会和保监会八个部委印发了《关于金融支持工业稳增长调结构增效益的若干意见》，提出加大金融对工业供给侧结构性改革和工业稳增长、调结构、增效益的支持力度。4 月 18 日，四部委印发银发〔2016〕118 号文——《中国人民银行、银监会、证监会、保监会关于支持钢铁煤炭行业化解过剩产能实现脱困发展的意见》，进一步明确了支持保障钢铁煤炭行业融资的基调。

为什么融资环境改善但是相关产业债行业利差仍在扩大，笔者认为可能与当时过剩产能产业债违约不断发生有关：

2016 年 3 月 25 日，东北特殊钢集团发布《2015 年第一期短期融资券兑付存在不确定性的特别风险提示公告》，称受钢铁行业整体不景气影响，公司近期销售压力很大，库存商品增加，销售回款不及时。公司虽采取了加大回款力度、降低库存，并通过多渠道筹集资金等措施，但目前本期债券兑付资金尚未落实。3月28日，15东特钢CP001违约。东北特钢是国有钢铁企业，它的债券违约直接冲击了投资者的国企信仰，加重了投资者对钢铁企业的风险厌恶情绪。

一周多之后，煤炭行业央企违约再度发生，这次违约比东北特钢更超市场预期。2016年4月5日，中煤集团山西华昱能源有限公司发布《2015年度第一期短期融资券到期本息兑付存在不确定性的特别风险提示公告》，称因受煤炭市场行情疲软影响，煤炭销售价格大幅下降，2015年前三季度，本公司经营业绩出现亏损，造成公司资金链紧张。2016年4月6日即将到期的6亿元短融到期本息兑付存在风险。为什么更超预期？一是3月29日，公司曾公告过《中煤集团山西华昱能源有限公司2015年度第一期短期融资券付息兑付公告》，按照此前的惯例，已经公告的债券不会违约。而华昱能源在兑付日前一天再次发布兑付存在不确定性的公告，此一超预期（华昱事件过后，债券投资者也认清了这个事实，兑付前的兑付公告其实只是例行公事，并不等于到期日前一定能够兑付）；二是此次违约的华昱能源是央企中煤集团的重点二级子公司，中煤集团持有中煤华昱60%的股份。虽然煤炭行业处于低迷状态，但是中煤集团行业地位靠前，又是央企，这是超预期的第二点（题外话：事后来看，债券投资者对国企央企的信仰的确不是没有基础的，15华昱CP001违约后一周的时间，公司公告，公司克服重重困难，积极、努力通过多种渠道筹措资金，确定于4月13日兑付本息并同时支付延期兑付违约金）。

另外，当时还有一件信用风险事件刺激着债券投资者脆弱的神经，它就是铁物资事件，它再度考验着投资者的信仰。2016年4月11日，中国铁路物资股份有限公司（以下简称铁物资）发布《关于重大事项的特别风险提示暨相关债务融资工具暂停交易的公告》，称公司正对下一步的改革脱困措施及债务偿付安排等重大事项进行论证，申请相关债务融资工具于2016年4月11日上午开始暂停交易（总规模168亿元），待相关事项确定并向投资人披露后，再申请恢复交易。债券在银行间暂停交易情况非常罕见，此前仅二重重装及二重集团在2015年9月21日时申请过暂停交易。而且，当时坊间开始流传铁物资4月5日就已经召开了银行债务重组会议，曾提到可能实施债务减记、债转股等方案。铁物资是正宗的央企，虽然资产负债率已经接近90%，但是暂停交易事发前外部评级仍为AA+（负面），债券市场定价反映的中债市场隐含评级也还在AA。如果超过100亿元的债券同时违约，负面影响非常大。

（三）供给侧结构性改革助钢铁煤炭行业焕新生

到了2016年中，不仅过剩产能行业的外部融资环境改善，行业本身的盈利能力也明显好转。最开始行业景气状况的好转表现为产品价格触底回升。以螺纹钢为例，上海地区螺纹钢价格从 2015 年最低点的 1 690 元/吨，到 2016 年 3 月末时已经上涨至 2 320 元/吨，涨幅 37%，螺纹钢价格走势见图 14 - 3。然后是行业盈利由负转正，并且好转幅度较大（见图 14 - 4），行业内企业的偿债能力开始改善。

图 14 - 3 螺纹钢价格走势

资料来源：Wind。

图 14 - 4 华菱钢铁单季归母净利润走势

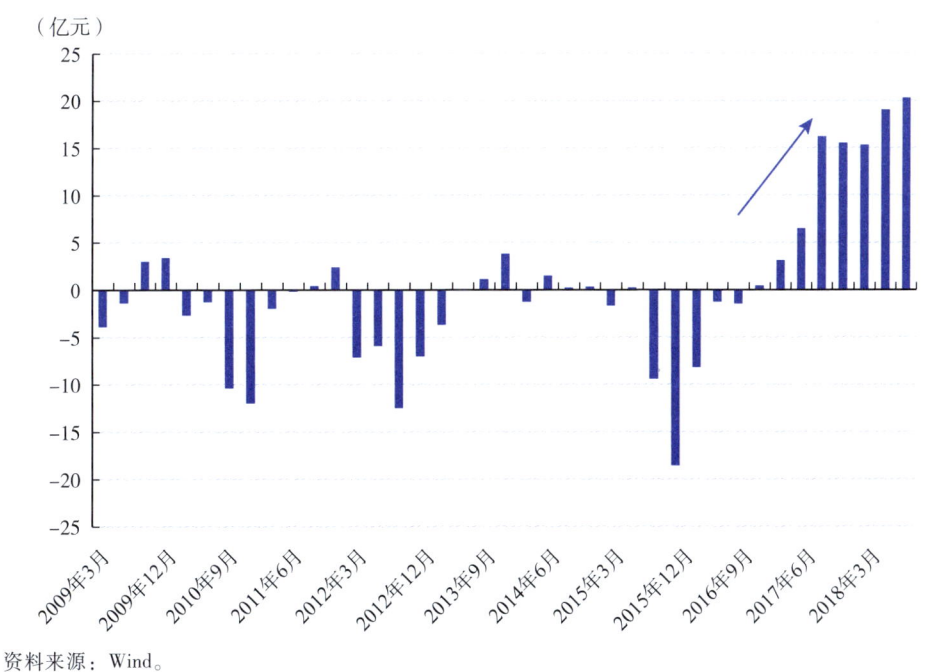

资料来源：Wind。

债券方面，2016年下半年至2016年底，钢铁债收益率快速下行。其中外部评级 AAA 品种收益率下行最多，AAA 钢铁债的行业利差明显收窄。以外部评级 AAA 中信用资质相对较好的河钢集团债券为例，16 河钢集 MTN001 2016 年 5 月底收益率高点为 5.3%，到 10 月下旬时最低点 3.25%，半年不到时间下行 205BP，而同期 AAA、AA+和 AA 估值曲线仅下行 44BP、62BP 和 106BP，具体见图 14-5。

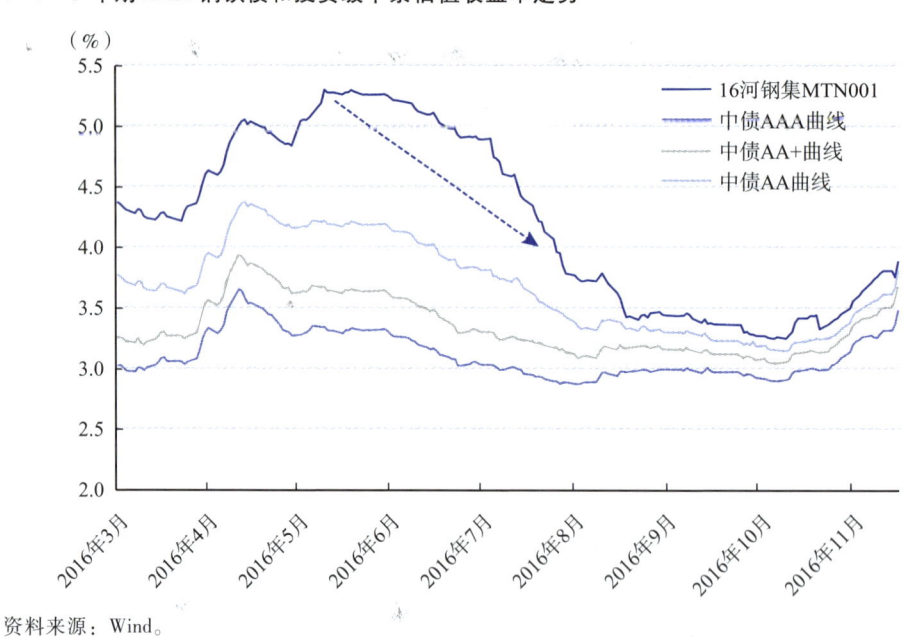

图 14-5 3 年期 AAA 钢铁债和投资级中票估值收益率走势

资料来源：Wind。

进入 2017 年后，钢铁行业景气度继续上行，钢铁行业中信用资质略差的企业偿债能力也明显好转。不过由于 2017 年债券市场属于熊市，所以非 AAA 外部评级钢铁债对 AAA 钢铁债的追赶，是以收益率上行幅度更小实现的。以外部评级 AA+的马钢集团为例，它的 3 年期中票 15 马钢 MTN001 和 16 河钢集 001 的利差在 2017 年一季度收窄了 100BP，具体见图 14-6。

图 14-6 3 年期 AAA 和 AA+钢铁债收益率及利差走势

资料来源：Wind。

第四篇 信用债超额收益复盘笔记

第十五章

房地产债的超额收益

笔者认为,房地产债是介于城投债和普通产业债之间的一个品种。一方面,房地产行业自身是典型的强周期行业,是2000年以后中国经济快速增长的主要需求行业;另一方面,房地产行业的土地供应方主要是地方政府,而且房地产行业和民生关系较大,所以房地产行业的调控政策是仅次于城投第二多的。正是这种特质,房地产债和城投债的超额收益存在一定的同步性。

房地产行业是政策密集调控行业,2015年之前房地产债券存量较少,房地产企业融资主要借道信托等非标融资渠道。从图15-1来看,2006~2018年,房地产企业在债券市场的融资经历了两次起伏。第一轮是2006~2009年,发债高点是2009年。第二轮是2010~2018年,发债最高点是2016年。与第二轮对比,第一轮的发行数量非常少。

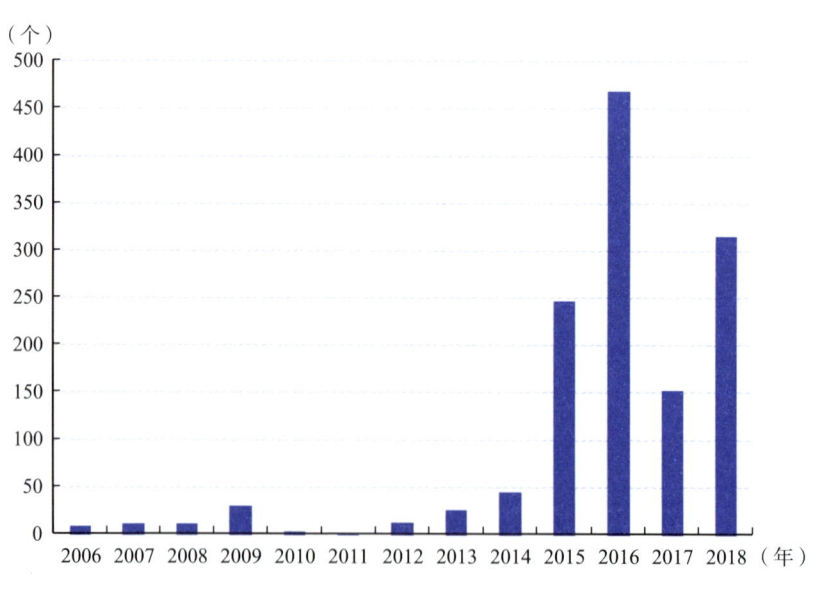

图15-1 房地产债券发行只数

资料来源:Wind。

由于2014年以前房地产债存量较少,而且多数发行人是万科、保利等信用资质非常好的发行人，所以房地产债的超额收益主要体现在 2014 年以后。房地产债券的行业利差以及基本面的变化笔者在第五章第二节中曾详细阐述，这里就不再赘述。

总的来说，收益和风险并存。不管是城投债，还是产业债，它们过去的超额收益都有一个共同前提，那就是超额收益产生之前，相关债券收益率都曾大幅上行。换句话说，后期的超额收益，都是前期跌出来的。至于前期收益率上行的影响因素，城投债主要是外部融资政策的变化，而产业债则主要是行业景气度的变化。

第十六章

未来可能的机会：民企债

2018年，在整体宏观流动性紧平衡背景下，多起民企债券实质性违约，民企与地方国企和央企的利差快速攀升至历史高位，具体见图16-1。高企的利差水平符合笔者前面总结的跌出来的机会，那是否后期民企债也能走出一波超额收益呢？

图16-1 民企债券的溢价

资料来源：Wind。

注：从可比样本数量角度出发，本图民企收益率计算方法为：（1）样本：外部评级AA+、剩余期限1.5~3年的中期票据；（2）取值：收益率平均数。地方国企和央企收益率计算方法相似。

要回答上述问题，首先需要找到暴跌的原因。笔者认为，金融去杠杆以及民企外部融资渠道的明显收紧是主因。2017年，在稳健中性的货币政策导向下，宏观层面开始推动金融去杠杆。以万达事件为开端，民企融资渠道大幅收紧（万达事件：2017年6月，传言中国银监会要求各家银行排查包括万达、海航集团、复星、浙江罗森内里在内数家企业的授信及风险分析，万达集团相关债券价格大幅波动）。进入2018年，低信用资质的融资城投公司的资金链也快速收紧，陆续爆出多起"非标"产品违约新闻，投资者回避部分地区及低信用资质城投债。

而进入 2018 年下半年后，金融去杠杆进入稳杠杆阶段，扶持民企融资的政策相继出台，导致低等级债券暴跌的逻辑出现转机。此次扶持民企融资的政策主要分为两种。一种是最先出台的，但名义上不是专门针对民企的支持政策是上市公司股权质押风险化解政策。考虑到存在这类风险的主要是民营企业，所以这个政策实质上也是对民企融资的一种支持。另一种是专门针对民企融资的，包括央行再贷款再贴现、民营企业债券融资支持工具、银行贷款支持等，具体见表 16-1。

表 16-1 扶持民企融资的相关政策

时间	具体事件
2018-10-13	媒体报道深圳市政府百亿元专项资金帮助本地上市公司降低股票质押风险
2018-10-18	北京证监局召开东方园林债权人会议
2018-10-19	中国银保监会允许险资设专项产品化解股票质押风险
2018-10-20	习近平给"万企帮万村"行动中受表彰的民营企业家回信
2018-10-22	央行引导设立民营企业债券融资支持工具，增加再贷款和再贴现额度 1 500 亿元
2018-10-23	11 家券商意向出资 210 亿元设立 1 000 亿元资管计划纾缓股权质押困难
2018-10-24	改革开放 40 年百名杰出民营企业家名单
2018-10-26	上交所和深交所分别发行首单纾困专项债
2018-10-29	首支险资化解股份质押风险专项产品成立
2018-11-01	习近平主持召开民营企业座谈会
2018-11-02	首只民企支持证券公司集合资管计划成立
2018-11-03	上海发布《关于全面提升民营经济活力 大力促进民营经济健康发展的若干意见》
2018-11-07	厦门出台《关于促进民营经济健康发展的若干意见》
2018-11-08	郭树清接受央媒采访，贷款要实现"一二五"目标
2018 年 11 月中旬	四大行表态支持民企融资
2018 年 11 月下旬	中小银行支持民企融资政策出台

不过，"稳杠杆"仍不是"加杠杆"，上述政策目前带来的仅是一阶导数变化：外部融资环境从大幅收缩恢复为平稳，具体表现为社会融资规模存量同比由快速下行转为低位企稳，暂未看到外部融资环境的明显扩张，部分民企发行人外部融资环境依然呈收缩态势，民企债的超额收益机会仍需等待。

图 16-2 社会融资规模存量以及人民币贷款同比

第五篇
大类资产配置

本质上，各类资产价格都是对宏观经济反映的结果。从中长期维度观察，债券、股票、商品期货、汇率等金融资产价格都是由宏观驱动。本篇探讨国内债券及信用债和其他大类资产的相关性。

第十七章

债券与股票

对于单个公司来说，公司价值分为债权价值和股权价值。考虑到偿还顺序的先后，股权价值相当于债权价值的劣后端。而债券是债权的其中一类，因此理论上公司的股票价格和债券价格存在相关性。往更宏观层次演化，一个国家的国债走势和它的股市波动也存在相关性。把国家简化为一个企业，国债即它的债务（国债利率即它的融资成本），而国内企业相当于它的资产（国家通过税收获得收益）。A股上市公司是国内企业的优秀代表，它们经营状况的变化和总体全部企业具有相似性，所以A股走势和我国国债利率波动相关。

第一节 股、债大类资产比较的两个维度

一、股债大类资产的相关性——短期交易维度

2005～2018年，10年期国债收益率与沪深300指数正相关。大部分时候，股债呈跷跷板效应（2005年A股启动股权分置改革，所以2005年以前和之后的A股市场存在结构性变化，2005年以前的历史暂不纳入笔者的分析范围）。从图17-1来看，这10多年间，股、债走势明显背离的时期仅有两段：

（1）2013年下半年：股债"双杀"，背景是"钱荒"；

（2）2014年下半年~2015年上半年：股债"双牛"，股市"水牛"特征明显。

二、股债收益率比较——中长期配置维度

股票和债券是最基础的两类金融子市场，对于投资人来说，未来一段时期是选择投资债券还是股票，需要测算这两类资产的投资收益率。假设测算的结果显示，未来一段时期持有股票的预期收益率明显大于债券，那么超配股票可能是较好的选择。

第十七章

债券与股票

对于单个公司来说，公司价值分为债权价值和股权价值。考虑到偿还顺序的先后，股权价值相当于债权价值的劣后端。而债券是债权的其中一类，因此理论上公司的股票价格和债券价格存在相关性。往更宏观层次演化，一个国家的国债走势和它的股市波动也存在相关性。把国家简化为一个企业，国债即它的债务（国债利率即它的融资成本），而国内企业相当于它的资产（国家通过税收获得收益）。A股上市公司是国内企业的优秀代表，它们经营状况的变化和总体全部企业具有相似性，所以A股走势和我国国债利率波动相关。

第一节 股、债大类资产比较的两个维度

一、股债大类资产的相关性——短期交易维度

2005～2018年，10年期国债收益率与沪深300指数正相关。大部分时候，股债呈跷跷板效应（2005年A股启动股权分置改革，所以2005年以前和之后的A股市场存在结构性变化，2005年以前的历史暂不纳入笔者的分析范围）。从图17-1来看，这10多年间，股、债走势明显背离的时期仅有两段：

（1）2013年下半年：股债"双杀"，背景是"钱荒"；

（2）2014年下半年～2015年上半年：股债"双牛"，股市"水牛"特征明显。

二、股债收益率比较——中长期配置维度

股票和债券是最基础的两类金融子市场，对于投资人来说，未来一段时期是选择投资债券还是股票，需要测算这两类资产的投资收益率。假设测算的结果显示，未来一段时期持有股票的预期收益率明显大于债券，那么超配股票可能是较好的选择。

第五篇
大类资产配置

本质上，各类资产价格都是对宏观经济反映的结果。从中长期维度观察，债券、股票、商品期货、汇率等金融资产价格都是由宏观驱动。本篇探讨国内债券及信用债和其他大类资产的相关性。

图 17-1　沪深 300 指数和 10 年期国债收益率走势

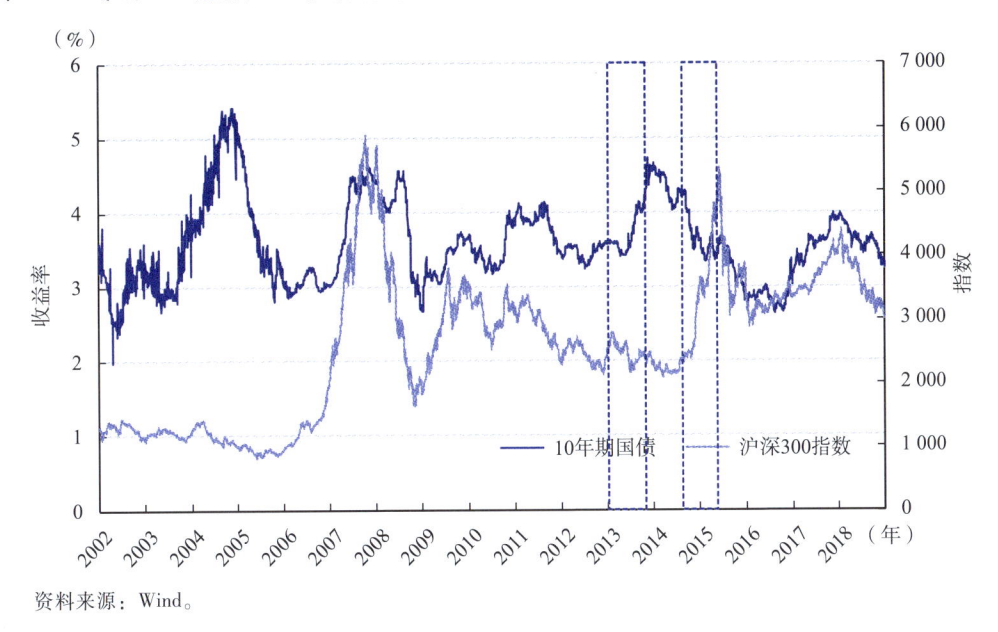

资料来源：Wind。

债券收益率本身就是收益的概念，但是股票指数并不是，所以比较两者时，首先要试着把股票指数转换成收益率。衡量股市收益率的方式如下：

（一）市盈率倒数

市盈率是每股市价除以每股盈利。当市盈率等于 10 时，相当于用 10 倍的价格购买了一份盈利。假设未来 10 年公司盈利不变，且公司每年盈利都全部分红，10 年后公司的市盈率仍维持在 10 倍，那么 10 年后出售这个投资，投资者的年化收益率是 10%。

不过现实情况和这个理想假设出入较大：

（1）未来 10 年公司盈利保持不变的概率非常小：因为经济周期的存在，多数公司的盈利也持续波动，基本不存在盈利长期稳定不变的公司。在过去中国经济持续增长的大背景下，10 年时间多数上市公司盈利中枢上行。

（2）每年盈利全部分红非常少见：从 A 股上市公司群体来看，股利支付率超过 50% 的公司都凤毛麟角。

（3）10 年后公司市盈率维持不变：未来的市盈率水平与企业未来的增长状况有关。当未来公司的增长前景好于当前，未来的市盈率可能高于当前。从中国的情况来看，过去 10 年是中国经济的快速发展阶段，未来 10 年大概率从高速发展阶段向高质量发展阶段转变，A 股公司总体市盈率中枢不断下移。

总体来看，股票市盈率的倒数一定意义上可以理解为某种收益率，但这和固定收益产品的收益率并不能完全等同。不过，虽然这个衡量方法存在上述问题，但它依然是投资者最常用的一种方法。

图 17-2 是股市收益率（市盈率倒数）与 10 年期国债收益率对比图。以沪深 300 为例，2005~2018 年，股市的收益率水平长时间高于 10 年期国债收益率，仅 2007 年 3 月~2008 年 5 月曾明显低于 10 年期国债。同时，沪深 300 的收益率中枢持续上行（笔者认为这一定程度上是因为沪深 300 的企业过去已经实现了大量成长，所在行业的发展空间缩小，未来快速成长的可能性降低，所以沪深 300 指数市盈率中枢结构性下移）。

图 17-2 沪深 300 市盈率倒数和 10 年期国债收益率走势

资料来源：Wind。

同时，比较股债收益率的相关性（见图 17-3），和图 17-1 类似，它们多数时候呈现跷跷板效应。债券收益率向上的时期，往往对应着股票收益率下行时期，比如 2007 年和 2017 年；反之亦然。

值得一提的是，在观察股市和债市相关性时，使用沪深 300 指数和沪深 300 市盈率倒数指标得出的结论类似，侧面说明过去 10 多年沪深 300 指数的走势和市盈率相关性更大。

（二）持有期收益率

另一种衡量股市收益率的方法是测算实际年化收益率。笔者分别计算沪深 300 和沪深 300 全收益指数[①]的 10 年年化收益率。由于 A 股波动较大，所以不同测算起点的 10 年年化收益率差异非常大，具体见表 17-1。

[①] 沪深 300 全收益指数是沪深 300 指数的衍生指数，指数的计算中将样本股分红计入指数收益。

图 17-3　沪深 300 市盈率倒数和 10 年期国债收益率走势

资料来源：Wind。

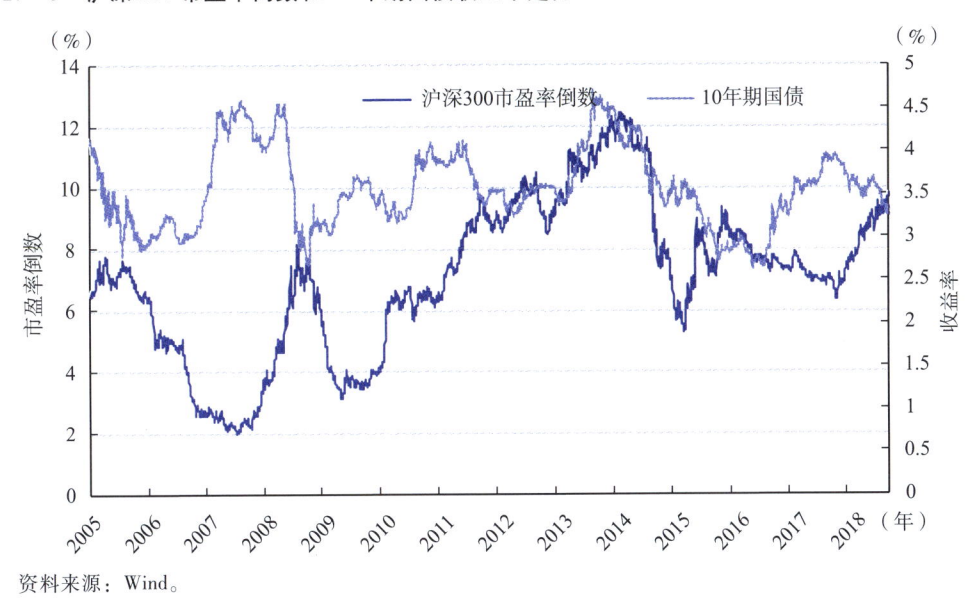

表 17-1　股市持有期收益率测算　　　　　　　　　　　　　　　　　　　　　　单位：%

持有期	沪深 300	沪深 300 全收益	差异（分化）
2005~2014 年	13.45	15.07	1.61
2006~2015 年	14.98	—	—
2007~2016 年	4.95	6.65	1.69
2008~2017 年	-2.77	-1.07	1.70
2009~2018 年	5.18	7.15	1.97

资料来源：Wind。

笔者认为，从中长期时间维度出发，债券收益率可以看作是股票资产的机会成本。如果未来 5 年持有权益资产的预期回报率大于债券收益率，那么股票的配置价值上升。或者反过来说，如果当前的债券到期收益率较低，此时选择股票资产的机会成本将较低。从历史数据来看，这种转换时期往往是股市熊市阶段，如 2005 年。

第二节　信用债市场与股票市场

对于单个公司来说，公司价值分为债权价值和股权价值。考虑到偿还顺序的先后，股权价值相当于债权价值的劣后端，如图 17-4。因此，理论上，公司的股票价格（衡量股权价值）和公司的债券价格存在负相关性。

图 17-4　公司价值分解

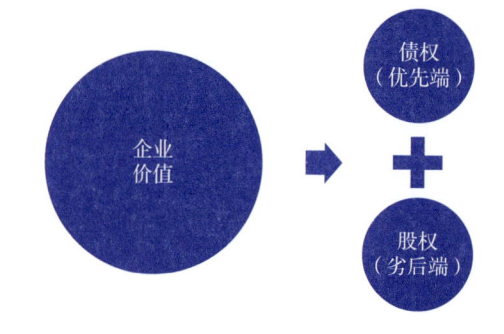

实际运行来看，企业价值、债权价值和股权价值有以下三种组合：

（1）企业价值下降，进入资不抵债境地，债权价值和股权价值均下滑；

（2）企业价值下降，但偿债仍有保障，债权价值仍相对稳定，股权价值下跌；

（3）企业被抽贷，债务杠杆断裂（最先抽贷的债权资产可能被全额偿还，后续的债务可能发生违约），企业资金链紧张，持续经营受到影响，股权价值下跌。

简单总结，有两种情形（第 1 和第 3 种）股债同跌，此时可以通过观察信用债市场来侧面判断股价走势。

一、评级间利差是更纯粹的信用风险定价观察指标

探讨整个信用债市场和股票市场这个更宏观的维度，两者映射时需要注意以下两点：

（1）中国信用债市场的发行人结构和股市存在明显区别。当债市信用风险爆发主体和股市存在明显区别时，两个市场的相关性将弱化，例如 2011 年。

（2）笔者认为评级间利差，尤其是高收益债与投资级信用债的评级间利差，才是观察债市信用风险定价的较好指标。高收益债与投资级信用债评级间利差是图 17-5 中的 AA 与 AA- 曲线。

通常来说，高收益信用债违约风险较高，多数人会首选高收益债信用利差[①]作为债市信用风险定价的指标。但是实践中，虽然与投资级信用债信用利差相比，高收益信用债信用利差的确反映了更多的信用风险定价，但是由于信用风险事件的发生频率明显低于宏观事件，所以高收益信用债信用利差走势依然脱离不了债券市场大势，高收益信用债信用利差与投资级信用利差走势多数时候也明显相关（见图 17-6）。而通过进一步的轧差，评级间利差剔除了大部分债券市场大势的影响，是一个更纯粹的

---

① 高收益债信用利差 = 高收益信用债收益率 - 国债收益率。

图 17-5 评级间利差走势（5 年期）

资料来源：Wind。

衡量债市信用风险定价的指标。从历史数据来看，它的走势也与债券市场信用风险暴露程度相关性较大。

图 17-6 高收益信用债信用利差与投资级信用债信用利差走势

资料来源：Wind。

二、A股与信用风险

从图17-7~图17-10中A股运行轨迹来看，信用风险发酵时期股票资产表现

图17-7 中国评级间利差和沪深300指数

资料来源：Wind。

注：评级间利差=5年AA-中债中票收益率-5年AA中票收益率。

图17-8 中国评级间利差和创业板指数

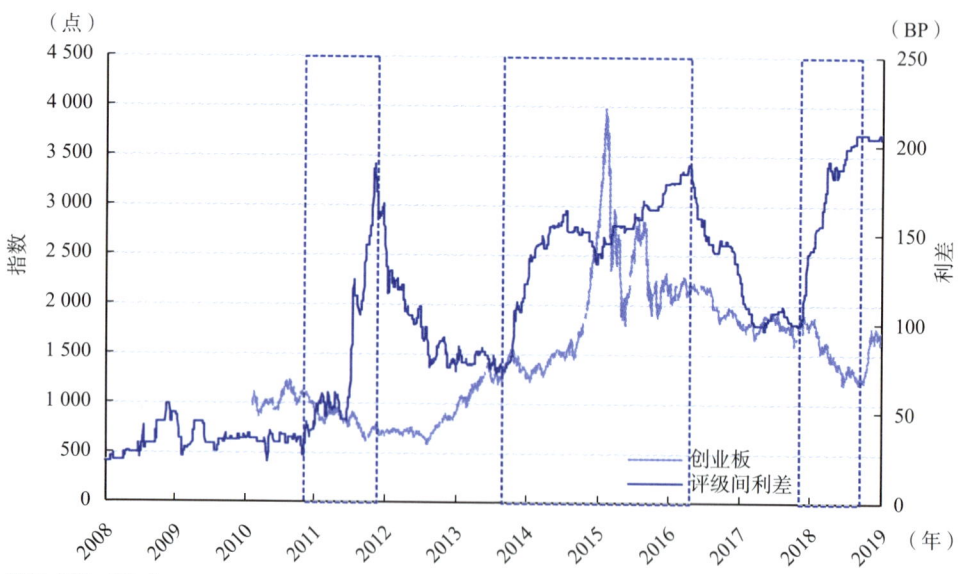

资料来源：Wind。

注：评级间利差=5年AA-中债中票收益率-5年AA中票收益率。

图17-9 中国评级间利差和银行指数

资料来源：Wind。

注：评级间利差=5年AA-中债中票收益率-5年AA中票收益率。

图17-10 中国评级间利差和房地产股票指数

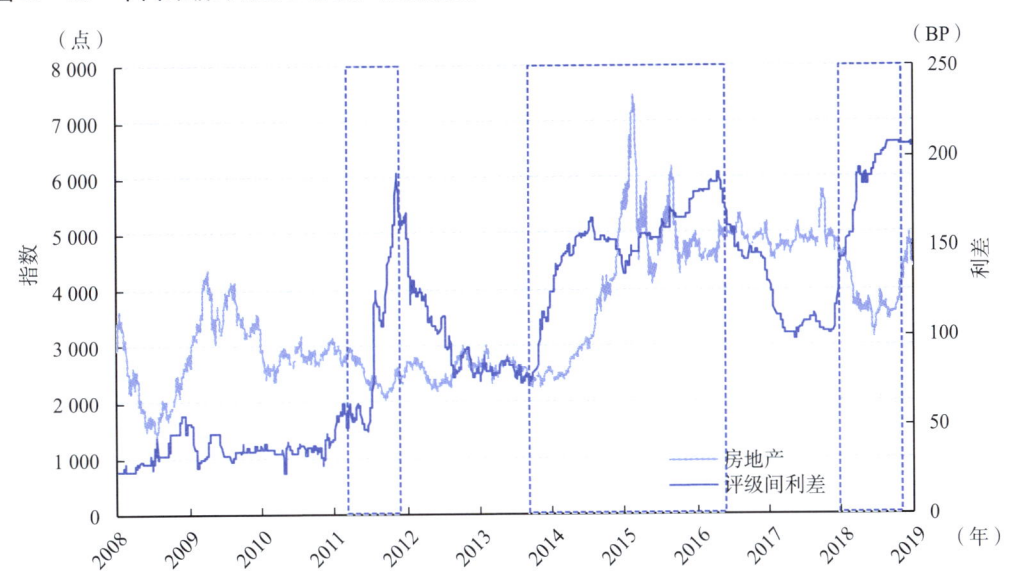

资料来源：Wind。

注：评级间利差=5年AA-中债中票收益率-5年AA中票收益率。

不一。第一次信用风险溢价上升时期，A股正处于熊市末期，沪深300、创业板指数、银行和房地产指数均下跌。第二次信用风险上升时期较长，期间A股经历了牛熊的大起大落，信用风险溢价最高的时点（2016年上半年），A股在经历年初熔断后逐渐企稳。第三次信用风险溢价攀升时期，A股以下跌为主。

三、他山之石：美股与信用风险

1997年至2019年4月，美股调整时期（指数下跌超过10%，具体计算以标普500为准）有六段，分别是：

（1）1998年7月~1998年8月（2个月），标普500指数下跌19%；

（2）2000年9月~2002年10月（26个月），标普500指数下跌49%；

（3）2007年10月~2009年3月（18个月），标普500指数下跌57%；

（4）2010年4月~2010年7月（3个月），标普500指数下跌16%；

（5）2015年7月~2016年2月（7个月），标普500指数下跌14%；

（6）2018年9月~2016年12月（3个月），标普500指数下跌20%。

而上述这些时期，也正好是美国信用风险溢价上升的重要时点（见图17-11、图17-12）。另外，六段调整时期有两次演变为熊市（第二次和第三次，指数下跌均超过20%），它们正好也是信用风险溢价上升最明显的两段时期。

图17-11 美国评级间利差与标普500指数

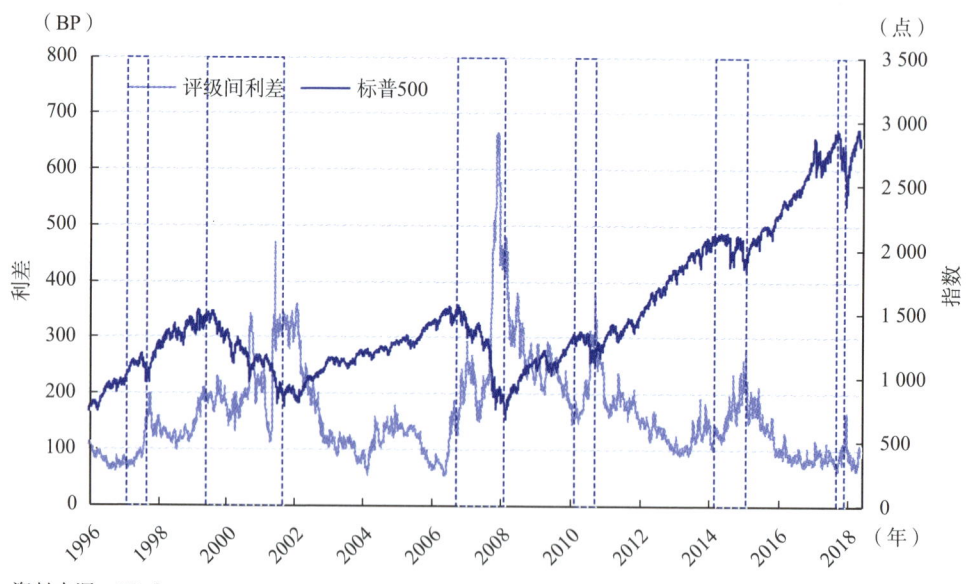

资料来源：Wind。

注：美国评级间利差 = 美银美林高收益BB级企业债收益率 - BBB级企业债收益率。

图 17-12 美国评级间利差与罗素 2000 指数

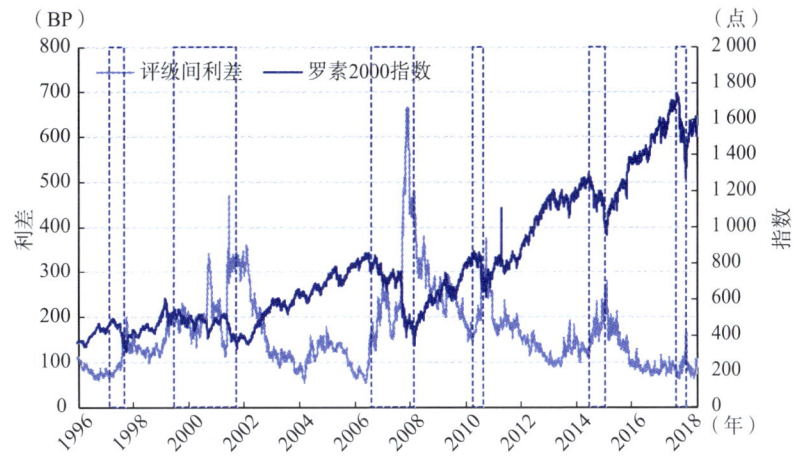

资料来源：Wind。

第三节 个债与个股

来到更微观层次，同一公司股票和债券价格的相关性更加直接清晰。通常来说，当企业价值下降到一定的程度，债权价值得不到保障时，从 3~6 个月时间维度观察，这个企业的债券价格和股权价格明显相关。以下是几个典型案例：

1. 超日太阳。

从图 17-13 来看，在超日太阳股价腰斩半年后，超日太阳业绩公告显示公司经营明显恶化，超日太阳的公司债价格才明显下跌，与股价表现出正相关。

图 17-13 超日太阳股价和公司债价格走势

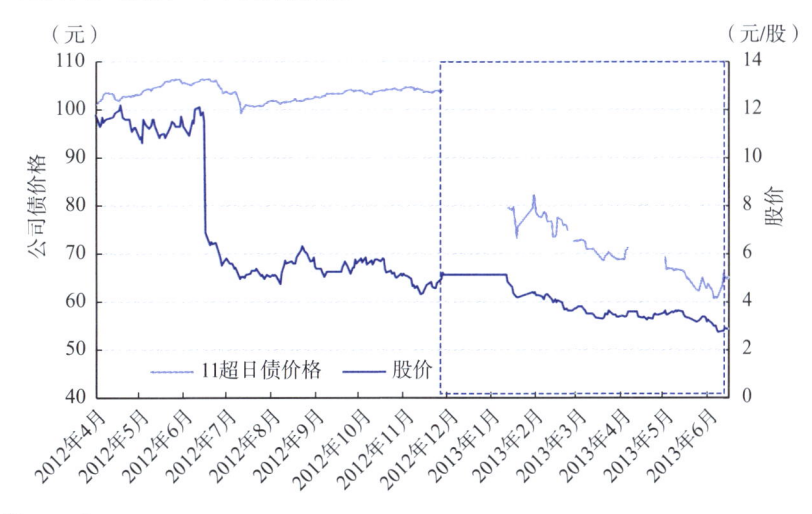

资料来源：Wind。

第五篇 大类资产配置

2. 湘鄂情。

从图 17-14 湘鄂情股债走势来看，2013 年 6 月后两者走势相关性也非常明显。

图 17-14　湘鄂情股价和 12 湘鄂债价格走势

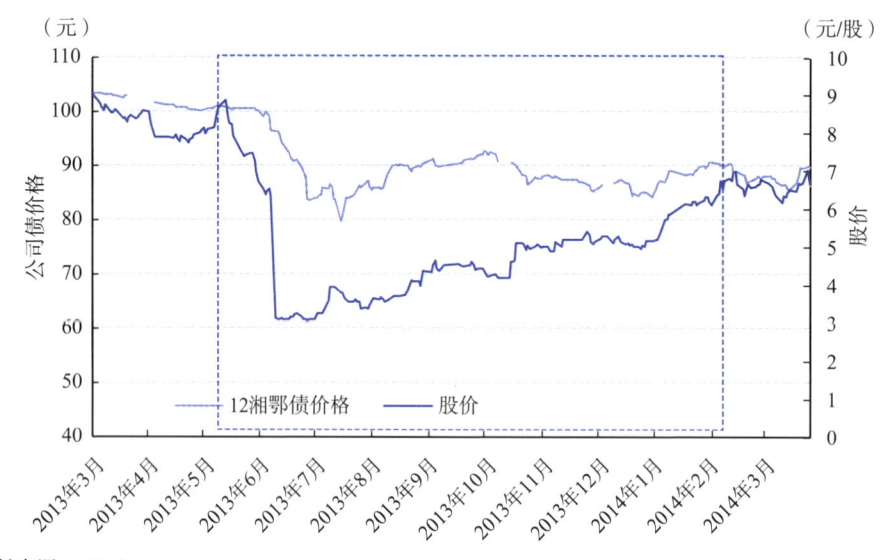

资料来源：Wind。

3. 雏鹰农牧。

雏鹰农牧股票 2018 年 6~9 月曾停牌。复牌后，雏鹰农牧的股价走势和债券收益率明显负相关，如图 17-15。

图 17-15　雏鹰农牧股价和债券收益率走势

资料来源：Wind。

4. 康得新。

2018年11月康得新股价大跌时，它的债券价格并未明显下跌。直到2018年底，股债才表现出明显的相关性，如图17-16所示。前期债券价格相对稳定，但股价连续跌停，笔者认为可能是当时债券投资者认为康得新企业价值下降但还没触到违约红线，对康得新债券违约担忧有限，所以抛售意愿并不强。

图17-16 康得新股价和债券收益率走势

资料来源：Wind。

值得一提的是，即使在上述股债相关性较高的阶段，如果把时间维度缩窄，比如观察单个交易日某个高收益债发行人股价和债券价格走势，它们也时常出现背离。例如2015年4月6日晚间12湘鄂债公告违约，但是4月7日湘鄂情股票反而涨停。笔者认为，这主要是因为股票市场和债券市场仍是两个不同的金融子市场，参与者存在明显差异，每个市场对事件的反应程度也存在差异。而短期走势由预期差和情绪决定，因此考察高收益债券价格和发行人股票价格相关性时，需要观察多个交易日。

第十八章

信用债与可转债

可转债是有转股权的信用债。大多数时候，可转债（可交换债）价格波动主要与转股价值（平价）相关，国信转债指数走势和平价指数走势高度相关，如图 18 - 1 所示。

图 18 - 1 国信转债平价指数和国信转债综合指数

但如果就单个可转债来说，可转债的定价原理大致可以简化为纯债价值 + 期权价值（包括转股期权、回售期权、转股价下修期权、赎回期权等），纯债价值是可转债价格最坚实的支撑，俗称"债底"。因此，可转债投资时，对于低信用资质发行人，要警惕债底的"釜底抽薪"。下面是两个具体的案例。

1. 蓝标转债。

蓝标转债是上市公司蓝色光标发行的可转债，基本资料见表 18 - 1。

表 18 - 1 蓝标转债基本要素

债券代码	123001. SZ
发行人	北京蓝色光标数据科技股份有限公司
发行人行业	传媒
公司属性	民营企业
起息日期	2015 - 12 - 18

续表

发行期限（年）	6.0
主体等级（发行时）	AA
债项等级（发行时）	AA
票面利率（%，发行时）	第一年到第六年的利率分别为：0.5%、0.7%、1.0%、1.5%、1.8%和2.0%
发行规模（亿元）	14.0
初始转股价格（元）	15.3
转股期间	2016-06-27~2021-12-17
回售触发价	当期转股价的70%
回售起始日	2019-12-18
修正触发价	当期转股价格的85%
修正起始日	2015-12-18
赎回起始日	2016-06-27

资料来源：Wind。

从图18-2来看，2018年5月~6月19日，蓝标转债价格持续下跌，最低点绝对金额仅84.99元。为什么蓝标转债价格会跌到如此低位？假设蓝标转债作为纯债持

图18-2 蓝标转债走势

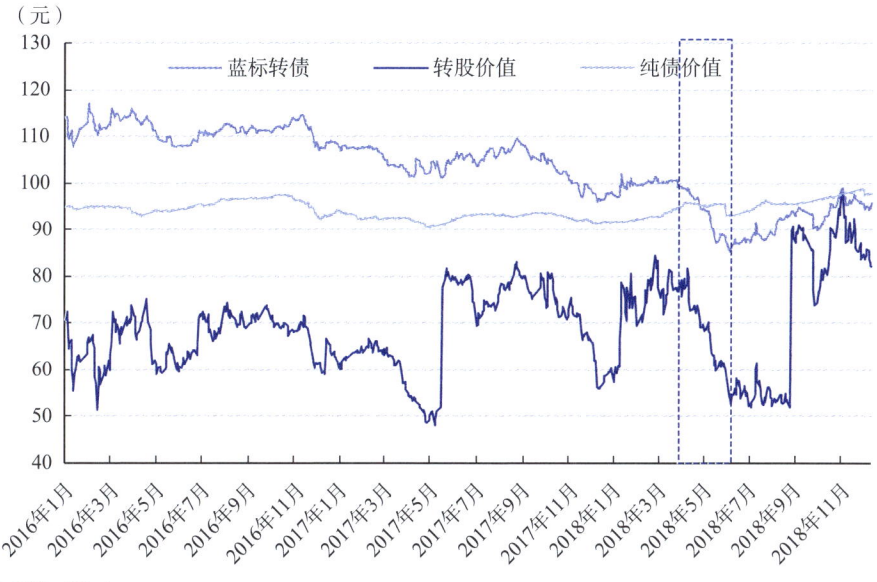

资料来源：Wind。

注：图中纯债价值是Wind根据中证同等级同期限收益率曲线测算。在蓝色光标信用风险爆发后，这个收益率明显低于蓝色光标信用债收益率，因此笔者认为图中的纯债价值曲线存在高估，并不准确。

有到期，以 2018 年 6 月 19 日收盘价 85.39 元计算，蓝标转债的持有到期收益率高达 8.33%（当时 3 年期 AA 中票到期收益率 5.54%）。再考虑到蓝标转债价格中还包含期权价值，比如回售权和下修转股价期权价值等，实际上蓝标转债价格中反映的纯债价值应该更低。

蓝标转债价格的暴跌，正是债底价值大幅下跌所致。首先，"金融去杠杆"大背景下，企业资金链明显紧张，低信用资质的债券发行人的违约数量明显增加，投资者对低等级债券信用风险担忧明显加剧；其次，蓝色光标 2016 年和 2017 年连续两年经营性现金流净额为负，自身造血能力不足，同时资产负债率持续高于 60%，公司偿债能力恶化。从图 18-3 可以观察到，从 2018 年 5 月开始，在公司转债价格暴跌的同时，蓝色光标的普通信用债 16 蓝标债价格也快速下跌，投资者担忧蓝色光标的债券会发生违约。

图 18-3 蓝标转债纯债收益率与蓝色光标公司债收益率走势

资料来源：Wind。

2. 辉丰转债。

辉丰转债是上市公司辉丰股份发行的可转债，基本要素见表 18-2。

表 18-2 辉丰转债基本要素

债券代码	128012.SZ
发行人	江苏辉丰生物农业股份有限公司
起息日期	2016-04-21

续表

发行期限（年）	6.0
主体等级（发行时）	AA
债项等级（发行时）	AA
票面利率（％，发行时）	第一年为0.5%，第二年为0.7%，第三年为1.0%，第四年为1.3%，第五年为1.3%，第六年为1.6%
发行规模（亿元）	8.5
初始转股价格（元）	29.7
转股期间	2016-10-28~2022-04-21
回售触发价	当期转股价的70%
回售起始日	2020-04-21
修正触发价	当期转股价格的90%
修正起始日	2016-04-21
赎回起始日	2016-10-28
发行人行业	化工
公司属性	民营企业

资料来源：Wind。

从图18-4来看，2018年4月23日~2018年10月18日，辉丰转债价格从94.63元跌到了72.29元，盘中最低价71元。

图18-4 辉丰转债价格走势

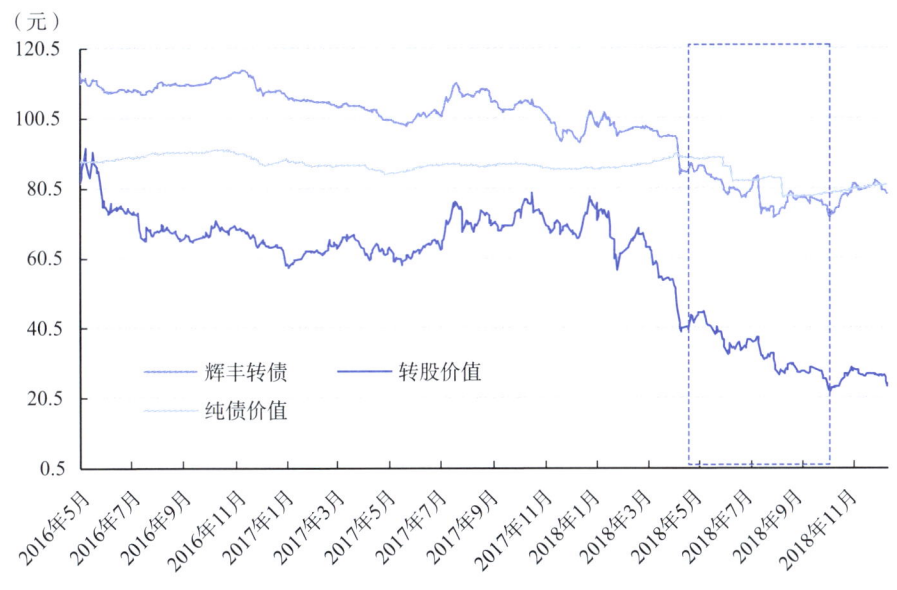

资料来源：Wind。

注：和图18-2中的纯债价值一样，图18-4的纯债价值也是Wind根据中证同等级同期限收益率曲线测算，并不十分准确。

辉丰转债价格的大幅下跌，也是因为发行人信用风险爆发，投资者担忧公司会出现债务违约，可转债的债底价值大幅下降所致。由于辉丰股份在外发行的存量债券除了辉丰转债外，并无其他，所以此处无法参考它的普通信用债定价。笔者接下来从财务和非财务两方面对公司当时的信用风险做简单分析。

辉丰股份主要从事农药及农药中间体产品的生产和销售、油品和大宗化学品仓储运输及贸易。2017年，公司营业收入39.5亿元，毛利10.5亿元。从结构来看，2017年农药及农药中间体，农药制剂，油品、化学、仓储及运输营业收入占比分别为66.5%、19.9%和10%，毛利占比分别为65.5%、19%和13.8%。2018年前三季度，公司营业收入同比减少16.96%，归属母公司净利润同比下降174.2%，公司是自然人控制的上市公司，仲汉根为公司实际控制人。

财务方面（具体见表18-3），2018年5月前，辉丰股份有以下特征：

（1）资产负债率略微偏高，债务结构以短期债务为主。从债务结构来看，有息负债中，2015年、2016年和2017年辉丰股份短期债务占比分别为93.4%、64.2%和70.5%，短期债务占比较高，债务结构有待改善。

（2）经营性现金流净额长期为负。2015年和2016年，辉丰股份经营性现金流净额分别为-2.3亿元和-4.4亿元，公司自身造血能力不足。

表18-3 辉丰股份主要财务数据

	2015-12-31	2016-12-31	2017-12-31
营业收入（亿元）	33.3	31.2	39.5
毛利率（%）	19.5	21.1	26.6
净利润（亿元）	1.6	1.7	4.4
经营性净现金流（亿元）	-2.3	-4.4	5.4
EBITDA（亿元）	4.8	5.1	8.5
长期债务（亿元）	0.9	8.0	8.1
全部债务（亿元）	14.1	22.5	27.5
EBITDA/债务总额	0.34	0.23	0.31
EBITDA利息倍数（倍）	6.3	7.0	9.6
资产负债率（%）	41.4	48.3	48.2
全部债务资本化比率（%）	31.0	39.4	42.1
短期刚性债务占比（%）	93.4	64.2	70.5
货币资金/短期债务	0.5	0.6	0.4

资料来源：Wind、评级报告。

非财务方面，辉丰转债价格大幅下跌前，公司的负面事件有：

（1）2017年12月21日收到深圳证券交易所《关于对江苏辉丰生物农业股份有限公司的问询函》，2018年1月16日，公司发布《江苏辉丰生物农业股份有限公司关于深圳证券交易所问询函回复的公告》，公司子公司江苏科菲特生化技术股份有限公司因拖欠江苏安恰化工有限公司货款被起诉，常州市新北区人民法院判决科菲特向安恰化工支付货款、违约金及承担原告律师费合计871.49万元。同时，公司自查发现科菲特在2012年可能虚增销售收入3 390万元，2013～2015年科菲特销售部门又以退货形式冲回1 611万元可疑收入，尚有1 779万元尚未冲回。

（2）2018年2月9日，媒体刊登了名为"子公司科菲特销售数据虚增辉丰股份深陷'罗生门'""涉嫌造假虚增业绩辉丰股份遭监管层调查"的报道。

（3）收购子公司科菲特原股东朱光华作为原告，于2018年1月向常州市新北区人民法院提起诉讼，公司为被告，案由为：损害股东利益责任纠纷。

（4）2018年3月29日，有媒体发布以"控股子公司偷排废水被关停辉丰股份深陷环保泥淖"为题的报道，报道称：①华通化学涉嫌违规修改生产工艺；②子公司偷排废水被关停等。

（5）2018年4月16日，公司公告延期披露2017年年度报告。

（6）2018年4月23日，公司收到中国证监会立案调查，原因是公司涉嫌信息披露违法违规。

（7）2018年4月23日，公司子公司及其相关管理人员收到环保部门《行政处罚决定书》。

（8）2018年4月26日，子公司董事、副总经理被监视居住。

（9）天健会计师事务所对公司2017年度财务报表发表非标准无保留意见。

（10）2018年5月2日，公司及其相关管理人员收到环保部门《行政处罚事先（听证）告知书》和《行政处罚决定书》。

（11）2018年5月10日，公司公告收到《实施停产整治的通知》。

总体来看，辉丰股份信用风险爆发，主要是公司内部控制不当，环保检查被认定严重违规，环保局要求除环保车间外，其他生产车间实施停产整治，公司生产经营受到严重影响，公司生存存危。

虽然上述两个案例暂未发生转债的实质违约，但是在可转债和可交换债私募品种中，违约早已发生。表18-4是已违约的可转债和可交换债具体情况。

表 18-4　私募可转债和可交换债违约列表

代码	名称	发生日期	发行人	事件摘要
117063.SZ	16 神雾 E1	2018-04-28	神雾科技集团股份有限公司	截至 2018 年 4 月 27 日，公司尚未履行追加担保义务，未使担保比例不低于 140%。公司已违反本次债券募集说明书关于追加担保的约定，构成违约。
117039.SZ	16 飞投 01	2018-09-28	飞马投资控股有限公司	截至 2018 年 9 月 28 日下午 17：00，发行人未向中国证券登记结算有限责任公司深圳分公司划拨足额利息、回售本金，及相关手续费；国海证券亦未获得发行人自行向债券持有人兑付足额利息及回售本金的相关凭证。
117043.SZ	16 飞投 02	2018-09-28	飞马投资控股有限公司	
117044.SZ	16 飞投 03	2018-10-18	飞马投资控股有限公司	截至 2018 年 10 月 18 日下午 17：00，发行人未向中国证券登记结算有限责任公司深圳分公司划拨足额利息、回售本金，及相关手续费；国海证券亦未获得发行人自行向债券持有人兑付足额利息及回售本金的相关凭证。
117056.SZ	16 飞投 E4	2018-10-27	飞马投资控股有限公司	由于债券持有人提前回售，飞马投资应于 2018 年 10 月 26 日（含）之前偿付投资者于 2018 年 10 月 22 日登记回售的 16 飞投 E4 本金和 2017 年 11 月 23 日（含）~2018 年 10 月 26 日（不含）的利息。截至 2018 年 10 月 26 日，飞马投资未能支付 16 飞投 E4 已登记回售的本息合计 719 390 000 元。
117058.SZ	16 中基 E1	2018-11-28	佛山市中基投资有限公司	因中基投资已基本丧失正常融资功能，目前资金周转困难，流动性紧张。截至 2018 年 11 月 28 日终，未能按照约定足额偿付本期债券利息及本金。
137012.SH	16 体 EB01	2018-11-29	深圳市一体投资控股集团有限公司	2018 年 11 月 28 日晚间，深圳市一体投资控股集团有限公司（发行人）发行相关债券的受托管理人发布公告称，2018 年 8 月 25 日，"16 体 EB01" 债券持有人 2018 年第三次债券持有人会议审议通过 "16 体 EB01" 2018 年度利息延期至 2018 年 11 月 27 日兑付；由于发行人主营业务发展缓慢、资金短缺，发行人无法于 2018 年 11 月 27 日按时支付 "16 体 EB01" 2018 年度利息，构成实质性违约。
117108.SZ	17 龙跃 E1	2018-12-06	龙跃实业集团有限公司	"17 龙跃 E1" 和 "17 龙跃 E2" 2018 年付息计息期间为 2017 年 12 月 6 日~2018 年 12 月 5 日，付息日为 2018 年 12 月 6 日，总计应付付息 1.02 亿元，发行人未能按照《龙跃实业集团有限公司 2017 年非公开发行可交换公司债券（第一期）募集说明书》的相关规定按时足额支付利息，构成违约。
117107.SZ	17 龙跃 E2	2018-12-06	龙跃实业集团有限公司	

续表

代码	名称	发生日期	发行人	事件摘要
117064.SZ	16中基E2	2018-12-20	佛山市中基投资有限公司	佛山市中基投资有限公司（以下简称"中基投资""发行人"或"公司"）于2016年12月21日完成发行佛山市中基投资有限公司2016年非公开发行可交换公司债券（第二期）（以下简称"本期债券"），债券简称16中基E2，债券代码117064，发行规模为6.08亿元人民币，债券余额6.08亿元人民币，应于2018年12月21日支付2017年12月21日至2018年12月20日期间的利息。截至本公告出具日，发行人未能支付"16中基E2"需偿付的利息合计33 440 000元。

资料来源：Wind。

总的来说，当可转债（可交换债）发行人信用资质偏低时（最简单的标准是外部主体评级低于AA，包括AA-、A+、A等等），可转债债底的差异性会明显加大。而一旦正股价格较转股价跌幅较大，可转债逐渐成为债性品种后，债底将阶段内成为可转债价格的重要支撑，此时对可转债发行人的信用风险分析将成为投资研究重点。另外，和普通信用债投资存在明显差异的是，可转债附带转股价格向下修正条款，在发行人信用风险暴露后，发行人向下修正转股价动力也将明显增强，所以信用风险上升促使可转债价格大跌后，多数时候也伴随着投机价值的提升。

第十九章

债券与商品

1. 国债收益率和工业品价格正相关。

2005~2018年,虽然第二产业对我国GDP同比的贡献率持续下降,但是最低的年份也超过35%。而工业是第二产业最重要的组成部分,所以工业品产值和我国经济增长相关度较大。

南华工业品指数是选择三大期货交易所上市品种中比较有代表性且具有较好流动性的工业品期货来编制的指数,大致反映了工业品价格的整体走向。理论上,商品价格由供给和需求共同决定。但从国内历史经验来看,工业品产能过剩属于常态,所以多数时候它们的产品价格由需求决定。

图19-1是南华工业品指数和10年期国债收益率走势图,大部分时期(两个虚线框)这两者成正相关走势,部分拐点时期南华工业品指数略微领先。当经济处于衰退期时,10年期国债收益率下行,南华工业品指数下行,例如2008年;反之,当经济处于过热期时,10年期国债收益率上行,南华工业品指数上行,例如2009年和2017年。

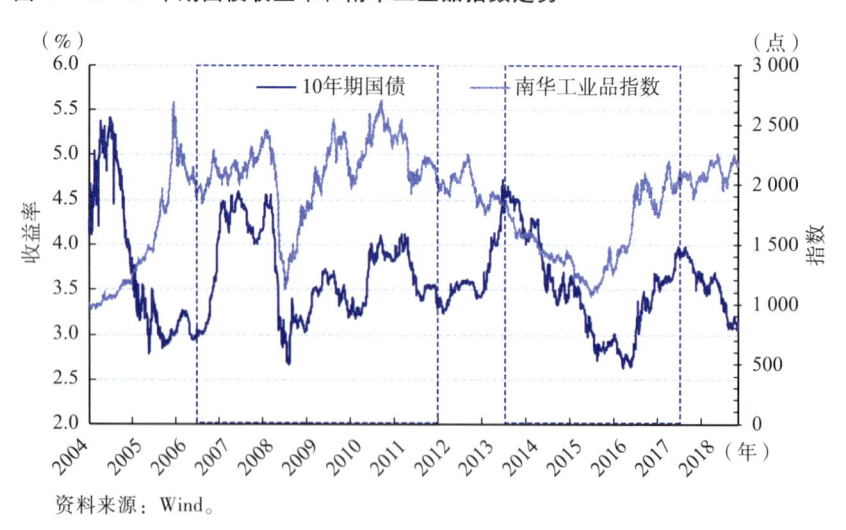

图19-1 10年期国债收益率和南华工业品指数走势

资料来源:Wind。

2. 产业债信用风险发酵时期，评级间利差和工业品价格正相关。

2014~2016年债市的信用风险危机主要集中在产业债，这段时期评级间利差和代表工业品价格的南华工业品指数明显负相关，如图19-2所示。2014~2015年，南华工业品指数跌倒历史低位，评级间利差相应的也快速上升。2015年底，南华工业品指数率先反弹，到2016年下半年，评级间利差也高位回落。从拐点时间来看，南华工业品价格指数表现出了领先性。

图19-2 评级间利差和南华工业品指数走势

资料来源：Wind。

注：评级间利差=5年AA-中债中票收益率-5年AA中票收益率。

3. 黄金资产与评级间利差表现出正相关性。

黄金作为避险资产，在债市的前两次信用风险发酵时期也有较好的表现，如图19-3所示。以沪金活跃合约为例，第一次沪金上涨5%（期间最高涨幅超过25%），第二次沪金上涨18%，第三次沪金略微上涨。从整体来看，黄金资产与评级间利差表现出正的相关性。

图 19-3　评级间利差和沪金活跃合约价格走势

资料来源：Wind。

注：评级间利差 = 5 年 AA - 中债中票收益率 - 5 年 AA 中票收益率。

第二十章

债券与汇率

我国从 2005 年 7 月 21 日起，开始实行以市场供求为基础、参考一篮子货币进行调节、有管理的浮动汇率制度。2008 年全球金融危机爆发，为了稳定市场预期，人民币汇率收窄了浮动区间。尔后随着全球经济的企稳，2010 年 6 月 19 日，我国启动人民币二次汇改，进一步推进人民币汇率形成机制改革。2012 年 4 月 16 日起，银行间即期外汇市场人民币兑美元交易价浮动幅度由千分之五扩大至百分之一，人民币汇率双向浮动弹性进一步增强。从图 20-1 人民币汇率走势来看，2012 年浮动区间扩大后，人民币结束了长达两年的升值走势，人民币历史升值空间基本消耗完毕。笔者认为，2013 年以后的人民币对美元汇率的走势市场化程度明显提升。

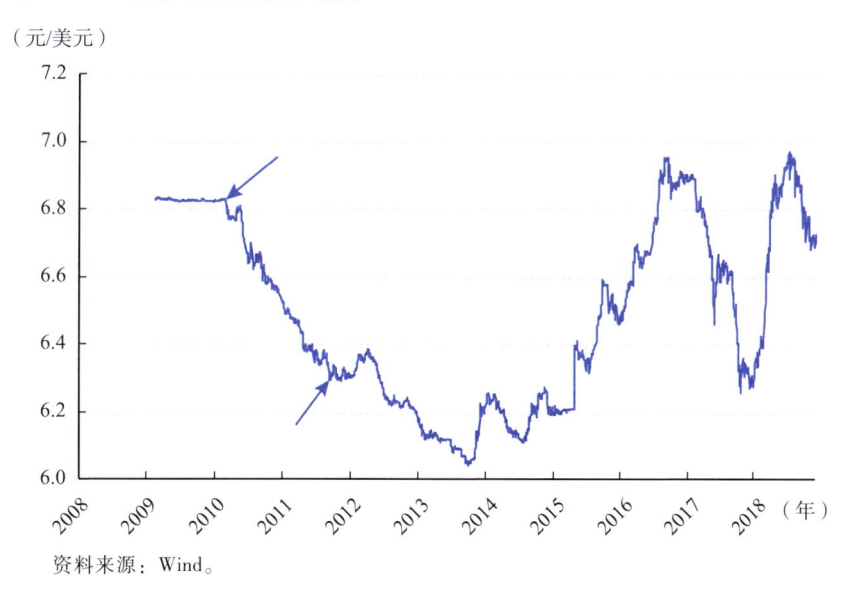

图 20-1 人民币对美元汇率走势

资料来源：Wind。

比较 2013 年以后债市和汇市的关系，主要结论有以下两点：

1. 利率和汇率负相关。

从图20-2来看，2013~2018年，我国利率和汇率的负相关性明确。当我国经济走好，10年期国债收益率上行时，人民币对美元汇率也多数升值，例如2017年。当我国经济走弱，10年期国债收益率下行时，人民币对美元汇率多数贬值。

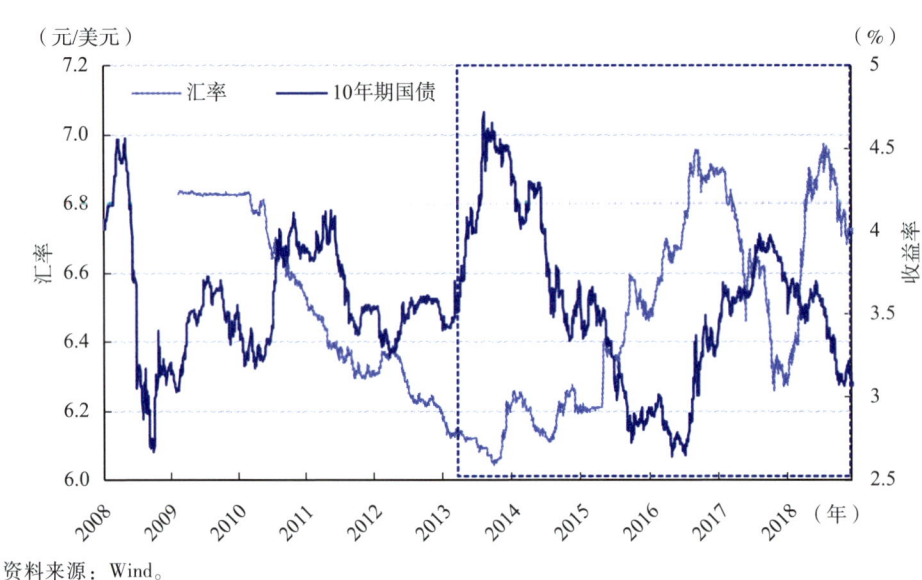

图20-2 人民币即期汇率与10年期国债走势

资料来源：Wind。

2. 人民币汇率和信用风险大小正相关性。

2010年二次汇改至2014年初，人民币对美元持续升值。其间2011年中国地方政府债务危机受到国际国内人士的广泛关注，但是人民币升值趋势依旧。2014年后，随着人民币历史升值空间逐渐消耗，人民币对美元汇率与评级间利差表现出良好的正相关性。例如，2014年和2015年中国债券市场信用风险发酵时，人民币持续贬值；2017年后，债市信用风险担忧有所消散，人民币也迈入了升值阶段。人民币对美元汇率和评级间利差走势见图20-3。

图 20 – 3 评级间利差与人民币汇率走势

资料来源：Wind。

注：评级间利差 = 5 年 AA – 中债中票收益率 – 5 年 AA 中票收益率。

第六篇
债券基金及其他

根据《公开募集证券投资基金运作管理办法》，公募基金通常分为股票基金、混合基金、债券基金、货币基金等不同类型。具体区分标准为：

（1）80%以上的基金资产投资于股票的，为股票基金；

（2）80%以上的基金资产投资于债券的，为债券基金；

（3）仅投资于货币市场工具的，为货币市场基金；

（4）80%以上的基金资产投资于其他基金份额的，为基金中基金。

投资于股票、债券、货币市场工具或其他基金份额，并且股票投资、债券投资、基金投资的比例不符合第（1）项、第（2）项、第（3）项规定的，为混合基金。

在上述分类下，和债券资产相关度较大的基金，再根据组合中资产的差异，笔者进一步细分为货币基金、混合债券型一级基金、混合债券型二级基金、纯债基金、可转债基金等。本篇介绍上述基金的国内发展情况。

第二十一章

货币基金

货币市场基金（money market fund，MMF）是指投资于货币市场短期（一年以内）有价证券的投资基金。我国货币基金投资的金融工具包括：现金，通知存款，短期融资券，一年以内（含一年）的银行定期存款、大额存单，期限在一年以内（含一年）的债券回购，期限在一年以内（含一年）的中央银行票据，剩余期限在397天以内（含397天）的债券、资产支持证券，以及中国证监会、中国人民银行认可的其他具有良好流动性的金融工具。

一、规模

截至2018年12月31日，存量货币基金共332只。从已披露的信息来看，货币基金总资产和净资产分别为79 911亿元和75 276亿元，平均总资产和平均净资产为241亿元和227亿元，如图21-1所示。其中，2018年四季度末规模最大的货币基金是天弘余额宝，总资产11 334亿元，总份额11 327亿份，如图21-2所示。

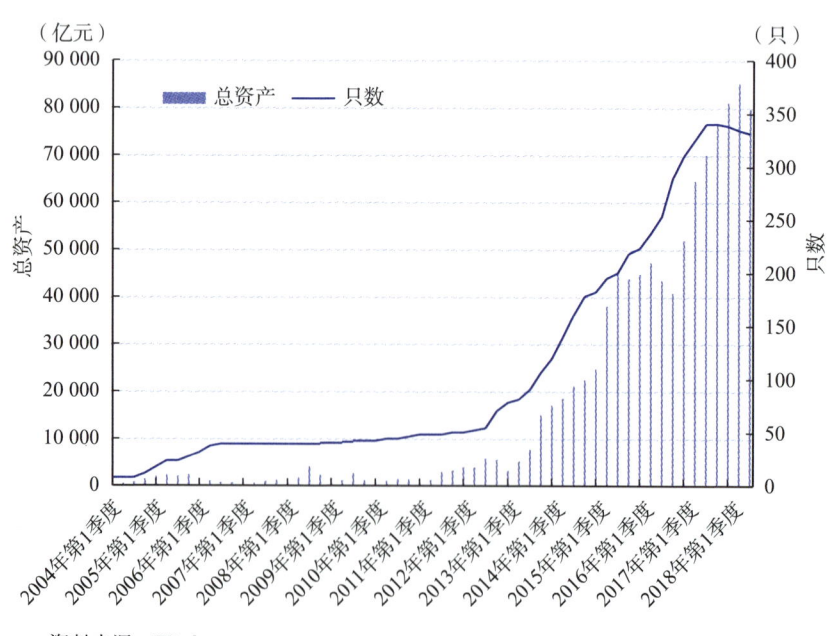

图21-1 货币基金存量规模

资料来源：Wind。

图 21－2 天弘余额宝份额

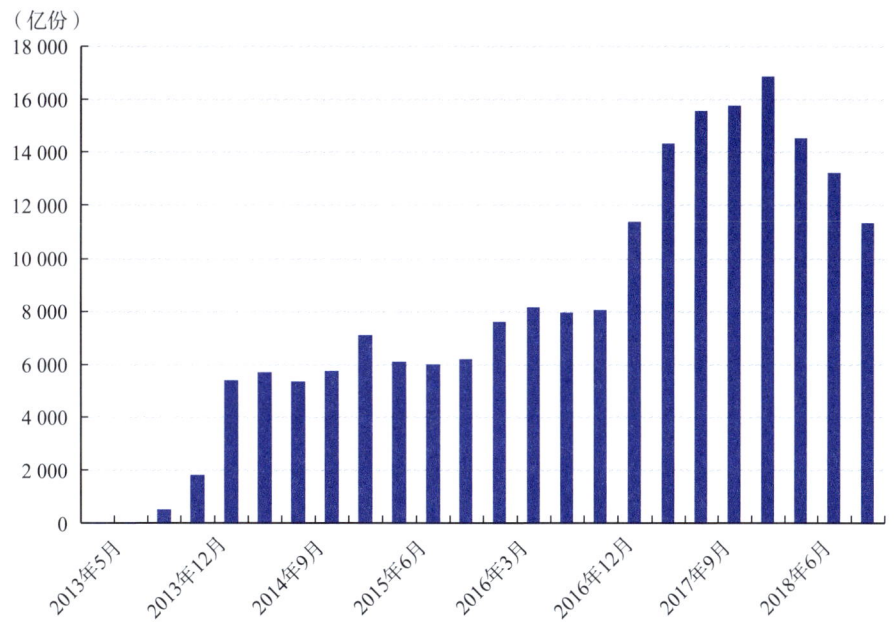

资料来源：Wind。

注：天弘余额宝是支付宝和天弘基金的合作产品，最初名字是天弘增利宝。

二、资产配置

资产配置方面，债券和银行存款一直是我国货币基金最主要的投资标的。截至 2018 年 12 月 31 日，货币基金的债券、银行存款、买入返售和其他资产占总资产比重分别为 42%、39%、18% 和 1%。

纵向比较，10 多年间，随着监管政策以及货币市场产品的创新发展，货币基金资产配置有以下两点重要变化（见图 21－3）：

（1）2011 年四季度至 2014 年一季度，货币基金投资银行存款的比重从 46% 上升至 77%。货币基金投资银行存款比例快速上升，主要是因为投资银行存款上限被打开。2011 年 10 月 31 日，中国证监会基金部下发了《关于加强货币市场基金风险控制有关问题的通知》。通知中提到，货币市场基金投资于有存款期限，但根据协议可提前支取且没有利息损失的银行存款，不属于《关于货币市场基金投资银行存款有关问题的通知》第三条规定的"定期存款"。而之前《关于货币市场基金投资银行存款有关问题的通知》的第三条规定为"货币市场基金投资于定期存款的比例，不得超过基金资产净值的 30%。"

（2）2014 年二季度至 2018 年四季度，货币基金配置银行存款的占比明显下降，同业存单（归入债券）占比明显上升。产生这一变化的原因是同业存单金融工具推出。2013年12月7日，《同业存单管理暂行办法》发布，同业存单诞生。2014~2018年，同业存单爆发式增长。

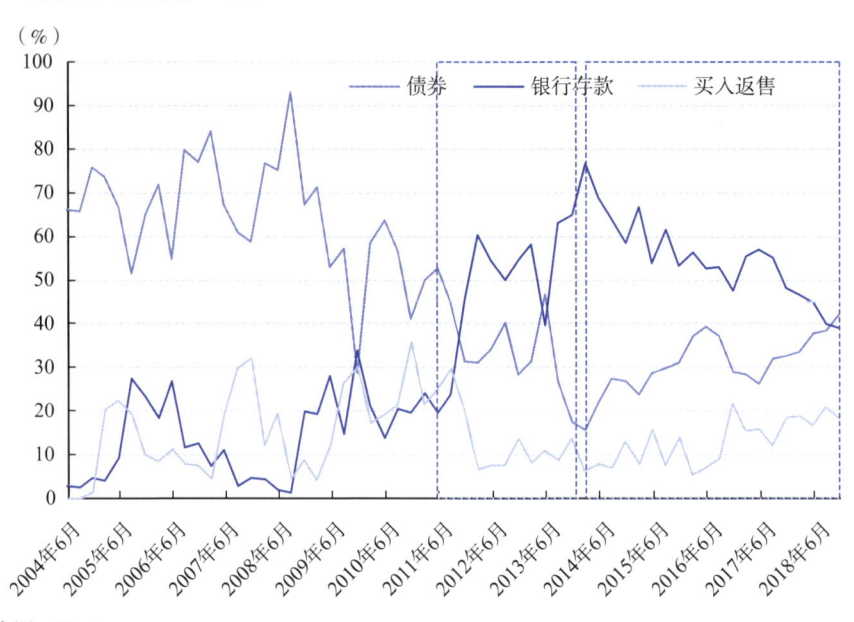

图21-3 中国货币基金资产配置

资料来源：Wind。

三、货币基金风险收益特征

和其他类型基金不同的是，目前国内货币基金采用7日年化收益率作为它收益的展示指标。什么是7日年化收益率？它是指7日的平均收益水平进行年化后得出的收益率。举个例子，假设余额宝当天显示的7日年化收益率是3.8%，这个数值是这样得到的：1元钱过去7天的收益/7×365×100。换句话说，7日年化收益率只是过去7天这个货币基金的收益年化后的数值。

从图21-4余额宝的7日年化收益率走势来看，该指标波动率较高，在刚度过年底、季末等流动性偏紧的日子后，货币基金的7日年化收益率会大幅走高。

总之，如果投资者购买货币基金并持有一年，持有期收益率应该大致等于全年7日年化收益率的平均值。

货币基金是活期存款的一种较好替代，是低风险低收益的投资产品。在过去的时代，活期存款长期受到利率管制，绝对收益水平明显低于利率市场化的货币市场工具，因此也低于主要投资于货币市场工具的货币基金。随着货币基金在T+0、场内申赎、支付等方面创新后，货币基金的存取功能、支付功能也基本等同于活期存款。

随着货币基金的不断普及，部分商业银行更是推出了自己的货币基金，货币基金对活期存款的替代加速。另外，从大类资产配置角度，货币基金是一种避险资产。通常债券和股票市场均走熊时，货币基金的持有期收益率较高，典型的年份是2013年。

图21-4 天弘余额宝7日年化收益率走势

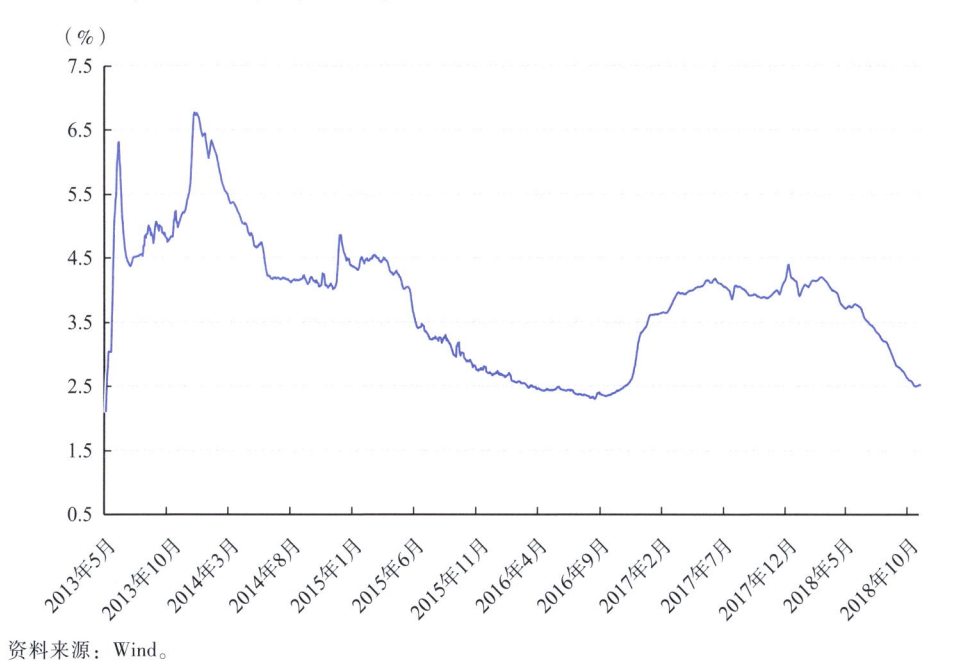

资料来源：Wind。

第二十二章

债券基金

债券基金是一个大类，实际中根据资产配置的区别，又可以细分为混合债券型一级基金、混合债券型二级基金、可转债基金、中长期纯债型基金、短期纯债型基金和指数型债券基金等。

第一节 混合债券型二级基金

混合债券型二级基金简称二级债基。投资范围方面，二级债基有以下特征：投资于固定收益类资产（含可转换债券）的比例不低于基金资产的80%，投资于股票等权益类证券的比例不超过基金资产的20%。简单来说，二级债基是投资股票资产上限为20%的债券基金。

（一）规模

截至2018年12月31日，存量二级债基共261只，其中已披露基金季报的247只（不包括可转债基金、分级债基及由其他类型基金转型的二级债基）。从已披露的信息来看，二级债基总资产和净资产分别为1 734亿元和1 369亿元，平均总资产和平均净资产为5.8亿元和4.6亿元，具体见图22-1和图22-2。其中，2018年四季度末规模最大的二级债基是工银瑞信双利，总资产110亿元。

回顾历史，二级债基的鼎盛时期是2016年，当时二级债基的总资产和净资产分别超过2 000亿元和1 500亿元，单个债基的平均总资产和平均净资产超过15亿元和12亿元。

（二）杠杆率

在实际运作中，与股票基金存在明显差异的是，债券基金有一定的杠杆。根据《公开募集证券投资基金运作管理办法》，公募基金总资产不能超过基金净资产的140%（该办法2014年8月实施）。

图 22-1 二级债基总资产和净资产

资料来源：Wind。

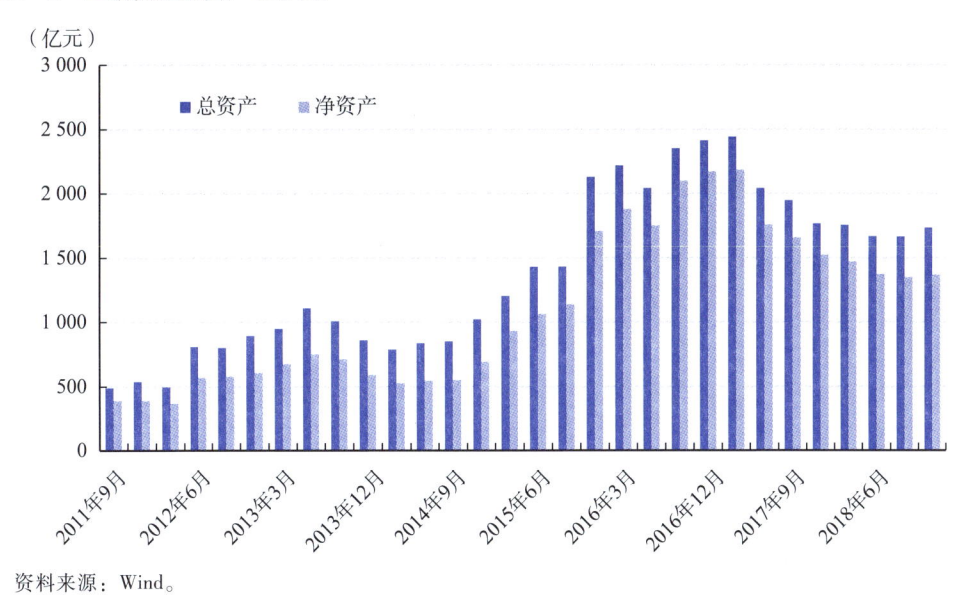

图 22-2 二级债基平均总资产和平均净资产

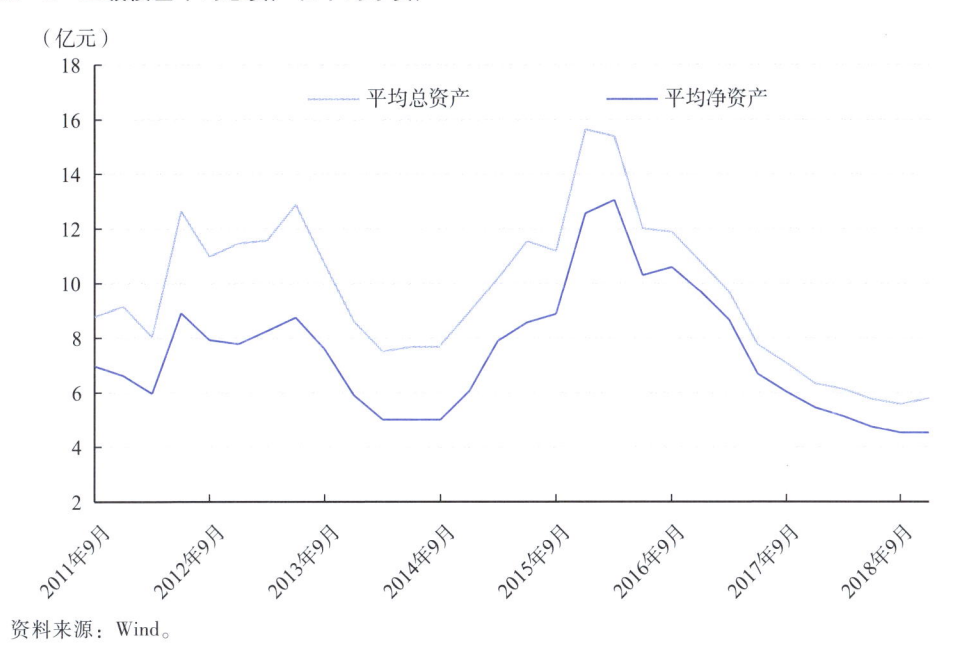

资料来源：Wind。

截至 2018 年 12 月 31 日，二级债基杠杆率 1.27 倍（整体法）。纵向对比来看，目前的杠杆水平处于 2014 年四季度以来历史偏高位置，二级债基杠杆率走势见图 22-3。

图 22 – 3　二级债基杠杆率走势（整体法）

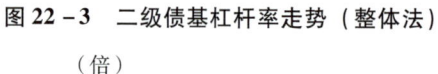

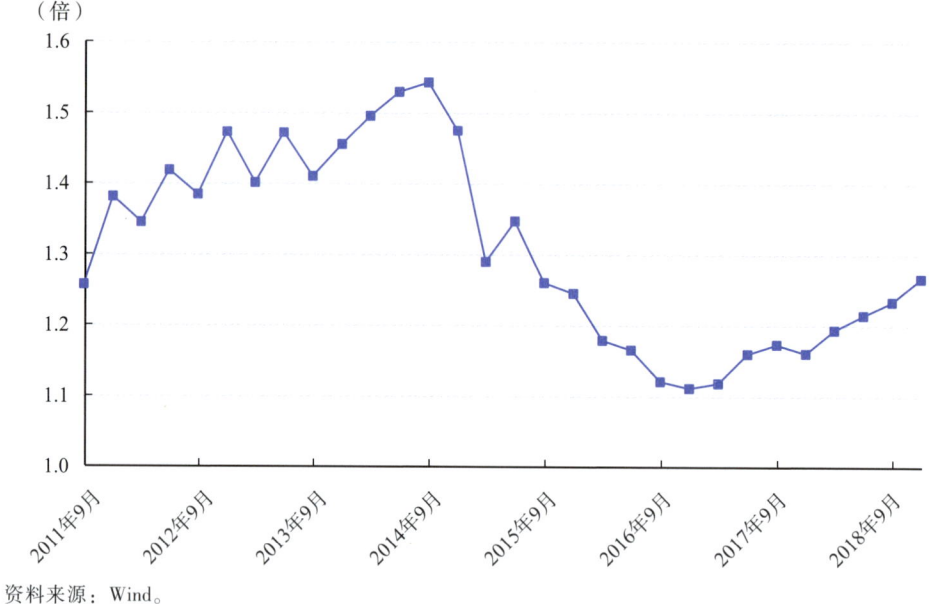

资料来源：Wind。

（三）资产配置

大类资产配置方面，从图 22 – 4 来看，截至 2018 年 12 月 31 日，二级债基投资债券、股票、银行存款和其他资产规模分别为 1 525 亿元、113 亿元、37 亿元和 59 亿元，占比为 88%、6.5%、2.1% 和 3.4%。纵向对比，2018 年四季度末债券资产配置比例在历史较高水平，股票配置在偏低水平，如图 22 – 5 所示。

图 22 – 4　二级债基大类资产配置（整体法）

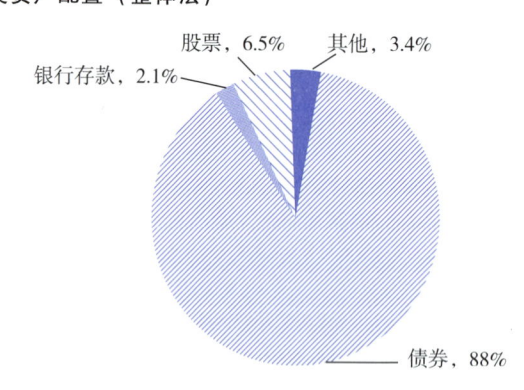

资料来源：Wind。
注：截至 2018 年 12 月 31 日。

图 22-5　二级债基大类资产配置走势（整体法）

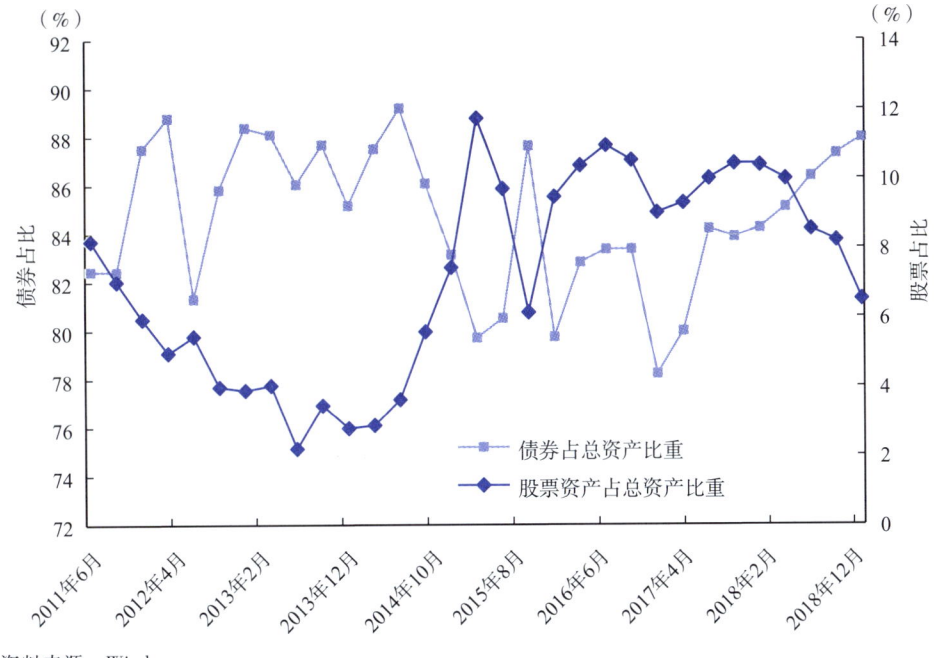

资料来源：Wind。

从具体债券品种来看，二级债基配置信用债最多，其次是政策性金融债。从图 22-6 来看，2018 年四季度末，二级债基中企业债①占比 62%、政策性金融债 21%、可转债 11%、资产支持证券 1%、国债 1%、同业存单 1%。

图 22-6　二级债基债券品种配置占比（整体法）

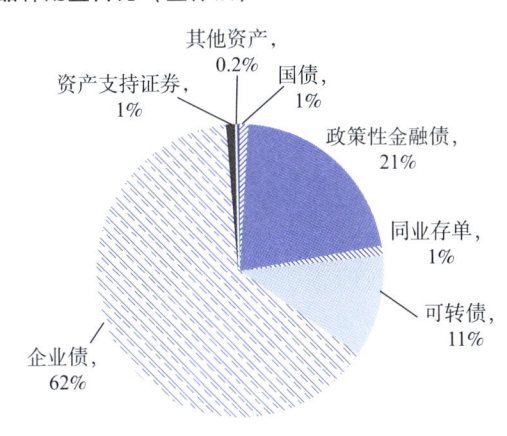

资料来源：Wind。
注：截至 2018 年 12 月 31 日。

---

① 这里的企业债是基金报告的用语，实际上包括了公司债、企业债、短融和中票。

第六篇　债券基金及其他

（四）二类债基业绩驱动因素分解

虽然二级债基股票资产配置不能高于 20%，但是股票资产波动率大幅高于债券，所以从图 22-7 二级债基历史业绩来看，二级债基收益率的波动方向和股票资产收益率相关度较大。

图 22-7　二级债基净值增长率和沪深 300 指数涨跌幅

资料来源：Wind。

第二节　混合债券型一级基金

混合债券型一级基金简称一级债基。和二级债基类似，一级债基的大类资产配置中，也可以最多投资 20% 的股票权益类证券。但是与二级债基不同的是，这些股票权益类证券只能通过投资首次发行股票、增发新股、可转换债券转股以及权证行权等方式获得，不能直接从二级市场买入。

从实际操作来看，2013 年以前，一级债基的权益投资模式主要是"打新"，通过介入股票一级市场打新增厚收益。2013 年底，《首次公开发行股票承销业务规范》发布，一级债基失去了打新资格，从此这类基金虽然尚存在市场中，但是它的内涵发生了明显变化。从笔者的观察来看，失去打新资格后的一级债基，总体资产配置越来越接近纯债基金。本部分主要介绍 2012 年上半年以前的一级债基基本情况。

(一) 规模

截至 2012 年 6 月 30 日，一级债基总资产和净资产分别为 1 349 亿元和 933 亿元，平均总资产和平均净资产分别为 21 亿元和 15 亿元（不包括可转债类基金、分级债基及由其他类型基金转型的一级债基），具体见图 22-8 和图 22-9。

图 22-8 一级债基总资产和净资产

资料来源：Wind。

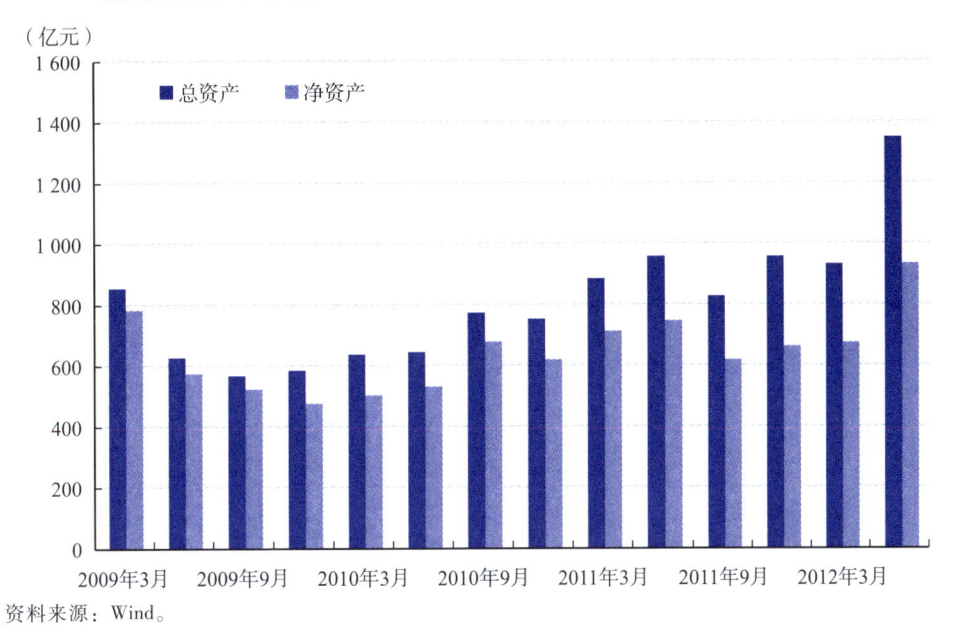

图 22-9 一级债基平均总资产和平均净资产

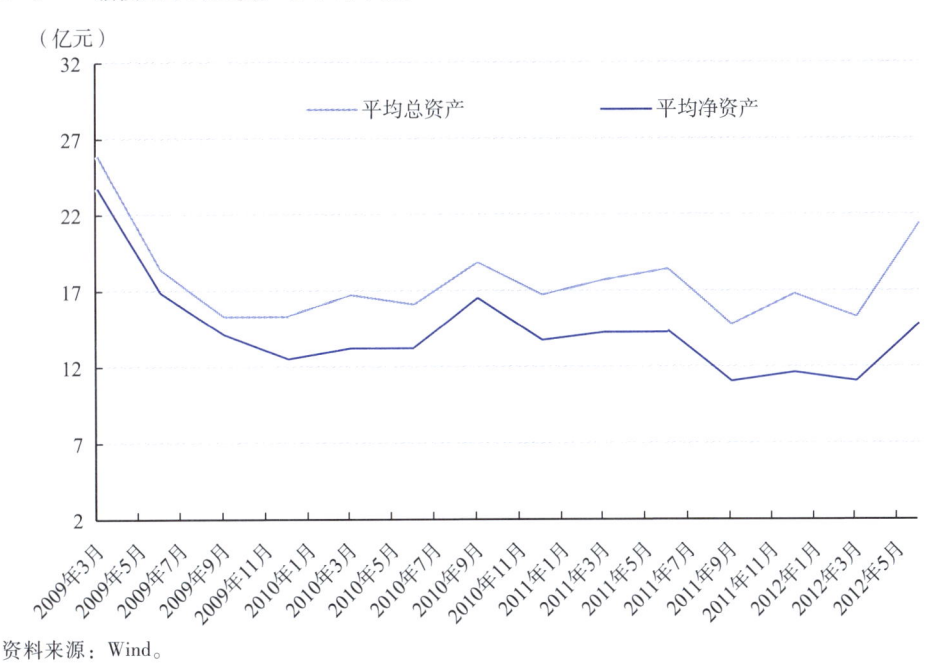

资料来源：Wind。

(二) 杠杆率

从图 22-10 来看，截至 2012 年 6 月 30 日，一级债基杠杆率为 1.45 倍[①]（整体法）。

图 22-10 一级债基杠杆率

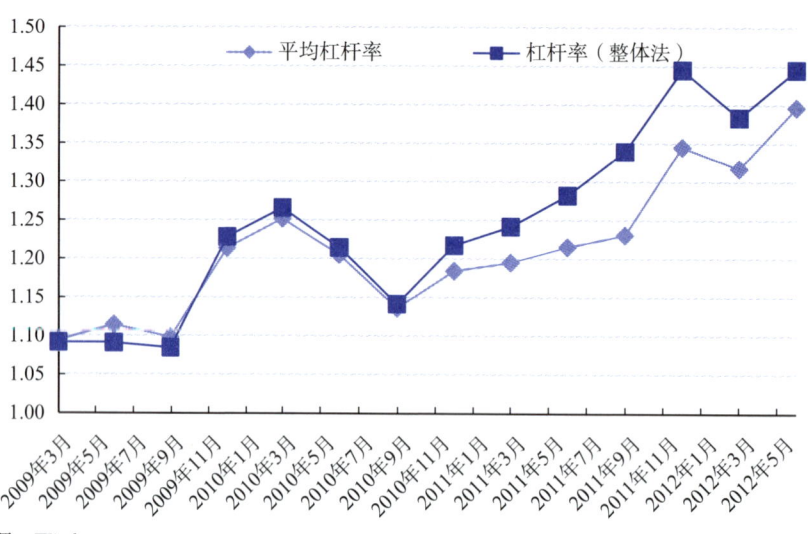

资料来源：Wind。

(三) 资产配置

大类资产配置方面，从图 22-11 来看，截至 2012 年 6 月 30 日，一级债基投资债券、股票、银行存款和其他资产规模分别为 1 190 亿元、32 亿元、61 亿元和 66 亿元，占比分别为 88.2%、2.4%、4.5% 和 4.9%。纵向对比来看，当时的债券资产配置比例在历史较高水平，股票配置占比在偏低水平，如图 22-12 所示。

图 22-11 一级债基大类资产配置占比（整体法）

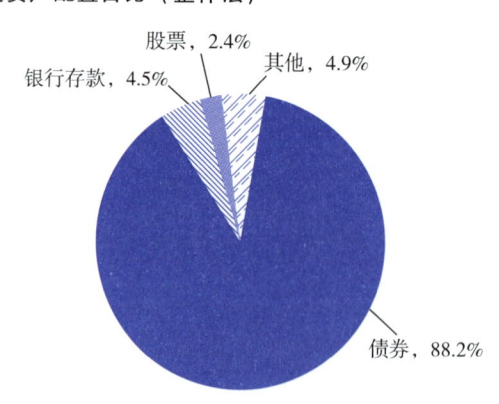

资料来源：Wind。
注：截至 2012 年 6 月 30 日。

[①] 当时《公开募集证券投资基金运作管理办法》尚未出台，所以杠杆率超过 140%。

图 22-12 一级债基大类资产配置走势（整体法）

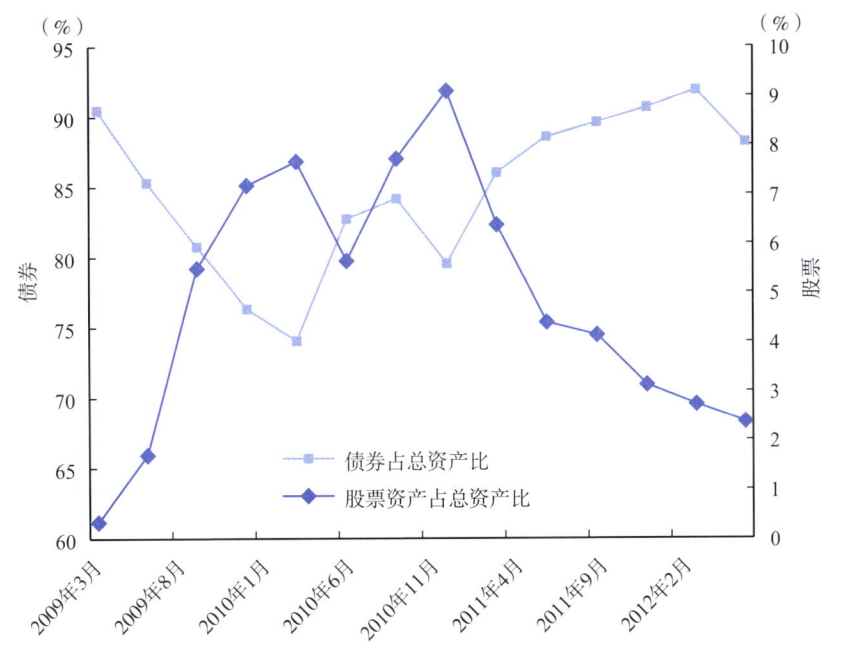

资料来源：Wind。

从具体债券品种来看，一级债基配置信用债占比最多，其次是政策性金融债。从图 22-13 来看，2012 年二季度末，一级债基企业债①占比 76%、政策性金融债 9%、可转债 11%、国债 4%。

图 22-13 一级债基债券品种占比（整体法）

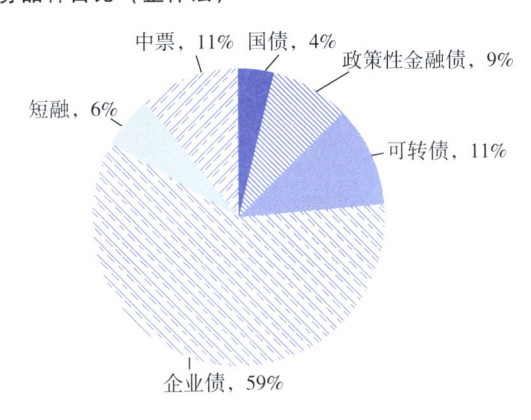

资料来源：Wind。
注：截至 2012 年 6 月 30 日。

---

① 这里的企业债是基金报告的用语，实际上包括了公司债、企业债、短融和中票。

第六篇 债券基金及其他

（四）一类债基业绩驱动因素分解

从图 22 – 14 一级债基的历史业绩来看，一级债基的业绩波动和债市的牛熊相关度较大。在债市波动较大的时候，一级债基收益率波动也较明显。例如，2008 年四季度，全球金融危机背景下，债券收益率快速下行，相应的一级债基季度收益率处于历史高位。

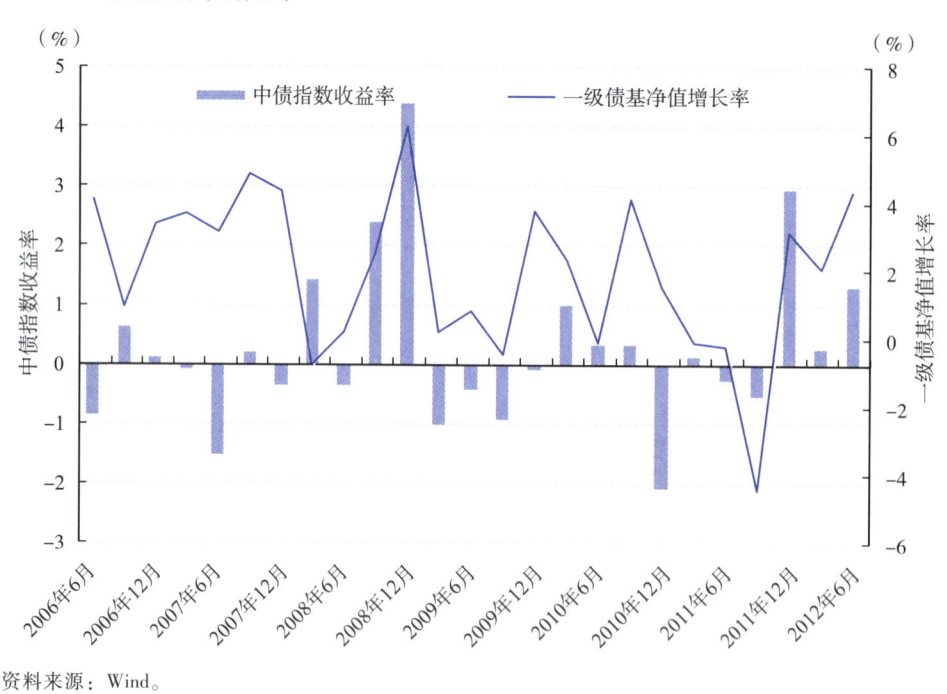

图 22 – 14　一级债基净值增长率

资料来源：Wind。

第三节　可转债基金

可转债基金并不是一个常用的分类，但是笔者考虑到可转债资产完全不同于纯债的风险收益特征，倾向于可转债占比偏高的债券基金需要单独分类。

本节的可转债基金，主要指投资范围中对可转债（含可分离交易可转债）比例有硬性规定的基金。例如归属于债券型基金的可转债基金，它的投资范围的描述通常为：本基金对债券的投资比例不低于基金资产的 80%，投资于可转换债券（含可分离交易可转债）的比例合计不低于非现金基金资产的 80%。而存量可转债基金中，最主流的也正是债券型可转债基金（仅一只兴全可转债是偏债混合型基金）。

截至 2018 年 12 月 31 日，共 34 只债券型可转债基金，其中有 3 只是分级类产品，具体见表 22-1。从规模来看，包括兴全可转债基金后，整体可转债基金规模（净资产）不到 100 亿元。

表 22-1 可转债基金列表

证券代码	证券简称	成立日期	产品类型	产品规模（亿元）	备注
050019.OF	博时转债 A	2010-11-24	混合债券型二级基金	1.9	
100051.OF	富国可转债	2010-12-08	混合债券型二级基金	3.5	
240018.OF	华宝可转债	2011-04-27	混合债券型一级基金	0.3	
470058.OF	汇添富可转债 A	2011-06-17	混合债券型二级基金	3.8	
040022.OF	华安可转债 A	2011-06-22	混合债券型二级基金	1.6	
163816.OF	中银转债增强 A	2011-06-29	混合债券型二级基金	1.0	
090017.OF	大成可转债	2011-11-30	混合债券型二级基金	0.4	
310518.OF	申万菱信可转债	2011-12-09	混合债券型二级基金	0.4	
519977.OF	长信可转债 A	2012-03-30	混合债券型二级基金	8.8	
530020.OF	建信转债增强 A	2012-05-29	混合债券型二级基金	1.0	
000003.OF	中海可转换债券 A	2013-03-20	混合债券型二级基金	0.7	
161624.OF	融通可转债 A	2013-03-26	混合债券型二级基金	0.6	
000067.OF	民生加银转债优选 A	2013-04-18	混合债券型二级基金	2.6	
000080.OF	天治可转债增强 A	2013-06-04	中长期纯债型基金	1.2	
000536.OF	前海开源可转债	2014-03-25	混合债券型二级基金	0.5	
000297.OF	鹏华可转债	2015-02-03	混合债券型二级基金	0.5	
001045.OF	华夏可转债增强 A	2016-09-27	混合债券型二级基金	0.5	
003510.OF	长盛可转债 A	2016-12-07	混合债券型二级基金	0.1	
003401.OF	工银瑞信可转债	2016-12-14	混合债券型二级基金	1.8	
004993.OF	中欧可转债 A	2017-11-10	混合债券型二级基金	1.9	
005273.OF	华商可转债 A	2017-12-22	混合债券型二级基金	1.6	
005246.OF	国泰可转债	2017-12-28	混合债券型二级基金	0.9	
005461.OF	南方希元可转债	2018-03-14	混合债券型二级基金	0.4	
005793.OF	华富可转债	2018-05-21	混合债券型二级基金	0.5	
005945.OF	工银瑞信可转债优选 A	2018-07-02	混合债券型二级基金	0.2	
005771.OF	银华可转债	2018-08-31	混合债券型二级基金	0.5	
006482.OF	广发可转债 A	2018-11-02	混合债券型二级基金	0.1	
006311.OF	中金可转债 A	2018-11-27	混合债券型二级基金	2.1	
006030.OF	南方昌元可转债	2018-12-25	混合债券型二级基金	4.4	
006618.OF	长江可转债 A	2018-12-25	混合债券型二级基金	2.7	
002101.OF	创金合信转债精选 A	2015-11-19	中长期纯债型基金	0.0	由灵活配置混合型基金转型

续表

证券代码	证券简称	成立日期	产品类型	产品规模（亿元）	备注
340001.OF	兴全可转债	2004-05-11	偏债混合型基金	30.1	
150143.OF	银华中证转债A	2013-08-15	增强指数型债券基金	0.5	分级基金
165809.OF	东吴中证可转换债券	2014-05-09	被动指数型债券基金	0.2	分级基金
150188.OF	招商可转债A	2014-07-31	混合债券型一级基金	0.7	分级基金

资料来源：Wind。

另外，值得一提的是，投资范围中对可转债占比没有硬性要求的债券型基金，也可能出现可转债资产在某一些时间段占比非常高的情形。对于这类基金，它的风险收益特征和纯债基金会存在差异，如易方达安心回报。

第四节 纯债基金

纯债基金是指不投资权益资产、主要投资债券资产的基金。根据投资组合的久期差异，分为中长期纯债型基金和短期纯债型基金。

一、中长期纯债型基金

与一级债基、二级债基相比，中长期纯债型基金的投资品种中不包含股票等权益类工具。一般来说，目前主流的中长期纯债基金投资范围是：主要投资于债券（包括国内依法发行上市交易的国债、央行票据、金融债券、企业债券、公司债券、中期票据、短期融资券、超短期融资券、次级债券、政府机构债、地方政府债等）、资产支持证券、债券回购、银行存款（包括协议存款、定期存款及其他银行存款）、同业存单、货币市场工具以及经中国证监会允许基金投资的其他金融工具，但须符合中国证监会的相关规定；不投资股票、权证、可转债。不过，市场中也存在部分老的中长期纯债型基金的投资范围中包含可转债。

（一）规模

中长期纯债型基金是目前存量规模最大的一类子债券基金。截至2018年12月31日，存量中长期纯债债基共890只，其中已披露基金季报的835只（不包括分级债基及由其他类型基金转型的中长期纯债型基金）。从已披露的信息来看，中长期纯债债基总资产和净资产分别为21 934亿元和18 359亿元，平均总资产和平均净资产分别为23亿元和19亿元，具体见图22-15和图22-16。其中，2018年四季度末规模最大的中长期纯债债基是农银汇理金穗 3 个月，总资产 760 亿元。

图 22－15　中长期纯债型基金总资产和净资产

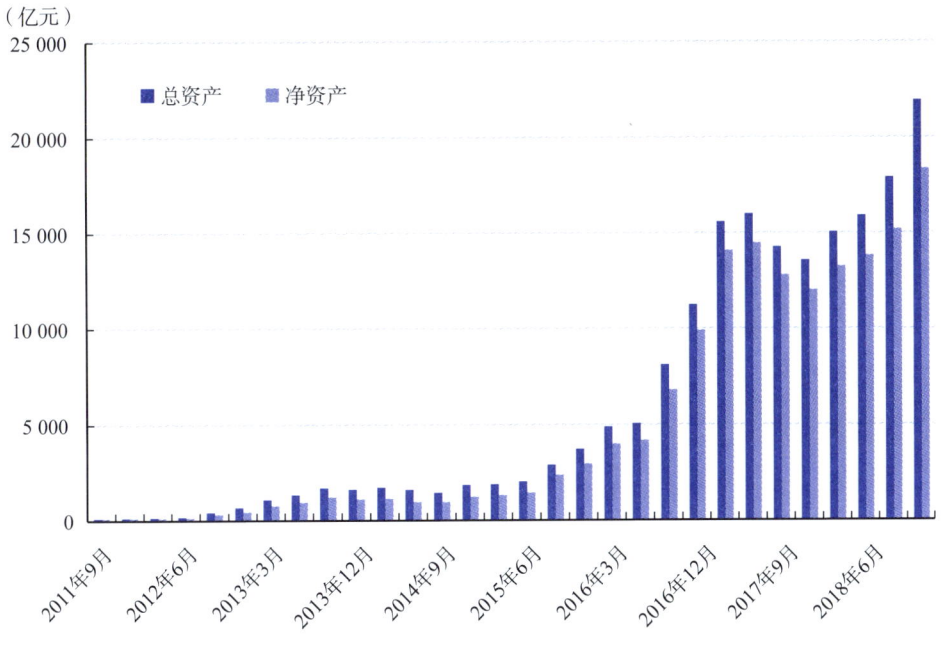

资料来源：Wind。

图 22－16　中长期纯债型基金平均总资产和平均净资产

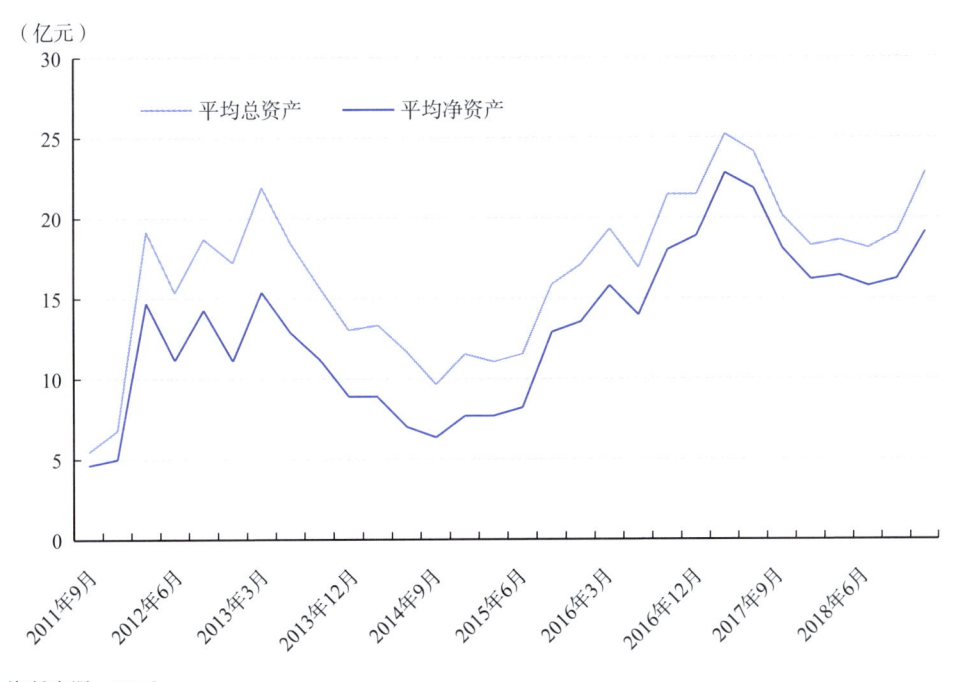

资料来源：Wind。

(二) 杠杆率

从图 22-17 来看,截至 2018 年 12 月 31 日,中长期纯债基金杠杆率为 1.19 倍(整体法)。纵向对比来看,目前的杠杆水平处于历史中位数位置。

图 22-17 中长期纯债型基金杠杆率

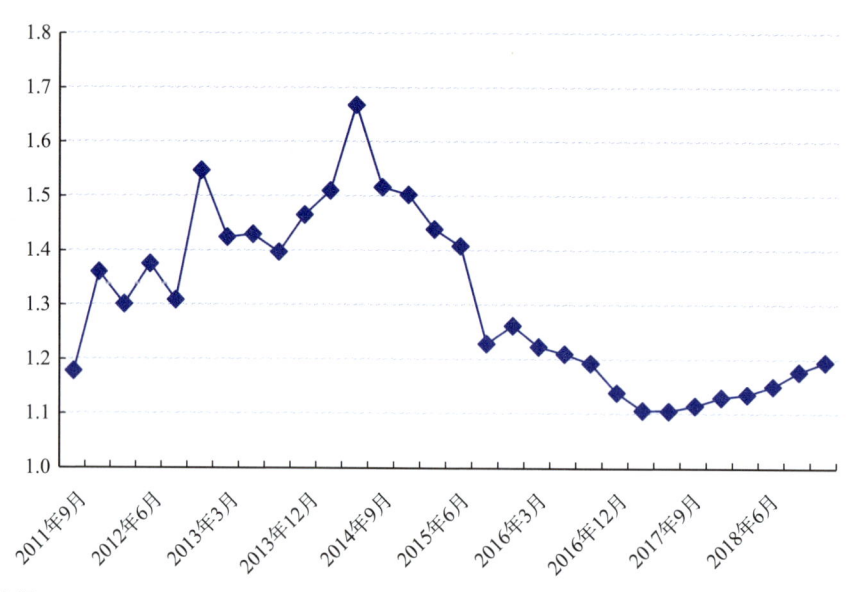

资料来源:Wind。

(三) 资产配置

大类资产配置方面,从图 22-18 来看,截至 2018 年 12 月 31 日,中长期纯债型基金的债券、银行存款和其他资产规模分别为 20 510 亿元、455 亿元和 969 亿元,占比分别为 93.5%、2.1% 和 4.4%。纵向对比来看,2018 年四季度末债券资产配置比例在历史高位,如图 22-19。

图 22-18 中长期纯债型基金大类资产配置占比(整体法)

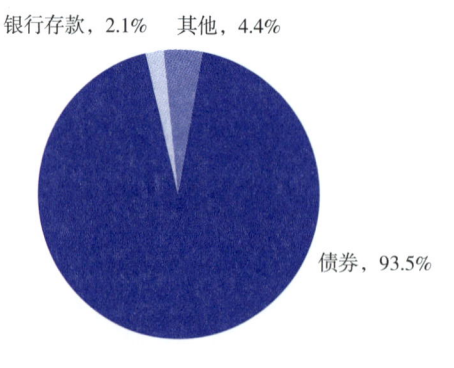

资料来源:Wind。
注:截至 2018 年 12 月 31 日。

图 22-19 中长期纯债型基金债券资产配置比例走势（整体法）

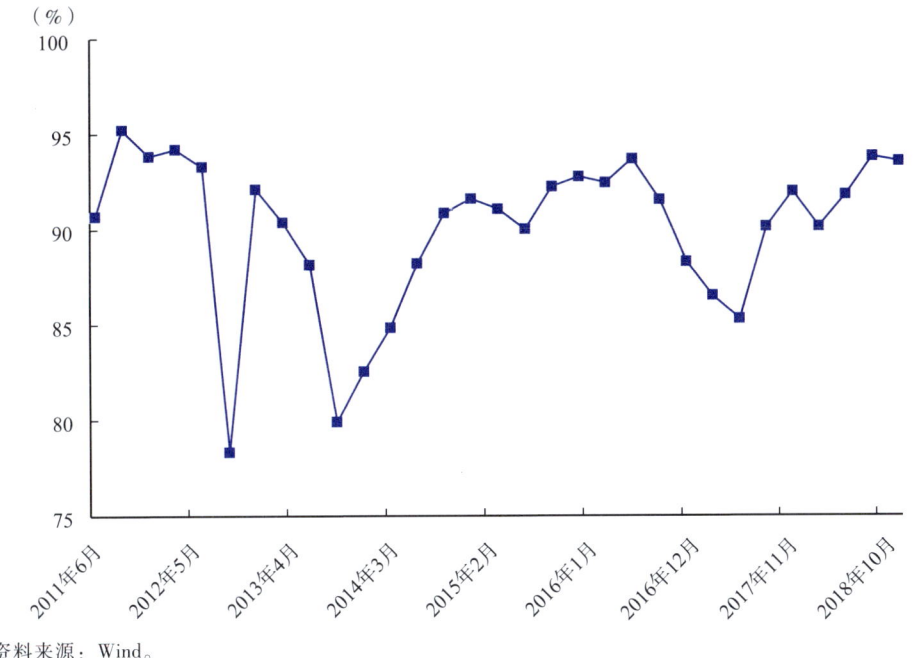

资料来源：Wind。

从具体债券品种来看，中长期纯债基金配置信用债占比最多，其次是政策性金融债。从图 22-20 来看，2018 年四季度中长期纯债基金企业债[①]占比约 47%、政策性金融债占比 33.1%、同业存单占比 5.7%、资产支持证券占比 1.4%、国债占比 1.4%。

图 22-20 中长期纯债型基金债券品种占比（整体法）

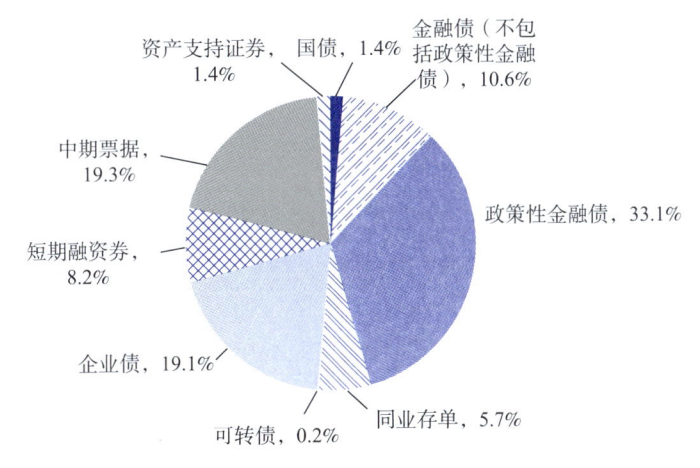

资料来源：Wind。
注：截至 2018 年 12 月 31 日。

---

① 这里的企业债是基金报告的用语，实际上包括了公司债、企业债、短融和中票。

第六篇 债券基金及其他

（四）中长期纯债基金业绩驱动因素分解

从图 22-21 中长期纯债基金的历史业绩来看，中长期纯债基金和债券市场涨跌相关度最大。2010~2018 年，中长期纯债基金季度收益率明显为负的三个时段：2011 年三季度、2013 年四季度和 2016 年四季度，都是债券收益率快速上行的时段。

图 22-21　中长期纯债型基金净值增长率

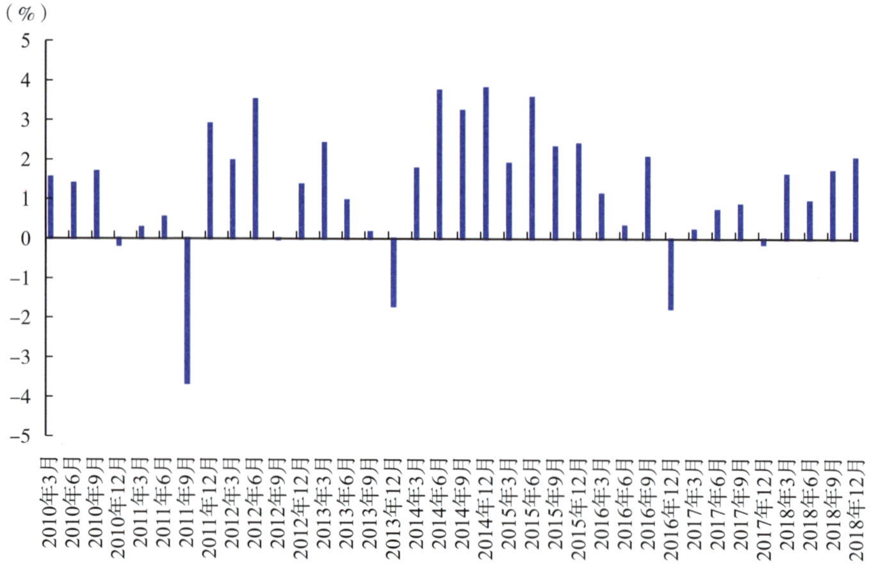

资料来源：Wind。

二、短期纯债型基金

短期纯债型基金简称短债基金，短债基金的投资范围和中长期纯债基金类似，但是短债基金对投资组合久期有要求，一般是不超过一年。由于久期的限制，所以短债基金某种程度上是货币基金的翻版。

在货币基金监管要求加强后，短债基金迎来了快速发展时期，2018 年 5 月后新发短债基金只数明显增加。截至 2018 年 12 月 31 日，已成立的短债基金共 48 只，具体见表 22-2。

表 22-2　短债基金列表

代码	名称	成立日期
070009.OF	嘉实超短债	2006-04-26
270043.OF	广发理财年年红	2012-07-19

续表

代码	名称	成立日期
040045.OF	华安添鑫中短债A	2012-12-24
000084.OF	博时安盈A	2013-04-23
000128.OF	大成景安短融A	2013-05-24
000394.OF	融通通源短融A	2014-10-30
002864.OF	广发安泽短债A	2016-06-17
002920.OF	中欧短债A	2017-02-24
004614.OF	鹏扬利泽A	2017-06-15
000792.OF	招商定期宝6个月	2017-06-16
004780.OF	招商招利一年	2017-08-17
004827.OF	平安中短债A	2017-08-23
005010.OF	金鹰添瑞中短债A	2017-09-15
004672.OF	华夏短债A	2017-12-06
005754.OF	平安短债A	2018-05-16
005992.OF	光大超短债A	2018-06-13
006076.OF	创金合信恒利超短债A	2018-08-02
000799.OF	民生加银家盈半年	2018-08-13
006073.OF	人保鑫瑞中短债A	2018-08-30
006360.OF	财通资管鸿益中短债A	2018-09-03
006389.OF	金鹰添祥中短债A	2018-09-19
000798.OF	民生加银家盈季度	2018-09-26
004667.OF	招商招财通A	2018-10-11
006434.OF	鹏华3个月中短债A	2018-10-17
006415.OF	银华中短期金融债	2018-10-19
006436.OF	浦银安盛中短债A	2018-10-25
006488.OF	富荣富开1-3年国开债纯债	2018-10-31
006519.OF	汇安短债A	2018-11-07
006319.OF	易方达安瑞短债A	2018-11-14
006517.OF	南方吉元短债A	2018-11-21
006542.OF	财通资管鸿利中短债A	2018-11-22
006516.OF	浙商汇金短债A	2018-11-22
006591.OF	广发景明中短债A	2018-11-29
006629.OF	招商鑫悦中短债A	2018-11-30
006597.OF	国泰利享中短债A	2018-12-03
006645.OF	银华安丰中短期金融债	2018-12-05

续表

代码	名称	成立日期
006662.OF	易方达安悦超短债A	2018-12-05
006387.OF	宝盈安泰短债A	2018-12-07
006545.OF	兴银中短债A	2018-12-07
006496.OF	银华安盈短债A	2018-12-07
006606.OF	泓德裕丰中短债A	2018-12-12
006646.OF	汇添富短债A	2018-12-13
006702.OF	国富恒嘉短债A	2018-12-19
005725.OF	国投瑞银恒泽中短债A	2018-12-19
004981.OF	新华鑫日享中短债A	2018-12-19
006677.OF	中银稳汇短债A	2018-12-19
006772.OF	汇添富丰润中短债	2018-12-24
006668.OF	华夏中短债A	2018-12-25

资料来源：Wind。

第五节 指数型债券基金

和股票类指数型基金相比，国内债券指数型基金发展较缓慢。截至2018年12月31日，共49只指数债券型基金（其中被动型指数基金47只，增强型指数基金2只），具体见表22-3。目前广发1~3年国开债是规模最大的指数型债券基金。

表22-3 债券指数型基金列表

代码	名称	成立日期	基金规模（亿元）	类型	跟踪指数
001021.OF	华夏亚债中国A	2011-05-25	59.3	被动型	iBoxx亚债中国指数
161119.SZ	易方达中债新综合A	2012-11-08	1.6	被动型	中债-新综合指数
160720.SZ	嘉实中证中期企业债A	2013-02-05	0.2	被动型	中证中期企业债指数
511010.SH	国泰上证5年期国债ETF	2013-03-05	5.7	被动型	上证5年期国债指数收益率
159926.SZ	嘉实中证中期国债ETF	2013-05-10	0.1	被动型	中证金边中期国债指数
000087.OF	嘉实中期国债ETF联接A	2013-05-10	0.1	被动型	中证金边中期国债指数
165809.OF	东吴中证可转换债券	2014-05-09	0.2	被动型	中证可转换债券指数收益率
511220.SH	海富通上证可质押城投债ETF	2014-11-13	23.3	被动型	上证可质押城投债指数

续表

代码	名称	成立日期	基金规模（亿元）	类型	跟踪指数
001512.OF	易方达3~5年期国债	2015-07-08	1.2	被动型	中债3~5年期国债指数收益率
160123.OF	南方中债10年期国债A	2016-08-17	0.9	被动型	中债10年期国债指数收益率
003376.OF	广发7~10年国开行A	2016-09-26	12.8	被动型	中债-7~10年期国开行债券指数收益率
003358.OF	易方达7~10年国开行	2016-09-27	15.4	被动型	中债-7~10年期国开行债券指数收益率
003429.OF	兴业中高等级信用债	2016-11-04	76.6	被动型	中证兴业中高等级信用债指数收益率
003814.OF	银华上证10年期国债A	2016-12-05	0.6	被动型	上证10年期国债指数收益率
003817.OF	银华上证5年期国债A	2016-12-05	0.6	被动型	上证5年期国债指数收益率
003083.OF	中融1~3年信用债A	2016-12-22	0.1	被动型	上海清算所银行间1~3年高等级信用债指数收益率
003079.OF	中融3~5年信用债A	2016-12-22	0.1	被动型	上海清算所银行间3~5年中高等级信用债指数收益率
003085.OF	中融0~1年中高等级A	2016-12-27	0.1	被动型	上海清算所银行间0~1年中高等级信用债指数收益率
003081.OF	中融1~3年中高等级A	2016-12-27	0.1	被动型	上海清算所银行间1~3年中高等级信用债指数收益率
004085.OF	工银国债（7~10年）指数A	2017-01-04	0.6	被动型	中债-国债（7~10年）总指数收益率
003987.OF	银华10年期金融债A	2017-04-17	0.9	被动型	中债-10年期国债期货期限匹配金融债指数收益率
003989.OF	银华5年期金融债A	2017-04-17	1.3	被动型	中债-5年期国债期货期限匹配金融债指数收益率
003932.OF	银华5年期地方债A	2017-06-01	0.6	被动型	中证5年期地方政府债指数收益率
003934.OF	银华10年期地方债A	2017-06-16	0.7	被动型	中证10年期地方政府债指数收益率
003996.OF	银华中债AAA信用债C	2017-06-21	0.8	被动型	中债-银华AAA信用债指数收益率
003995.OF	银华中债AAA信用债A	2017-06-21	0.8	被动型	中债-银华AAA信用债指数收益率

续表

代码	名称	成立日期	基金规模（亿元）	类型	跟踪指数
511260.SH	国泰上证10年期国债ETF	2017-08-04	19.4	被动型	上证10年期国债指数收益率
501101.SH	建信中证政策性金融债1~3年	2017-08-09	0.1	被动型	中证政策性金融债1~3年指数收益率
501105.SH	建信中证政策性金融债8~10年	2017-08-09	2.5	被动型	中证政策性金融债8~10年指数收益率
501106.SH	广发中证10年期国开债A	2017-11-15	0.9	被动型	中证10年期国开债指数收益率
511310.SH	富国中证10年期国债ETF	2018-03-19	0.3	被动型	中证10年期国债指数收益率
511290.SH	广发上证10年期国债ETF	2018-03-26	0.3	被动型	上证10年期国债指数收益率
005093.OF	中银中债7~10年国开债	2018-03-30	13.0	被动型	中债7~10年期国开行债券指数收益率
005623.OF	广发中债1~3年农发行A	2018-04-24	72.5	被动型	中债-1~3年农发行债券指数收益率
511280.SH	华夏3~5年中高级可质押信用债ETF	2018-05-03	0.6	被动型	上证3~5年期中高评级可质押信用债指数收益率
005581.OF	华夏3~5年中高级可质押信用债ETF联接A	2018-05-03	0.3	被动型	上证3~5年期中高评级可质押信用债指数收益率
006224.OF	中银中债3~5年期农发行	2018-09-19	86.6	被动型	中债3~5年期农发行债券指数收益率
006409.OF	富国中债-1~3年国开债A	2018-09-27	22.2	被动型	中债-1~3年国开行债券指数收益率
511270.SH	海富通上证10年期地方政府债ETF	2018-10-12	54.2	被动型	上证10年期地方政府债指数收益率
006491.OF	南方1~3年国开债A	2018-11-08	85.7	被动型	中债-1~3年国开行债券指数收益率
006484.OF	广发1~3年国开债A	2018-11-14	207.3	被动型	中债-1~3年国开行债券指数收益率
006493.OF	南方中债3~5年农发行A	2018-12-05	46.6	被动型	中债-3~5年农发行债券指数收益率
006473.OF	招商中债1~5年进出口行A	2018-12-05	48.1	被动型	中债1~5年进出口行债券指数收益率
006633.OF	博时中债1~3政策金融债A	2018-12-10	67.4	被动型	中债1~3年政策性金融债指数收益率

续表

代码	名称	成立日期	基金规模（亿元）	类型	跟踪指数
511020.SH	平安 5～10 年期国债活跃券 ETF	2018-12-21	11.4	被动型	中证平安 5～10 年期国债活跃券指数收益率
006727.OF	博时中债 3～5 进出口行 A	2018-12-25	58.1	被动型	中债-进出口行债券（3～5 年）总指数收益率
511030.SH	平安中债-中高等级公司债利差因子 ETF	2018-12-27	51.1	被动型	中债-中高等级公司债利差因子指数收益率
510080.OF	长盛全债指数增强	2003-10-25	0.8	增强型	标普中国全债指数收益率×92% + 标普中国 A 股综合指数收益率×8%
161826.OF	银华中证转债指数增强	2013-08-15	0.5	增强型	中证可转换债券指数收益率

资料来源：Wind。

第二十三章

上市交易型基金分级 A、B 浅析

第一节　分级基金基本介绍

一、分级基金概念——风险收益再分配的基金

分级基金是在普通基金基础上，通过条款设计对基金收益分配重新安排，一般形成两级风险收益特征具有差异的基金份额（分级基金示意图见图 23 - 1）。

提到分级基金，通常有三类份额，分别是母基金份额（基础份额）、优先份额（A 份额）和进取份额（B 份额）。

（1）母基金份额（基础份额）：优先份额和进取份额的综合，也即未拆分的基金份额，相当是普通基金份额。

（2）优先份额（A 份额）：母基金份额拆分后，获得相对固定约定收益的份额。

（3）进取份额（B 份额）：母基金份额拆分后，获取分配完优先份额约定收益后剩余的母基金收益的份额。

分级基金的实质是进取份额持有人向优先份额持有人融资，优先份额持有人获得相应的融资利息，而进取份额持有人获得投资杠杆。

图 23 - 1　分级基金示意

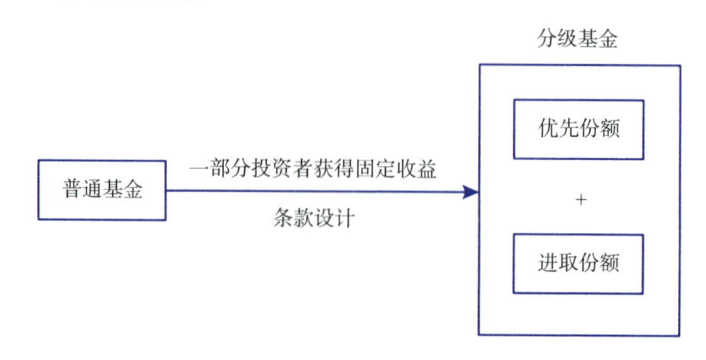

二、分级债券基金在国内的发展

2007年7月，第一只股票型分级国投瑞银瑞福分级基金成立。三年后，2010年9月，国内第一只债券分级富国汇利分级成立，募集资金30亿元（目前该分级基金已经到期），富国汇利分级基金情况见表23-1。

表23-1 富国汇利分级基金情况

基金代码	161014.OF	150020.SZ	150021.SZ
基金简称	富国汇利分级	富国汇利分级A	富国汇利分级B
成立时间	2010-9-10	2010-9-10	2010-9-10
募集份额（亿）	30.0	—	—
份额比例	70∶30	70	30
投资类型	混合债券型一级基金	—	—
投资比例	—	—	—
股权类资产	—	—	—
约定利率	—	两年期定期存款基准利率（税后）+利差=3.9%	—
募集方式	共同募集	—	—
发行渠道	场内外发行	—	—
分拆方式	自动分拆	—	—
运作类型	封闭型	—	—
存续期	三年	—	—
到期日期	2013-9-10	—	—
上市	—	上市交易	上市交易
上市时间	—	2010-10-8	2010-10-8
定期折算周期（月）	—	—	—
定期折算条款	—	—	—
向上触点折算条款	—	—	—
向下触点折算条款	—	—	—
是否配对转换	否	—	—
业绩基准	中债综合指数	—	—

资料来源：Wind。

从图23-2新发基金只数指标来看，国内分级基金的快速发展期是2012~2015年。

从分级基金的总规模指标来看,股票型分级基金更受投资者欢迎,尤其是跟踪指数的被动型股票分级基金。而债券型分级基金,历史上多数设置了到期条款,近几年多数已经到期清算或者转为 LOF 等其他类型的基金。截至 2019 年 3 月 14 日,分级基金共 130 只,其中债券型分级基金仅 10 只(3 只为主要投资可转债的基金,具体见表 23–2)。

图 23–2　债券型分级基金发行只数

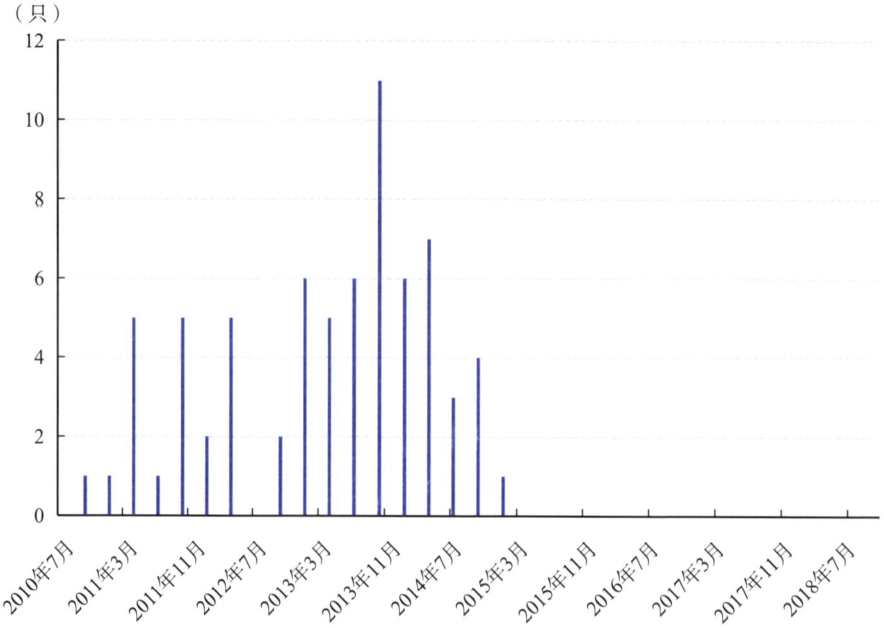

资料来源:Wind。

表 23–2　现存债券型分级基金

代码	名称
000091	信诚新双盈
000316	中海惠利纯债分级
000428	易方达聚盈分级
161826	银华中证转债指数增强
165809	东吴中证可转换债券
166021	中欧纯债添利分级
000674	中海惠祥分级
160217	国泰信用互利分级
160718	嘉实多利分级
161719	招商可转债

资料来源:Wind。

第二节　分级债基杠杆 B 驱动因素

根据基础份额或子基金份额是否开放申购赎回，分级基金可以分为完全开放型、定期开放、半开放型和完全封闭型 4 种，具体见表 23 – 3。其中，可上市交易的 A 份额和 B 份额，由于二级市场的存在，投资博弈性较强，笔者对它们单独分析。

表 23 – 3　分级基金按运作方式分类标准

	完全开放	定期开放	半开放	完全封闭
母基金	随时开放申购/赎回			不开放申购/赎回
A 份额	上市交易（不单独开放申购/赎回）	定期开放申购/赎回	定期开放申购/赎回	上市交易（不开放申购/赎回）
B 份额	上市交易（不单独开放申购/赎回）	定期开放申购/赎回	不开放申购/赎回（可上市或者不上市）	上市交易（不开放申购/赎回）

资料来源：Wind。

对于可上市交易的杠杆 B，它有两个价格指标，一个是交易价，另一个是净值价（也可以理解为理论价），在场内交易杠杆 B 最终需要关注交易价的涨跌。

以下是一个分级基金的简化案例：

初始杠杆率：7∶3；

A 份额的约定收益为 a%（年化）；

份额 B 可以上市交易；

问题：如果母基金上涨 c%，那么 B 份额交易价能上涨多少（b%）？

换算过程：

$$B 交易价 = B 净值价 \times (1 + 溢价率)$$

（如果溢价率大于 0，那么二级市场杠杆 B 的交易价大于理论价）

$$B 交易价涨跌幅 = B 净值涨跌幅 \times (1 + 溢价率_1)/(1 + 溢价率_2)$$

而 B 净值涨跌幅与母基金涨跌幅的理论关系是：

$$10(1 + c\%) = 7(1 + a\%) + 3(1 + b\%)$$

于是 $b\% = (10/3) \times c\% - (7/3) \times a\%$。

而 a% 的收益固定，如果时间较短，基本可以忽略。所以短期 B 净值涨跌幅 $b\% \approx (10/3) \times c\%$。

$$B 交易价涨跌幅 B\% \approx (10/3) \times c\% \times (1 + 溢价率_1)/(1 + 溢价率_2)$$

所以分析杠杆 B 涨跌，主要的关注变量是：母基金涨跌和溢价率变动。

从观察来看，对于分级债基杠杆 B 而言，母基金涨跌因素对杠杆 B 价格的贡献度通常小于溢价率变动因素，多数时候溢价率波动是最主导。但是，考虑到母基金涨跌又是影响溢价率变动的重要子因素，因此投资债券分级基金杠杆 B 的时点选择仍主要依赖于对该基金大势的判断。图 23-3 是可上市交易债券分级基金杠杆 B 影响因素分解图。

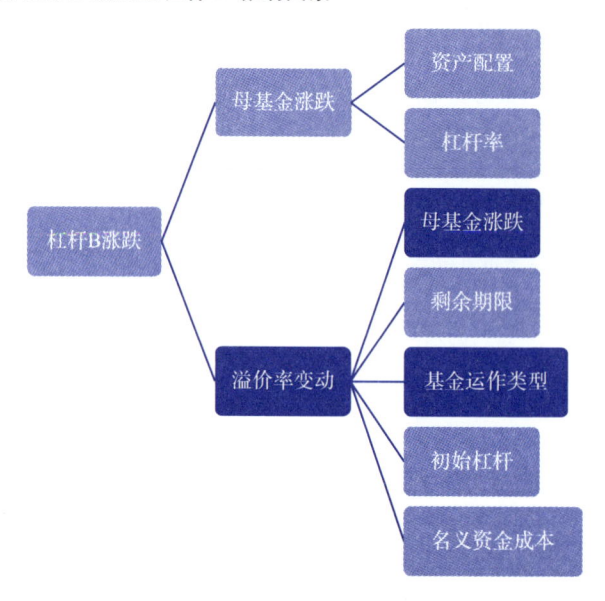

图 23-3　可上市交易债券分级基金杠杆 B 影响因素

一、分级债基杠杆 B 影响因素之一：母基金涨跌分析

（一）资产配置

对于债券基金来说，它的涨跌差异更多的将取决于大类资产配置比例。如果在权益牛市中能提高股票和转债的比例，那么债券基金的回报将明显提升。例如 2014 年四季度，转债品种涨幅明显超过权益和债券，那么投资转债比例较高的债基收益率大幅超过其他债基。

（二）杠杆率

实际运转中，债券基金与股票基金非常不一样的特点是，债券基金本身有杠杆率，即债券基金总资产通常大于净资产（根据《公开募集证券投资基金运作管理办法》，公募基金总资产不能超过基金净资产的 140%）。假设两个债券基金资产配置完全相同，那么杠杆率较高的基金净值波动较大。

二、分级债基杠杆 B 影响因素之二：溢价率变动分析

溢价率 = 交易价/净值 - 1。从历史观察来看，溢价率的影响因素有：母基金净值

涨跌、分级基金剩余期限、分级基金运作类型、初始杠杆及名义资金成本等。其中，母基金净值涨跌是决定份额 B 溢价率时间序列的最重要因素，分级基金运作类型是决定份额 B 溢价率中枢最重要因素。

（一）母基金净值涨幅

笔者观察到，如果母基金净值迅速上涨，那么溢价率也会放大，反之也成立。也即是说，溢价率与母基金净值正相关。具体例子见金鹰元盛、安信宝利以及招商可转债分级 B 溢价率和母基金净值的关系图（如图 23-4～图 23-9 所示）。

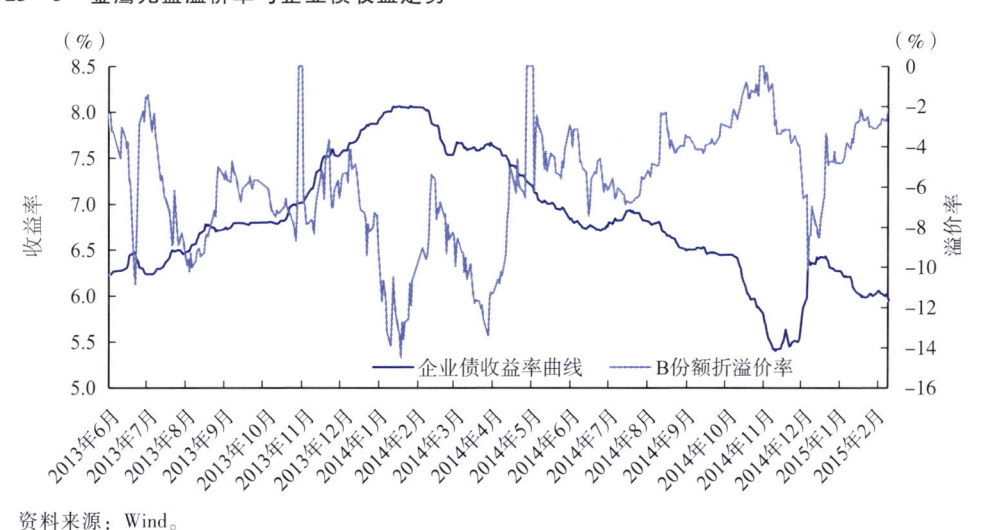

图 23-4　金鹰元盛溢价率与母基金净值走势

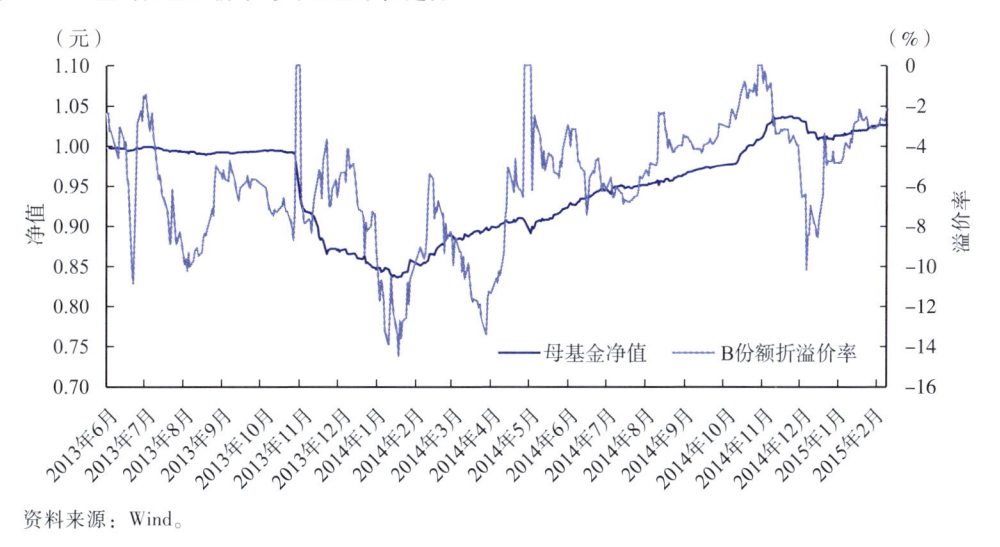

资料来源：Wind。

图 23-5　金鹰元盛溢价率与企业债收益走势

资料来源：Wind。

图 23-6　安信宝利溢价率与母基金净值走势

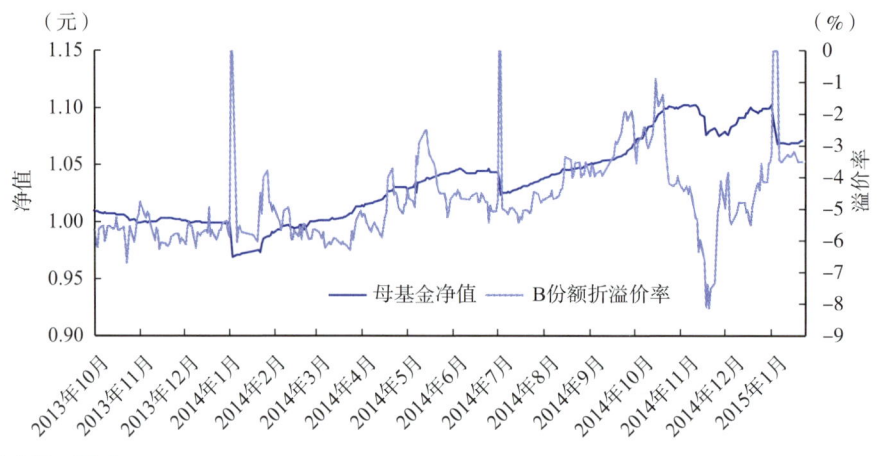

资料来源：Wind。

图 23-7　安信宝利溢价率与企业债收益走势

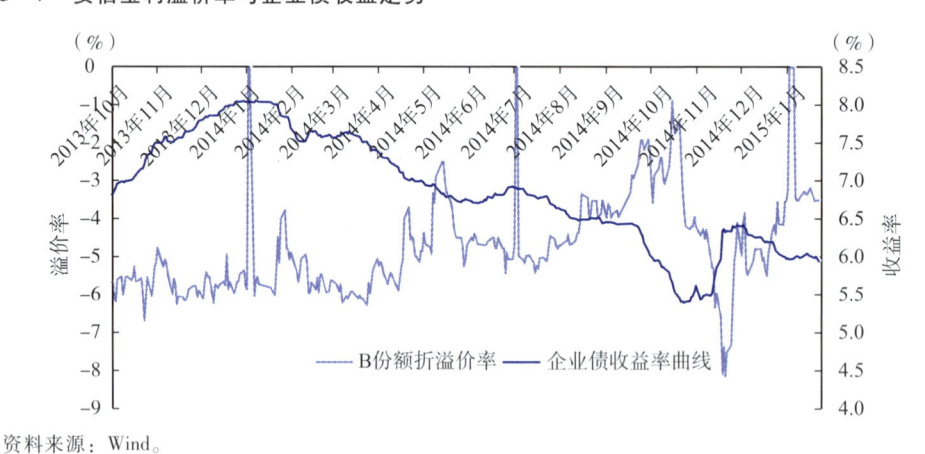

资料来源：Wind。

图 23-8　招商可转债溢价率与母基金净值走势

资料来源：Wind。

图 23-9 招商可转债溢价率与中标可转债指数走势

资料来源：Wind。

（二）剩余期限

随着分级基金到期日的临近，通常交易价会向净价收敛，溢价率向 0 靠近，如图 23-10 所示。而且，如果某分级基金是永续型，不存在到期日，那么通常 B 份额溢价率绝对水平偏高，例如可转债 B 和转债 B 级的溢价率中枢明显高于转债进取，见图 23-11。

图 23-10 大成景丰 B 到期日溢价率为 -0.45%

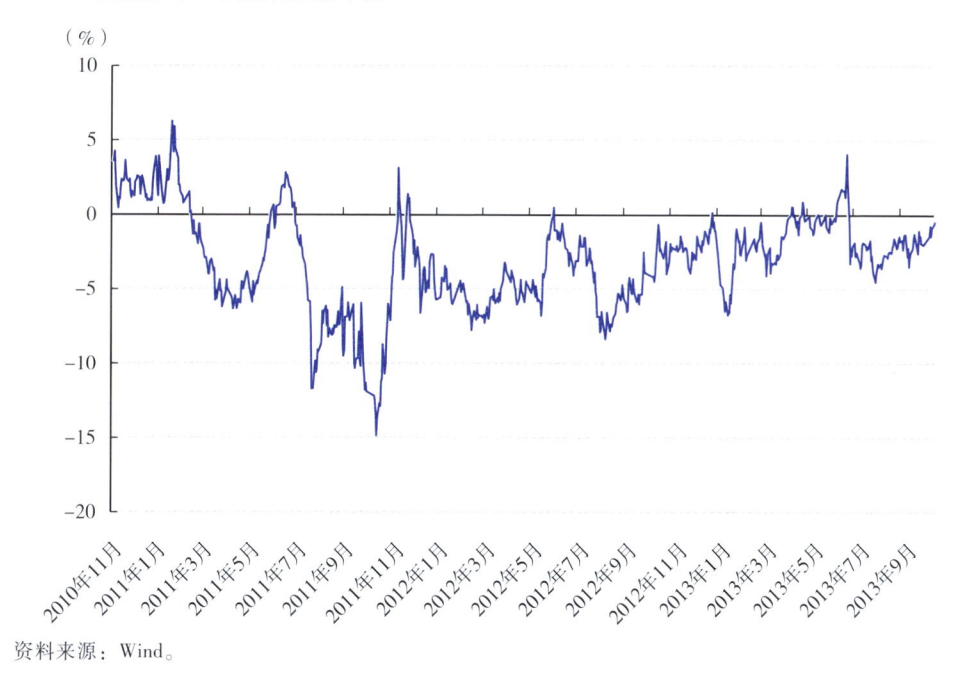

资料来源：Wind。

第六篇 债券基金及其他

图 23-11　可转债 B 和转债 B 级溢价率明显高于转债进取

资料来源：Wind。

（三）分级基金运作类型

对于封闭型分级债基和半开放型分级债基，可上市交易的份额 B 均不存在退出机制，所以交易价往往低于净价，出现折价现象，如图 23-12 所示。也即是说，与开放型分级债基份额 B 相比，完全开放型分级债基杠杆 B 溢价率见图 23-13，它们缺少了通过配对转换机制换成母基金来赎回本金这个方式，这一点与经典的"封闭式基金折价之谜"相通。另外，半开放型分级债基与封闭型相比，还存在着在定期开放日初始杠杆率重置的机会。

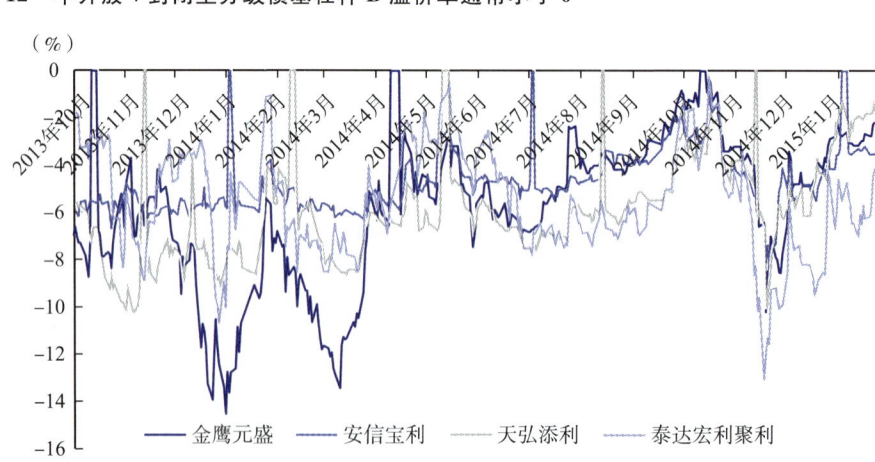

图 23-12　半开放+封闭型分级债基杠杆 B 溢价率通常小于 0

资料来源：Wind。

图 23-13　完全开放型分级债基杠杆 B 溢价率通常大于 0

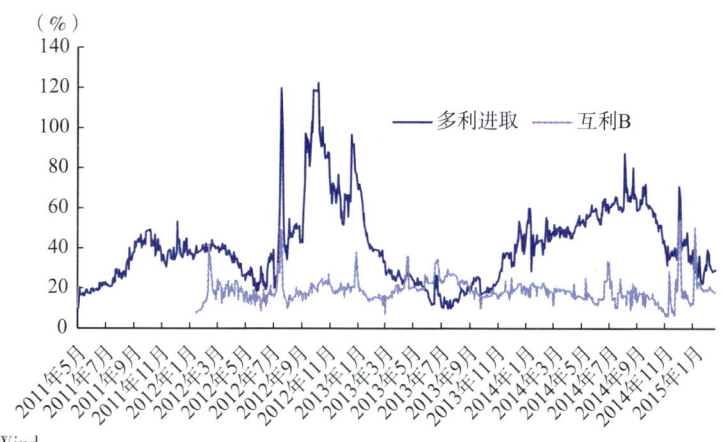

资料来源：Wind。

（四）初始杠杆

假设两个分级债基资产配置和条款设计相同，理论上初始杠杆比率高的分级债基的溢价率波动相对更大。而此前的分级债基中，初始杠杆设计通常是 7∶3，并无太大差异。

（五）名义资金成本

$$名义资金成本 = 优先约定收益率 + 管理费率 + 托管费率$$

名义资金成本是每份 B 份额融资成本和产品综合管理费用的总和。对于 B 份额而言，资金成本越高投资者愿意支付的溢价也越低。

三、总结

简单而言，上市交易债券分级基金的 B 份额是债券投资的放大器。而决定杠杆 B 涨跌的两个因子，一个是母基金涨跌，另一个是溢价率。但考虑到母基金涨跌又是影响溢价率变动的重要子因素，因此投资债券分级基金杠杆 B 的时点选择主要依赖于对该基金大势的判断。

第三节　类固定收益类产品
——上市交易型分级 A 驱动因素[①]

一、可交易分级 A 概览

上市交易型分级 A 指可以在交易所市场交易的分级 A，A 股中这类基金通常对应

---

①　2018 年 5 月，媒体报道分级基金最迟到 2020 年底清盘，所以本篇的分析仅适用于 2018 年 4 月底以前的市场。虽然分级基金可能会在市场上消失，但是笔者认为分级 A 这个类固定收益产品提供的研究价值较高，所以仍单独列为一节。

的母基金是被动指数型基金，采取完全开放或者完全封闭式运行。截至 2018 年 2 月 14 日，上市交易型分级 A 基金共 135 只，具体见表 23 - 4。

表 23 - 4　上市交易型分级 A 母基金类型分布

上市交易型分级 A 母基金类型	只数
被动指数型基金	121
增强指数型基金	3
可转债类基金	3
国际（QDII）股票型基金	2
偏股混合型基金	2
普通股票型基金	2
混合债券型二级基金	1
混合债券型一级基金	1

资料来源：Wind。

二、A 股上市交易型分级 A 特征

截至 2018 年 2 月 14 日，A 股上市交易型分级 A 总份额为 268 亿份，日均成交额 5 亿元左右。相比 2015 年高峰时期，上市交易型分级 A 的场内份额和成交额均明显下降。

从图 23 - 14 来看，根据利率规则的不同，A 份额分为约定收益类和未约定收益类。现在上市交易型分级 A 中，主流是约定收益型，非约定收益型仅 2 只（瑞和小康、合润 A）。然后约定收益型类型中，又细分为固息类和浮息类，其中浮息是主流。

图 23 - 14　上市交易型分级 A 利率规则分布

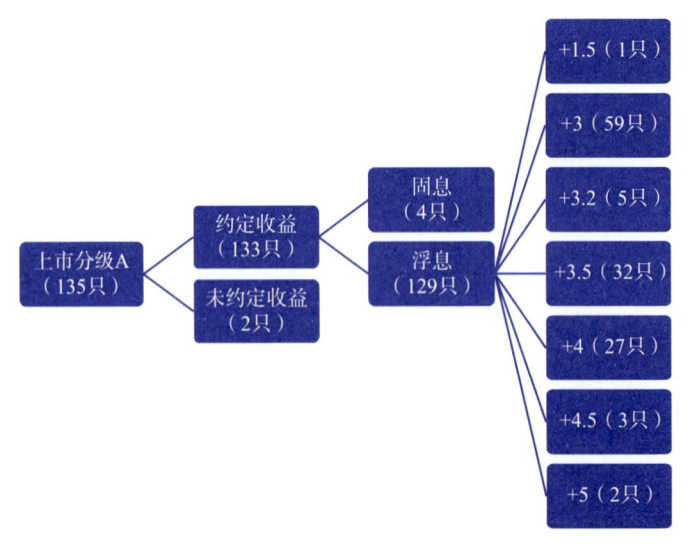

资料来源：Wind。

另外，按照母基金是否有到期日，又分为永续型和有到期期限型两种。存量 135 只上市交易型分级 A，仅 2 只为有到期期限型，具体见表 23-5。

表 23-5 有到期期限的上市交易分级 A 列表

代码	基金简称	成立日期	到期日期
150106	中小 A	2012-09-20	2019-09-20
150135	国富 100A	2015-03-26	2020-03-26

资料来源：Wind。

三、分级 A 价格驱动因素

笔者挑选了市场上场内份额大于 5 亿元的 13 只分级 A，比较它们历史上隐含收益率走势，具体见图 23-15。初步结论如下：

（1）2015 年以来，分级 A 数量快速增多，但各品种分级 A 隐含收益率波动趋势较一致。

（2）虽然各品种隐含收益率的波动趋势一致，但是绝对水平长期存在 0~1.5% 以内的差距。

（3）绝对水平差异的主要影响因素——利率规则，如固息和浮息、浮息的利差水平。

（4）深成指 A、H 股 A 的条款特殊也影响了它们的隐含收益率绝对水平。

图 23-15 场内活跃分级 A 隐含收益率走势

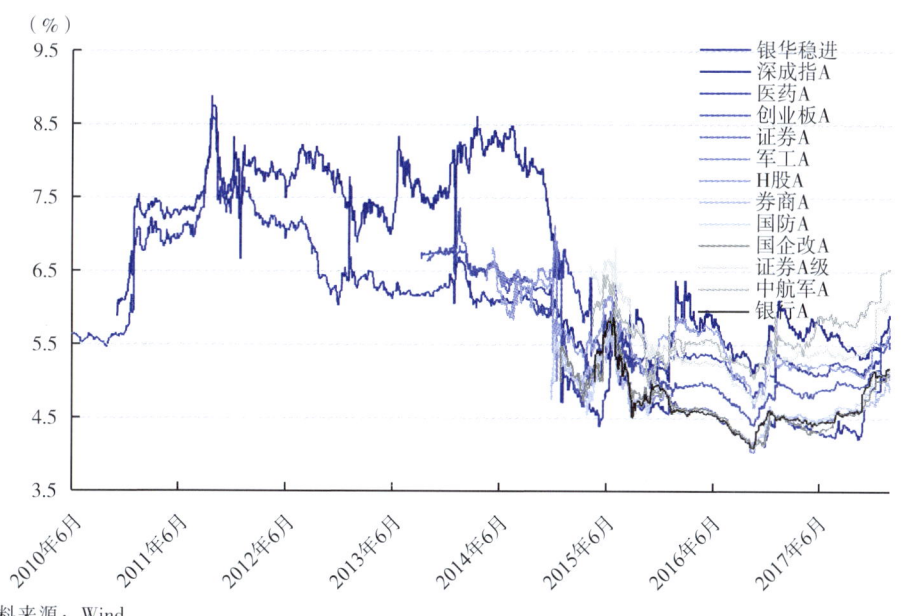

资料来源：Wind。

注：永续型分级 A 隐含收益率计算公式 Y = R/P（R 为下期利息，P 为当期价格）。

(一) 方向决定因素：全社会融资成本

事实来看，分级 A 为典型的固定收益类产品，隐含收益率的波动方向与母基金的具体类型相关性较小。决定分级 A 隐含收益率波动方向的是全社会融资成本。

以被动指数型基金为例，不管标的指数为何，是券商类，还是创业板，其分级 A 的隐含收益率均存在相似性（见图 23 - 15）。这种相似性表现在两方面，一是波动趋势较一致，二是绝对水平也相差不大。

比较分级 A 隐含收益率和银行间 5 年期 AA 中票收益率走势，2010 年下半年 ~ 2017 年底，两者走势长期存在相似性（笔者选取存续期较长的银华稳进和创业板 A 为分级 A 代表，具体见图 23 - 16 和图 23 - 17）。首先，2010 年下半年 ~ 2012 年上半年，两者均完成了一个完整的牛熊周期，收益率最高点出现在 2011 年 9 月底。其次，2014 年开始，两者再度经历了同样的牛熊周期，其中 2016 年 9 月是本轮周期的最低点。再次，虽然 2015 年上半年股市大幅走牛，分级 A 隐含收益率在 4 ~ 6 月出现了短周期的直线上行，但是 7 月和 8 月很快回落。另外，2013 年，分级 A 隐含收益率较平稳，但是中票收益率波动较大，可能与当年债券市场受"钱荒"影响较多有关。

图 23 - 16　银华稳进隐含收益率和 5 年期 AA 中票收益率走势

资料来源：Wind。

图 23-17 创业板 A 隐含收益率和 5 年期 AA 中票收益率走势

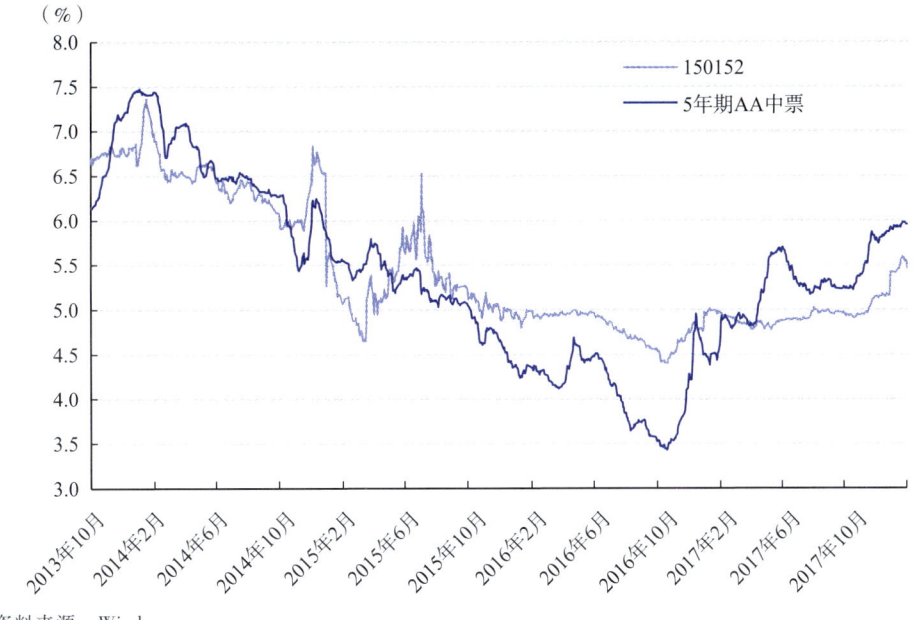

资料来源：Wind。

笔者认为，分级 A 隐含收益率与银行间中票走势相似，这两者背后的决定因素应存在一致性。对于传统债券来说，价格由供需决定，供给主要是货币供给，需求主要是企业利润率。而对于分级 A，供给影响也是货币供给，而需求，短期来看是场内资金对标的股票的追逐，长期也应是标的股票企业的利润率。

（二）幅度决定因素：利息 + 母基金涨跌趋势

影响各分级 A 隐含收益率绝对水平的因素分为两类，一类是利息的取得（与传统债券类似，一般长期内保持不变），包括利率规则，上、下折条款等；另一类是母基金的涨跌趋势。

1. 利息因素：固/浮、浮动利率点差大小、到期期限、信用风险。

（1）固/浮、浮动利率点差大小。证券 A 级、证券 A 和券商 A 这三只均为券商类分级 A（具体要素见表 23-6），券商 A 和证券 A 近些年走势高度相同，而证券 A 级则与这两者趋势相对一致，但是幅度相差较大（见图 23-18）。比较这三个分级 A 的条款，隐含收益率长期较高的证券 A 级的利息规则是固息（6%），这一绝对水平明显高于其他两只浮息的下一期利率（4.5%）。总的来看，由于证券 A 级每期获取利息明显高于另外两只分级 A，而且它相当于是固息债（在降息周期中，固息债优于浮息债），所以隐含收益率较高。

表 23-6　证券 A 级、证券 A 以及券商 A 要素比较

代码	名称	到期日期	场内份额（万份）	成交金额（万元）	利率规则	本期约定收益率（%）	下期约定收益率（%）	下一定折日	跟踪指数	A：B
150171	证券 A	永续	151 095	4 152	+3.00%	4.50	4.50	2018-03-14	399707.SZ	50：50
150235	券商 A 级	永续	148 669	24	+3.00%	4.50	4.50	2018-11-01	399975.SZ	50：50
150223	证券 A 级	永续	134 538	4 157	固息6%	6.00	6.00	2018-12-14	399975.SZ	50：50

资料来源：Wind。

图 23-18　证券 A 级、证券 A 以及券商 A 隐含收益率走势

资料来源：Wind。

另外，笔者也观察到另外两条规律：一是虽然跟踪指数相差较大，但是相同利率点差的分级 A 隐含收益率绝对水平相差较小（见图 23-19）；二是不同浮息点差的分级 A，点差越高，隐含收益率越高（见图 23-20）。

（2）到期期限。到期期限对分级 A 相当于债券的久期概念，永续类分级相当于永续债券。在向上的利率期限结构背景下，永续类分级 A 隐含收益率高于有到期期限品种，这里不再赘述。存量上市交易分级 A 中，永续类产品是绝对的主流。

（3）信用风险：无下折条款违约风险较大。多数存量分级基金具备下折条款，即当分级 B 份额的基金参考净值跌至某一价格（0.25 元）时，基金进行不定期份额折算，分级 A 和分级 B 净值均归1元。下折条款事实上是对分级 A 投资者的保护，

图 23-19 利率规则为"+3"的场内分级 A 隐含收益率走势

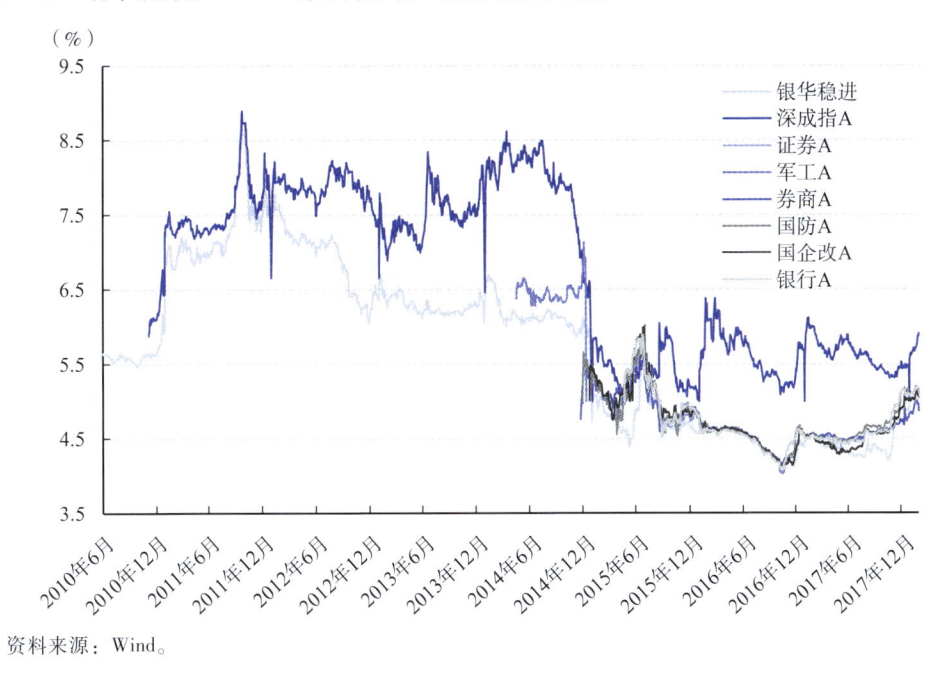

资料来源：Wind。

图 23-20 各种浮息点差场内分级 A 隐含收益率走势

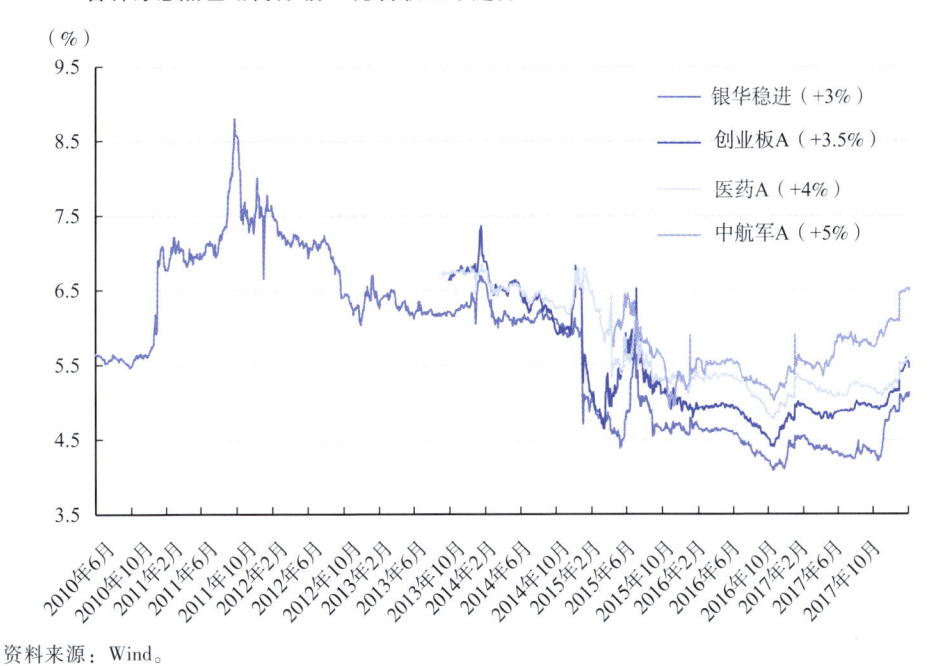

资料来源：Wind。

使得分级 B 投资者较难出现无还款能力的情形。这一点类似于传统债券的信用违约风险。因此，无下折条款的分级 A，由于违约风险较高，隐含收益率也应该较高。同时当无下折条款的分级 B 净值越靠近 0 时，违约风险越大，隐含收益率也越高。

现实中的典型例子是深成指 A 和 H 股 A。从图 23-19 可以看到，同为浮动利息、点差 +3 的品种，但是深成指 A 的隐含收益率明显高于其他品种。

2. 母基金的涨跌趋势。

以 2018 年开年后——春节前的股市为例，笔者试着分析母基金对分级 A 的影响。此期间，A 股存在明显的波动，以上证 50 和创业板为代表的大小票走势分化加剧。

从图 23-21 和图 23-22 来看，2017 年四季度~2018 年 1 月，上证 50 指数稳步上涨，而创业板指数震荡中下跌，两者走势背离明显。但分级 A 上证 50A 和创业板 A 趋势较一致（上证 50A 和创业板 A 的基本要素见表 23-7），均表现为隐含收益率上行，这也说明母基金指数的涨跌对分级 A 隐含收益率最终走势无决定性影响。

同时，由于 2017 年下半年开始，上证 50 指数涨幅明显高于创业板指数，上证 50A 隐含收益率上行高于创业板 A，使得两者之间的利差明显缩窄，具体见图 23-23 和图 23-24。

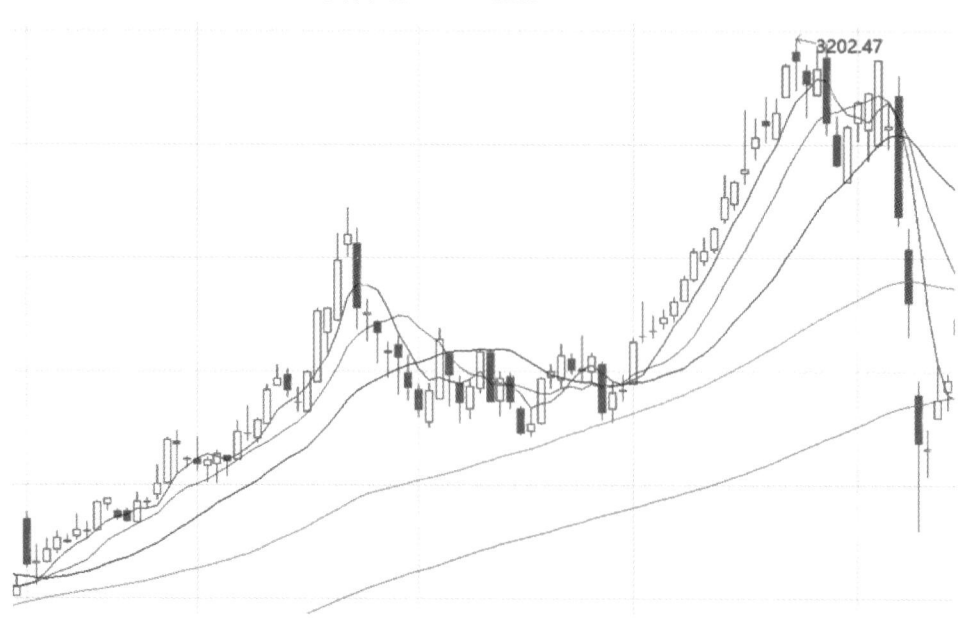

图 23-21　2017 年四季度~2018 年春节前上证 50 走势

资料来源：Wind。

图 23 – 22　2017 年四季度至 2018 年春节前创业板指数走势

资料来源：Wind。

表 23 – 7　上证 50A 和创业板 A 要素对比

代码	名称	到期日期	场内份额（万份）	成交金额（万元）	利率规则	本期约定收益率	下期约定收益率	下一定折日	A∶B
502049	上证 50A	永续	12 366	528	+3.00%	4.50	4.50	2018 – 04 – 16	50∶50
150152	创业板 A	永续	389 060	4 813	+3.5%	5.00	5.00	2019 – 01 – 02	50∶50

资料来源：Wind。

对于母基金涨跌趋势对对应分级 A 绝对水平的影响较容易理解，当母基金出现了明显上涨趋势时，融资买入母基金（购买分级 B）的需求会明显增加，愿意支付的融资利率也出现相应的上涨。

（三）总结

从国内近些年上市交易型分级 A 运行来看，虽然母基金是股票型基金，但是分级 A 的固定收益类属性明确。而对于主流的永续型分级 A，相当于永续债券。

投资于现存分级 A，主要考虑三个问题：一是隐含收益率的走势（主要变量是全社会融资成本及母基金的涨跌趋势，前者占主导）；二是配置价值，即隐含收益率的绝对水平；三是违约风险，是否有下折条款、无下折条款的分级 B 净值水平。

图 23-23　上证 50 分级 A 和创业板分级 A 隐含收益率走势

资料来源：Wind。

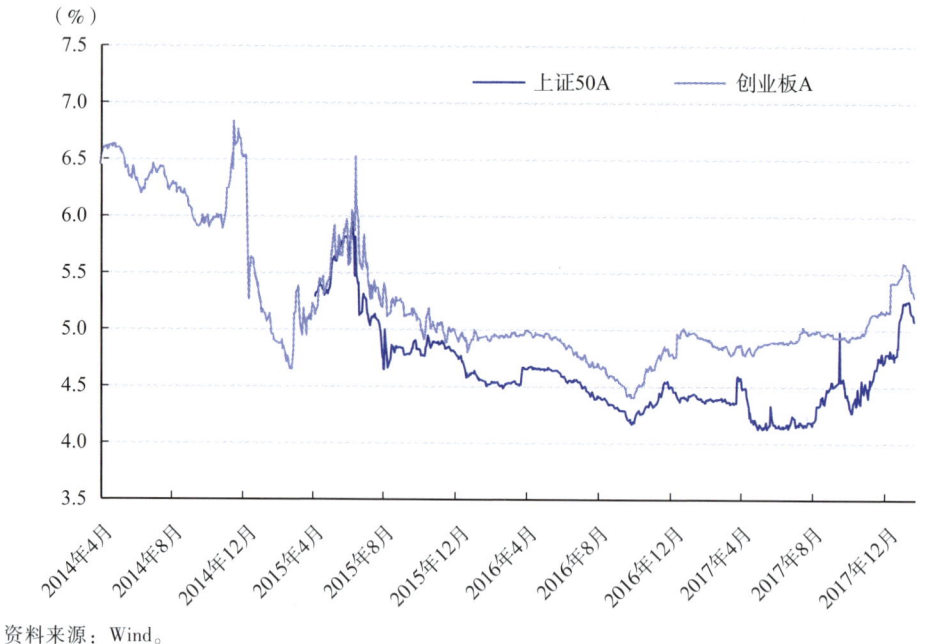

图 23-24　上证 50 分级 A 和创业板分级 A 隐含收益率利差走势

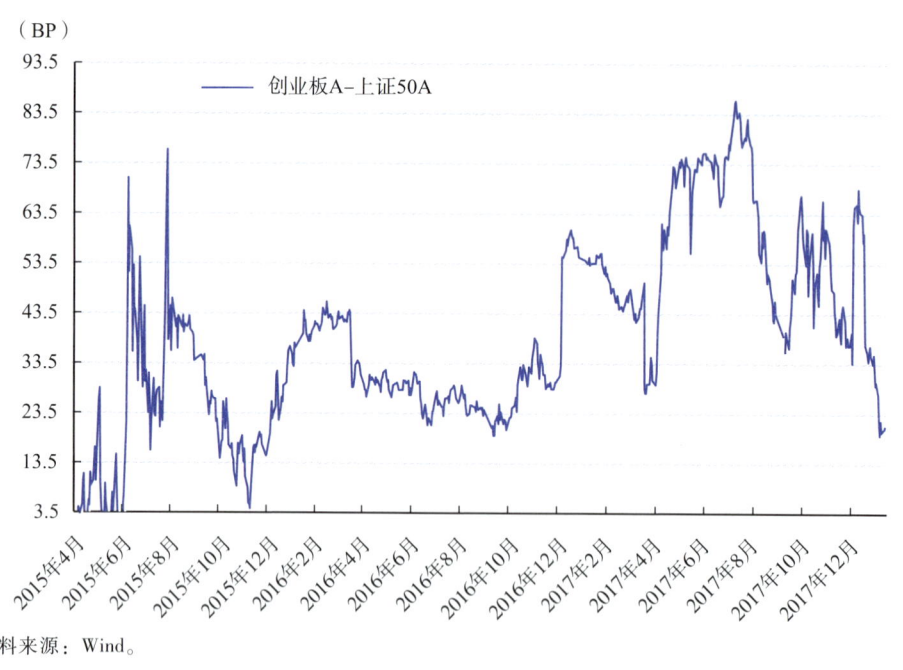

资料来源：Wind。

第七篇
随笔与漫谈

第二十四章

信用风险演变的两个逻辑要点

理论上来说，导致企业债务违约的原因可以分为两类：一类是企业资不抵债；另一类是现金链断裂。

当然，这两类并不完全独立，现金流断裂的企业后来也可能资不抵债，资不抵债的企业多数现金流断裂。笔者这么区分，主要是因为现实中，往往很多企业在离资不抵债阶段较远时，单单就因为现金流断裂发生债务违约。另外中国也存在一些企业，可能早已经达到资不抵债的程度，但是由于外部融资渠道的支撑，也能长期维持、不发生债务违约。

一、个体层面双管齐下

对于资不抵债类的违约，笔者认为提前预警的手段主要是两步：第一步观察企业的资产负债表，衡量短期偿债能力和长期偿债能力；第二步预测企业的利润变化，监测利润表的变动。

而现金流断裂类的违约，触发因素非常多样化，比较常见的是企业本身内部现金流一般，再叠加外部融资环境急剧变化。提前预防的手段也是分步走：第一步观察企业现金流量表，衡量企业用现金偿还债务的能力；第二步是预测外部融资环境的变化，判断企业筹资能力的变动。

比较来看，在较短期时间内，上述步骤中最容易发生变化的变量是外部融资环境，然后是利润。企业自身资产负债表和现金流量表的变化相对较慢。也正是因为这个特点，现金链断裂类的违约可预见性明显低于资不抵债类。

在实际投资单个信用债时，笔者建议同时从上述两个角度去衡量企业的违约风险。

二、行业以及宏观层面分清主次

如果从微观层面往上抽象，到中观行业层面以及宏观层面来分析总体信用风险时，在较具体的一段时间内，笔者认为需要对上述两种风险分出主次，才能更好地把握住投资机会。下面笔者举几个例子简要说明。

在行业层面上，有两个较典型的案例：

1. 城投债。

城投债这个品种，实质上的借债主体是地方政府。和一般的企业相比，地方政府破产的可能性明显偏低，清算的可能性很小，理论上信用风险应该较低。但是由于城投债是历史产物，法律上的融资主体是地方融资平台，并不是地方政府。在中央政府和地方政府的博弈中，地方融资平台的外部融资环境常常变化较大。

回顾过去十年，主导城投债相对利差的变量主要就是外部融资政策。2014年10月国发43号文出台后，后续的演变是最好的证明。

从城投债这个品种诞生起，如何分析它的信用风险就一直存在争议。是购买资产负债表较优秀的城投债？还是应该购买和地方政府关系更密切的城投债，如购买当地政府唯一的城投平台所发行的债券？

到了2014年《国务院关于加强地方政府性债务管理的意见》（国发43号文）出台后，债券市场对这个问题的关注度达到顶点。2014年10月到2015年上半年，寻找已经纳入政府债务的城投债、购买资产负债表较好的城投债、购买城投公司产业化后能够靠自身经营存活的城投债相继成为最流行的投资逻辑。

2015年置换债推出后，从地方政府置换债置换城投债务的情况来看，最后的结果和投资者预想的大相径庭：信托、贷款等非标债务是置换的主要类型；越是没有经营收益、自身偿债能力越差的城投公司，存量债务被置换的可能性越大；越是成本高的城投债，越可能被地方政府置换债偿还。

所以事后来看，这些年投资城投债这个品种就应该一直抱紧现金链条这个逻辑，主要从城投公司的外部融资环境去判断：当年中央政府对地方政府融资的政策导向、当地政府和银行对城投公司的融资支持情况等。

2. 过剩产能产业债。

从资不抵债的逻辑出发，2016年初的过剩产能产业债并不是一个好的投资品种。但是2016年初，八部委出台了《关于金融支持工业稳增长调结构增效益的若干意见》，支持过剩产能行业进行供给侧结构性改革。而从一到两年的投资周期来看，笔者认为外部融资环境的支持对企业债券是否违约非常重要。所以在中央表态非常明确后，现金链逻辑就应该成为投资的主线。笔者当时也基于这个判断开始推荐外部评级AAA的钢铁债，事后来看当时也恰好是过剩产能产业债这波超额收益的起点。

在宏观层面，2018年是一个非常好的例子。对于大多数信用债投资者而言，2018年信用债市场的违约数量、信用风险发酵程度都大幅超出了年初的预期。

站在2017年底展望2018年信用环境时，度过经济向好的2017年，多数发债企业特别是过剩产能行业企业的利润表均大幅改善，资产负债率有所下降，投资者判断信用债的整体偿债能力较前几年增强。

但是从2017年四季度开始，社会融资总量增速快速下滑，银行表外融资渠道增量下降并一度进入负增量状态，企业外部融资环境明显恶化，处于融资链末端的民营企业、投资需求较大的企业，由于现金链断裂最终大批量债券违约。

因此，事后来看，2018年外部融资环境这个变量特别突出，其他变量在次要位置，外部融资环境恶化掩盖了企业偿债能力提升。

第二十五章

中国信用债各评级估值曲线的纵向可比性

以中债估值为例，现存国内信用债的估值曲线是按照评级分类，通过每天成交的个券来拟合出最新的估值曲线。

但是值得注意的是，中债估值曲线的评级划分并不是评级公司的外部债项评级，它叫作"中债市场隐含评级"。中债市场隐含评级指中债市场隐含评级—债券债项评级，中债市场隐含评级—债券债项评级是中债金融估值中心有限公司综合市场价格信号、发行主体公开信息等因素得出的动态反映市场投资者对债券的信用评价。

从已披露的数据来看，2016 年至今，中债市场隐含评级低于评级公司评级的债券占比持续上升，2016 年底、2017 年 6 月末、2017 年底、2018 年 6 月末、2018 年底分别为 41%、45%、55%、57%、62%，具体见图 25-1。这意味着，假如评级公司的评级标准相对稳定，那中债市场隐含评级阶段内和评级公司评级的差异在拉大。

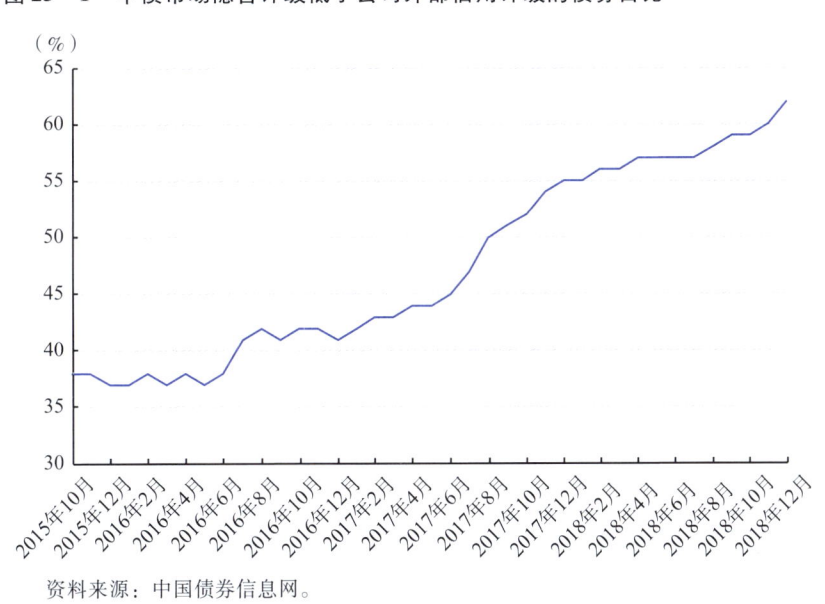

图 25-1 中债市场隐含评级低于公司外部信用评级的债券占比

资料来源：中国债券信息网。

对比以外部评级划分的收益率曲线和中债曲线（图 25-2 和

图25-3),也能发现:

(1) 中债曲线衡量的2017年熊市中低等级收益率高点明显低于2011年和2013年,但是外部评级收益率曲线刻画的高点已经和2011年相近。

(2) 2017年熊市各等级外部评级收益率曲线分化明显高于中债估值曲线。

也即是说,2017年以来中债市场隐含评级和外部评级结构上出现了明显的差异。

图25-2 各等级信用债收益率走势(基于外部评级)

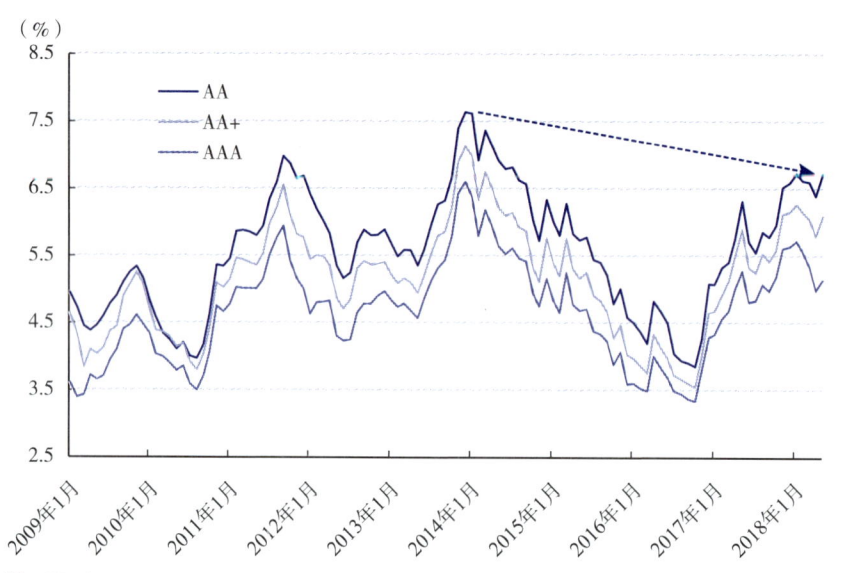

资料来源:Wind。

图25-3 各等级信用债收益率走势(中债到期收益率曲线)

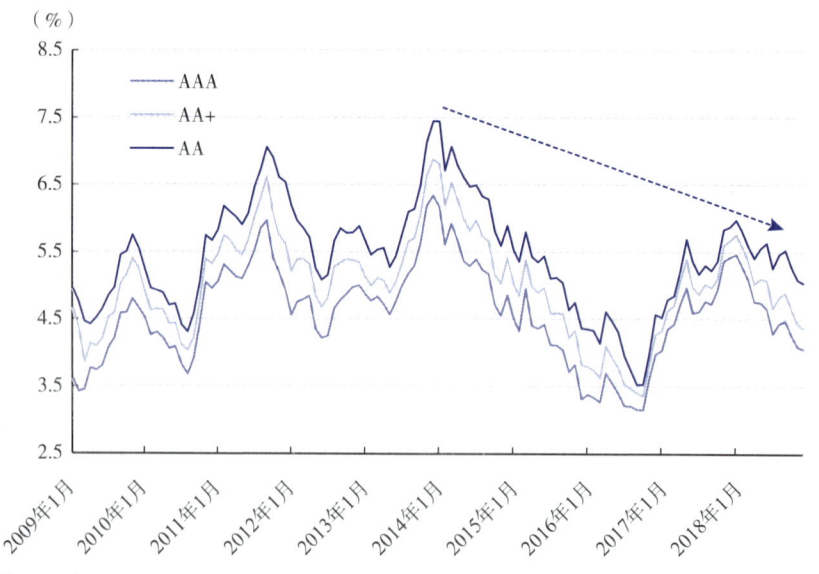

资料来源:Wind。

怎么理解2017年熊市的这种明显的差异？笔者个人猜测：2017年底，某只个券收益率上行了100BP，但是归纳到估值曲线中时，这只个券从AAA的样本下滑到了AA+，所以这只个券收益率的变化对估值曲线的影响就没有外部评级的这么明显。

按照这个假设，会引申出一个问题：10年后的AA曲线和10年前的AA曲线的可比性如何？因为10年后AA曲线的样本券和10年前的样本券已经发生了明显变化。这对于做研究工作来说，纵向可比性并不好。

当然，样本券全部发生变化的概率是很低的。但是，对于个别行业来说，上述这种变化非常明显。2015~2016年，过剩产能行业（如钢铁债和煤炭债）债券隐含评级就曾经出现过大面积的迁移。在行业产能过剩，需求持续下滑的背景下，这些行业中的企业经营持续恶化，相关债券被投资者抛弃，到2015年底绝大多数外部评级AAA的钢铁债中债隐含评级都归为AA或者更低。2016年以后，相关行业反转，行业中企业的盈利快速好转，偿债能力增强，相关债券也受到了投资者追捧，这些债券的中债市场隐含评级也逐渐上移。

最后，对于上述疑虑，笔者暂时也没有解决办法。从研究的角度，笔者更多的是对估值曲线进行多维度的描述，用底层的个券估值数据，从行业、外部信用评级、企业属性等多角度的全方位观察市场。

第二十六章

关于信用利差历史上的一些争论

笔者刚入行的时候，业界对中国信用债一直有一种言论：中国信用债是畸形的。持续的刚性兑付、零违约的局面下，中国的信用利差并没有反映违约风险，它的定价是错误的。根据经济学理论，经济变差时，信用利差应该扩大。

2013年笔者构建信用债投资框架时，对相关问题仔细思考后，提出了流动性溢价主导投资级信用利差波动这一观点。后来在很长一段时间的沟通交流中，这个观点获得的认同度都有限。这些年过去后，再重新审视这个曾困扰笔者很多年的问题，笔者发现，随着违约的到来，这个问题已经不攻自破。

笔者还清晰地记得，打破债市零违约的11超日债是2014年3月4日晚间发的公告，因为笔者当时的观点是投资级信用债信用利差属于流动性溢价主导，而我们团队对2014年上半年的债市特别看好，所以笔者推荐投资者买入信用债。当超日太阳违约最终成为现实，验证的时刻也来临了，笔者怀着忐忑和期待的心情等着第二天债市开盘。

第二天早盘，债市先下后上。对于超日债违约事件，利率债的交易逻辑是信用债违约有利于无风险利率下行，所以当天开盘后长久期利率债曾小幅下行，但是那段时间利率债经过年初以来的快速下行后本身就进入了回调期，很快获利回吐全天利率上行，2014年3月5日10年期国债收益率上行1.5BP，10年期国开债上行10BP。而信用债方面，银行间总体也是担心久期风险，收益率跟随利率债上行。对超日太阳违约事件反映较明显的主要是交易所的部分高收益债，例如11华锐01（-0.85%）、12中富01（-1.94%）和12湘鄂债（-1.67%）。总体来看，首次违约发生后的债市运行并没有发生明显的变化，11超日债违约对市场影响有限。

11超日债之后，2015年又陆续有12湘鄂债、11天威MTN2、

12中富01等公募债券发生违约,而从债券二级市场的反应来看,单个违约事件对大部分信用债的冲击越来越弱,投资级信用债信用利差和国债的正相关性依然较显著。

另外,笔者认为,和我国股票市场相比,我国债市的市场化程度相对较高。前些年债市缺乏违约除了行政方面的原因外,有两点原因不可忽视:一是中国信用债市场快速发展的前几年,通过债券市场融资的企业多数都是信用资质相对较好的企业。而不管在哪个国家,高等级债券的违约率都明显低于其他;二是2012年以前,中国经济持续高速发展,GDP同比增速长期保持在10%左右,相应的国内大型企业的经营状况也明显好于2012年以后。

而2012年开始,"保八""产能过剩""四万亿后遗症"等关键词层出不穷,中国经济增速快速下滑。另外,经过较长时间摸索后的信用债直接融资渠道快速扩容,越来越多信用资质一般的企业进入这个市场。对比2009年存量信用债的债项评级分布和当前的评级分布(见图26-1和图26-2),可以较清晰地看到这一点。2009年底,外部评级AAA的信用债只数占比接近50%;而2018年5月时,AAA占比仅25%。剔除无评级债券样本后,2009年底外部评级AAA信用债只数占比为49.2%,2018年5月时为36.5%,AAA级别品种占比也下降较多。笔者认为,在上述两方面的共同作用下,国内债市违约率上升也是自然而然的事情。

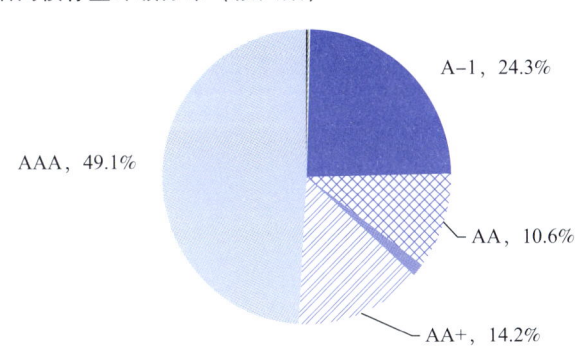

图26-1 2009年底信用债存量评级分布(按只数)

资料来源:Wind。

图 26 – 2 2018 年 5 月信用债存量评级分布（按只数）

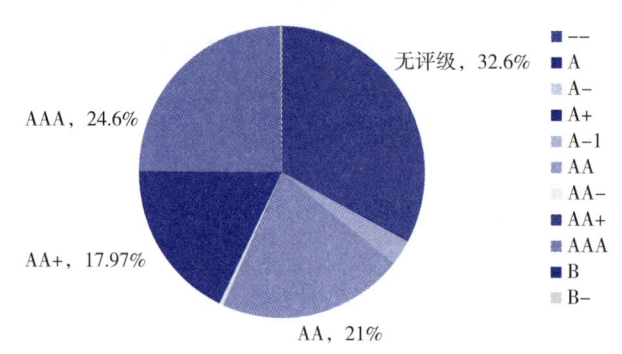

资料来源：Wind。

第二十七章

也来谈谈行情的演绎

笔者 2011 年入行后，对债市的行情演绎有以下几处特别深刻的印象，写出来供大家参考。

一、最后一跌的杀伤力之大

2011~2018 年，债市经历了两个半的涨跌周期，分别是：

第一个周期：2011 年 10 月~2014 年 1 月；

第二个周期：2014 年 1 月~2017 年 11 月；

第三个周期：2017 年 12 月~2019 年 4 月。

在这两个半周期中，笔者对 2011 年三季度以及 2017 年四季度的最后一跌记忆犹新。

1. 2011 年三季度。

2011 年熊市的主线是高通胀。当 6 月 CPI 6.4% 公告后，多数投资者都认为通胀最高点已经出现，债市迎来拐点。相应的，10 年期国债出现快速下行。

但是接下来又发生了两件超预期的事情，首先是 7 月 CPI 同比（6.5%）继续走高，这使得投资者对此前通胀已经见顶的判断出现诸多怀疑。然后是 9 月央行再次上调存款准备金，似乎意味着货币政策收紧的进程并未结束，投资者对货币政策的判断再次产生分歧。随着这些事情的发生，债市开始回调，10 年期国债再创本轮熊市以来新高；最惨烈的是信用债，8 月和 9 月两个月的时间 5 年期 AA+中票估值曲线就上行了 60BP，具体见图 27-1。

除了市场的暴跌外，让笔者印象最深刻的是这种暴跌背后投资者受到的心理打击。从对基本面的把握来看，投资者的确很前瞻的预见了通胀见顶以及货币政策的转向，但当投资者信心满满的准备大干一场时，一些细节出现了超预期的地方，那批最聪明的投资者不仅没有得到奖赏，反而非常狼狈，多数人都止损出局。更让人悲哀的是，因为这次心理打击太大，随后 CPI 同比真真切切的下行后，多数投资者反而开始畏首畏尾，市场中开始出现债市拐点可能要等

图27-1 10年期国债、国开债和5年期AA+中票收益率走势（2010年和2011年）

资料来源：Wind。

到明年一季度的言论。

2. 2017年四季度。

2017年四季度也是一次典型的最后一跌，笔者的感受是，这一跌比2011年三季度更可怕。因为2011年当时的确出现了一些超预期的细节，但是2017年四季度这一次笔者始终都没有找到基本面的支持。

2017年熊市的主线是经济复苏和货币政策收紧（虽然当时市场最热议、最恐慌的是资管新规）。三季度末，偏紧的货币政策逐渐缓和，同时经济复苏的势头也放缓，投资者预期三季度实际GDP同比将出现回落，三季度末时很多投资者逐渐加仓长久期利率债。

十一国庆节后不久，资金面偏紧，债市收益率并没有开始下行，10年期国债反而去测试本轮熊市的最高点位置（9月5日，10年期国债收益率3.66%）。伴随着市场的弱势，十月第一个周末"GDP同比7%"的传闻一下子粉碎了多头的信心。即使当周四最终公布的GDP同比仅6.8%，拐点已现，但是长久期利率债已经像脱缰的野马，四处都是踩踏声，国债期货T合约连续出现周度的跳空缺口。在这最后一跌中，10年期国开债再次上行了近100BP，具体见图27-2。

与2011年那次类似，最后一跌对投资者信心打击很大。进入2018年后，看好债市的投资者比2017年三季度末大幅减少，但是正是在这种时候，债市又突然开启了真正的牛市进程。

图 27-2　10 年期国债、国开债和 5 年期 AA+中票收益率走势（2017 年和 2018 年）

资料来源：Wind。

也许最后一跌就是宋人李清照说的"乍暖还寒时候，最难将息"。结合上面的两次体会，笔者总结了以下两点：

一是从基本面出发判断拐点后，策略上要不断试错。一方面要严格止损，另一方面又要对判断保持信心，止损后不要放弃。

二是最后一跌中，跌幅最超预期的可能也正是投资者最一致看好的品种，2011年是信用债，而 2017 年是 10 年期国开债。

二、新事物对市场的冲击往往很剧烈——难以证伪

由于投资者的学习效应很强，短期内能对金融市场产生强烈冲击的往往是一些新事物，债市如此，股市也是如此，例子很多，笔者列举最典型的几个。

1. 利率市场化。

2013 年下半年，债市走熊。但进入四季度后，按照名义增长率主线，拐点出现，债市应该走出熊市。但是现实中的债市是跌势加速，四季度债券收益率上行的幅度明显超过三季度，笔者认为当时利率市场化是一个推波助澜的重要因素。

十一国庆后，当债券收益率与名义增长率方向背离时，市场对利率市场化的讨论越发热烈，利率市场化的推进将使国债收益率上升至一个历史新高度的说法得到越来越多投资者认同，这种投资者从来没有遇到的新事物带来的恐惧传染性特别强，而且收益率的快速上行似乎也是对此的印证。

2. 资产荒。

2014年开启的债券牛市持续时间历史少见,在债市收益率屡创新低时,当时的投资者圈中逐渐开始流行一种解释:资产荒。因为有太多的资金,没有什么资产可以配,所以债市出现了资产荒。虽然名义增长率这条逻辑线条非常经典,但是当时市场走势长时间和名义增长率背离后,认可资产荒的投资者也越来越多。正是在这种信仰支持下,2016年10年期国债创出了2.6%的低点。

3. 万亿置换债。

2014~2016年的牛市中,有一次回调幅度较大。而引发市场波动的主要原因是万亿元置换债即将发行,投资者担心债券市场供给将明显大于需求。

置换债是2015年创设的一个品种,出于存量债务置换目的,当时市场传闻财政部批复了3万亿元存量债务置换额度。这一消息传开后,在债市引发了轩然大波,长久期利率债收益率快速上行。图27-3和表27-1是地方政府债事件以及当时的10年期国债和国开债走势。

图27-3 10年期国债、国开债收益率和地方政府债发行量走势

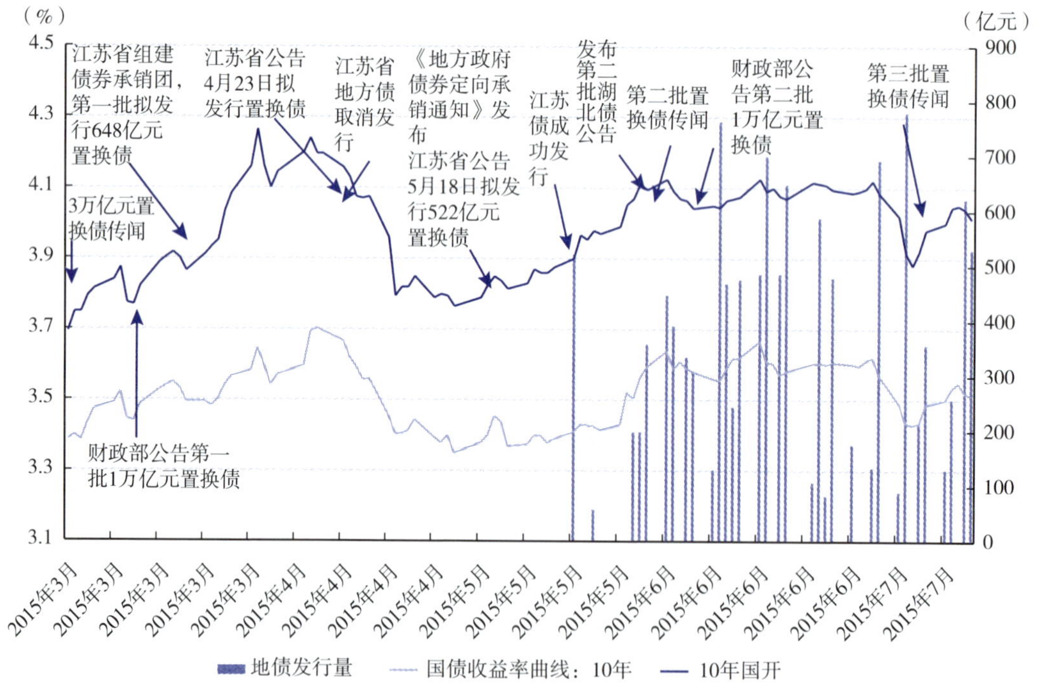

资料来源：Wind。

事后回顾,2015年上半年地方政府债对债券市场的冲击与2007年相似,表现为发行前通过影响投资者预期冲击市场,但是债券发行落地时对市场的冲击不见踪影

(2015 年 6~9 月，每日平均发行地方政府债 400 亿元，但利率债一级市场未出现任何流标)。另外 2015~2018 年，总共发行了十几万亿元的置换债，但是债券收益率也没有一直单边上行。

表 27-1 地方政府债重要事件

时间	事件
3 月 6 日	3 万亿元置换债传闻
3 月 12 日	财政部公告第一批 1 万亿元置换债
3 月 25 日	江苏省财政厅印发通知，决定组建 2015 年江苏省政府一般债券承销团，分批发行地方政府一般债券，第一批一般债券发行规模为 648 亿元
4 月 16 日	江苏省公告 4 月 23 日发行置换债
4 月 17 日	江苏省地方债取消发行
5 月 12 日	财政部、中国人民银行、银监会发布《关于 2015 年采用定向承销方式发行地方政府债券有关事宜的通知》
5 月 12 日	江苏公告 5 月 18 日拟发行 522 亿元置换债
5 月 18 日	522 亿元江苏置换债发行成功
6 月 2 日	湖北省发布第二批湖北债公告
6 月 4 日	第二批置换债传闻
6 月 10 日	财政部公告第二批 1 万亿元置换债
7 月 14 日	第三批置换债传闻

第二十八章

技术和基本面是一枚硬币的两面

在投机和投资界,关于基本面分析和技术分析的争论由来已久。从笔者的这些年的跟踪感受来看,技术面和基本面更像是一枚硬币的两面。

技术分析和基本面分析有点类似于"投资武林"中的不同门派,两者的理论基础、分析方法、技术手段等都差异很大。技术分析主要研究市场行为,基本面分析则集中考察导致价格涨跌的供求关系。但是笔者观察金融市场中某些重要价格变动,往往这些时候,不管基于这其中的哪一个方法,都可以给出类似的投资结论。

图 28-1 是 2018 年 5~10 月的 10 年期国债期货 K 线图。2018年债市是典型的牛市,收益率一路下行。年中曾有一次较显著的调整,对应着图 28-1 中两个箭头中间的时段。从技术面的角度,2018 年 8 月 7 日跌破趋势线 MA20,且回抽幅度较小,上涨趋势破位。

图 28-1 10 年国债期货主连合约(2018 年 5~10 月)

资料来源:Wind。

从基本面的角度，8月央行启动了定向正回购（正回购相当于央行回收流动性，重启正回购意味着货币政策可能由宽松变为收紧），货币政策宽松意图出现反复。因此，当时不管是从技术面还是从基本面分析，都给出了短期债市承压的信号。

对于这种两方面的共同印证，笔者的理解是，技术分析可能是一种归纳式的方法，它从形态上对金融市场进行了归纳。而背后形成这些形态的基本面因素可能千变万化。因此，技术分析和基本面分析，可能就是表里关系。基于上述理解，笔者认为，基本面分析和技术分析可以优势互补。

和基本面分析相比，技术分析相对客观。以趋势分析中经常使用的 MA20 指标为例，K 线持续保持在 MA20 以上，趋势延续；反之则破位（而也正是这个特征，技术分析师水平的差异性明显小于基本面分析师）。

和技术分析相比，通常基本面分析可以看得更远，而且对关键时点的可预测性更强。以债券基本面研究为例，经济增长和通货膨胀是决定利率趋势的最重要因素。国内官方的经济数据基本上每月公布一次，所以在这些公告经济数据的时间窗口，往往也容易出现技术面指标的关键变化，例如突破 MA20、成交量放量等。从这个角度，基本面给技术面提供了一些指引。另外，用基本面分析预测未来三年的供需关系，应该比技术面更容易得出结论。

不过，值得强调的是，技术分析和基本面分析的这种互补性，并不意味着要追求基本面分析和技术分析你中有我、我中有你。相反，笔者认为，这两者完全是不同的理论基础，两者互相混合，可能会像武侠世界里练习不同门派武功，容易走火入魔。实践中，建议还是作为两种独立的分析方法，分别给出独立的投资建议，然后再赋予各自一定的权重，得出最后的投资结论。

参考文献

[1] 费兰克·J. 法博齐. 债券市场分析与策略（第七版）[M]. 路蒙佳, 译. 北京: 中国人民大学出版社, 2011.

[2] 张新民, 钱爱民. 财务报表分析（第四版）[M]. 北京: 中国人民大学出版社, 2017.

[3] 黄世忠. 连财务报表分析: 理论、框架、方法与案例 [M]. 北京: 中国财政经济出版社, 2007.

[4] 约翰·墨菲. 金融市场技术分析 [M]. 丁圣元, 译. 北京: 地震出版社, 2010.

[5] Hull J, Predescu M, White A. Bond prices, default probabilities and risk premiums [J]. Journal of Credit Risk, 2004, 1 (2): 53 – 60.

[6] Amato J D, Remolona E M. The credit spread puzzle [J]. BIS Quarterly Review, 2004 (5): 51 – 63.